René Guénon

CORRESPONDANCE
I

René Guénon
(1886-1951)

Correspondance
- Tome I -

**Publié par
Omnia Veritas Ltd**

www.omnia-veritas.com

EXTRAITS DE DEUX LETTRES DE RENÉ GUÉNON À R. P. 9

EXTRAITS DE LETTRES DE RENÉ GUÉNON À L.C. D'AMIENS 11

EXTRAITS DE LETTRES DE RENÉ GUÉNON À MME DE LAPASSE 46

EXTRAITS DE LETTRES DE RENÉ GUÉNON À G. ET/OU G.T. 48

RENÉ GUÉNON À A.K COOMARASWAMY (D'APRÈS 84 LETTRES MANUSCRITES) 51

    L1 51
    L2 52
    L3 54
    L4 55
    L5 58
    L6 59
    L7 60
    L8 61
    L9 62
    L10 63
    L11 64
    L12 66
    L13 67
    L14 71
    L15 73
    L16 74
    L17 75
    L18 76
    L19 79
    L20 81
    L21 82
    L22 83
    L23 84
    L24 85
    L25 87
    L26 89
    L27 90
    L28 92
    L29 94
    L30 95
    L31 96
    L32 97
    L33 98

L34	100
L35	101
L36	103
L37	104
L38	106
L39	107
L40	110
L41	112
L42	116
L43	117
L44	118
L45	119
L46	120
L47	122
L48	123
L49	125
L50	126
L51	127
L52	128
L53	130
L54	135
L55	136
L56	137
L57	138
L58	139
L59	140
L60	142
L61	143
L62	145
L63	146
L64	148
L65	149
L66	150
L67	153
L68	155
L69	156
L70	157
L71	159
L72	161
L73	162
L74	163

L75	164
L76	166
L77	167
L78	170
L79	172
L80	173
L81	175
L82	177
L83	178
L84	180
LETTRES À A. K. COOMARASWAMY (PUBLIÉES DANS LES CAHIERS DE L'HERNE, 1985)	182
EXTRAIT D'UNE LETTRE, PUBLIÉ DANS LA DOCTRINE DU SACRIFICE DE A.K. COOMARASWAMY, P. 104	184
RENÉ GUÉNON À ARTURO REGHINI	185
RENÉ GUÉNON À DES CORRESPONDANTS NON IDENTIFIÉS	217
RENÉ GUÉNON À UN CORRESPONDANT NON IDENTIFIÉ, D'APRÈS UN ENREGISTREMENT SUR CASSETTE RÉALISÉ PAR « THOMAS » CHEZ LE FRÈRE 'ELIE LE MOINE'	224
LETTRES DE RENÉ GUÉNON À UN CORRESPONDANT ANONYME (D'APRÈS PHOTOCOPIES DU MANUSCRIT)	230
RENÉ GUÉNON À ÉRIC OLLIVIER	271
RENÉ GUÉNON À FRITHJOF SCHUON (PUBLIÉ DANS LES CAHIERS DE L'HERNE)	274
RENÉ GUÉNON À … ?	280
RENÉ GUÉNON À GALVAO	283
(A)	283
(B)	284
(C)	285
(D)	286
(E)	287
(F)	288
(G)	289
(H)	289
(I)	290
(J)	290

(K) 291
(L) 292
(M) 293
(N) 294
(O) 294
(P) 294
(Q) 298
(R) 298
(S) 299
(T) 302
(U) 302
(V) 304
(W) 306
(X) 308
(Y) 309

RENÉ GUÉNON À GUIDO DE GIORGIO 311

RENÉ GUÉNON À HILLEL 379

FRAGMENTS DE LETTRES DE R.G. À P.G. – (TRANSMIS PAR LOV.) 396

RENÉ GUÉNON À PIERRE GERMAIN 400

RENÉ GUÉNON À JULIUS EVOLA 404

DÉJÀ PARUS 411

Extraits de deux lettres de René Guénon à R. P.[1]

Le 19 août 1947

[...]

J'en viens à votre question concernant la Maç∴ d'ici : il exista tout d'abord un G∴O∴ Égyptien qui eut jadis une curieuse contestation avec le G∴O∴ de France pour la possession du rite de Memphis (je pourrai revenir une autre fois sur cette histoire si cela vous intéresse) - lorsque fut fondé le Sup∴ Cons∴ Écossais d'Égypte, ce G∴O∴ se transforma en G∴L∴ en renonçant à toute juridiction sur les hauts grades. Par la suite il y eut une scission due comme toujours à des rivalités personnelles, et surtout à une certaine hostilité qui existait entre le roi Fouad et le prince Mohammed Ali (le frère de l'ancien Khédive) ; depuis la mort du premier, la chose n'avait plus de raison d'être, et, sur l'ordre du roi Farouk, les 2G G∴ L L∴ ont fusionné en une seule, dont le G∴M∴ est un de ses oncles maternels, Hussein pacha Sabri. - D'autre part plusieurs L L. ∴ du Liban qui relevaient de la G∴L∴ d'Égypte viennent de s'en séparer pour tenter de reconstituer un G∴O∴ libanais qui exista déjà il y a une douzaine d'années, mais qui n'eut alors qu'une durée éphémère ; il semble fort douteux que cela puisse mieux réussir cette fois...

Vous aurez peut-être déjà appris la fondation, sous les auspices de la G∴L∴ de France, de la L∴ « La Grande Triade » (vous pouvez voir facilement d'où vient ce titre), dont le Vén∴ est le F∴ Ivan Cerf, G∴.

---

[1] *Les Cahiers de l'Herne.*

Croyez, je vous prie, T∴C∴F∴, à mes bien frat∴ sentiments.

René Guénon

ℰℭ

Le Caire, 4 décembre 1948

T∴C∴F∴,

J'ai reçu il y a déjà une dizaine de jours votre lettre du 4 novembre ; elle est donc venue relativement assez vite cette fois.

J'ai su que quelques-uns de nos FF∴ de la Grande Triade avaient fait la connaissance du F∴ Granger à Paris au moment du Convent ; j'espère bien que vous pourrez aussi entrer en relations directes avec eux ; d'ailleurs, le F∴ Maridort, actuellement Secr∴ de l'At∴, a quelquefois l'occasion d'aller à Lyon pour ses affaires.

Au sujet du Convent, le rapport de la Commission des rituels a eu un succès encore plus complet que nous ne l'espérions ; il était à craindre en effet que les considérations qui y étaient exposées ne paraissent un peu trop ardues à certains qui n'en ont pas l'habitude, mais heureusement il n'en a rien été. On espère que les projets de rituels des 1er et 3ème degrés pourront être prêts pour être soumis à l'étude des L L∴ dès le mois prochain ; quant à celui du 2ème, qui demande un plus gros travail de mise au point, ce ne pourra sans doute être que pour le printemps.

Au G∴O∴, le mouvement pour un retour à la conception traditionnelle est naturellement beaucoup moins accentué qu'à la G∴L∴, mais il y a tout de même un commencement en ce sens, et, d'après ce que, me dit Marius Lepage [...].

René Guénon

Correspondance I

Extraits de lettres de
René Guénon à L.C. d'Amiens

L.C. d'Amiens
Le Caire, 29 janvier 1933

Contrairement à ce qui a lieu pour les états relatifs et conditionnés, l'état suprême n'est pas quelque chose à obtenir par une « effectuation » quelconque ; il s'agit uniquement de prendre conscience de ce qui est. Mais alors il ne peut plus être question d'individualité, puisque celle-ci, manifestation transitoire de l'être, est essentiellement caractérisée par la séparation ou la limitation (définie par la condition formelle), si bien qu'on pourrait dire qu'elle n'a qu'une existence en quelque sorte séparative. [...]

Pour ce qui est de la « chute » (évoquée dans la Bible), je ne pense pas qu'on puisse y voir autre chose qu'une façon d'exprimer l'éloignement du Principe, nécessairement inhérent à tout processus de manifestation. Si on l'entend ainsi, on peut bien dire que la formation du monde matériel en est une conséquence (mais, bien entendu, on peut aussi l'envisager à d'autres niveaux, à l'intérieur de ce monde lui-même, et plus particulièrement pour un cycle quelconque) ; seulement, on doit ajouter qu'il faut que ce monde se réalise ainsi, par là même qu'il représente une possibilité de manifestation.

ॐ

à L.C. d'Amiens
le 17 novembre 1934

Quant aux possibilités de restauration de la tradition initiatique occidentale, je ne dis pas qu'elles n'existent pas malgré tout, mais ce qui n'est tout de même pas si simple que vous semblez le penser. En effet, à part même le recrutement des premiers éléments qui n'est pas tellement facile, cela soulève une foule de question comme celle du rattachement à une obédience et d'autres dont il ne me serait guère possible de vous donner une idée.

Quant au soufisme, la chose n'a rien d'impossible « à priori » quoique je ne sache pas trop pour le moment sous quelle forme cela pourrait se réaliser ; il va falloir que je pense à cela.

Il est bien certain d'autre part que l'observance de rites tels que les rites islamiques, dans les conditions d'existence qui sont celles du monde occidental, constitue en elle-même un problème assez compliqué ; et pourtant, c'est bien la base indispensable pour le rattachement à n'importe quelle branche du soufisme.

ಬ‍ಜ

à L.C. d'Amiens
Le Caire, 15 janvier 1935

Il est bien certain que l'observance de rites tels que les rites islamiques, dans les conditions d'existence qui sont celles du monde occidental, constitue en elle-même un problème assez compliqué ; et pourtant c'est bien la base indispensable pour un rattachement effectif à n'importe quelle branche du Soufisme. (Je ne parle pas, cela va de soi, des organisations fantaisistes inventées à l'usage des Occidentaux.)

Quant aux possibilités de restauration de la tradition initiatique occidentale, je ne dis pas qu'elles n'existent pas malgré tout, mais ce n'est tout de même pas si simple que vous semblez le penser. Plusieurs personnes que je connais ont déjà eu, depuis un certain temps, l'idée de constituer une loge maçonnique ayant un caractère véritablement initiatique, mais elles n'ont pas pu y réussir jusqu'ici ; en effet, à part que le recrutement des premiers éléments n'est pas tellement facile, cela soulève une foule de questions comme celle du rattachement à une Obédience et d'autres dont il ne me serait guère possible de vous donner une idée. Enfin, si quelque chose de ce genre arrivait à se réaliser un jour, je ne manquerais pas de vous aviser ; vous n'êtes d'ailleurs pas le premier à qui je fais cette promesse ... […]

N'exagérez pas mon importance ! Car, au fond, mes travaux ne sont qu'une « occasion » d'éveiller certaines possibilités de compréhension, que rien ne pourrait donner à ceux qui en sont dépourvus ; mais du moins est-il toujours une satisfaction pour moi de constater que ce n'est pas peine perdue, si peu nombreux que soient ceux qui en profitent vraiment ...

ଛଓ

à L.C. d'Amiens
avril 1935

Quant aux rites catholiques, il est vrai que, bien qu'ils soient d'ordre uniquement religieux et non initiatique (et que dans les conditions présentes, ils ne puissent plus même servir de base ou de point de départ pour une réalisation initiatique), les effets en sont bien loin d'être négligeables. Seulement, d'un autre côté, il ne faudrait pas risquer que cela devienne une entrave par rapport à des possibilités d'un autre ordre qui pourraient se présenter par la suite ; c'est là ce qui complique la question et me fait hésiter à répondre d'une façon affirmative...

En tous cas, il n'est pas douteux que les rites religieux en eux-mêmes et tant que rien d'autre ne vient s'y superposer, sont faits bien plutôt pour maintenir l'être dans le prolongement de l'état individuel que pour lui permettre de dépasser celui-ci.

ଛଓ

à L.C. d'Amiens
Le Caire, 17 mai 1935

À la vérité, je dois dire que je ne comprends pas très bien l'« appel » que vous m'adressez, car, par moi-même, je ne suis rien ; je n'ai d'ailleurs jamais fait la moindre promesse, ... sauf, si l'on veut, celle d'écrire tout ce que je pourrai pour ceux qui sont capables d'en profiter. Cela dit, je vais tâcher de répondre à vos questions ; du reste, la réponse est d'autant plus simple et plus facile que je dois m'abstenir d'influer sur les décisions de qui que ce soit, car c'est à chacun qu'il appartient de choisir lui-même la voie qui lui convient le mieux.

En somme, vous avez maintenant devant vous, sans quitter l'Europe, la possibilité de rattachement à deux organisations initiatiques, l'une occidentale, l'autre orientale. Ceux qui voudront se rattacher au Soufisme ne pourront mieux faire que de s'adresser à S., qui est maintenant tout à fait qualifié pour cela, et qui, je crois, est tout disposé à s'en occuper activement. D'autre part, ceux qui voudront se rattacher à la Maçonnerie n'auront qu'à s'adresser à un autre de nos amis qui a l'intention de constituer une Loge d'esprit vraiment traditionnel et initiatique. Je dois ajouter qu'il n'y a pas la moindre incompatibilité entre ces deux rattachements, et que, pour une même personne, ils ne sont nullement exclusifs l'un de l'autre.

Maintenant, il est bien certain que, pour une « réalisation » entreprise suivant une voie quelconque, l'ambiance actuelle de l'Europe est peu favorable ; cependant, cette difficulté ne doit pas être absolument insurmontable ; elle oblige seulement à prendre des précautions particulières pour éviter autant que possible le danger qui peut résulter de l'agitation extérieure. D'autre part, la voie du soufisme me paraît pouvoir mener plus loin que l'autre et donner des résultats plus sûrs, d'autant plus que, étant donné l'état présent de la Maçonnerie, ce dont je viens de vous parler aura forcément dans une certaine mesure le caractère d'une « expérience »...

Pour ce qui est de l'aide de l'Orient, elle va de soi en ce qui concerne le Soufisme et elle est en somme acquise par le fait même du rattachement à cette forme traditionnelle. Quant à la Maçonnerie, tout dépend logiquement du résultat qui pourra être obtenu par la constitution d'une Loge telle que celle-ci est en projet et dont je vous parlais ci-dessus ; il serait donc prématuré d'en parler en ce moment.

Pour la difficulté de pratiquer les rites islamiques dans des pays tels que l'Europe, la question est souvent discutée ; l'avis qui semble prévaloir, et qui me paraît en tout cas le plus justifié par les principes mêmes de la shariyah, c'est qu'il peut y avoir en effet des exceptions pour des personnes vivant dans les pays non islamiques, leur condition pouvant être assimilée à un état de voyage ou de guerre ; mais il faut ajouter que ceci ne concerne que ceux qui s'en tiennent au seul point de vue exotérique. Pour une « réalisation » d'ordre ésotérique, par contre, il ne faut pas oublier que l'observance des rites constitue ici la base nécessaire ; et il est d'ailleurs évident que celui qui veut le « plus » doit tout d'abord, et comme condition préalable, faire le « moins » (c'est à dire observer les rites qui sont communs à tous).

D'un autre côté, que les Maç∴ s'aident de l'influence des rites catholiques, comme vous le dites, je n'y vois certes pas le moindre inconvénient ; mais c'est l'Église qui en verrait probablement, ou du moins, ses représentants actuels ; la solution de cette question ne dépend donc aucunement de nous... En tout cas, ce ne sont pas les Maçons qui doivent rejeter tout rite religieux, c'est la participation au rite catholique qui leur est refusée, ce qui est tout différent ; il est du reste bien entendu que, pour d'autres rites également religieux, tels que les rites islamiques, il n'existe absolument aucune difficulté de ce genre.

ಲ∞ಲ

à L.C. d'Amiens
Le Caire, 6 juin 1935

Je suis heureux de savoir que c'est pour la voie du soufisme que vous vous décidez de préférence. Il vaut mieux pour vous-même remettre votre voyage ici à un peu plus tard, lorsque vous aurez déjà pu vous rendre compte des résultats qu'il est possible d'obtenir dans cette voie... Pour ce qui est de la difficulté très compréhensible d'observer intégralement tous les rites dans les conditions de vie européenne, soyez bien persuadé qu'on ne peut jamais vous demander l'impossible ; cela peut sans doute ralentir plus ou moins l'obtention des résultats, mais en somme c'est là tout l'inconvénient qu'il y a à en redouter.

❧❦

à L.C. d'Amiens
Le Caire, 7 juillet 1935

Je suis très heureux de votre décision en ce qui concerne le rattachement au Soufisme ; je regrette seulement un peu ce retard de 2 ou 3 mois, mais enfin c'est peu de choses. Puisque B. vous a rassuré sur les points qui pouvaient vous préoccuper, vous n'avez certainement plus à hésiter.

Pour les moyens tirés d'autres traditions, je pense que B. a voulu faire allusion à des choses d'ordre également initiatique : c'est ainsi que, par exemple, les voies Naqshabandiyah de l'Inde se servent parfois de méthodes tantriques. Quand il s'agit de l'ordre religieux et exotérique, comme c'est le cas pour les rites catholiques, ce n'est pas tout à fait la même chose ; je ne veux pas dire, bien entendu, que cela puisse avoir des inconvénients « essentiels », mais seulement qu'il faut être prudent pour éviter des « interférences » d'influences psychiques qui pourraient être sinon dangereuses, du moins gênantes. […]

D'une façon générale, je pense qu'il n'y a aucun intérêt à s'embarrasser de détails de grammaire quand on cherche à avoir la compréhension d'une langue, et cela simplifie aussi les choses et évite de perdre du temps. […]

La doctrine de al-Hallaj est certainement orthodoxe au fond ; il n'y a de réserves à faire que sur ce qui, dans certaines expressions, peut donner lieu à équivoque et être mal interprété, et c'est d'ailleurs là ce qui lui a coûté la vie…

❧❦

à L.C. d'Amiens
Le Caire, 30 août 1935

La méditation est plus importante que les lectures, qui ne peuvent du reste que lui fournir un point de départ, et qu'il y a généralement avantage à ne pas trop multiplier pour éviter toute dispersion. Les rites ont une efficacité par eux-mêmes, mais il est bien évident que l'attention et la concentration la renforcent notablement. Je me permettrai de recommander plus particulièrement de ne pas négliger la récitation régulière du *wird* (rosaire), car c'est là ce qui fortifie spécialement le lien avec la tarîqa. Enfin, je pense que chacun doit chercher à utiliser ses tendances naturelles plutôt qu'à les combattre ; mais, naturellement, il y a là autant de modalités différentes que d'individualités ...

ಸಿಡ

à L.C. d'Amiens
Le Caire, 18 septembre 1935

[Concernant les états que vous ressentez au cours des rites], je pense qu'il ne faut pas vous inquiéter de ces réactions physiques et psychiques. Vous avez grandement raison de ne pas vouloir aller trop vite, mais, quand des choses de ce genre se présentent sans que vous les ayez cherchées, il est évident aussi qu'il n'y a pas à les écarter... Sans doute, ces états ne peuvent avoir encore qu'un caractère en quelque sorte « préliminaire », mais, en tout cas, ils indiquent sûrement un contact effectif avec la *barakah* de l'Ordre ; du moins, il ne me semble guère possible de les comprendre autrement.

ಸಿಡ

à L.C. d'Amiens
Le Caire, 5 décembre 1935

Je suis habitué à entendre des racontars à mon sujet, mais je me demande quelles « fonctions » pourraient bien m'être retirées par qui que ce soit, puisque je n'en ai jamais accepté nulle part. […]

Le jeûne du Ramadan finit bien exactement au coucher du soleil, mais commence 20 minutes avant la prière du *fajr*, c'est à dire environ 2 heures avant le lever du soleil. Naturellement, tout cela est plus facile à observer exactement ici au Caire, où on est prévenu de l'heure par le canon, sans compter les veilleurs qui vont frapper aux portes pour avertir qu'il est temps de préparer le dernier repas ; il faudrait avoir le sommeil bien dur pour ne rien entendre !

ଔଓ

à L.C. d'Amiens
Le Caire, 31 décembre 1935

Rassurez-vous concernant les prétendus troubles survenus au Caire (relatés par les journaux français) ; on ne s'est aperçu de rien dans nos quartiers, et j'ai été stupéfait par les coupures de journaux français que quelques personnes m'ont envoyées ! Je devine bien, d'ailleurs, quelle est la source de ces nouvelles exagérées à dessein ; en fait, il ne s'est jamais agi que de manifestations d'étudiants, auxquelles la population n'a pris aucune part, et, si les choses ont mal tourné, cela est dû uniquement à des ingérences étrangères que vous pouvez facilement supposer ; c'est exactement la même chose que ce qui se passe pour ainsi dire chaque jour en Inde … […]

Quant à ma santé, je n'ai pas trop à m'en plaindre en ce moment ; il est certain qu'elle n'a jamais été très brillante, mais enfin, d'une façon générale, elle est tout de même meilleure ici qu'en France. Mais il y a une chose qui m'intrigue un peu : vous parlez de mon thème astrologique ; où avez-vous pu en trouver les données ?... je dois dire, du reste, que tous ceux qui ont essayé jusqu'ici d'en tirer quelque chose ne sont jamais arrivés à un résultat satisfaisant ; je ne sais pas trop à quoi cela peut tenir ! […]

Je ne suis pas du tout surpris de ce que vous me dites des effets salutaires du jeûne tels que vous les avez observés ; c'est même plutôt le contraire qui m'aurait étonné, car ce résultat est tout à fait normal. Quant à ce que vous dites, que la connaissance théorique semble parfois bien près de la connaissance réelle, cela est exact aussi ; il est certain que la séparation n'est pas si tranchée en fait qu'elle ne le paraît quand on en parle, et que le passage peut se faire comme insensiblement... Puisque vous parlez de formules pour renforcer les états (de compréhension) dont il s'agit, je verrais surtout la répétition de l'invocation Ya Latîf ; malheureusement, il n'est pas possible d'indiquer le rythme par lettre...

Pour la question doctrinale que vous envisagez à la fin de votre lettre, je pense que la chose est assez simple dans un milieu continu et homogène, on peut très bien considérer la différenciation comme produite par un ébranlement se propageant de proche en proche à partir du point où a lieu la vibration initiale qui le détermine, et cela sans qu'il y ait aucun transport de corpuscules comme dans la théorie atomiste.

ஐ௸

à L.C. d'Amiens
Le Caire, 20 janvier 1936

La théorie atomiste est fausse, avant tout, par là même qu'elle admet l'existence de corpuscules indivisibles (c'est la définition même des atomes), ce qui est contradictoire, parce que qui dit corps dit quelque chose d'étendu, et par suite toujours et indéfiniment divisible, de sorte qu'en réalité on ne peut atteindre l'indivisible qu'à la condition de sortir de l'ordre corporel. De plus, en affirmant que tout est exclusivement composé d'atomes, elle nie qu'il y ait autre chose que ceux-ci qui ait une réalité positive, et, par conséquent, elle ne peut admettre entre eux que le vide, et non pas l'éther indifférencié ; or le vide ne saurait avoir de place dans le domaine de la manifestation. On peut encore remarquer que, si les atomes étaient séparés par le vide, ils ne pourraient en aucune façon agir les uns sur les autres ; la théorie affirme pourtant qu'ils s'attirent, ce qui est encore une contradiction. On pourrait même en trouver d'autres sur des points plus secondaires ; mais cela suffit pour vous montrer qu'il n'est pas difficile d'en montrer la fausseté.

Mais, d'autre part, je ne vois toujours pas ce qui vous gêne pour concevoir la vibration dans un milieu non composé d'éléments ; il y a ébranlement de ce milieu homogène et continu lui-même, tout simplement, et cet ébranlement se propage de proche en proche en raison de sa continuité. Maintenant, il est bien entendu que l'ébranlement initial doit être provoqué par une cause qui est d'un autre ordre ; cela va de soi, d'ailleurs, si l'on remarque que le milieu en question joue ici, par rapport à la manifestation corporelle, un rôle qui est l'analogue (relatif de celui de Prakriti, c'est à dire un rôle purement « substantiel » et passif.

ℰꘌꗛ

à L.C. d'Amiens
Le Caire, 31 janvier 1936

J'approuve tout à fait les conclusions que vous tirez dans le sens d'une plus grande prudence à observer à l'avenir quant à l'accueil de nouvelles personnes au sein de la tariqa, et il est certain qu'il vaudrait beaucoup mieux ne pas parler de la possibilité d'un rattachement initiatique avant d'avoir plus de garanties. Ce que vous me dites au sujet de l'autre membre de votre groupe est vraiment extraordinaire ; on a peine à imaginer un pareil ensemble de confusions et de contradictions ! Sûrement, de pareilles conditions sont aussi peu favorables que possible pour un travail profitable ; et il est évident que, en plus de la question de la qualification, il y aurait lieu d'envisager aussi celle de la préparation, surtout, comme vous le dites, si l'on tient compte de l'état d'esprit occidental...

Pour la considération de la santé, je suis d'accord avec vous : il n'y a pas lieu d'en faire une condition essentielle (pour l'initiation), d'une façon générale, mais tout de même, dans des cas particulièrement graves, on pourrait tout au moins ajourner un candidat, et d'autant mieux que, en fait, il serait alors incapable de retirer un bénéfice réel de son admission immédiate. Reste la question du thème astrologique ; C. n'a pas tort, sans doute, de faire des réserves sur la valeur des résultats qu'on peut en tirer ; mais, malgré cela, je ne vois vraiment pas qu'il puisse y avoir un inconvénient à s'en servir à titre d'indication.

Il faut bien tenir compte des contingences individuelles, puisque la qualification même dépend de celles-ci ; il est évident que, s'il ne s'agissait que de la personnalité, tout le monde serait qualifié ; la question ne se pose que parce que telle individualité doit être prise comme support de la réalisation, et il s'agit en somme de savoir si elle en est capable effectivement.

ᔥᔦ

à L.C. d'Amiens
Le Caire, 14 février 1936

Pour la question « vibratoire », je ne vois pas pourquoi il peut y avoir tant de difficultés à concevoir un ébranlement produit et propagé dans un milieu homogène et continu ; il est possible qu'elles soient dues à certaines habitudes prises sous l'influence des théories scientifiques modernes... En tout cas, il est certainement toujours utile de me signaler tout cela, car je ne peux m'apercevoir par moi-même de difficultés de ce genre, et il est évident qu'il faut tâcher d'en tenir compte dans un exposé. Je me suis déjà aperçu assez souvent, par des réflexions qui m'ont été faites, que des choses qui me paraissaient aller de soi auraient eu en réalité besoin d'être expliquées davantage...

ᔥᔦ

à L.C. d'Amiens
Le Caire, 23 février 1936

Le fait de prier les yeux ouverts dans l'Islam me paraît s'expliquer très naturellement si l'on pense qu'il ne s'agit pas d'un rite dans lequel on doive s'isoler, tout au contraire (la nécessité même de l'orientation vers un centre commun l'indique suffisamment).

L'emploi du chant dans les séances (qui n'est d'ailleurs pas général) se rapporte en somme à l'utilisation du rythme sous ses différentes formes.

Concernant les mouvements accompagnant le *dhikr*, je dois dire que je n'aime guère ici l'emploi du mot « danse », à cause des confusions très profanes auxquelles il donne lieu inévitablement (du reste, en arabe, on ne dit jamais *raqs* en pareil cas).

ᛞ

à L.C. d'Amiens
Le Caire, 9 mars 1936

Vous êtes bien aimable de me tenir aussi complètement au courant, et je crois que réellement il n'y a que vous qui puissiez le faire régulièrement, si ce n'est abuser de votre temps. [...]

En ce qui concerne Ch., l'amélioration que vous constatez déjà chez lui montre qu'il y avait tout intérêt à le tirer de son milieu, et ainsi que l'accomplissement des rites ne peut être que très profitable pour lui ; il est vrai qu'il n'en est peut-être pas de même dans certains cas, car il peut y avoir, momentanément tout au moins, certaines réactions psychiques plus ou moins désordonnées chez ceux qui ne sont pas suffisamment préparés et dont le tempérament s'y prête.

Il est très vrai que je n'aime pas beaucoup donner des conseils, surtout proprement « individuels » ; le cas n'est pas tout à fait le même quand il s'agit de choses qui peuvent avoir une portée d'ordre plus général... [...]

(Vous me dites que A.b.R., qui est Wahabite, reproche aux soufis de se balancer pendant leurs incantations disant que le Prophète aurait recommandé de ne pas se balancer pour se distinguer des juifs.) Je ne sais pas si la tradition dont il s'agit est bien authentique, mais, en tout cas, il faudrait savoir à quoi elle s'applique au juste, et il est probable que ce doit être uniquement à la prière, car, pour tout le reste, personne ne paraît en tenir compte ; et d'ailleurs, en ce qui concerne le dhikr, le balancement a des raisons plus spéciales.

Sur ces questions, il faut beaucoup se méfier de toutes les opinions des Wahabites qui sont des adversaires déclarés de tout ce qui d'ordre ésotérique. [...]

Évidemment, les exposés doctrinaux, quels qu'ils soient, ne peuvent jamais avoir qu'un caractère de « préparation », et ils ne peuvent pas avoir l'action directe qu'ont les rites ; mais, tout de même, je ne pense pas que ce soit une raison pour les négliger. Pour la question des langues, il est certain que, d'une façon générale, la traduction des textes sanscrits ne soulève pas autant de difficultés, ni d'un genre aussi particulier, que celle des textes arabes (et hébreux également). Quant à l'utilité que la connaissance de l'arabe peut avoir pour chacun de vous, cela dépend évidemment de bien des circonstances ; pour vous-même, si vous devez avoir le rôle d'imâm, cette étude a par là même une raison d'être plus spéciale ... [...1

Quant au Tarot, j'admets volontiers qu'il puisse donner des résultats valables ; seulement, son maniement n'est peut-être pas exempt de tout danger, à cause des influences psychiques qu'il met certainement en jeu ; j'en dirai autant de certains autres procédés, comme la géomancie par exemple ; mais, dans le cas du Tarot, cela se complique de la question de son origine particulièrement douteuse... Je ne sais d'ailleurs pas du tout où on pourrait trouver quelques données là-dessus, à moins que ce ne soit chez les Bohémiens, car il faut dire que, en dehors de l'Europe, le Tarot est une chose complètement inconnue ; tout son symbolisme a d'ailleurs une forme spécifiquement occidentale. [...]

J'ai appris dernièrement qu'on faisait de nouveau courir le bruit que j'étais à Paris, ce qui se reproduit périodiquement, et que certains assuraient même m'y avoir vu dans une réunion. Je me souviens aussi que, il y a 8 ou 10 ans, c'est à dire quand j'étais encore en France, on m'avait raconté que des lettres étaient adressées à mon nom dans un hôtel de Bordeaux, où il y avait effectivement quelqu'un qui les recevait. En rapprochant tout cela, je serais tenté de croire qu'il y a réellement quelqu'un qui se fait passer pour moi ; mais qui, et pourquoi ? La seule chose certaine, c'est qu'il y a là-dessous des intentions qui n'ont rien de bienveillant ; et je remarque encore, à ce propos, que l'assertion que « je voyage beaucoup » s'est déjà trouvé en toutes lettres dans une des attaques les plus perfides qui aient été dirigées contre moi ; cela aussi n'est-il qu'une coïncidence ? Mais qu'est ce que tout cela peut bien vouloir dire au juste ? Je vous avoue que je ne serais pas fâché si tout cela pouvait arriver à être éclairci un jour ou l'autre...

※

à L.C. d'Amiens
Le Caire, 22 mars 1936

Pour votre question concernant la vie du Prophète, la conception la plus orthodoxe est que l'impeccabilité appartient réellement à tous les prophètes, de sorte que, si même il se trouve dans leurs actions quelque chose qui peut sembler choquant, cela même doit s'expliquer par des raisons qui dépassent le point de vue de l'humanité ordinaire (à un degré moindre, cela s'applique aussi aux actions de tous ceux qui ont atteint un certain degré d'initiation). D'un autre côté, la mission d'un *rasûl*, par là même qu'elle s'adresse à tous les hommes indistinctement, implique une façon d'agir où n'apparaissent pas les réalisations d'ordre ésotérique (ce qui constitue d'ailleurs une sorte de sacrifice pour celui qui est revêtu de cette mission). C'est pourquoi certains disent aussi que ce qui serait le plus intéressant au point de vue initiatique, s'il était possible de le connaître exactement, c'est la période de la vie de Mohammed antérieure à la *risâlah* (et ceci s'applique également à la « vie cachée » du Christ par rapport à sa « vie publique » : ces deux expressions, en elles-mêmes, s'accordent du reste tout à fait avec ce que je viens de dire et l'indiquent presque explicitement).

Il est d'ailleurs bien entendu que les considérations historiques n'ont pas d'intérêt en elles-mêmes, mais seulement par ce qu'elles traduisent de certaines vérités doctrinales.

Enfin, on ne peut pas négliger, dans une tradition qui forme nécessairement un tout, ce qui ne concerne pas directement la réalisation métaphysique (et il y a de tels éléments dans la tradition hindoue comme dans les autres, puisqu'elle implique aussi, par exemple, une législation) ; il faut plutôt s'efforcer de le comprendre par rapport à cette réalisation, ce qui revient en somme à en rechercher le « sens intérieur ».

ℰℭ

à L.C. d'Amiens
Le Caire, 29 mars 1936

A. a fait ce qu'il a pu pour se rattacher effectivement à la tradition judaïque pour l'observance des rites, mais il a dû constater une véritable incompatibilité avec sa nature ; maintenant, lui et sa femme sont bien décidés à demander leur rattachement à l'Islam, et il va sans doute écrire prochainement à S. ; et, d'après ce qu'il m'écrit, il est probable que plusieurs autres suivront. Ce qu'il a contre L., c'est surtout qu'il trouve chez celui-ci une inaptitude à participer à un travail en groupe ; il paraît d'ailleurs que L. reconnaît lui-même qu'il préfère travailler isolément. Au fond, tout cela n'est pas très grave, et il serait à souhaiter, surtout avec l'adhésion à une même tradition, que cela n'empêche pas une entente entre eux, chacun restant naturellement libre d'exercer son activité de la façon qui convient le mieux à ses aptitudes... […]

On dit tout à fait couramment ici que quiconque désire le Paradis ou craint l'Enfer est encore bien loin d'être réellement « mutaçawwuf »...

Pour ce qui semble vous causer une certaine gêne (dans l'accomplissement de « dévotions » en mode islamique), il faut dire d'abord que naturellement une forme traditionnelle doit être prise comme un tout, l'exotérisme représentant un point d'appui nécessaire pour ne pas « perdre terre » ; et il est probable que, dans une organisation initiatique chrétienne du Moyen-Âge, vous auriez eu à peu près la même impression que celle que vous avez actuellement. D'un autre côté, comme je l'ai dit bien souvent, il ne faut pas oublier que ce qui est l'essentiel, c'est le rattachement initiatique et la transmission de l'influence spirituelle ; cela fait, chacun doit surtout travailler par lui-même, et de la façon qui lui convient le mieux, pour rendre effectif ce qui n'est encore que virtuel. Il va de soi qu'il vaudrait mieux avoir le choix entre une diversité de méthodes permettant à chacun d'être aidé aussi complètement qu'il se peut, mais malheureusement ce n'est pas le cas actuellement ; en tout cas, ce qui est destiné à être une aide ne doit jamais devenir un empêchement pour personne.

J'ajoute que S. est très excusable de ne pas envisager peut-être suffisamment l'adaptation qu'il faudrait pour chacun, car il est évident que cela demande une expérience qu'il ne peut avoir encore ; et je vois d'ailleurs que vous comprenez cela très bien ; mais il est à craindre que d'autres ne le comprennent pas comme vous... Il faut pourtant espérer que tout cela s'arrangera peu à peu ; il faut bien penser qu'il s'agit en somme d'un « début », dans des conditions qui ne s'étaient encore jamais présentées jusqu'ici.

Pour le balancement du dhikr, en somme, on peut dire que cela est lié d'une façon générale à la question du rythme, et que, en outre, ces mouvements ont par eux-mêmes une certaine action sur les centres subtils.

Je n'ai pas de données particulières sur les événements du moment ; mais il est certain que tout cela est loin d'être rassurant, et on a de plus en plus l'impression que la période finale du cycle pourrait bien réellement ne pas être très éloignée...

૭)૯૩

à L.C. d'Amiens
Le Caire, 17 avril 1936

Voilà donc S. revenu à Paris ; il lui sera peut-être tout de même moins difficile d'y trouver une situation qu'ailleurs ; malheureusement, il est à craindre que sa négligence des choses extérieures ne lui fasse manquer des occasions, car je sais que cela est arrivé plusieurs fois. C'est regrettable qu'il soit ainsi pour tout ; il est vrai que, d'après ce qu'on m'a dit, il semble qu'il y ait là beaucoup de la faute de sa mère... Tout de même, cette absence de remerciements en vous quittant me stupéfait ; cela n'a certes rien d'oriental ; ici, on aurait plutôt une tendance à exagérer dans le sens contraire ! D'un autre côté, ce que sa préparation à son rôle a pu avoir d'insuffisant ou de trop rapide serait certainement moins grave s'il avait un peu moins de confiance en lui-même, et surtout s'il n'y avait pas chez lui cette sorte de volonté de ne pas tenir compte de tant de choses qui ont pourtant bien leur importance... [...]

Pour le moment des cérémonies initiatiques, il est exact que certaines organisations hindoues, et peut-être d'autres aussi, tiennent compte des influences astrologiques ; mais cela n'existe pas dans les organisations islamiques, ou du moins je n'en connais aucun exemple ; il y a là évidemment une question de « modalités » différentes. L'impeccabilité peut, dans certains cas, être considéré comme attachée à une fonction plutôt qu'à un degré, mais il est évident que, pour le jîvan-mukta (libéré vivant) tout au moins, les actes ne peuvent entraîner aucune conséquence et, même à des degrés très inférieurs à celui-là, il en est de même des actes accomplis avec un parfait détachement ; voyez à ce sujet la Bhagavad-Gîtâ. [...]

Comment S. a-t-il bien pu s'imaginer que, si vous ou d'autres me tenez au courant de ce qui se passe (en France et en Suisse), c'est pour le plaisir de raconter des histoires ? [...]

Je pense que S. n'ira pas jusqu'à me demander avis sur tous les candidats (à l'initiation), d'autant plus que ce n'est pas précisément facile pour des gens qu'on n'a jamais vus et qu'on ne connaît que par correspondance. Il doit d'ailleurs être bien entendu que je ne veux absolument prendre la « direction » de quoi que ce soit, mais aussi que, quand il s'agit non de conseils individuels, mais d'indications ayant une portée générale, je ne peux pas me refuser à les donner dans la mesure du possible ; mais encore faut-il d'abord qu'on juge à propos de me les demander...

ΣΟΩ

à L.C. d'Amiens
Le Caire, 27 avril 1936

Je ne croyais tout de même pas que les choses avaient fini par se gâter au point que S. en soit arrivé à parler de « dissolution » ; franchement, je ne comprends pas du tout comment cela pourrait se justifier... Tout ce que vous m'apprenez est d'ailleurs bien extraordinaire et, je dois le dire, inattendu ; je vous en remercie, car vous avez bien raison de penser qu'il est nécessaire que je sois informé de ce qu'il en est, si peu agréable que ce puisse être. Moi qui avait compté sur la fonction de S. pour me soulager un peu, voilà que c'est tout juste le contraire qui se produit et qu'il n'y a là pour moi qu'une source de nouvelles préoccupations !

ΣΟΩ

à L.C. d'Amiens
Le Caire, 17 mai 1936

Je savais déjà depuis 2 jours, par un mot de S., l'heureux dénouement des derniers incidents, dont je vous avoue que j'avais été fort inquiet. Enfin, comme vous le dites, il est bien à souhaiter que la leçon de prudence qu'il convient d'en tirer ne soit pas perdue pour les uns et les autres. [...]

Je souhaite pour nous tous que l'« atmosphère » soit maintenant moins troublée et que nous soyons bien réellement arrivés à la fin de tous ces tracas !

ΣΟΩ

à L.C. d'Amiens

Le Caire, 27 juin 1936

La restauration initiatique en mode occidental me paraît bien improbable, et même de plus en plus comme vous le dites ; au fond, du reste, je n'y ai jamais beaucoup compté, mais naturellement je ne pouvais pas trop le montrer dans mes livres, ne serait-ce que pour ne pas sembler écarter « a priori » la possibilité la plus favorable. Pour y suppléer, il n'y a pas d'autre moyen que de recourir à une autre forme traditionnelle, et la forme islamique est la seule qui se prête à faire quelque chose en Europe même, ce qui réduit les difficultés au minimum. Une occasion se présentant, j'ai pensé tout de suite qu'il convenait de ne pas la laisser échapper puisque cela pouvait présenter par là un intérêt d'ordre tout à fait général. [...]

Ce que vous me citez de votre traduction du Corân, ou plutôt des notes qui l'accompagnent, ne m'étonne pas du tout, car cela est bien dans l'esprit des Ahmadiyah, très « modernistes », et nettement hétérodoxes sur différents points. Ils font partout une invraisemblable propagande ; ils disposent de fonds considérables, dont la plus grande partie vient d'ailleurs d'Angleterre... En Amérique, ils sont arrivés à supplanter presque entièrement le Béhaïsme ; cela montre bien à quelles sortes de gens ils s'adressent, et quelles concessions ils doivent faire à la mentalité occidentale.

ஐ

à L.C. d'Amiens
Le Caire, 13 novembre 1936

J'ai reçu votre lettre hier, et, tout d'abord, que de remerciements je vous dois pour l'aimable envoi qui y était joint ! Vous devez penser qu'il est tout particulièrement le bienvenu en ces jours où la baisse du franc et ses conséquences ne sont pas sans me causer bien des inquiétudes et des préoccupations ; et je suis bien reconnaissant à ceux qui s'efforcent de les atténuer ainsi et de compenser la perte qui résulte de ces malheureuses circonstances. Votre retard à m'écrire est certes bien excusable, au milieu de tant d'événements inquiétants à tous les points de vue. [...]

Au sujet du dhikr, A. a évidemment raison en principe (quand il parle de l'importance de son accomplissement vis-à-vis de la réalisation des états supérieurs), mais je pense que, pratiquement, il ne faut rien exagérer, et que des séances quotidiennes seraient peut-être excessives. Quant à l'invocation du Nom suprême que vous avez demandé à S., mon avis est bien qu'il ne faut pas aller trop vite, et qu'en somme il y a tout avantage à procéder graduellement...

Les autres nouvelles que vous me donnez, en ce qui vous concerne, me paraissent vraiment très satisfaisantes ; sans doute, il faut toujours craindre de s'exagérer la portée de certains résultats, mais, tout de même, tout cela semble bien marcher d'une façon parfaitement « normale », si l'on peut dire. D'autre part, ce que vous me dites de la façon dont la solution de certaines questions se présente à vous comme d'elle-même me paraît aussi un excellent signe ... Pour la question du « Point primordial », la concentration et l'expansion peuvent être comparés aux deux phases de la respiration (et à celles des mouvements du cœur) ; et tout cela peut naturellement s'appliquer à différents niveaux. Si on envisage les choses au degré de l'Être, on pourrait dire que l'indifférenciation « diffuse » correspond à son Unité, et la contraction à sa polarisation en essence (le point) et substance (l'espace vide, pure potentialité). [...]

La présence de deux points et leur distance réalise un espace ; c'est évidemment une des conditions d'existence de l'élément corporel, mais ce n'est pas la seule qui soit nécessaire. Je dois dire, à ce propos, que je me méfie beaucoup du mot « concret » ; je ne suis jamais arrivé à savoir exactement comment on voulait l'entendre ; en tout cas, il est toujours détourné de son vrai sens étymologique, qui n'est autre que celui de « continu ».

ଽଓଔ

à L.C. d'Amiens
Le Caire, 15 janvier 1937

On m'a envoyé dernièrement un long questionnaire sur la zakat, les genres de placements autorisés et interdits, etc. ; j'y ai répondu aussi exactement que je l'ai pu, en me basant sur ce qui se fait habituellement ici (en Égypte). Il est certain que tout cela n'est que secondaire, bien qu'une forme traditionnelle doive être prise dans tout son ensemble (je ne parle pas de choses telles que le costume, etc., qui n'ont absolument aucun caractère d'obligation) ; en tout cas, il faut reconnaître que tout cela est assez difficile à adapter à la vie dans un milieu européen, surtout avec toutes ses complications actuelles, et je crois qu'il ne faut pas vouloir s'attacher à trop de détails, d'autant plus que la règle générale, à cet égard, est de se tenir toujours dans les limites de ce qui peut être fait raisonnablement. [...]

Le ternaire *Sat-Chit-Ânanda* est certainement, dans la doctrine hindoue, ce qui a le plus de similitudes avec la Trinité chrétienne ; cependant, je me demande s'il est facile d'établir la correspondance terme à terme : le Verbe, en tant qu'il est identifié à la Sagesse, semblerait devoir s'assimiler à *Chit*, qui pourtant, d'un autre côté, constitue le lien entre les deux autres termes comme il est dit que le St Esprit l'est entre le Père et le Fils. C'est d'ailleurs la question du St Esprit surtout qui constitue un point très obscur et sur lequel les théologiens eux-mêmes semblent assez peu fixés ; en tout cas, il est difficile de tirer de tout ce qu'ils en disent quelque chose de bien net... Il est évident que, suivant les points de vue, il peut y avoir une multitude de façons d'envisager des attributs divins formant un ternaire, et que, même quand il y a une certaine correspondance, celle-ci peut n'être encore que partielle et valable seulement sous certains rapports ... D'autre part, il est exact qu'il y a une analogie entre la distinction des attributs divins et celle de la personnalité des différents êtres dans le principe ; on pourrait même se demander jusqu'à quel point ce ne sont pas là simplement deux aspects ou deux applications d'une seule et même chose.

Il n'y a certainement, dans ce que j'ai écrit, rien qui soit en contradiction avec le point de vue de Shankarâchârya, il faut seulement comprendre que les autres points de vue, comme celui de Râmâniya par exemple, tout en allant moins loin et moins profondément, sont tout de même vrais à leurs niveaux respectifs ; l'essentiel est de toujours bien savoir à quel degré chaque chose doit se situer. […]

Le panthéisme, simple théorie philosophique, se rapporte uniquement au monde manifesté et nie la transcendance du Principe par rapport à celui-ci ; c'est là, en somme, sa définition même, et c'est pourquoi il n'est en somme qu'une variété d'« immanentisme ». Quand nous nous plaçons au-delà de la manifestation, nous sommes, par là même, aussi loin que possible du point de vue du panthéisme, auquel ce domaine est complètement fermé, si bien qu'on pourrait dire que le fait même de l'envisager implique à lui seul la négation du panthéisme.

ℰℭ

à L.C. d'Amiens
Le Caire, 26 juin 1937

Pour la question de al-Hallâj, l'interprétation de Massignon est tout à fait sujette à caution, puisqu'il y a toujours chez lui l'arrière-pensée de ne voir partout que du « mysticisme » et des influences chrétiennes. Cependant, toute interprétation à part, je préfèrerais une autre forme à celle de al-Hallâj, qui se prête plus facilement à ce genre de déformation ; c'est d'ailleurs l'imprudence ou la maladresse de ses expressions qui a été la cause de sa mort ... Il est certain qu'il n'existe pas d'exposé d'ensemble de l'ésotérisme islamique, et que c'est une lacune très regrettable ; mais que faire ? J'avoue que je ne peux pas arriver à tout ; j'aurais toujours voulu que d'autres puissent faire des travaux dans le même sens, pour cela ou pour bien d'autres questions encore ; mais, malheureusement, je ne vois jusqu'ici personne qui à la fois ait les données suffisantes et puisse y apporter l'esprit voulu ; qui sait si cela se présentera un jour ou l'autre ?...

Il n'y a assurément aucun inconvénient, au point de vue de la méditation proprement dite, à faire appel au Vêdânta ou à toute autre forme traditionnelle ; il faut seulement éviter le mélange dans ce qui est en relation directement avec les rites.

La lecture du Corân peut très certainement « ouvrir » beaucoup de choses, mais, bien entendu, à la condition d'être faite dans le texte arabe et non pas dans des traductions. Pour cela et aussi pour certains écrits ésotériques, il s'agit là de quelque chose qui n'a aucun rapport avec la connaissance extérieure et grammaticale de la langue ; on me citait encore l'autre jour le cas d'un Turc qui comprenait admirablement Mohyid-din Ibn ʿArabi, alors que de sa vie il n'a été capable d'apprendre convenablement l'arabe même courant ; par contre, je connais des professeurs d'El Azhar (le Caire) qui ne peuvent pas en comprendre une seule phrase ! [...]

En Europe, (pour un musulman), il n'est pas toujours possible à de se dispenser d'assister à un rite étranger, ne serait-ce que pour des raisons de simple politesse, comme dans le cas de l'assistance à un mariage ou à un enterrement par exemple ; dans un tel cas, il suffit évidemment de garder une attitude neutre pour que cela ne puisse avoir aucun inconvénient grave ; mais je dis bien une attitude neutre, et non pas hostile, ce qui d'abord n'aurait aucune raison d'être, et ensuite serait le meilleur moyen de s'attirer en retour des réactions déplaisantes, pour ne pas dire plus. Mais le cas de la communion pascale est quelque chose de tout différent, et, en réalité, la question ne peut même pas se poser, puisqu'il y a là des conditions imposées par l'Église catholique et qu'il est impossible de remplir.

ΩΩ

à L.C. d'Amiens
Le Caire, 26 octobre 1937

Certaines des choses que vous a dites S. montrent que son caractère est toujours d'une susceptibilité excessive ; c'est certainement là ce qui rend si difficile d'éviter tout incident plus ou moins désagréable. Mais ce qui actuellement est le plus inquiétant (et lui aussi paraît s'en inquiéter fort), c'est ce qui se passe à Mostaganem, et dont vous avez sûrement dû avoir des échos par ceux qui y sont allés dernièrement. [...]

L'état d'esprit qui règne dans ce milieu a changé bien fâcheusement, et si rapidement que cela est difficilement explicable ; si cela continue, la tendance « propagandiste » ne tardera pas à étouffer tout reste d'esprit initiatique... Dans ces conditions, S. n'a sans doute pas tort de penser que le mieux sera de réduire les relations au minimum. [...]

J'ai l'impression qu'il faudrait assez peu de chose pour amener une rupture complète entre Mostaganem et Bâle, ce qu'il vaudrait mieux éviter si possible ! [...]

Le *dhikr* s'accompagne toujours de mouvements rythmés, mais il est évident qu'il ne faut pas qu'ils soient exagérés et dégénèrent en une agitation plus ou moins violente, car c'est alors surtout que leur répercussion risque d'être limitée à de simples effets psychiques. [...]

En tout cas, pour l'état accompagnant parfois le *dhikr* et où, comme vous le dites, tout n'est que vibration, je vous prierai de vous reporter à mon article « Verbum, Lux et Vita » (cf. : Aperçus sur l'initiation), car j'ai pensé spécialement à cet état en l'écrivant.

ℰℭ

à L.C. d'Amiens
Le Caire, 20 novembre 1937

La « désintégration » dont j'ai parlé (dans l'article « De la confusion du psychisme et du spirituel ») se rapporte naturellement à l'être individuel ; il est bien évident qu'il ne peut pas s'agir du « Soi », qui est immuable ; mais cette « perte » totale de l'état actuel de manifestation de l'être n'en est pas moins grave, du moins tant qu'on ne se place pas au point de vue de la totalité absolue, par rapport auquel tout le reste est forcément nul [...]

Il est bien entendu qu'il n'y a pas de distinction à faire entre possibilité et réalité ; mais, d'autre part, certaines possibilités impliquent la manifestation, et on ne peut pas dire que celle-ci soit dans tous les cas un passage de l'informel au formel, puisqu'il y a aussi des états de manifestation informelle ; voudrez-vous encore repensez à cela ?

ೞಣ

L.C. d'Amiens
Le Caire, 4 avril 1938

L'hiver a été exceptionnellement froid et long cette année, d'où rhumes et grippes ; mais enfin c'est terminé, et, à part cela, ma santé n'est pas mauvaise maintenant ; espérons donc que cela continuera ainsi... [...]

Je pense que vous faites très bien de continuer à être prudent avec D.. S'il venait à reparler d'un rattachement oriental, le mieux serait sans doute, comme vous le dites, que vous lui en fassiez tout d'abord ressortir les difficultés, qui d'ailleurs sont bien réelles ; si ensuite il persistait malgré cela, il serait toujours temps de voir alors ce qu'il conviendrait de faire... [...]

Pour ce qui manque à la Maçonnerie, du fait qu'elle est devenue simplement « spéculative », ce sont en somme les moyens de passer d'une initiation virtuelle (toujours valable comme telle) à une initiation effective ; malheureusement, il y a là quelque chose qui, pour bien des raisons (et même si l'état d'esprit était plus favorable qu'il ne l'est présentement), paraît assez difficile à restaurer en fait, bien que, naturellement, la possibilité en subsiste toujours en principe ; il y a, dans le rituel même, de multiples points qui posent des énigmes presque insolubles !

Ce que vous dites des conditions anormales et anti-traditionnelles de l'existence occidentale n'est certainement que trop vrai, et il est sûr que c'est là une source de difficultés supplémentaires dont il est impossible de ne pas tenir compte ; il faut évidemment tâcher de « neutraliser » tout cela le plus possible, mais je reconnais que ce n'est pas toujours facile ; il n'y a que celui qui aurait déjà atteint le but qui serait en droit de se considérer comme entièrement affranchi de toutes ces contingences...

Quant à aller vivre ailleurs, où les circonstances sont moins défavorables, ce n'est pas toujours réalisable non plus, et il y a aussi alors une autre question, celle de l'adaptation au milieu, qui, dans bien des cas, peut amener des difficultés d'un autre genre...

Pour les états de concentration dont vous parlez, je crois comme vous qu'il n'y a qu'à continuer ainsi, tout au moins jusqu'à nouvel ordre ; du reste, il y a rarement avantage à vouloir trop hâter les résultats ; et ce n'est pas pour rien que la patience est si souvent recommandée dans le Corân !

Quant à votre autre question, il y a en réalité une grande différence entre le pitri-yâna (celui qui suit la « voie des ancêtres ») et ces cas, assez exceptionnels comme vous le dites, des individus ayant mené une vie en quelque sorte « à rebours » ; cette différence est d'ailleurs formellement indiquée à la fin de la fatihah (1ère sourate), et vous pourrez vous reporter à ce que j'ai dit à ce sujet dans le Symbolisme de la Croix (pp. 185-187).

En fait, c'est le pitri-yâna qui, surtout dans les conditions du Kali-Yuga, correspond au cas de l'immense majorité des hommes, la délivrance « différée » est la seule qui pourrait être envisagée pour eux si quelque délivrance pouvait être envisagée ; mais que voulez-vous faire, par exemple, de tous ceux qui ne sont rattachés effectivement à aucune tradition, comme c'est le cas de la plupart des Occidentaux actuels ?...

ॐ

à L.C. d'Amiens
Le Caire, 26 avril 1938

...

Pour ce qui manque à la Maç∴ du fait qu'elle est devenue simplement « spéculative », ce sont en somme, les moyens de passer d'une initiation virtuelle (toujours valable comme telle) à une initiation effective ; malheureusement, il y a là quelque chose qui, pour bien des raisons (et même si l'état d'esprit était plus favorable qu'il ne l'est présentement) paraît assez difficile à restaurer en fait, bien que, naturellement, la possibilité en subsiste toujours en principe ; il y a, dans le rituel même de multiples points qui posent des énigmes presque insolubles.

ℬ⌘

à L.C. d'Amiens
Le Caire, 20 mai 1938

Pour ce qui concerne les projets du frère D. (afin de combler les lacunes actuelles de la Maçonnerie), je continue à croire que leur réalisation risque de rencontrer bien des difficultés, dont la première sera de trouver 6 autres Maçons ayant l'esprit voulu ; ce n'est pas aussi simple qu'on pourrait le croire, et, étant donné surtout la mentalité « occultiste » du milieu où il pense sans doute les trouver, je crains fort qu'il n'ait bien de la peine à compléter le nombre... Ensuite, il est certain que, en principe, une loge peut exister indépendamment de toute Obédience ; mais il ne l'est pas moins que, en fait, et dans les conditions actuelles, cette situation se heurte à des obstacles presque insurmontables. Comme il n'est guère possible d'expliquer tout cela par correspondance avec les précisions voulues, je pense que le mieux serait qu'il demande un rendez-vous à mon ami H., que je vais d'ailleurs prévenir, et qui pourra, mieux que quiconque, lui donner toutes ces explications. […]

Il est bien entendu que les relations entre des organisations appartenant à des formes traditionnelles différentes ne sont jamais « de droit » et ne peuvent avoir un caractère « officiel », si l'on peut employer ce mot en pareil cas. Même le fait qu'il y ait des membres communs peut n'avoir pas d'autres conséquences : ici, par exemple, il y a des membres de diverses turuq qui sont Maçons en même temps, mais cela ne va pas plus loin et la Maçonnerie n'a pas pour cela le moindre appui des turuq comme telles. Au surplus, il va de soi qu'une organisation ne pourrait demander un appui quelconque que si elle avait déjà des résultats valables et sérieux à présenter ; il est donc certainement beaucoup trop tôt pour envisager cette question et se demander sous quelle forme un tel appui serait possible.

✣

À L.C. d'Amiens
Le Caire, 4 juin 1938

...

Il doit être bien entendu que les relations entre des organisations appartenant à des formes traditionnelles différentes ne sont jamais « de droit » et ne peuvent pas avoir un caractère « officiel » si l'on peut employer ce mot en pareil cas.

Même le fait qu'il y ait des membres communs peut n'avoir pas d'autres conséquences ; ici, par exemple, il y a des membres de diverses *turuq* qui sont Maç∴ en même temps, mais cela ne va pas plus loin et la Maç∴ n'a pas pour cela le moindre appui des *turuq* comme telles. Au surplus, il va de soi qu'une organisation ne pourrait demander un appui quelconque que si elle avait des résultats valables et sérieux à présenter.

✣

à L.C. d'Amiens
Le Caire, 23 septembre 1938

Sûrement, la situation actuelle est loin d'être rassurante ; on dit cependant qu'il y a un peu d'amélioration ces jours-ci, mais pour combien de temps ? je suis heureux de savoir que vous avez réussi à intéresser encore d'autres personnes à mes livres, mais surtout de ce que vous me dites (de positif) à propos de Madame C. (votre épouse), et dont vous devez éprouver une bien grande satisfaction. Il faut pourtant que je vous mette en garde sur un point la reconstitution de l'androginat primordial ne peut pas résulter de la fusion de deux êtres différents, mais bien de l'équilibre des complémentaires que chaque être porte en lui-même (avec prédominance de l'un ou de l'autre dans l'état ordinaire) ; toute union extérieure ne peut être ici qu'une image ou une similitude, et rien de plus ; et toute autre façon d'envisager la chose ne relève que de rêveries « pseudo-mystiques » qui peuvent être parfois fort dangereuse...

Il est certain que la question (de la revivification de la Maçonnerie) n'a guère qu'un intérêt plutôt théorique, et vous avez tout à fait raison de penser que cela montre bien encore qu'il n'y a plus de possibilités initiatiques réelles pour l'Occident en dehors du côté islamique.

ℬℭ

à L.C. d'Amiens
Le Caire, 23 octobre 1938

Merci bien vivement de votre nouvel et important envoi, qui m'est arrivé hier. Sûrement, quand nous allons pouvoir avoir une maison à nous, ce sera pour moi un grand souci de moins ; aussi suis-je bien reconnaissant à tous ceux qui m'aident à arriver à ce résultat. Surtout avec l'instabilité de la situation en Europe, il n'est malheureusement pas inutile de prendre des précautions pour le cas où les communications viendraient à être interrompues... espérons pourtant, puisque les choses se sont arrangées cette fois, que cela va pouvoir durer ainsi ; mais qui peut savoir combien de temps ?

Je suis heureux que mes explications sur la question de l'androginat vous aient satisfait ; il s'agit en somme d'équilibrer le yin par le yang et réciproquement, et cela dans tous les domaines. Ce n'est d'ailleurs pas tant l'équilibre corporel qui est à considérer (pouvant plutôt être atteint à titre de conséquence que directement) que l'équilibre psychique, car l'homme et la femme ne diffèrent pas moins l'un de l'autre sous ce rapport ; il ne s'agit pas en cela, bien entendu, des différences superficielles et simplement psychologiques, mais de quelque chose qui est inhérent à la constitution même de l'individualité (ce qui ne veut pas dire que les éléments complémentaires non développés n'y existent pas aussi potentiellement, puisque sans cela l'équilibre serait évidemment impossible à réaliser).

Pour ceux qui suivent le pitri-yâna, on peut sans doute parler en effet, comme vous le dites, d'une « descente aux enfers », du moins au sens général de cette expression ; mais, pour préciser davantage, il faudrait peut-être faire encore certaines distinctions suivant les cas, car c'est là une question bien complexe et qui a des aspects multiples. En tout cas, il est évident que, pour passer à un autre état de manifestation, l'être laisse forcément derrière lui, à la façon d'une sorte de « cadavre psychique », les éléments proprement constitutifs de l'individualité, qui ne répondraient plus à rien dans les conditions de cet autre état.

Pour les effets de la répétition d'un mantra, il n'est pas nécessaire en effet d'en connaître le sens, mais il faut qu'il y ait eu une transmission par laquelle il ait été vivifié. Autrement, et surtout dans le cas de quelqu'un qui appartient à une autre forme traditionnelle, s'il arrive que certains effets se produisent malgré tout, ils risquent fort d'être plutôt maléfiques...

ℰℴℂℛ

à L.C. d'Amiens
Le Caire, 10 novembre 1938

Je pensais bien que H. n'avait pas renoncé à son projet (relatif à la Maçonnerie), mais je comprends que cette façon d'en envisager la réalisation pour une époque lointaine et indéterminée ne soit pas très encourageante pour d'autres. C'est très bien de n'être pas pressé, et on peut même dire qu'il a raison « en principe » ; mais ce que je ne comprend pas très bien, c'est que, tout en continuant à avoir cela en vue s'il estime que finalement ce ne doit pas être peine perdue, il n'envisage pas autre chose en attendant, ne serait-ce que pour lui personnellement, puisque l'initiation maçonnique a cet avantage de n'être en somme incompatible avec aucune autre... je trouve que D. n'a pas tort quant aux conclusions qu'il tire de tout cela, et qui sont d'ailleurs bien conformes à ce que je vous avais déjà dit. Il faut donc espérer qu'il réussira à se mettre dans les dispositions voulues pour un rattachement à l'Islam, car ce serait assurément la meilleure solution ; mais il était bon tout de même de lui donner l'occasion de se rendre compte par lui-même des possibilités qu'il pouvait trouver par ailleurs...

Les nouvelles que vous me donnez d'A. ne sont vraiment pas fameuses ; s'il est heureux en un sens qu'il ait pu trouver une situation, il est tout de même bien fâcheux qu'elle soit telle qu'elle ne lui laisse même pas la possibilité d'accomplir les rites ; je souhaite comme vous que cet empêchement ne dure pas, mais décidément la vie dans un milieu occidental est pleine de difficultés de tout genre ! [...]

La phrase sur « la condition humaine difficile à obtenir » se rencontre bien souvent, et s'explique en somme très facilement si l'on considère sa position « centrale » dans notre état : l'être qui passe à un autre état, même supérieur, a peu de chances de s'y retrouver dans la position correspondante, et en a beaucoup plus d'y avoir une condition analogue à celle des animaux ou des végétaux, d'où désavantage évident pour obtenir la délivrance à partir d'un tel état. Sans cela, du reste, quel intérêt y aurait-il à maintenir autant que possible l'être dans les prolongements posthumes de l'état humain « usque ad consummationum saeculi » ? ...

ଓଓଓ

à L.C. d'Amiens
Le Caire, 30 avril 1939

Je viens d'avoir, moi aussi, une forte grippe accompagnée d'un violent mal de gorge, et, bien que ce soit passé maintenant, il m'en reste encore une certaine fatigue ; cela n'a pas contribué à avancer mon travail ces temps-ci !

En dehors des causes physiques qui ont pu y jouer un rôle, le détachement dont vous parlez ne semble pas être une mauvaise chose en lui-même, car il y a sûrement toujours avantage à « simplifier » à bien des égards ; quant à la tendance à augmenter la part de l'« opératif » (dans l'occupation de votre temps), je ne puis que l'approuver tout à fait.

Il est exact que les livres peuvent servir de support à certaines influences, surtout, semble-t-il, les vieux livres qui ont appartenu précédemment à d'autres personnes qui ont pu y laisser quelque chose d'elles-mêmes...

J'accepte (votre proposition de m'envoyer) le livre sur Abd al-Karim al-jîlî, que je ne connais pas, et dont je parlerai volontiers dans les « E.T. ». [...]

Pour la récitation des noms divins (un nombre donné de fois), ces nombres qui paraissent compliqués (j'en ai vu d'autres exemples) ont généralement quelque signification symbolique, quoiqu'elle ne soit pas toujours facile à déterminer exactement ; c'est surtout le cas quand ils sont composés de facteurs simples comme celui que vous me citez (185856 = 29*3*112). D'une façon générale, c'est seulement dans des cas spéciaux qu'un nom doit être répété un grand nombre de fois ; autrement, on conseille le plus souvent de ne pas aller au-delà de 1000 fois. [...]

Pour D., je crois comprendre que, pour le moment, il veut surtout se rendre compte s'il pourra pratiquer les rites d'une façon suivie, car autrement je ne vois pas quel résultat il pourrait en attendre dans ces conditions « provisoires ». Pour ce qui est de se débarrasser de certaines habitudes (comme l'absorption de l'alcool), beaucoup pensent qu'il vaut mieux n'aller que graduellement ; mais en ce cas, s'il se produisait quelque réaction fâcheuse, il serait préférable d'interrompre les rites jusqu'à nouvel ordre. [...]

ஐଓ

à L.C. d'Amiens
Le Caire, 20 mai 1947

Concernant l'éventuelle mise à l'Index de mes livres, la chose ne peut m'atteindre en rien personnellement ; je ne pense d'ailleurs pas que cela soit susceptible de diminuer beaucoup le nombre des lecteurs de mes livres (les décisions de l'Index ne font pas grande impression aujourd'hui, même dans les milieux ecclésiastiques), ni au contraire de l'augmenter sensiblement comme cela arrive parfois pour des ouvrages d'un autre genre (des romans par exemple, ou encore des ouvrages historiques). Au fond, ce ne serait fâcheux que pour l'Église elle-même, en ce sens que cela prouverait que l'incompréhension de ses représentants actuels est réellement incurable ; il y a sûrement eu déjà bien des abus de « juridiction », mais moins évidents tout de même que ne le serait celui-là ; remarquez d'ailleurs que, intentionnellement, j'ai pris soin de préciser cette question de « juridiction » à la fin du ch. XLV des *Aperçus sur l'Initiation*. Il est bien entendu que ce n'est certes pas moi qui, pour éviter une histoire de ce genre, ferai jamais la moindre concession au détriment de la vérité doctrinale ; il est vrai que, bien souvent, il suffit d'être assez habile pour trouver des formules appropriées, car, en somme, tout cela n'est guère que subtilités de langage : mais, pour ma part, je n'ai guère de goût pour ces subtilités. [...]

Il y a des questions, mathématiques et philosophiques par exemple, dont je n'ai vraiment pas le temps de m'occuper, puisque je n'en ai même pas assez pour arriver à ce que je considère comme beaucoup plus important, je veux dire ce qui concerne les questions d'ordre proprement ésotérique et initiatique, auxquelles je serai sans doute obligé de me limiter de plus en plus strictement ... [...]

Pour la proposition de Maître Eckhart (« Il y a dans l'âme quelque chose qui est incréé et incréable ; si l'âme entière était telle, elle serait incréé et incréable : et cela c'est l'intelligence »), le rapprochement que vous faites avec la notion de « soufi incréé » est assez justifié en effet ; du reste, ce qu'exprime cette proposition est certainement très vrai, et, à notre point de vue, il n'y a là que l'emploi du mot « âme » qui pourrait soulever une objection, le mot « esprit » étant préférable en la circonstance. Je crois qu'Eckhart n'a jamais eu d'autre tort que d'être parfois imprudent dans ses expressions ; sûrement, celui-là ne se souciait guère des subtilités chères aux théologiens ordinaires et aux philosophes ! [...]

Vous demandez s'il serait erroné, en parlant de l'homme, de dire « son esprit » ; ce le serait en effet, parce que l'emploi du possessif, en pareil cas, impliquerait une sorte de renversement des rapports entre l'esprit, en tant qu'il est l'essence même de l'être, et l'individualité qui n'en est qu'une manifestation contingente. Ce serait en somme la même erreur que celle qui consiste à parler d'« esprit humain », comme si l'esprit pouvait se « spécifier », ce qui est encore plus évidemment faux que pour l'intellect (je dis plus évidemment, car, bien entendu, ce n'est pas moins faux pour celui-ci que pour celui-là : Buddhi, faisant le lien entre tous les états manifestés, ne peut être dite appartenir à aucun d'eux).

❧❦

à L.C. d'Amiens
Le Caire, 8 décembre 1948

Dans l'Islam, la *qiblah* fut d'abord vers Jérusalem avant d'être vers La Mecque (les 2 orientations sont encore indiquées dans la première mosquée qui existe toujours à Médine) ; certains disent que la 1ère qiblah sera rétablie par le Christ lui-même quand, à sa nouvelle venue, il présidera à la prière. [...]

L'initiation féminine n'est pas possible dans certaines formes initiatiques, mais non pas dans toutes indistinctement.

❧❦

à L.C. d'Amiens
Le Caire, 17 octobre 1950

Personne n'a et n'aura jamais aucun document de moi l'autorisant d'une façon quelconque à se considérer comme mon successeur, ce qui me paraîtrait d'ailleurs tout à fait dépourvu de sens. Si j'ai dit autrefois que la tariqa était « le seul aboutissement de mon œuvre » (ce qui du reste était vrai à cette époque), il doit être bien entendu qu'il s'agissait en cela de la tariqa elle-même, ce qui n'a absolument rien à voir avec « l'œuvre de S. A. » ; je pensais encore qu'il devait s'agir d'une tariqa « normale », dans laquelle il n'aurait dû avoir rien d'autre à faire que de remplir la fonction de « transmetteur » et de se conformer strictement à l'enseignement traditionnel, sans introduire aucune innovation ayant un caractère « personnel ».

ଓଓ

Extraits de lettres de
René Guénon à Mme de Lapasse

à Mme de Lapasse, le [...]

... Quant à la question dont vous me parlez, on peut dire que la série des formes animales a, d'une certaine façon, préparé le milieu à l'apparition de l'homme, et on peut aussi admettre que celui-ci synthétise pour ainsi dire en lui les autres êtres vivants, au point de vue terrestre, par là même qu'il est leur principe au point spirituel (en raison de sa situation « centrale » dans cet état) ; mais on ne peut en aucun cas parler de « descendance », car un changement d'espèce est une impossibilité ; le texte de la Genèse est d'ailleurs formel là-dessus. Il est douteux que l'« homme des cavernes » ait jamais existé tel qu'on se le représente ; il est vrai qu'il peut y avoir eu des cas des dégénérescence plus au moins comparables à celui des sauvages actuels, et cela surtout à la suite de certaines cataclysmes ; mais les fameuses cavernes préhistoriques furent-elles des habitations... ou des sanctuaires ? En tout cas, que la perfection de l'état humain ait été au début du cycle, c'est ce qu'affirment unanimement toutes les traditions.

... Pour la question de l'intervention des saints, ce qu'il faut y voir surtout, c'est l'action de l'influence spirituelle ... par eux ; il n'y a nul besoin que leur être véritable joue directement un rôle là-dedans ; et cela s'applique même aux cas où l'influence parait prendre le plus nettement l'apparence d'une « personnification » (le cas d'apparitions, par ex.)

... Pour les questions concernant l'Enfer, ce que vous envisagez me parait bien exact ; la difficulté tout au moins pour l'expression, est qu'il s'agit là d'une durée qui est autre que le temps ; on peut sans doute parler de « mémoire » par analogie, bien que le sens ordinaire de ce mot se rapporte plus proprement au temps. Mais je ne vois pas qu'il y ait nécessairement une « sortie de l'Enfer » pour le jugement puisque c'est d'un *état* qu'il s'agit, non d'un lieu (qui n'est qu'une représentation symbolique de cet état). Quant aux êtres passés aux états supérieurs, vous avez raison, mais il est bien entendu que cela n'implique pas un « retour » réel à l'état humain. Enfin, pour ce qui est des animaux, je crois que tout ce qu'on peut dire, c'est qu'ils ne peuvent pas être compris dans un jugement qui concerne exclusivement l'humanité, dont ils ne font pas partie...

... Au Thibet, on parle de Shamballa comme d'un ancien centre spirituel qui était situé vers le Nord, et qui est disparu depuis longtemps, mais qui peut être « retrouvé » par ceux qui atteignent un certain état spirituel. Quant au dernier *Avatâra*, ce qu'il y a de singulier, c'est qu'en réalité, il n'est dit nulle part qu'il doive « naître » au sens propre de ce mot... Enfin, l'histoire du nom d'armagaddon est complètement absurde ; ce n'a jamais été un nom de lieu, d'ailleurs syrien (la forme exacte est Al-Megiddo, mais il a été « grécisé ») et tout à fait inconnu dans l'Inde et au Thibet avec les langues desquels il n'a rien à voir...

René Guénon

Extraits de lettres de
René Guénon à G. et/ou G.T.

à G., le 1er décembre 1936

...

La vérité est que la soi-disant bataille de Poitiers n'a jamais existé et que plus de deux siècles plus tard, les Arabes occupaient encore toute la région du sud-est, les Alpes, la Savoye et une partie de la Bourgogne ; l'histoire a été singulièrement falsifiée... Cela vaut les Gaulois représentés comme des sauvages vivant dans les forêts.

ℰℛ

à G., le 5 mai 1937

...

au point de vue islamique, ce sont bien en somme trois stades successifs d'une même tradition, mais la place du Christianisme, intermédiaire entre les deux autres, est en relation avec son caractère spécial, qui est de ne pas avoir proprement de « Shariyah ».

ℰℛ

à G.T., 16 juillet 1937

...

J'ai vu le « pied de St-Martin » en Savoie (et même l'empreinte de sa crosse sous la forme d'un trou rond à côté) ; on m'a dit alors qu'il y en avait aussi dans d'autres régions.

... Où trouve-t-on des empreintes de loup et d'ours ? Je n'en avais jamais entendu parler ; pour ma part, j'en ai seulement vu de cheval et de chameau (ces derniers au Sinaï, où les Bédouins les attribuent au chameau de ...[?]) ; je sais aussi que celles du bœuf (ou de buffle) sont connues dans l'Inde et c'est tout (à part les empreintes humaines, bien entendu).

Cette question des empreintes m'a toujours paru aussi très importante, en même temps que très énigmatique ; à ma connaissance, rien de très sérieux n'a été écrit là-dessus, car pour ce qui est des interprétations fantastiques de Marcel Beaudoin, mieux vaut n'en pas parler. Il n'y a que Coomaraswamy qui m'a exprimé à ce sujet une idée tout à fait conforme à celle que j'en avais déjà : il s'agirait essentiellement d'une représentation de « traces » des états supra-humains dans notre monde. Cela s'accorde aussi avec ce que vous envisagez, surtout pour les empreintes humaines ; et cela expliquerait d'ailleurs leur attribution à des personnes possédant, à titre quelconque, un caractère surhumain (c'est seulement la désignation plus précise de ces personnages, comme St-Martin par exemple, qu'il resterait encore à expliquer dans chaque cas particulier).

Maintenant, cette interprétation se trouve encore confirmée par quelque chose qui, dans la tradition islamique, paraît aussi pouvoir être rapportée à cela.

Voici, en effet, aussi exactement qu'il m'est possible de la rendre en français, ce que j'ai entendu dire ici de l'être qui est passé au-delà du « barzakh » (ce mot est intraduisible : disons, si vous voulez, l'être qui est passé au-delà des limites individuelles, bien qu'il y ait là encore quelque chose de plus en un certain sens) : « il est à l'opposé des êtres ordinaires (application du « sens inverse »). S'il marche sur le sable, il n'y laisse aucune trace ; *s'il marche sur le rocher, ses pieds y marquent leur empreinte.* S'il se tient au soleil, il ne projette pas d'ombre ; dans l'obscurité, une lumière émane de lui... » Cette sorte de « renversement » est d'ailleurs exprimé aussi par une parole qu'on met dans la bouche des awliyâ : « Nos corps sont nos esprits et nos esprits sont nos corps », ce qui veut dire, en d'autres termes, que chez eux le « caché » est devenu l'« apparent » et inversement ; ceci nous ramène encore au symbolisme de la lumière et des ténèbres, donc ne s'éloigne pas, en réalité, de vos considérations.

※

à G.T., le 18 janvier 1938,

...

La question du lieu d'origine des Tantras n'est pas très claire, en tout cas, je ne pense pas que le *Shaka-dwîpa* puisse être identifié à la Chaldée comme le dit A. Avalon ; suivant l'interprétation la plus plausible, ce serait la Scythie, ce qui indiquerait en somme encore une origine « nordique », en passant par l'Asie Centrale. Cela expliquerait d'ailleurs que le rite des Bönpos du Thibet, antérieurs au Bouddhisme et non influencés par l'Inde, présente des similitudes avec le Tantrisme, car il y aurait ainsi une origine commune.

À propos du Bouddhisme, certains pensent que les Shâkyas auraient été originairement des Shakas (Scythes), « hindouisés » depuis une époque plus ou moins reculée. Du côté occidental, les influences sont moins faciles à déterminer, quoiqu'il soit assurément possible qu'il y en ait eu aussi. Les analogies que vous remarquez avec l'hermétisme ne sont pas contestables, mais l'origine de l'hermétisme lui-même ne semble guère pouvoir être recherchée dans la même direction ; alors que la source commune serait beaucoup plus éloignée dans ce cas... On pourrait d'ailleurs dire aussi que toutes les doctrines adaptées spécialement au *Kali-Yuga* doivent par là même avoir quelque chose de « tantrique », au sens le plus large de ce mot.

※

René Guénon à A.K Coomaraswamy
(d'après 84 lettres manuscrites)

L1

Le Caire, 5 septembre 1935.

Cher Monsieur,

J'ai reçu hier votre aimable lettre, et je vous remercie bien vivement de l'envoi de l'article qui y était joint, et qui, je pense, conviendra très bien en effet pour le « Voile d'Isis » ; il va naturellement falloir le traduire, mais ce n'est pas là un travail bien long ni bien difficile.

Je ne me suis pas étonné que vous n'ayez pas pu trouver d'exemplaires de l'« Ésotérisme de Dante » et du « Roi du Monde », car ces deux volumes sont épuisés depuis assez longtemps déjà, et il paraît qu'on n'en rencontre plus que rarement. Il est arrivé heureusement que, ces jours derniers, j'ai retrouvé dans des paquets de livres, un exemplaire de chacun, alors que je croyais bien n'avoir plus que les miens ; c'est donc avec grand plaisir que je vais vous les envoyer dès demain.

Je vous remercie de vos remarques très intéressantes, et je prends bonne note de vos suggestions. Pour la question de la « moralité », nous sommes, bien entendu, tout à fait d'accord en principe, mais je crois qu'il faudrait pouvoir trouver un autre mot, afin d'éviter les confusions que peut faire naître l'acception la plus commune de celui-là. Ce qui me rend un peu difficile de traiter ce point de vue, c'est que, pour réagir contre le « moralisme » occidental, j'ai souvent insisté fortement, dans mes livres, sur le caractère relatif de tout ce qui s'appelle morale ; évidemment, il y a une question de vocabulaire à déterminer pour résoudre cette difficulté, et, avec quelques réflexions, ce n'est peut-être pas impossible...

Pour ce qui est de bhakti, vous avez tout à fait raison en ce qui concerne le sens originel ; mais, dans les époques plus récentes, le sens de « dévotion » ne paraît-il pas malgré cela avoir prévalu, avec la prédominance de l'élément sentimental qu'il implique comme vous le dites très justement ? Il faudra, dès que j'en aurai l'occasion, que j'appelle sur ce point l'attention de notre collaborateur Mr. R. Allar, qui s'est occupé plus particulièrement de cette question.

Votre remarque au sujet d'Indrâgni est très importante et vient s'ajouter encore, comme confirmation, à beaucoup d'autres choses du même genre. Ne pourrait-on pas aussi, à un certain point de vue, envisager ici un rapprochement avec le couple Nara-Nârâyana, identifié lui-même avec Arjuna-Krishna, etc. ? Cela demanderait des développements, mais vous n'en avez certainement pas besoin pour comprendre ce que je veux dire… - D'autre part, tout indique que les deux pouvoirs n'ont pas été séparés à l'origine, mais seulement à partir d'une certaine période. Cependant, il semble bien qu'on doive envisager une révolte « préhistorique » des Kshatriyas ; autrement comment comprendre le rôle de Parashu-Râma ?

Veuillez croire, cher Monsieur, à mes meilleurs et très distingués sentiments.

R. G.

L2

Le Caire, 22 octobre 1935

Cher Monsieur,

Je suis heureux de savoir que mon envoi vous est bien parvenu et je vous remercie de ce que vous voulez bien me dire à ce sujet. Quand les circonstances permettront de rééditer ces deux livres, il est probable que j'y ferai un certain nombre d'additions importantes.

Ce que vous me signalez au sujet de l'« ûrnâ », est très intéressant, et d'ailleurs il me semble que les deux interprétations ne s'excluent pas ; j'ai moi-même parlé du symbolisme « solaire » de l'araignée et de sa toile (je crois que c'est dans « Le Symbolisme de la Croix », bien que je ne le retrouve pas en ce moment). - Merci d'avance pour le travail sur « Angel and Titan » que vous m'annoncez.

Votre article est traduit ; je ne sais pas encore quand il passera, car il y avait ces temps-ci un certain nombre de choses en retard, mais il est probable que cela ne tardera pas beaucoup.

Pour « bhakti », il est à craindre que, en français, le mot « participation » ne soit pas compris sans d'assez longues explications, d'autant plus qu'il faut tenir compte du fait que certains « sociologues » en ont fait un emploi fâcheux, en rapport avec cette absurde invention qu'ils appellent la « mentalité prélogique » ; quoi qu'il en soit, il faudra que je réfléchisse encore à cela...

Pour la question de la « morale », nous sommes bien d'accord au fond, comme je crois vous l'avoir déjà dit ; seulement, toutes ces transpositions d'un point de vue à un autre demandent toujours de sérieuses précautions si l'on ne veut pas risquer qu'elles entraînent des confusions ou de fausses assimilations. -- Quant à la « science », je crois qu'il faut toujours maintenir nettement la distinction entre « science traditionnelle » et « science profane », cette dernière n'étant d'ailleurs que le produit d'une déviation.

Pour Indrâgni, etc., vos remarques concordent entièrement avec ce que j'ai indiqué dans « Autorité spirituelle et pouvoir temporel », au sujet du pouvoir unique dont dérivent à la fois le spirituel et le temporel, et qui, par conséquent, est antérieur à leur séparation ; il est d'ailleurs bien entendu qu'il y a dans tout cela des aspects qui se situent, si l'on peut dire, à des degrés différents de réalité.

Ce que vous dites de ceux qui ont accepté les points de vue et les méthodes des Occidentaux n'est malheureusement que trop vrai, et cela non pas seulement dans l'Inde, mais dans tout l'Orient... Quant à la possibilité de faire admettre certaines choses par les orientalistes, je dois avouer que j'en suis un peu étonné, car, pour ma part, je n'ai jamais rencontré dans ce monde la moindre marque de compréhension ! -- Je vous remercie de ce que vous m'indiquez à ce propos ; j'ai déjà demandé qu'on recherche ce travail de M. Mus (dont le nom m'était tout à fait inconnu), et j'ai signalé le livre d'Andrae à un de nos collaborateurs qui sait l'allemand, car je l'ignore malheureusement moi-même. - Pour ce qui est de Lacombe, je ne sais que trop bien de quoi il s'agit, puisque c'est quelque chose qui est plus spécialement dirigé contre moi ; ce groupe de Maritain a, depuis quelque temps, entrepris à l'égard des doctrines orientales un travail de déformation d'un nouveau genre, en les travestissant en « mysticisme » ; si cette question vous intéresse, je pourrai vous en reparler plus longuement une prochaine fois.

Croyez, je vous prie, à mes meilleurs et très distingués sentiments.

R. G.

ॐ

L3

Le Caire, 6 novembre 1935.

Cher Monsieur,

Je viens de recevoir votre carte, et je vous remercie de ce que vous voulez bien me signaler. Pour ce que vous dites concernant « Kha » et « shûmpa », je suis entièrement d'accord avec vous ; je me demande seulement s'il est possible de considérer l'espace en lui-même comme une « substance », car il ne représente en somme qu'un « contenant » (ce que montre d'ailleurs l'homogénéité même ou l'« indiscernabilité » de toutes ses parties) ; je pense qu'au fond, comme le temps, il est plutôt une condition d'existence. Naturellement, toutes ces questions seront à reprendre plus complètement si j'arrive à faire le travail que je projette depuis longtemps déjà sur les conditions de l'existence corporelle.

Vous ai-je remercié de votre dernier envoi de deux articles ? Voilà que je ne sais plus si je les ai reçus avant de vous écrire ou seulement depuis. Si donc je ne l'ai pas fait encore, veuillez m'en excuser.

M. Luc Benoist m'a écrit que vous aviez eu l'amabilité de lui faire d'intéressantes remarques au sujet de son article sur l'art indien ; il se propose d'en tenir compte lors du tirage à part de sa série d'articles (qui n'est pas encore terminée).

Croyez, je vous prie, cher Monsieur, à mes sentiments les meilleurs.

R. G.

L4

Le Caire, 2 décembre 1935

Cher Monsieur,

Je viens de recevoir votre lettre du 7 novembre ; j'ai bien reçu aussi, il y a une quinzaine de jours, les « Brooklyn Museum Quarterly », et je vous en remercie. Il y a en effet dans cet article de H. J. Spinder des vues intéressantes ; et cela semble indiquer, comme vous le dites, qu'il y a tout de même quelque chose de changé dans la façon de voir de certains ; souhaitons que cette compréhension aille en se développant....

La lettre dont vous me communiquez la copie est assez remarquable aussi à ce point de vue, et j'avoue que cela m'a même quelque peu étonné de la part d'un occidental. Je ne connais d'ailleurs pas du tout ce Mr. Hocart, même de nom ; j'en ai parlé aujourd'hui à quelqu'un qui pourra peut-être s'informer plus complètement à son sujet ; mais il est très difficile ici d'avoir des relations quelconques avec le monde européen, qui est complètement séparé du nôtre... Enfin, je verrai par la suite suivant ce que j'en apprendrai ; je vous remercie de lui avoir signalé mes livres et le « Voile d'Isis » ; peut-être aussi vous écrira-t-il quelque chose à ce sujet.

Les disques de gramophone qui existent ici sont tous, autant que je sache, de la musique moderne et ayant subi des influences occidentales. On avait fait des disques de récitation du Qorân, mais la chose a été interdite, et il paraît qu'on ne peut se les procurer qu'en Allemagne.

Merci de vos explications au sujet de l'« ûrna », qui sont extrêmement intéressantes ; tous les rapprochements que vous notez me paraissent tout à fait justes. J'avais déjà entendu parler de cet « ananse » ouest africain ; mais je ne crois pas qu'il puisse y avoir un rapport avec le nom latin (ou plutôt grec d'origine) de l'araignée, car, si je ne me trompe (je n'ai pas de dictionnaire pour vérifier), celui-ci est « arachma » et non « aranca ». -- D'autre part, je ne crois pas que l'étymologie de « çûfî » vienne de » çûf », laine ; comme toutes les autres qu'on en a donnée, elle est plutôt un rapprochement phonétique fait après coup ; ce mot est plutôt un « chiffre », qui, comme tel, n'a pas de dérivation linguistique. -- La « mandorla » est appelée aussi « vesica piscis » ; mais je pense que c'est uniquement à cause de sa forme et qu'il serait difficile de tirer de cette dénomination des considérations d'un ordre bien profond, tandis que le symbolisme de l'amande (luz) est au contraire très important ; ceci, bien entendu, sans préjudice des autres rapports symboliques de la figure en question, soit avec la « Yoni », soit avec une construction géométrique qui est liée à celle du triangle équilatéral, et peut-être d'autres encore...

Je suis heureux d'apprendre que vous préparez un article établissant l'inexistence de l'idée de « réincarnation » dans les textes anciens, orthodoxes et même bouddhiques ; cela est très important et très utile, car cette interprétation grossière a fini par s'imposer d'une façon presque générale ; il est à remarquer qu'on ne la trouve pas dans les premières traductions, et certainement l'influence théosophiste a été pour beaucoup dans sa diffusion ; c'est vraiment une chose incroyable que la plupart des occidentaux semblent incapables de comprendre la différence essentielle qui existe entre « transmigration » et « réincarnation » !

Il y a chez Maritain, malgré ce qu'il prétend, bien des côtés très « modernistes », non pas seulement au point de vue esthétique comme vous l'avez remarqué, mais aussi sous d'autres rapports. J'ai même appris dernièrement des choses qui m'ont étonné sur ses sympathies communistes... Quoi qu'il en soit, si lui et ceux qui le suivent ont eu l'idée de s'intéresser aux doctrines orientales, je sais que c'est uniquement pour me combattre ; il parait même que Lacombe prépare un livre qui veut être spécialement une réponse à « L'Homme et son devenir ». Il y a certainement chez eux, à cet égard, un travail de déformation qui, pour être dans un autre sens que celui des orientalistes « officiels », n'en est pas moins dangereux, et que j'ai bien des raisons de ne pas croire <u>inconscient</u>...

Vous ne m'aviez pas parlé du travail d'Albert Gleizes, mais j'en avais déjà entendu parler par ailleurs. Je connais du reste l'auteur, et je sais qu'il a beaucoup d'idées vraiment curieuses, bien qu'il ne réussisse pas toujours à les préciser et à les mettre entièrement au point. Il faudra que je demande à M. Luc Benoist s'il connaît cela, car, naturellement, puisqu'il s'agit d'art, c'est là quelque chose qui rentre davantage dans le domaine de sa compétence particulière.

Je prends note aussi de l'ouvrage de Heppner, que, j'ignorais tout à fait ; peut-être pourrai-je trouver un moyen de l'obtenir... En principe, je me méfie beaucoup de ce qu'écrivent les missionnaires : il est rare, en effet, que leurs exposés mêmes ne soient pas déformés par leurs préjugés ; mais il faut reconnaître qu'il y a tout de même des exceptions, et il semble, d'après ce que vous dites, que ce soit ici le cas. Il en est ainsi aussi pour les traductions de textes chinois du P. Wieger ; il n'y a qu'à ne pas tenir compte des réflexions plus ou moins extraordinaires dont il les accompagne ; mais je me suis toujours demandé, à ce propos, comment on pouvait exposer ou traduire correctement quelque chose sans l'avoir compris véritablement au fond...

Croyez, je vous prie, cher Monsieur, à mes sentiments les meilleurs.

R. G.

ಸಿ⊃ೞ

L5

Le Caire, 14 décembre 1935

Cher Monsieur

Merci de votre lettre et de votre carte, qui me sont parvenues en même temps aujourd'hui.

Votre explication complémentaire au sujet des sens de « bhakta » me permet de mieux comprendre comment ils se relient, et comment celui de « dévotion » a pu s'introduire.

Quant à la question de la « seconde mort » et de la « troisième naissance », ces expressions, qui ont d'ailleurs un caractère traditionnel et par conséquent ne peuvent pas être modifiées, sont bien exactement celles que j'ai voulu employer dans l'article dont il s'agit. Il est bien entendu qu'une mort (à un état) coïncide nécessairement avec une naissance (à un autre état), de telle sorte que mort et naissance ne sont en somme qu'une même chose vue de deux côtés différents. -- Le texte de « Jaiminiya Upanishad Brâhmana » répond exactement à ce dont j'ai parlé dans cet article.

Merci d'avance pour l'envoi que vous m'annoncez d'un nouvel article devant faire suite à votre « Darker Side of Dawn », le sujet est du plus grand intérêt, et je suis heureux de savoir que vous allez le traiter plus complètement.

Croyez, je vous prie, à mes sentiments les meilleurs.

R. G.

඾෴

L6

Le Caire, 25 février 1936

Cher Monsieur,

Je viens de recevoir aujourd'hui même votre article « Angel and Titan », et je vous remercie bien vivement de cet envoi. Je l'attendais pour répondre à votre lettre du 30 décembre, dans laquelle vous me l'annonciez, et qui m'était parvenue dès la semaine dernière. - Je vois que cet article a une grande étendue ; je vais le lire avec beaucoup d'intérêt et, naturellement, en faire un compte rendu. C'est intéressant en effet qu'il ait pu paraître ainsi dans une revue « orientaliste », en dépit de son point de vue traditionnel ; je crois qu'en France une pareille chose serait tout à fait impossible !

Je vous remercie d'avance pour votre autre article concernant la « réincarnation », que j'espère pouvoir lire aussi bientôt. - J'ai déjà remarqué aussi bien souvent ces extraordinaires confusions dont vous parlez pour la traduction d'« âtman » et d'autres termes. Du reste, il me semble que les Occidentaux n'aient plus actuellement aucune idée d'une différence quelconque entre l'âme, l'esprit, etc. ; leur conception de la constitution de l'être humain est si grossièrement simplifiée !

Si Mrs. Coomaraswamy s'arrête ici à son retour de l'Inde, je serai très heureux de la rencontrer, car il est bien entendu que son cas est de ceux qui représentent une exception ; et ce que vous me dites des conditions de son séjour dans l'Inde le montre bien. C'est seulement dommage que nous ne soyons pas assez grandement logés, car autrement ma femme se serait fait un plaisir de la recevoir de son mieux, malgré la difficulté que peut causer la différence de langage, car elle ne connaît aucune autre langue que l'arabe. Maintenant, il y a aussi cette question de l'étude du français, pour laquelle il n'y a pas beaucoup de ressources ici. En y réfléchissant bien, je vois une solution qui serait possible, grâce à une dame que nous connaissons (elle est française, mais est, elle aussi, une véritable exception) ; mais tout dépend de la question de savoir si sa santé et ses occupations le lui permettront... Elle doit déménager ces temps-ci, et je crois que justement sa nouvelle demeure sera assez grande ; enfin, je lui en parlerai le plus tôt possible et je vous tiendrai au courant, ou bien j'informerai directement Mrs. Coomaraswamy à l'adresse que vous m'indiquez. En ce qui me concerne, je dois dire que je suis tout à fait ignorant de l'enseignement des langues ; et puis, si je ne perds pas l'habitude d'écrire le français, parce que je le fais continuellement, j'ai tout à fait perdu, depuis plusieurs années, celle de le parler... Enfin, sans rien pouvoir affirmer, j'espère un peu que la chose pourrait s'arranger de la façon que je viens de vous dire ; ce serait certainement très bien ainsi.

Croyez, je vous prie, cher Monsieur, à mes sentiments les meilleurs.

R. G.

L7

Le Caire, 11 février 1936.

Cher Monsieur,

Je viens de recevoir votre carte du 21 janvier, en même temps que votre traduction de mon chapitre de la « crise du monde moderne ». Je vous remercie bien vivement pour celle-ci, que je trouve vraiment parfaite, et aussi pour la très aimable note de « présentation » dont vous l'avez fait précéder ! - Comme il ne m'est pas possible d'en parler moi-même dans le « Voile d'Isis », parce que je suis trop directement en cause, puis-je vous demander d'avoir l'obligeance d'en envoyer un exemplaire à M. A. Préau, 42, rue Etienne Marcel, Paris (2) ? Merci d'avance.

La phrase d'A. B. Keith est tout à fait intéressante, car l'aveu est d'une rare netteté ; et, sûrement, je ne manquerai pas de m'en servir à l'occasion... Et que votre citation de saint Augustin est bien appropriée à la circonstance !

Je lis en ce moment un livre de Mrs. Rhys Davids : « The Birth of India psychology and its développement in Buddhism », et j'y vois notamment ce dont vous me parliez dernièrement : cette confusion de « soul », « spirit », « self », etc., est véritablement effrayante ! Et que dire de son point de vue prétendu « historique » ? Son « Sakya » me fait l'effet d'être, pour une bonne part, une imagination due tout simplement à son préjugé « anti-monastique »...

Mr. John Lennard me dit qu'il vous a écrit, comme je l'y avait engagé, pour vous demander une indication au sujet de l'éditeur possible pour la traduction du « Théosophisme » en Amérique (cela paraît tout à fait introuvable en Angleterre), et que vous lui avez indiqué « The Open Court Pub-Co. », à laquelle il doit s'être adressé dès maintenant ; espérons qu'il y aura un résultat favorable !

Croyez, je vous prie, à mes sentiments les meilleurs.

R. G.

ℰℭ

L8

Le Caire, 18 février 1936.

Cher Monsieur,

Je viens de voir la personne dont je vous ai parlé dans une précédente lettre, et, malheureusement, il n'y a de ce côté aucun moyen d'arranger les choses comme je l'espérais pour Mrs. Coomaraswamy. Et je ne vois toujours, par ailleurs, aucune autre solution qui lui permettrait de se perfectionner ici dans l'étude du français ; à ce point de vue, Paris offrirait évidemment beaucoup plus de ressources... Quant à la possibilité de prendre contact avec les milieux islamiques, j'y ai encore réfléchi, et je dois dire que, ces milieux étant très fermés, je ne crois pas qu'il soit possible de faire quelque chose à cet égard pendant un séjour aussi court ; la difficulté est même, comme vous le savez sans doute, beaucoup plus grande pour une femme que pour un homme, et il lui faudrait un temps bien plus long pour être reçue, autrement du moins que comme une étrangère, ce qui assurément ne présenterait pas d'intérêt...

Croyez que je regrette bien vivement toutes ces difficultés ; mais il me semble préférable de vous dire les choses telles qu'elles sont, pour éviter une désillusion ou une perte de temps. Il est bien entendu que, si cependant il venait à se présenter quelque autre possibilité, je vous en ferais part immédiatement.

Croyez, je vous prie, à mes sentiments les meilleurs.

R. G.

൹

L9

Le Caire, 7 mars 1936.

Cher Monsieur,

J'ai bien reçu votre carte du 4 février et, aujourd'hui même, votre lettre du 20. -- Malheureusement, comme vous le verrez par ce que je vous ai récrit depuis, mes efforts n'ont pas eu le résultat que j'espérais, et jusqu'ici, à mon grand regret, je n'ai toujours pu trouver aucune autre solution qui puisse être satisfaisante pour Mrs. Coomarswamy...

Merci pour les références des livres de Hocart, S. H. Cooke et C. W. Hopner.

Vos » éléments of Buddhist Iconography » ne m'ont jamais été envoyés ; sans doute ont-ils été pris sur place par quelqu'un d'autre, mais je me demande même si quelque compte rendu n'a jamais été fait, car je n'en ai aucun souvenir. Si vous voulez bien, comme vous le dites, m'envoyer directement un autre exemplaire, j'en serai très heureux, et je vous en remercie à l'avance ; et, si réellement il n'y a pas eu de compte rendu, ce que je vérifierai, vous pouvez être certain que je ne manquerai pas d'en faire un.

Mr. Lennard m'écrit qu'il n'a reçu jusqu'ici aucune réponse de « The Open Court » ; il est vrai qu'il n'y a peut-être pas encore trop de temps perdu...

Croyez, je vous prie, à mes sentiments les meilleurs.

R. G.

L10

Le Caire, 14 mars 1936.

Cher Monsieur

Je vous remercie bien vivement de l'envoi de votre article, que je viens de recevoir et de lire ; c'est une excellente idée que vous avez eue là ! Il sera en effet très opportun de donner dans le « Voile d'Isis » quelque chose de ce caractère à l'occasion du centenaire de Shrî Râma Krishna, qui a été trop souvent présenté d'une façon si déformée par les interprétations

« occidentalisées » de certains disciples... Et, en dehors de cette considération, votre article est en lui-même du plus grand intérêt ; on ne saurait mieux mettre au point cette question de la soi-disant « tolérance religieuse », contre toutes les conceptions vulgaires, « syncrétistes » ou « éclectiques ». -- Il est d'ailleurs bien entendu que, si cet article paraît également en anglais dans l'Inde, cela ne saurait avoir aucun inconvénient, le public n'étant certainement pas le même dans les deux cas.

J'ai vu ces jours-ci que Mr. Paul Mus, dont vous m'avez signalé le travail sur le Borobudur, a fait dernièrement une communication à l'Académie des inscriptions et belles lettres sur la signification symbolique du temple d'Angkor-Tom. Si on ose maintenant parler de symbolisme dans un tel milieu, c'est tout de même à croire qu'il y a quelque chose qui commence à changer réellement...

Merci encore, cher Monsieur, et croyez, je vous prie, à mes sentiments les meilleurs.

R. G.

ಬಿಡಿ

L11

Le Caire, 2 avril 1936.

Cher Monsieur,

Je viens de recevoir votre lettre du 11 mars ; j'ai reçu aussi précédemment votre carte, et je vous remercie d'avoir bien voulu me signaler le nouveau livre de W. J. Evans-Wentz (j'ai lu le « Tibetan Book of the Dead), j'ai aussitôt prié Chacornac, comme je le fais toujours en pareil cas, de le demander pour compte rendu, espérons que cette demande sera prise en considération.

Je suis heureux de voir que vous êtes satisfait de la traduction de votre article, et aussi du changement de titre de la revue, que tout le monde est d'ailleurs unanime à approuver ; il y a bien longtemps que nous le souhaitions, mais il a été assez difficile d'y décider Chacornac ; vous savez quelle est la force de l'habitude chez certains !

On me demande à quelle adresse on peut se procurer votre étude « Angel and Titan » ; mais la brochure porte seulement la mention du « Journal of the American Oriental Society », sans aucune indication d'adresse ; vous seriez donc bien aimable de me donner ce renseignement afin que je puisse répondre.

Je n'ai pas encore reçu l'article de Hocart dont vous m'annoncez l'envoi, mais cela n'a rien d'étonnant, les imprimés ayant presque toujours du retard ; je vous en remercie à l'avance, et il est bien entendu que je vous le retournerai après en avoir pris connaissance.

Je regrette bien que les choses n'aient pas pu s'arranger pour que Mrs. Coomaraswamy vienne ici, mais, comme vous l'avez bien compris, ce séjour n'aurait guère pu être qu'une perte de temps pour Mrs ; est-il décidé maintenant qu'elle s'arrêtera à Paris ?

J'ai eu l'occasion de parler de vous ces jours derniers avec M. Felix Valyi, qui vous connaît, et qui est venu me voir pour me demander ma collaboration pour sa nouvelle publication « Synthesis », dont il vient de faire paraître le premier volume ; avez-vous entendu parler de cela ? Je ne le connaissais jusqu'ici que de nom, mais il se trouve que nous avons ici des amis communs, et c'est l'un d'eux qui l'a amené chez moi.

Que faut-il penser, comme maison d'édition, de Messrs. Gansh and Co., de Madras ? On veut lui proposer d'éditer une traduction anglaise de mon « Introduction générale », et, même je crois bien qu'ils ont publié quelque chose de vous, c'est pourquoi je vous pose cette question. Il y avait déjà eu, il y a une quinzaine d'année, un projet de publier ce livre dans l'Inde, mais qui malheureusement n'a eu aucune suite.

Croyez, je vous prie, cher Monsieur, à mes sentiments bien cordiaux.

R.G.

ೞುಲ್

L12

Le Caire, 11 avril 1936.

Cher Monsieur,

Je viens de recevoir vos deux lettres des 26 et 27 mars, en même temps que Mr. Lennard me disait de son côté qu'il avait reçu aussi une lettre de vous et qu'il écrivait aussitôt à Harcourt Brace. Je vous remercie bien vivement d'avoir l'obligeance d'intervenir ainsi dans cette affaire, car je pense que personne ne peut mieux que vous trouver en Amérique un éditeur pour cette traduction du « Théosophisme ».

Je n'ai rien reçu jusqu'ici de Mrs. Coomaraswamy ; mais, si une lettre vient comme vous le pensez, je ne m'inquièterai pas, puisque j'ai déjà l'explication.

J'ai reçu il y a une huitaine de jours l'article de Mr. Hocart ; son attitude est intéressante par le contraste qu'elle fait avec celle de la plupart des orientalistes. Il a certainement raison d'insister sur l'importance de l'élément rituel, mais, quand il parle de « priesthood » à cause de cela, c'est une interprétation inexacte : il croit, comme tous les Européens, que l'accomplissement des rites doit être uniquement le fait de « prêtres », alors qu'en réalité il s'agit là du caractère « sacré » qu'a originairement toute fonction et même tout métier. -- Je garde encore cet article pour y consacrer une note dans mes comptes rendus ; je ne manquerai pas de vous le retourner ensuite.

Votre « Buddhist Iconography » ne m'est pas arrivée encore, mais cela n'a rien d'étonnant ; je vous en remercie à l'avance.

Merci aussi pour les différentes choses que vous me signalez cette fois encore ; je demande tout de suite à Paris si on peut se procurer l'article du « Journal Asiatique ».

Je n'avais jamais entendu parler de Carl Hentze ni de ses ouvrages ; ceux-ci sont-ils publiés directement en français, ou s'agit-il de traductions ? Ce que vous me citez de l'appendice du premier est vraiment remarquable en effet ; mais je ne sais pas non plus qui est Herbert Kühn ; il faut dire d'ailleurs que je ne sais pas l'allemand... Je vais tâcher de me procurer l'autre ouvrage : « Objets rituels, etc. », qui vient de paraître ; mais voudriez-vous m'indiquer quel en est l'éditeur ? Ce renseignement est indispensable pour que je puisse le faire commander par Chacornac.

Pour les rapprochements que vous relevez à propos de « moon », et qui sont significatifs en effet, pensez-vous qu'il y ait lieu de faire une distinction entre deux racines mâ et man, dont les sens paraissent en tout cas bien voisins ?

J'ai bien l'intention de réunir en un volume mes articles sur les questions concernant l'initiation, quand je les aurai terminés, car il me reste encore quelques points à traiter. Il est possible aussi que je réutilise d'autres articles dans des ouvrages que j'ai en vue depuis longtemps ; malheureusement, c'est le temps qui me fait toujours défaut pour arriver à réaliser tous ces projets.

Croyez, je vous prie, à mes sentiments les meilleurs

R. G.

L13

Le Caire, 22 avril 1936.

Cher Monsieur

J'ai reçu la semaine dernière votre lettre du premier avril, et avant-hier me sont parvenus vos « Elements of Buddhist Iconography », que j'attendais pour y répondre, afin de pouvoir vous en remercier en même temps. J'en ai déjà lu une partie ; le point de vue où vous placez est fort intéressant et me paraît tout à fait juste ; les symboles qui se rapportent à l'Axe du Monde sont d'ailleurs particulièrement significatifs. Le rapprochement que vous indiquez entre le trishûla et le vajra est très digne de remarque ; j'ai parlé autrefois du vajra dans un article sur les « pierres de foudre », mais j'aurai peut-être encore quelque occasion de revenir sur ce sujet. D'autre part, vous avez touché à une question qui se rattache à un mystère « préhistorique » : celle des figurations d'empreintes de pieds, humains et animaux ; il y a là quelque chose que je n'ai jamais pu arriver à préciser très exactement, mais qui me paraît important ; ne pensez-vous pas pouvoir développer cette question à part ? -- Un point qui n'est pas entièrement clair pour moi, c'est ce qui concerne les Yakshas ; j'ai toujours pensé qu'ils étaient surtout associés au « feu souterrain », comme les Kabirs ; mais y a-t-il là encore autre chose ? -- Sûrement, le titre « Buddhist Symbolism » que vous envisagiez aurait mieux montré le caractère de l'ouvrage, d'autant plus qu'il s'y agit surtout des symboles « aniconiques ». Il est bien curieux que, dans le Christianisme aussi, ce soient les symboles de cette sorte qui aient été employés exclusivement au début...

À propos précisément de question d'iconographie et de symbolisme, il ne faut pas que j'oublie de vous parler d'une autre chose : M. Charbonneau-Lassay, aux travaux duquel vous avez dû voir que j'ai fait assez souvent allusion, a terminé la première partie de son grand ouvrage sur les symboles du Christ ; lui aussi montre que la plupart de ces symboles se rattachent directement aux traditions antiques. Il a trouvé un éditeur, mais qui, à cause de l'importance de l'ouvrage (il doit y avoir ensuite deux autres parties), ne veut pas se risquer à en entreprendre la publication sans être assuré d'un nombre suffisant de souscriptions. Comme j'ai pensé que peut-être vous pourriez trouver autour de vous des personnes susceptibles de s'y intéresser, j'ai donné votre adresse, parmi quelques autres, à M. Charbonneau ; il vous enverra sans doute d'ici peu le prospectus contenant un spécimen de l'ouvrage. D'autre part, en vous retournant l'article de Mr. Hocart, j'y joins aussi une brochure de lui dont j'ai encore plusieurs exemplaires, et qui, bien que se rapportant à un sujet beaucoup plus spécial, pourra aussi vous donner quelque idée de ses travaux. Je me permets d'attirer votre attention là-dessus, car il serait bien à souhaiter que cette édition puisse se faire ; si vous aviez quelques adresses qui puissent être utiles (de personnes ou d'institutions), vous seriez bien aimable de me les indiquer, et je les lui transmettrais en tous cas, merci d'avance pour tout ce que vous pourrez faire à ce sujet.

À propos du Borobudur, il y a déjà longtemps que j'ai entendu dire que les bas-reliefs qui sont enterrés ne l'ont pas été accidentellement, mais que cela était prévu ainsi dans le plan primitif de l'édifice ; M. Mus a-t-il parlé aussi de cette question ?

J'arrive à ce dont vous me parlez dans votre lettre, concernant la doctrine des cycles ; je dois dire qu'il y a là des choses qui me paraissent réellement très difficiles à exprimer, plus peut-être qu'à concevoir, et c'est d'ailleurs pourquoi, bien qu'on me l'ait souvent demandé, je n'ai jamais pu me décider à faire un travail d'ensemble sur ce sujet. - D'abord, il doit être bien entendu qu'aucune doctrine traditionnelle n'admet l'idée d'un « progrès » général, à moins qu'on ne l'entende au sens tout à fait restreint de développement matériel, car ce dernier s'accorde bien avec la marche même du cycle. Par conséquent, il n'est aucunement nécessaire de supposer un tel développement matériel chez les premiers hommes ; ce que toutes les traditions affirment, c'est qu'ils possédaient tous, et d'une façon spontanée, un état spirituel qui ne peut être atteint que difficilement et exceptionnellement par les hommes actuels. - Il faut remarquer aussi que les restes découverts par les paléontologistes ne sont pas forcément ceux des premiers hommes, surtout si ceux-ci vivaient sur quelque continent qui a disparu par la suite. Il se peut qu'il y ait eu déjà, en des temps reculés, des cas de dégénérescence, surtout parmi ceux qui avaient échappés à quelque cataclysme ; ce ne sont d'ailleurs pas les indices matériels qui peuvent permettre d'en juger réellement. En tout cas, j'ai l'impression que les cavernes préhistoriques ont été bien plutôt des sanctuaires que des habitations... - Je ne sais pas exactement à quelle période on pourrait faire correspondre ce qui est indiqué dans le chapitre 6 de la Genèse, qui mériterait certainement d'être examiné de plus près à ce point de vue. Il se peut d'ailleurs que ce soit susceptible de plusieurs applications à des niveaux différents ; mais la plus immédiate doit être en rapport avec ce qu'on dit des derniers temps de l'Atlantide, ce qui ne nous reporterait qu'au Dwâpara-Yuga et serait donc encore bien loin des débuts du Manvantara.

Cela dit, je crois que, pour résoudre la principale difficulté que vous signalez, il faut distinguer nettement deux choses tout à fait différentes : d'une part, ce qui se rapporte à la marche même d'un cycle, c'est à dire au sens du développement d'un monde ; d'autre part, ce qui concerne les êtres qui sont manifestés dans ce monde, mais qui ne font en somme que le traverser sans lui être liés essentiellement ; l'état de ces êtres doit, d'une façon générale, être, à chaque moment, en conformité avec les conditions du monde considéré, donc plus spirituel au début et plus matérialisé à la fin. On pourrait dire que, au début, un monde est apte à fournir un terrain de manifestation à des êtres réellement plus « avancés » que ceux qui y viendront ensuite ; je ne vois pas qu'il y ait là quelque chose de contradictoire. -- D'ailleurs la distinction que je viens de dire apparaît nettement si, par exemple, on considère ceci : quand on parle des cycles précédant le nôtre (il est bien entendu que cela doit s'entendre analogiquement et non en un sens littéralement temporel), on les représente comme au-dessous ou en arrière de nous ; quand on parle des êtres nous précédant dans le parcours des cycles, on les représente au contraire forcément comme au-dessus ou en avant de nous ; et ceci se rapporte naturellement encore à l'opposition des Dévas et des Asuras... J'ai dû écrire autrefois, sur ces sortes d'antinomies « cosmologiques », quelque chose que je n'ai jamais publié, mais que je retrouverai sans doute parmi mes papiers, et que je pourrai peut-être reprendre un jour.

Les « Enfers » paraissent désigner en réalité plusieurs choses qu'il y a lieu de distinguer : soit les états inférieurs (cycles précédents dans la manifestation universelle) eux-mêmes, soit les « traces » de ces états dans l'état humain ; et encore les « limbes », domaine de potentialités non actualisées, qui peut répondre plus particulièrement à ce que vous envisagez ; les « ténèbres extérieures », où sont rejetés finalement les « rebuts « d'un cycle, et qui correspondent aussi, dans le symbolisme hindou à la région obscure située au-delà du mont Loka-Aloka, etc.

Le Krita-Yuga peut bien avoir été sur la « terre », mais cela n'implique pas nécessairement que la terre elle-même était alors ce qu'elle est présentement ; on pourrait même se demander si ce ne sont pas les changements de conditions survenus à certaines époques dans le monde terrestre qui empêchent qu'on puisse, par des recherches quelconques, trouver des vestiges vraiment « primitifs ». -- Je dirais volontiers aussi que « sur la terre » ne signifie pas exactement « sur cette terre » ; la tradition islamique parle très nettement des « sept terres », manifestées successivement ou alternativement, et qui sont d'ailleurs la même chose que les sept dwîpas de la tradition hindoue. -- Bien entendu, tout cela n'empêche pas que les considérations sur les origines puissent aussi être envisagées en un sens plus universel ; mais elles doivent toujours pouvoir, par une transposition appropriée, s'appliquer à tous les niveaux, y compris celui que représente l'histoire de l'humanité terrestre.

Vous voudrez bien me dire ce que vous pensez de ces quelques réflexions, et aussi si elles donnent lieu à des questions portant sur des points plus précis...

Encore une chose que j'allais oublier à propos de ce que vous indiquez dans votre note 100 : Er-Rûh s'identifie au Métatron de la Kabbale ; son « lieu » est au centre d'El-Arsh, représenté par une figure circulaire. Les huit anges qui supportent El-Arsh correspondent bien aux quatre points cardinaux et aux quatre points intermédiaires ; mais ils correspondent aussi, en même temps, à certains groupes de lettres de l'alphabet arabe, disposées suivant leur ordre numérique et répartis selon ces mêmes régions.

Croyez, je vous prie, cher Monsieur, à mes sentiments les meilleurs.

R. G.

ಬಿಂಬ

L14

Le Caire, 26 avril 1936.

Cher Monsieur,

Presque aussitôt après vous avoir écrit, j'ai reçu la nouvelle copie de votre article (je prends note de garder la citation de Mallory dans son texte original), ainsi que « The Taking of Toll » et « The Mystery of Mahâdîva » ; puis m'est parvenu aussi hier le »Bulletin of the Museum of Fine Arts » ; je vous remercie bien vivement pour le tout.

J'ai oublié de vous demander, à propos de l'article de Mr. Hocart, où paraissent les « Actas Orientalia », dont il est extrait. - Je voulais aussi vous demander dans quelle ville est publiée « The Vishwabharati Quarterly » ; il me semble que c'est à Calcutta, mais je n'en suis pas sûr.

Je viens de lire votre article sur le makara, qui touche à certains des points dont j'ai parlé dernièrement sur le symbolisme du poisson (spécialement sous l'aspect du dauphin) -- Je vous remercie aussi de m'y avoir cité ; la question des rapports de l'Amour et de la Mort dans le symbolisme mériterait sûrement d'être traité d'une façon développée, mais cela me paraît assez difficile à exposer nettement...

Vous verrez, dans le numéro de mars des « Études Traditionnelles », que j'ai indiqué, au sujet du lotus et autres fleurs symboliques, quelques considérations qui sont très proches de celles de votre « Buddhist Iconography ».

Encore une remarque à propos de celle-ci : le titre du »Dhammapada » m'a toujours fait penser, d'une façon en quelque sorte naturelle et sans que je puisse l'expliquer, aux « traces laissées sur la terre par les pieds du taureau symbolique de Dharma » ; vous faites incidemment une remarque qui me paraît tendre dans le même sens ; auriez-vous quelque idée plus précise à ce sujet ? Croyez, je vous prie, à mes sentiments les meilleurs.

R. G.

L15

Le Caire, 1ᵉʳ mai 1936.

Cher Monsieur,

J'ai reçu ce matin votre lettre du 13 avril avec vos deux articles. Je ne saurais trop vous remercier de ce nouvel envoi, car vos articles sont toujours les bienvenus ! -- Peut-être y aura-t-il un peu de retard dans leur publication, à cause du n° d'août- septembre qui doit être un n° spécial sur le Druidisme ; en tout cas, votre article sur Râmakrishna paraîtra certainement avant cela.

Il faut que je vous signale que, dans l'article sur le « Nirukta », l'endroit exact où doit se placer la note 8 n'est pas indiqué dans le texte, et que, dans l'article « Beauty, Light and Sound », à la fin de la note 6, sur Oldmberg deux lignes se sont superposées, de sorte que je ne peux pas lire la dernière phrase : The discussion of... ? -Voudrez-vous avoir l'obligeance de me donner ces deux indications ? -- Vous voyez que j'ai déjà lu attentivement ces articles que je trouve du plus grand intérêt comme toujours.

Je voudrais aussi vous demander ce que c'est que ces « Letters from Paulos », par Omikron, que vous citez, et dont je n'avais jamais entendu parler jusqu'ici.

Ayant justement à écrire à Chacornac, je lui demande dès aujourd'hui de vous envoyer plusieurs exemplaires des n° contenant vos articles ; cela est d'ailleurs tout naturel, et je croyais bien qu'il l'avait déjà fait, mais malheureusement il lui arrive souvent d'oublier beaucoup de choses...

Merci pour vos nouvelles indications de livres, je dois avouer que, de tout cela, je ne connais que Nicholson. Je me méfie d'ailleurs de certaines interprétations de celui-ci, car elles sont parfois tendancieuses, et, d'après ce que j'ai entendu dire ici où il a passé un certain temps, il n'est pas toujours d'une entière bonne foi ; il est d'ailleurs un des responsables de la confusion du Soufisme avec le « mysticisme ».

Chacornac me dit avoir demandé le livre d'Evans-Wentz ; j'espère donc que je pourrai l'avoir d'ici juin.

Merci encore, cher Monsieur, et croyez, je vous prie, à mes bien cordiaux sentiments.

R. G.

L16

Le Caire, 7 mai 1936.

Cher Monsieur,

J'ai reçu ce matin vos deux lettres des 20 et 24 avril, qui ont dû se croiser avec plusieurs lettres de moi, et aussi votre « Vedic Exemplarism », dont je vous remercie bien vivement.

Je vais faire à votre article « Beauty, Light, and Sound » les additions que vous m'indiquez. -- Vous serez bien aimable de ne pas oublier de me donner aussi les autres indications que je vous ai demandées.

Merci aussi pour les renseignements concernant la publication d'« Angel and Titan » ; je vais les transmettre à la plus prochaine occasion.

J'apprends malheureusement que l'« Oxford University Press » refuse de faire l'envoi du livre d'Evans-Wentz, prétendant que le nombre d'exemplaires réservés pour les revues est déjà épuisé !

Croyez, je vous prie, cher Monsieur, à mes bien cordiaux sentiments.

R. G.

ഇ⊙ craig

L17

Le Caire, 16 mai 1936

Cher Monsieur,

Je reçois à l'instant votre lettre du 26 avril ; merci pour ce passage des mémoires de Casanova que vous voulez bien me signaler. Je me souviens maintenant que je l'ai vu autrefois cité dans quelque ouvrage maçonnique, mais je ne sais plus lequel exactement ; il me semble que ce doit être un ouvrage de Ragon ; mais, ne l'ayant pas vu depuis bien des années, je n'y pensais plus... Il donne en effet une idée très juste au sujet du secret initiatique ; sans doute pourrai-je le citer, soit dans quelque article, soit en tout cas quand j'arrangerai mes articles sur l'initiation pour en faire un volume.

Ces temps-ci, on me demande de différents côtés ce qu'il faut penser de Sri Aurobindo Ghöse, et j'avoue que je suis très embarrassé pour répondre à ce sujet, n'ayant pas eu l'occasion de lire ses écrits. Ce que je sais, c'est qu'il y a autour de lui tout un groupe de Français sur lesquels j'ai les plus mauvais renseignements et dont le rôle paraît très suspect ; on dit que ces gens ne laissent approcher de lui que qui leur plaît, et même que ce sont eux qui rédigent en réalité ce qui est publié sous son nom. Comment se fait-il qu'il puisse subir un tel entourage ? Il y a là quelque chose que je n'arrive pas à m'expliquer ; si vous aviez des informations là-dessus, vous me rendriez vraiment service en m'en faisant part.

Dans ma dernière lettre, j'ai dû oublier de vous remercier de ce que vous me disiez au sujet de Messrs-Ganesh and Co. Aujourd'hui, je reçois justement une lettre de Mr. Mac Sur, qui traduit l'« Introduction générale », et qui me dit qu'il n'a encore reçu d'eux aucune réponse, bien qu'il leur ait adressé une seconde lettre le 9 mars et qu'il l'ait expédiée cette fois par la poste aérienne ; ce silence paraît vraiment assez singulier...

Croyez, je vous prie, cher Monsieur, à mes bien cordiaux sentiments.

R. G.

L18

Le Caire, 21 mai 1938.

Cher Monsieur,

Merci de votre article sur la peinture jaïna, que j'ai reçu ce matin en même temps que votre carte du 6 mai et votre lettre du 8, et qui, bien que je n'aie pu encore que le parcourir, me paraît compléter remarquablement les considérations exposées dans votre « Buddhist Iconography ».

Les vases figurés avec des yeux me rappellent d'une singulière façon les vases mycéniens dits « à tête de chouette » ; pensez-vous qu'il soit réellement possible d'établir là quelque « rapprochement » ?

Ce que vous me citez du livre de Iadunath Sinha concorde en effet entièrement avec ce que j'ai dit sur le même sujet ; seulement, pourquoi vouloir alors éviter les considérations métaphysiques, ce qui ne me paraît pas seulement difficile, mais même impossible, du moins si l'on ne veut rien déformer ? Je vais demander à Chacornac de tâcher d'obtenir ce livre, ainsi que celui de Carl Hentze maintenant que j'ai l'indication de l'éditeur.

Merci d'avance pour ce que vous pourrez faire pour l'ouvrage de M.

Charbonneau-Lassay ; l'éditeur traîne malheureusement beaucoup et ne finit pas de préparer les prospectus. -- Je ne sais pas exactement quel titre va être arrêté définitivement pour cet ouvrage, mais je ne crois pas que le mot « symbolisme » y figure, ce qui en effet est peut-être plus prudent pour ne pas gêner sa diffusion ; à un moment il était question de prendre pour titre « L'Iconographie emblématique du Christ ».

Au sujet du mot « Mâyâ « , il est certain qu'« illusion » est très loin du sens originel ; mais, d'un autre côté, l'emploi du mot « magie », en français du moins, est vraiment impossible, à cause de l'autre usage plus habituel de ce même mot, avec lequel il y aurait des confusions inévitables et très fâcheuses ; j'avoue que je ne vois pas très bien en ce moment quel terme à peu près satisfaisant on pourrait proposer... La terminologie de Boehme est d'ailleurs tellement spéciale qu'on ne peut guère y faire des emprunts sans être obligé de les accompagner d'une explication.

Merci pour vos explications complémentaires sur la question du « Vajra », sur laquelle je me propose de revenir dans quelque article.

Pour les « Vestigium Pedis », il sera très intéressant que vous puissiez rassembler les références dont vous parlez ; oserais-je vous demander s'il ne serait pas possible d'en faire un article pour les « Études Traditionnelles » ? - quant à l'origine préhistorique de ce symbolisme, nous sommes bien d'accord ; on peut en effet penser qu'il y a là plus spécialement une relation avec les traditions des peuples pasteurs ; pour ce qui est de peuples chasseurs, je pense qu'il n'y en a jamais eu autrement que par suite d'une certaine dégénérescence, et non primitivement. Quoi qu'il en soit, j'ai vu en France, sur des rochers, un assez grand nombre de ces empreintes préhistoriques de pieds humains (qui, sous l'influence du christianisme, sont attribuées par les paysans à la Vierge ou à différents saints), ainsi que de pieds de chevaux ; j'ai vu également, sur le mont Sinaï, deux empreintes de pieds de chameaux (que les Bédouins de la région attribuent au chameau de Moïse). D'autre part, il me semble bien me rappeler que, dans l'iconographie chrétienne, il y a des figurations de l'Ascension où, au-dessous du Christ s'élevant dans les airs, on voit l'empreinte de ses pieds sur la montagne ; il y a sûrement quelque rapport entre tout cela...

Je vais communiquer à M. Luc Benoist ce que vous me dites au sujet de M. Mus et lui donner l'adresse de celui-ci ; malheureusement, cela est très éloigné de Paris, mais il se peut qu'il ait quelque occasion d'y aller. -- Je vais lui signaler en même temps l'ouvrage de Don L. Baillol, car cela me paraît rentrer aussi plus particulièrement dans son domaine.

Je n'avais jamais entendu parler de la revue « Ijuk » ; il y a d'ailleurs certainement beaucoup de choses de ce genre dont mon ignorance de l'allemand m'empêche d'avoir connaissance.

Vous me reparlerez sans doute un peu plus tard des questions concernant les cycles ; en tout cas, je vois bien que vous pensez exactement comme moi sur les points auxquels vous faites allusion.

Pour « Yaksha », votre explication me montre mieux de quoi il s'agit au fond ; il est regrettable que vos deux livres sur ce sujet soient épuisés, mais n'auriez-vous pas l'intention de les rééditer, en y ajoutant cette synthèse finale dont vous parlez ? - Ici, je doute qu'ils puissent se trouver ailleurs qu'à l'Université américaine, avec laquelle il ne m'est pas possible d'entrer en relation, ne serait-ce qu'à cause de son caractère « missionnaire »....

Je ne sais que trop en effet combien on est loin de pouvoir faire tout le travail qu'on se propose ; j'admire même que vous puissiez arriver à tant écrire, alors que, pour ma part, je désespère de faire jamais même le centième de ce que j'ai en vue ! - Sûrement, toutes les interprétations des orientalistes seraient à reprendre et à rectifier d'un bout à l'autre ; et un tel travail ne serait possible que si un assez grand nombre de personnes y collaboraient...

Je crois bien comme vous qu'il n'y a rien à faire pour modifier les vues de Mr. Rhys Davids, tellement elle me donne l'impression d'être pleine de parti pris et de « self-conceit », jusqu'à déclarer incompétent, par avance, tous ceux qui ne pensent pas comme elle ! -- Il se peut qu'il y ait moins d'idées préconçues en Amérique qu'en Europe, ou qu'elles y soient moins fortement enracinées.

Je suis persuadé aussi qu'il doit subsister encore quelque initiation chez les Indiens d'Amérique ; en dehors de cela, il n'y a sûrement, comme en Europe, d'autres vestiges authentiques de cet ordre que ceux qui se trouvent dans la Maçonnerie, dont les possibilités de restauration sont malheureusement bien douteuses. À défaut d'initiation de forme occidentale, il faudrait que quelque chose vienne d'ailleurs pour assurer la continuité indispensable d'une transmission, et il est bien difficile de dire actuellement jusqu'à quel point cela serait réalisable...

Pour revenir aux Yakshas, il y a bien longtemps que j'hésite à écrire quelque chose sur la question des Kabires, qui touche de près à celle-là (et aussi bien entendu, à celle des « Fils de Dieu », ou plutôt des Dieux, « Beni-Élohim », et des « filles des hommes »), tellement elle me paraît complexe. -- Ici, nous avons aussi, rapportés aux « Yiuns », beaucoup de choses touchant la question du « feu souterrain » et des « trésors cachés » ; mais tout cela est vraiment bien difficile à exposer de façon à le rendre intelligible pour des esprits occidentaux...

Croyez, je vous prie, cher Monsieur, à mes bien cordiaux sentiments.

R. G.

ΣΟ ΟΆ

L19

Le Caire, 30 mai 1936.

Cher Monsieur,

Je reçois aujourd'hui votre lettre du 9 mai, en même temps que votre causerie sur « The Love of Art » ; combien les idées que vous exprimez dans celle-ci sont justes !

Je prends note de votre adresse pour cet été ; mais j'adresse encore cette lettre à Boston, car il se peut qu'elle y arrive avant le 15 juin.

Merci pour les adresses des revues.

Non vous ne m'avez pas envoyé votre article sur « Khwaja Khizr and The Fountain of Life » ; s'il vous est possible de me l'envoyer, cela m'intéressera vivement ; merci d'avance pour cela aussi.

Très sincèrement, je trouve vos articles tout à fait excellents pour les E. T. et je sais que tout le monde les apprécie de même. Quant au travail de la traduction, j'ai dû, à cause du manque de temps, prier M. Préau de s'en charger, de sorte que je n'ai qu'à la revoir seulement. Pour l'article sur Shrî Râmakrishna, il me dit vous avoir envoyé sa traduction en même temps qu'à moi, afin que vous puissiez lui indiquer aussi vos observations. J'espère qu'elle ne tardera pas à vous parvenir, car il serait bien à souhaiter qu'elle puisse paraître dans le n° de juillet.

J'apprends que Chacornac n'a pu vous envoyer que trois exemplaires du n° de janvier, celui-ci étant presque épuisé ; la raison en est qu'il en a été fait beaucoup d'envois comme spécimen, parce que c'était le premier n° paraissant avec le nouveau titre ; mais, naturellement, il n'en sera pas de même une autre fois.

Ce que vous dites au sujet du sens véritable de « Punar-mrityum » et « Punar-janma » me paraît entièrement exact et correspond bien aussi à ce que je pense. -- De même pour votre remarque sur l'« infaillibilité ».

Quant à ce que vous me citez de Hentze, c'est assez étonnant en effet ; il faut croire tout de même qu'il y a quelque chose de changé ! --J'ai fait demander son dernier volume ; il faudra que je voie s'il ne sera pas possible de me procurer aussi les autres...

Croyez, je vous prie, cher Monsieur, à mes bien cordiaux sentiments.

R. G.

L20

Le Caire, 3 juin 1936.

Cher Monsieur,

Je viens de recevoir votre lettre de 16 mai, et je vous remercie pour les indications concernant vos deux articles ; je les ai immédiatement reportées sur le texte.

Merci bien vivement de tout ce que vous voulez bien faire pour susciter de l'intérêt pour mes livres, à Harvard et ailleurs !

Espérons que Chacornac sera plus heureux pour le « Bruce Codex » qu'il ne l'a été pour le livre d'Evans-Wentz...

Je pense bien comme vous que, dans le cas de Nicholson, il y a réellement des limitations à sa compréhension, dont on ne peut le rendre responsable ; si j'ajoute qu'en outre il n'est pas toujours d'une entière bonne foi, c'est d'après ce que m'ont rapporté des personnes qui ont eu l'occasion de discuter avec lui (tout en l'aidant d'ailleurs pour certaines traductions) pendant qu'il séjournait ici. Il n'en est pas moins vrai que ses traductions valent certainement encore mieux que beaucoup d'autres ; et il est bien vrai aussi, malheureusement, que les textes indiens ont toujours été plus particulièrement maltraités par les traducteurs !

J'adresse cette fois ce mot à Caratunk ; je regrette d'apprendre que ce séjour est motivé par des raisons de santé, mais je veux espérer que, avec le grand air, il vous permettra de vous rétablir complètement ; j'espère aussi que le voyage de Mrs. Coomaraswamy va s'être heureusement terminé.

Qui sait si je pourrai quelque jour aller en Amérique, ou même simplement retourner en Europe (pour peu de temps en tout cas) ? Je crois plus prudent de ne point faire de projets à longue échéance, et bien des raisons de toute sorte, dans les circonstances actuelles, ne me permettent guère d'envisager quelque voyage... Mais qui sait aussi si vous-même n'aurez pas quelque occasion de venir de ce côté ?

Croyez, je vous prie, cher Monsieur, à mes bien cordiaux sentiments.

R. G.

L21

Le Caire, 17 juin 1936

Cher Monsieur

Merci de votre lettre du 2 juin que je viens de recevoir aujourd'hui. Bien que je voie que vous n'avez pas non plus de renseignements directs et précis sur certains points, je n'en suis pas moins heureux de savoir ce que vous pensez d'Aurobindo Ghose. J'ai eu autrefois des amis qui l'avaient connu, mais cela remonte à une époque bien lointaine, et où il était encore mêlé à l'activité politique ; il a certainement beaucoup changé depuis lors... Ce que vous dites de lui, par comparaison avec certains autres « grands hommes » actuels, me paraît tout à fait juste.

- Je viens d'apprendre que deux livres de lui (mais je ne sais pas lesquels) viennent d'être traduits en français, par quelqu'un que je connais d'ailleurs un peu, et qui doit aller dans l'Inde à l'automne prochain pour lui soumettre sa traduction.

Quant à Gandhi, j'ai bien eu toujours l'impression qu'une grande partie de ses idées était d'inspiration très occidentale ; mais cela se serait-il encore accentué en ces derniers temps ?

Je suis heureux de savoir que Mrs. Coomaraswamy est bien rentrée de son voyage et se trouve maintenant auprès de vous. Ce qu'elle vous a dit de l'état actuel de la mentalité dans l'Inde coïncide malheureusement avec l'impression que m'en avait donné quelqu'un qui a fait un séjour de quelques mois il y a deux ans environ. Il faut bien en effet, comme vous le dites, que l'obscurité s'étende partout avant que le Kali-Yuga prenne fin ; mais, depuis quelques années, cela va incroyablement vite !

Croyez, je vous prie à mes sentiments bien cordiaux

R. G.

ಸಂಧ

L22

Le Caire, 27 juin 1936.

Cher Monsieur,

Merci pour votre « Vedic Mono-Theism », que je viens de recevoir et de lire. -- Je vois que vous avez touché à la question du sens de « bhakti » dont vous m'aviez déjà parlé ; c'est dommage qu'on ait fait là quelques suppressions, et aussi tant de fautes d'impression dans tout l'article ! - Une petite remarque au sujet du mot « Nénothéisme » : je l'ai vu employé, à propos de la Bible, dans un sens différent de celui où le prend Max Müller. D'après certains « critiques », le peuple d'Israël ne croyait pas en un Dieu unique (ce qui serait le « monothéisme »), mais adorait exclusivement un Dieu parmi les autres (et c'est là ce qu'ils appellent « Nénothéisme »), bien entendu cette théorie est encore de celles qui montrent leur incompréhension... Je ne sais d'ailleurs pas s'ils ont inventé le mot indépendamment de Max Müller ; en tout cas, il semble bien que celui-ci ait chronologiquement la priorité pour son emploi.

M. Préau m'a écrit qu'il avait reçu votre réponse au sujet de la traduction de votre article qu'il vous avait soumise ; tout sera donc prêt à temps pour que cela puisse paraître, en juillet, ainsi que je le pensais.

J'ai reçu la semaine dernière une lettre de M. Charbonneau, me disant qu'il avait eu enfin des nouvelles de son éditeur ; il avait pris rendez-vous avec celui-ci et a dû aller à Paris pour quelques jours, et il se proposait de vous écrire à son retour. Le titre choisi pour son ouvrage est : « L'Iconographie emblématique du Christ. Livre I : Le Bestiaire ». Comme je le pensais, le mot « symbolisme » n'y figure pas ; il ne semble donc pas que cela soit susceptible d'effrayer les gens...

Il paraît que, en France, les événements politiques gênent tout en ce moment ; on me dit que, à cause des grèves, on ne sait pas encore quand les « Études Traditionnelles » de juin vont pouvoir paraître !

Croyez, je vous prie, cher Monsieur, à mes sentiments les meilleurs.

R. G.

L23

Alexandrie, 12 juillet 1936.

Cher Monsieur,

Nous nous sommes décidés, ma femme et moi, à venir passer quelque temps ici pour changer un peu d'air, ce dont nous avions réellement besoin ; nous y sommes depuis une semaine et ne savons pas encore combien de temps nous y resterons. Ne vous étonnez donc pas si je tarde à répondre à quelques lettres de vous ces temps-ci, car je n'ai aucune possibilité de faire suivre ma correspondance pendant mon absence.

Avant mon départ, j'ai reçu (transmission par Chacornac) une lettre un peu singulière de Carl Hentze : il dit avoir pris connaissance de mon article sur la « double spirale » que vous lui aviez signalé, et se déclare heureux de l'accord de mes conclusions avec les siennes, mais... il me demande de signaler qu'il avait déjà formulé celles-ci dans son ouvrage publié en 1932 et que je pourrai trouver au Musée Guimet ! - Cette sorte de revendication de « priorité » m'a paru une chose plutôt étonnante, car il m'est bien difficile de comprendre qu'une idée vraie et traditionnelle puisse être regardée comme la propriété de quelqu'un... Quoi qu'il en soit, en lui répondant, j'en ai profité pour lui demander de me faire envoyer son dernier livre (que Chacornac devait d'ailleurs avoir déjà demandé à l'éditeur), et aussi, si possible le précédent qui est ici en cause, disant qu'en ce cas j'en parlerai très volontiers, mais qu'autrement mon éloignement de toute bibliothèque ne me permet pas d'en prendre connaissance. -- J'ignorais d'ailleurs tout à fait le nom même de M. Carl Hentze, aussi bien que ses ouvrages, avant que vous m'en ayez parlé tout récemment ; on ne peut pourtant pas exiger, de quelqu'un qui entend uniquement se placer au point de vue traditionnel, et non à celui de l'érudition, qu'il se tienne au courant de tout ce qui paraît ! Enfin, je vous tiendrai au courant de ce qui résultera de cette histoire...

Votre article sur Srî Râmakrishna doit paraître dans le n° de juillet des « Études Traditionnelles », et, d'après ce qu'on m'écrit, je pense qu'un de vos deux autres articles pourra passer dans le n° d'octobre.

Croyez, je vous prie, cher Monsieur à mes sentiments les meilleurs.

R. G.

ഌര

L24

Le Caire, 29 août 1936.

Cher Monsieur,

Voilà bien longtemps que je n'ai eu de nouvelles de vous ; je veux croire pourtant que ce silence n'a aucune cause fâcheuse, et que vous pouvez profiter de votre repos à la campagne.

Quant à moi, il y a environ trois semaines que je suis revenu d'Alexandrie, après y avoir passé un mois ; ce changement m'a fait du bien, mais le seul ennui est que j'ai trouvé au retour beaucoup de travail en retard, et surtout une énorme correspondance que j'ai bien de la peine à remettre à jour !

M. Préau m'a envoyé dernièrement sa traduction de votre article sur le Nirukta, en me disant qu'il vous en envoyait également une copie en même temps ; peut-être l'avez-vous déjà maintenant. Cet article ne pourra sans doute paraître que dans le n° de novembre, car il y en a plusieurs autres qu'on a dû reporter déjà depuis plusieurs mois et qu'il faudra arriver tout de même à faire passer en octobre...

On me dit vous avoir envoyé plusieurs exemplaires du n° de juillet ; j'avais bien recommandé qu'on ne l'oublie pas cette fois.

Pour les livres que vous m'aviez signalés, il y a une véritable malchance : les éditeurs refusent le service du « Bruce Codex », et aussi de l'ouvrage de C. Hentze. De ce dernier, je n'ai rien su d'autre depuis ce que je vous ai écrit dans ma dernière lettre.

M. Luc Benoist se propose de faire un article sur le Borobudur, d'après les travaux de M. Mus ; j'ai d'ailleurs cru comprendre qu'il avait dû vous écrire il y a peu de temps.

Pourriez-vous me dire qui est le Swami Yatiswarananda, qu'un de mes amis me dit avoir rencontré il y a quelque temps ? Il appartient à la « Râmakrishna Mission », mais semblerait de tendance plus orthodoxe qu'on ne l'est généralement dans ce milieu.

Croyez, je vous prie, cher Monsieur, à mes sentiments les meilleurs.

R. G.

L25

Le Caire, 13 septembre 1936.

Cher Monsieur,

Je viens de recevoir votre lettre du 22 août, qui s'est croisée avec la mienne ; comme vous le verrez, je m'inquiétais un peu de n'avoir pas de nouvelles de vous, et, en fait, je vois que malheureusement je n'avais pas entièrement tort. Il était pourtant à espérer que le séjour à la campagne vous remettraient de votre fatigue ; le prolongerez-vous un peu plus que vous en aviez l'intention ? En tout cas, comme vous m'aviez dit que vous y resteriez jusqu'au 1° octobre, j'y adresse encore cette lettre, car je pense qu'elle vous parviendra avant cette date.

Je vous remercie bien vivement pour votre nouvel article, que je viens de lire et que je trouve fort intéressant comme toujours ; il apporte des précisions très importantes sur la question de la distinction de l'art traditionnel et de l'art profane. Ce que vous dites du « vestigium pedis » éclaire aussi beaucoup ce point ; et, quant au sens de « mârga », je dois dire que j'y avais assez souvent pensé, mais sans arriver à trouver une explication suffisamment nette. -- Je prends note de ce que vous me dites de la possibilité de publier l'article en deux parties ; cela dépendra naturellement de la place dont on pourra disposer ; c'est ennuyeux d'être toujours si limité par le nombre de pages, pour des raisons qu'il est trop facile de comprendre !

J'ai écrit ces jours derniers, pour le n° d'octobre, un article sur les armes » symboliques », dans lequel j'ai eu l'occasion de me référer assez longuement à votre « Buddhist Iconography », à propos de certains aspects du symbolisme du Vajra.

Les trois articles dont vous m'annoncez l'envoi d'autre part ne me sont pas encore parvenus, mais ce n'est pas très étonnant, car les imprimés sont presque toujours plus longtemps en route que les lettres ; je les aurai donc probablement au prochain courrier. -- Quant aux 2 livres que les éditeurs doivent m'envoyer, je ne les ai pas encore reçus non plus ; il est vrai que les éditeurs tardent souvent plus ou moins à faire ces envois, si bien que, dernièrement, j'ai cru que des livres qu'on m'avait annoncés ainsi avaient dû se perdre, et pourtant ils me sont enfin arrivés par la suite. Si cependant je ne reçois rien d'ici quelque temps encore, je vous le ferai savoir, afin que vous puissiez le rappeler au cas où il s'agirait d'un oubli, ce qui est toujours possible aussi...

Pour votre article sur la réincarnation, ce que vous vous proposez de faire me paraît devoir être très bien, et sera sûrement un travail très utile. -- Quant au fond même de la question, l'impossibilité d'un retour au même monde résulte de ce qu'il impliquerait une limitation de la multiplicité des mondes (ou états d'existence, car c'est la même chose au fond), et, par suite, une limitation de la Possibilité universelle elle-même. Ceci, bien entendu, concerne l'être véritable, et revient à dire que celui-ci ne peut pas se manifester deux fois dans le même état ; ce n'est là, en somme, qu'un cas particulier de l'impossibilité d'une répétition quelconque dans la manifestation universelle, en raison même de son indéfinité. -- Maintenant, cela ne veut pas dire qu'il n'y a pas quelque chose qui puisse « se réincarner », si l'on tient à employer ce mot, mais ce sont simplement des éléments psychiques, qui n'ont plus rien à voir avec l'être véritable (qui est alors passé à un autre état), et qui viennent s'intégrer dans la manifestation d'un autre être comme le font aussi les éléments corporels ; à proprement parler, ce n'est donc pas de « réincarnation » qu'il s'agit alors, mais de « métempsychose » (quant au mot « transmigration », il désigne proprement le passage à un autre état, qui, lui, s'applique bien à l'être véritable). Ce transfert d'éléments psychiques explique les prétendus « cas de réincarnation », ou de » souvenirs de vies antérieures », qu'on constate parfois (du reste, qu'est-ce qui pourrait « se souvenir », puisque, même dans l'hypothèse réincarnationiste, il s'agirait toujours d'une nouvelle individualité revêtue par l'être, et que la mémoire appartient évidemment à l'individualité comme telle ?). -- Pour le surplus (en laissant de côté, bien entendu, les raisons sentimentales invoquées par les modernes, et qui n'ont aucun intérêt doctrinal), la croyance à la réincarnation peut-être considérée comme due en partie à l'incompréhension du sens symbolique de certaines expressions. Bien que le rapprochement soit peut-être bizarre, je pense ici à un autre fait qui a exactement la même cause : c'est la croyance à l'existence de certains monstres et animaux fantastiques, qui ne sont que d'anciens symboles incompris ; ainsi, je connais ici des gens qui croient fermement aux « hommes à tête de chien » ; l'« histoire naturelle » de Pline est remplie de confusions du même genre... -- J'ai traité assez longuement dans l'« Erreur spirite » cette question de la réincarnation, en indiquant aussi les distinctions qu'il y a lieu de faire entre les différents éléments constitutifs de l'être manifesté. -- Dès lors qu'il s'agit d'une impossibilité, il est bien entendu qu'il ne peut pas y avoir d'exceptions ; d'ailleurs, où s'arrêteraient-elles exactement ? À ce propos, je vous signalerai une chose assez curieuse : c'est que Mme. Blavatsky elle-même avait commencé par refuser d'admettre la réincarnation d'une façon générale ; dans »Isis Unveiled », elle envisageait seulement un certain nombre de cas d'exception, reproduits exactement des enseignements de la H. B. of L. à laquelle elle était rattachée à cette époque. -- Une possibilité qui constitue seulement une exception apparente, c'est le cas d'un être qui, n'étant plus réellement soumis à la mort (un jîvan-mukta par conséquent), continuerait pour certaines raisons son existence terrestre (il n'y reviendrait donc pas comme les prétendus « réincarnés ») en utilisant successivement plusieurs corps différents ; mais il est évident que c'est là un cas qui est tout à fait en dehors des conditions de l'humanité ordinaire, et que d'ailleurs un tel être ne peut même plus réellement être dit « incarné » en aucune façon.

Croyez, je vous prie, cher Monsieur, à mes sentiments les meilleurs.

R. G.

L26

Le Caire, 21 septembre 1936.

Cher Monsieur,

Aujourd'hui seulement, j'ai reçu un envoi de vous contenant le tirage à part de 3 articles, et que je pense bien être celui que vous m'aviez annoncé ; merci !

Votre réponse à Mrs. Rhys Davids est tout à fait bien, et concorde en somme entièrement avec les critiques que j'ai formulées à son sujet il y à quelque temps. - Puisque vous avez abordé à cette occasion la question de « rebirth », en attendant l'autre travail dont nous avons parlé, je dois dire que la façon dont vous l'envisagez me paraît très exacte ; « transmigration « et non « réincarnation « , ce sont bien les termes mêmes que j'employais dans ma dernière lettre.

Votre article sur le Beau m'a rappelé quelques-unes des considérations que vous développez dans un de ceux qui doivent paraître dans les « E. T. « . -- quant à l'article sur les deux passages de Dante (où je vous remercie de m'avoir cité), je n'ai pas besoin de vous dire à quel point je suis d'accord avec vous !

Je parlerai de tous ces articles dans mes comptes rendus de novembre.

D'autre part, je viens d'apprendre qu'on a reçu, à l'adresse des « E. T. », votre livre « Patron and Artist » ; c'est donc sans doute que l'envoi ne m'a pas été fait directement ; mais cela ne fera en somme qu'un peu de retard, car, naturellement, j'ai demandé tout de suite qu'on me le fasse parvenir.

Croyez, cher Monsieur à mes sentiments les meilleurs.

R. G.

L27

Le Caire, 5 novembre 1936.

Cher Monsieur,

Votre lettre du 22 octobre m'est arrivée en même temps que l'envoi que vous m'aviez annoncé dans la précédente ; merci encore ! -- M. Préau me dit qu'il a aussi reçu de vous, de son côté, un envoi de plusieurs articles.

Ce que vous m'apprenez au sujet de « Patron and Artist » et de Harvard est vraiment intéressant, et d'ailleurs heureux, mais je comprends que vous en soyez un peu surpris vous-même. Je me demande toujours aussi comment des choses de ce genre doivent être interprétées au juste : faut-il y voir la marque d'un certain changement d'attitude qui serait bien à souhaiter, ou y a-t-il seulement incompréhension de la véritable portée de certaines choses ?

Votre étude sur « Khwâjâ Khadir » (ici, nous disons « Seyidna El-Khidr ») est très intéressante, et les rapprochements que vous y avez signalés sont tout à fait justes au point de vue symbolique ; mais ce que je puis vous assurer, c'est qu'il y a là-dedans bien autre chose encore que de simples « légendes « . J'aurais beaucoup de choses à dire là-dessus, mais il est douteux que je les écrive jamais, car, en fait, ce sujet est de ceux qui me touchent un peu trop directement... -- Permettez-moi une petite rectification : El-Khidr n'est pas précisément « identifié » aux Prophètes Idris, Ilyâs, Girgis (saint Georges) -- (bien que naturellement, en un certain sens, tous les Prophètes soient un) ; ils sont seulement considérés comme appartenant à un même Ciel (celui du Soleil)

Puisque vous me parlez de saint Bernard, vous ne savez sans doute pas que j'ai moi-même écrit quelque chose sur celui-ci ; on me l'avait demandé pour un recueil de vies des saints, et cela a été édité ensuite en une brochure séparée, dont je joins un exemplaire à cette lettre. Étant donné le cadre qui était imposé pour ce travail, il ne m'était guère possible de faire autre chose qu'une sorte de résumé historique ; j'ai réussi cependant à y introduire quelques allusions qui, pour ceux qui les comprennent, peuvent donner une idée du véritable caractère du personnage. En effet, ce caractère, pour moi, est bien initiatique et non pas simplement mystique ; les correspondances que vous envisagez me paraissent donc tout à fait justifiées.

Pour la question de la « mémoire « , la façon dont vous l'envisagez est très exacte ; il est bien certain que la mémoire, au sens ordinaire, est quelque chose qui appartient exclusivement à ce monde et qui ne peut pas suivre l'être dans un autre état, donc qui est parmi les éléments que, lors de son passage à celui-ci, il doit laisser derrière lui ; il n'est d'ailleurs pas possible de comprendre comment cette mémoire, comme telle, pourrait se retrouver dans un état dont le caractère n'est plus temporel ; il ne peut subsister alors que ce qui y correspond « intemporellement », si l'on peut dire, et qui par là même n'est plus une « mémoire ».

Croyez, je vous prie, cher Monsieur, à mes sentiments bien cordiaux.

R. G.

ಲಾಡ

L28

Le Caire, 20 novembre 1936.

Cher Monsieur,

Merci de votre lettre et des références qu'elle contient. Les ouvrages qui figurent sur la liste de la « Royal Asiatic Society » sont plus connus que les autres ; je dois même dire que jusqu'ici je n'avais vu nulle part le nom d'A. R. Nykl ; savez-vous qui est ce traducteur ?

Je pense vous avoir dit dans ma dernière lettre que j'ai bien reçu votre « Mirror of Gesture » ; j'en ai fait déjà le compte rendu, ainsi que celui de « Patron and Artist », et je pense qu'ils vont pouvoir paraître en décembre.

Juste en même temps que votre lettre, j'en ai reçu aussi une de M. Charbonneau-Lassay, qui s'ennuie un peu de tous les retards successifs apportés par l'éditeur au lancement de son ouvrage ; la note publiée dans les « E. T. » a déjà annulé quelques souscriptions.

Vous ai-je dit que je n'ai plus entendu parler de M. Carl Hentze depuis que j'ai répondu à sa lettre ? Cette histoire est vraiment assez singulière...

Ne me remerciez pas tant de vous avoir cité au sujet du « Vajra » ; c'était une chose toute naturelle ! -- Comme suite à cet article sur les armes, j'en ai écrit un autre sur le symbolisme des cornes ; il y a évidemment une connexion entre ces deux sujets.

Le symbole que vous me signalez, et que je ne connaissais pas, est vraiment très curieux, et je pense que le rapprochement que vous envisagez avec la double spirale et les autres symboles apparentés est tout à fait justifié. -- J'ai trouvé l'autre jour par hasard une notice sur les monuments préhistoriques de Malte ; là encore, la double spirale est un des signes qui se rencontrent le plus fréquemment. -- D'autre part, à propos des poteries, j'ai noté, sur des poteries grecques archaïques, un signe très énigmatique ⋈ ou ⋈ généralement associé à diverses formes de swastika ; auriez-vous quelque idée de ce qu'il peut signifier ? Je ne suis pas arrivé à en trouver une explication satisfaisante...

Ce que vous dites pour la « réincarnation » d'éléments correspondant au sens d'« hérédité » est tout à fait exact. Il y a aussi en Chine une formule d'usage courant qui est à peu près celle-ci : « Tu revivras dans tes milliers de descendants », et dont le sens est évidemment tout à fait le même. -- Pour la « transmigration », outre la signification tout à fait « universelle » que vous envisagez, il y aurait peut-être lieu de considérer plus particulièrement le passage d'un être à travers ses états multiples ; mais, au fond, les deux choses se tiennent de très près, le second aspect étant, si l'on veut, une « spécification « du premier. -- Enfin quant à la « régénération », ce dernier point me paraît un peu moins clair, mais je comprends que vous arriverez à élucider cela plus complètement dans l'étude à laquelle vous travaillez en ce moment.

Je suis très heureux de votre projet d'article sur l'« Identité Suprême » dans les textes védiques ; merci d'avance !

Croyez, je vous prie, cher Monsieur, à mes bien cordiaux sentiments.

R. G.

ఏం ఁ

L29

Le Caire, 14 décembre 1936

Cher Monsieur,

Je viens de recevoir votre lettre du 21 novembre, et je suis content de savoir que mon envoi vous est bien parvenu, et aussi que nous sommes bien d'accord en ce qui concerne saint Bernard ; cette étude que vous faites de l'idée de « Déification » promet d'être fort intéressante.

Ce que vous me dites de ce petit groupe de bonne volonté à Harvard indique qu'il y a peut-être quelque chose à faire dans ce milieu, bien que, naturellement, il ne faille pas s'attendre à ce que la majorité puisse jamais être dans ces dispositions, si contraire en somme à ce qu'est l'esprit universitaire en général et dans tous les pays !

Pour « Khwâja Khizr », je m'étais bien douté en effet que vous n'aviez pas pu dire toute votre pensée, sans connaître cependant le caractère de la revue dans laquelle votre article a paru, car c'est la première fois que j'en vois quelque chose.

Pour le passage de Plotin que vous citez, il paraît bien évident en effet qu'il ne peut en aucune façon être question de « mémoire » dans l'« éternel présent », et que, même si on en étend la signification au-delà de la modalité temporelle, elle ne peut en tout cas exister que pour un être qui est encore conditionné par quelque mode de succession. En l'entendant ainsi, la mémoire des états antérieurs, pour l'être qui n'a pas encore atteint la Délivrance, ne présente sans doute aucune impossibilité, et l'usage que vous envisagez de cette « mémoire recouvrée » serait en somme tout à fait légitime ; il y a cependant, en ce qui concerne le Bouddhisme, quelque chose qui peut donner lieu à un doute sur une telle intention : c'est son apparente négation du « Soi » permanent. C'est d'ailleurs là un point sur lequel il semble y avoir des contradictions difficiles à résoudre, et je n'ai jamais trouvé aucune explication satisfaisante de la véritable attitude du Bouddhisme à cet égard.

On commence à se préoccuper du choix d'un sujet pour le n° spécial des « Études Traditionnelles » de 1937, bien que ce ne soit que pour août-septembre comme d'habitude, ce qui donne encore du temps pour y réfléchir. Parmi les sujets envisagés comme possibles, on me cite notamment le Yoga et le Tantrisme ; je n'ai pas encore pu beaucoup y penser, mais je serais très heureux d'avoir votre avis là-dessus. Naturellement, si un de ces sujets était décidément choisi, nous nous permettrions de vous demander votre collaboration. -- On propose aussi le Taoïsme, mais il est à craindre qu'il ne soit plus difficile d'avoir suffisamment d'articles sur ce sujet.

Je n'aurais pas pensé qu'il pouvait y avoir actuellement encore de si grands espaces libres en Amérique ; sous ce rapport tout au moins, cela est bien différent de l'Europe où on a l'impression que tout est tellement resserré !

Croyez, je vous prie, cher Monsieur, à mes sentiments les meilleurs.

R. G.

ΣΟ ΟΒ

L30

Le Caire, 9 janvier 1937.

Cher Monsieur,

Je viens de recevoir ce matin votre lettre et votre carte du 18 décembre, ainsi que le livre annoncé « Burning and malting », dont je vous remercie bien vivement. Ne vous excusez pas de la défectuosité de la reliure, car, même ainsi, je suis très heureux de l'avoir ; je ne connaissais pas du tout ce poème persan.

Merci aussi pour la photo des bois du Maine, qui vraiment donnent en effet l'impression d'un très beau pays. Quel dommage, pour qu'il soit possible d'aller vous y trouver, que ce soit si loin d'ici et que nous soyons si peu « voyageur » ! Ma femme surtout s'effraierait même d'aller seulement jusqu'en Europe...

Je traduis votre « addendum » et l'envoie tout de suite, pensant qu'ainsi on pourra sans doute le placer à la suite de l'autre article de vous qui doit paraître prochainement (dans le n° de février, car il paraît que la traduction n'a pas pu être tout à fait prête en temps voulu pour celui de janvier). -- Je pense qu'on peut très bien maintenir la note, qui, comme vous le dites, n'est tout de même pas sans intérêt pour préciser le sens du texte cité.

En hâte avec mes sentiments bien cordiaux.

R. G.

L31

Le Caire, 27 janvier 1937.

Cher Monsieur

Je viens de recevoir votre lettre du 7 janvier, et je vous remercie de ce que vous voulez bien nous proposer pour le cas d'un n° sur le Tantrisme ; il me semble que cela serait fort intéressant en effet. -- La principale difficulté du projet de ce n° me paraît être de trouver un moyen de délimiter le domaine de ce qui doit être considéré ou non comme tantrique ; cette question est beaucoup plus compliquée qu'on ne suppose généralement en occident ! En tout cas, je pense bien aussi qu'il ne s'agit pas là d'un développement « tardif », à moins qu'on n'entende ce mot en ce sens qu'il est propre au « Kali-Yuga », ce qui en reporterait tout de même l'origine assez loin encore... -- quoiqu'il en soit, c'est surtout la façon dont on pourrait formuler une sorte de définition générale du Tantrisme qui me paraît assez embarrassante ; voudriez-vous me dire ce que vous en pensez ?

Merci aussi pour le passage de Stzgowski, qui est intéressant en effet ; il faudra que je tâche de trouver quelque occasion de le citer. Il semble que ces gens soient obligés, comme malgré eux, d'arriver à reconnaître certaines vérités, sans d'ailleurs, bien entendu, qu'ils se rendent exactement compte de leur portée ; il y a tout de même là un « symptôme » assez remarquable...

Ce que vous m'expliquez au sujet d'anattâ apparaît comme beaucoup plus « normal » que l'interprétation ordinaire, qui soulève des difficultés et même des contradictions à n'en plus finir. -- Faut-il conclure que le Bouddhisme, tout au moins sous la forme du Hînayâna, est devenu par la suite beaucoup plus hétérodoxe qu'il ne l'était à l'origine ? Et, s'il en est ainsi, quand et comment cette déviation ultérieure a-t-elle pu s'introduire ?

La note que vous m'avez envoyée va pouvoir, comme je le pensais, être placée à la suite de votre article dans le n° de février.

Croyez, je vous prie, cher Monsieur, à mes bien cordiaux sentiments.

R. G.

ℰℴℛ

L32

Le Caire, 15 février 1937.

Cher Monsieur,

Merci de votre envoi de « The Indian Doctrine of man's last end », que je viens de recevoir ; est-ce un article ayant paru dans quelque revue ? Comme il n'y a aucune indication à ce sujet, je pense qu'il doit plutôt s'agir d'une conférence ; sans doute me direz-vous cela dans une prochaine lettre. En tout cas, la similitude de l'idée de « déification » dans les deux Traditions hindoue et chrétienne y est exposée d'une façon tout à fait nette et qui semble ne pouvoir laisser place à aucune équivoque.

En même temps, j'ai reçu aussi le n° de « The American Review » contenant votre article sur « The use of art », avec une lettre de Mr. Geoffrey Stone. Cette revue, que je ne connaissais pas jusqu'ici, paraît être orientée dans un sens assez nettement « traditionaliste », tout au moins, et il me semble, d'après différentes allusions dans plusieurs articles, que la tendance doit être surtout catholique ; est-ce exact ? Vous serez bien aimable de m'en parler un peu, afin que je sache mieux ce qu'il en est au juste.

Croyez, je vous prie, cher Monsieur, à mes sentiments bien cordiaux.

R. G.

ᚘᚙ

L33

Le Caire, 28 mars 1937.

Cher Monsieur,

Merci de votre lettre du 5 mars, ainsi que de la série des « broadcasts » que j'ai reçue également hier, et où j'ai retrouvé les conférences de vous publiées en article dans l'« American Review ». -- Merci aussi d'avance pour l'envoi d'« Asia ».

J'ai reçu aussi la semaine dernière la brochure de Mr. Graham Carey, « The Majority Report on Art » ; j'en parlerai naturellement dans mes prochains comptes rendus. Je constate avec plaisir que les vues que vous exposez sur l'art semblent décidément gagner du terrain...

Je suis bien de votre avis au sujet du Fascisme et des autres régimes similaires actuels, qui semblent vouloir s'opposer à la « démocratie », mais qui, au fond, sont tout aussi dépourvus de véritables principes.

Je vous remercie bien vivement de continuer à faire connaître mes livres chaque fois que vous en avez l'occasion.

Je transmets à M. Préau l'indication des publications allemandes au sujet du Tantrisme, qu'il pourra sans doute utiliser (je ne sais pas l'allemand moi-même malheureusement). Je lui signale aussi le livre de Mircea Eliade ; je ne le connais pas et ne l'ai même vu mentionné nulle part jusqu'ici, mais j'avais déjà entendu parler favorablement de l'auteur.

La question du « Shamanisme » ne m'a jamais paru très claire ; j'ai même l'impression qu'on donne souvent ce nom à des choses très différentes, réunies ainsi plus ou moins artificiellement sous une même étiquette ; au fond, que faut-il entendre exactement par là, et quelle est d'ailleurs la signification originelle de ce mot ? Certains veulent aussi identifier « Shamanisme » et Sabéisme », mais le sens de cette dernière dénomination n'est pas beaucoup plus net, d'autant plus qu'on lui attribue des étymologies multiples...

Nous serons très heureux si vous pouvez nous donner un article sur le symbolisme de la flèche et de l'épée ou du sabre ; ce que vous m'en dites, dans votre lettre et dans la carte que vous y avez jointe, est très intéressant et il semble d'ailleurs que ce sujet des armes symboliques est presque inépuisable. Chose curieuse, le « wooden sword » se trouve aussi dans le rituel islamique : il est tenu en main par celui qui prononce la « Khotbah » du vendredi, et il est regardé comme représentant la puissance de la parole (une signification semblable est d'ailleurs donnée aussi à l'épée dans la Maçonnerie). J'ai entendu dire que, jusqu'à une époque toute récente, il y avait dans certaines régions de France (surtout dans le Nord) des compagnies d'archer qui avaient une sorte d'initiation ; mais je n'ai jamais pu avoir aucun renseignement défini sur la nature du symbolisme dont elles faisaient usage ; il est probable que cela ne devait pas être sans rapport avec ce qui se rencontre ailleurs...

Croyez, je vous prie, cher Monsieur, à mes bien cordiaux sentiments.

R. G.

L34

Le Caire, 8 avril 1937

Cher monsieur,

Merci bien vivement pour votre article « Symbolism of the Sword », qui m'est parvenu ce matin. Je vois que le contenu de la note que vous m'avez envoyée précédemment sur ce sujet s'y trouve en somme incorporé ; la question que je vous posais à ce propos n'a donc plus de raison d'être. -- Je me demande s'il sera mieux de traduire ici « sword » par « épée » ou par « sabre », car le mot a les deux sens en anglais, comme d'ailleurs « sîf » en arabe ; cela dépend de la forme exacte de l'arme dont il s'agit ; voudriez-vous avoir l'obligeance de me donner une indication à cet égard ?

L'autre article que vous avez en vue, sur le symbolisme de l'« archery » (je ne me souviens pas en ce moment du mot français équivalent), sera sûrement très intéressant aussi. -- Au sujet de ce que je vous écrivais l'autre jour, je me suis souvenu depuis que c'est Clémenceau qui, pendant un de ses ministères, a dissous les dernières compagnies d'archer existant en France, auxquelles il reprochait d'avoir un caractère « secret » ; cela est donc tout à fait récent.

Je vous remercie aussi de l'envoi de votre article sur « Parâvritti », que j'ai reçu il y a quelques jours ; cela touche quelque peu à la question du symbolisme « tantrique » dont nous avions parlé. -- À ce propos, il semble qu'on doive décidément s'arrêter à l'idée du Tantrisme pour le n° spécial des « E. T. », qui sera comme d'habitude le n° d'août-septembre : je me permettrai donc de vous rappeler l'article que vous avez bien voulu nous promettre en ce cas, quoique ce ne soit pas encore tout à fait urgent... Le point le plus ennuyeux actuellement pour la réussite de ce projet, c'est que M. Préau se déclare assez embarrassé pour trouver un texte tantrique qui soit à la fois intéressant et « traduisible » ; s'il vous était possible de nous suggérer quelque idée, cela nous rendrait un grand service ! -- Merci d'avance pour tout cela.

Croyez, je vous prie, cher Monsieur, à mes bien cordiaux sentiments.

R. G.

L35

Le Caire, 6 mai 1937.

Cher Monsieur,

Je viens de recevoir en même temps vos deux lettres des 19 et 22 avril, ainsi que la brochure concernant le Shamanisme ; merci du tout. -- Je vous retournerai naturellement cette brochure comme vous me le demandez ; j'espère seulement que ce n'est pas trop pressé, car j'aurai sans doute certaines choses à noter, et peut-être même vais-je y trouver quelques idées à utiliser pour un article.

L'inconvénient qu'il peut y avoir à étendre le sens du mot « shamanisme », c'est que, pour beaucoup de gens, il est presque synonyme de « sorcellerie ». Cette assimilation n'est sans doute pas justifiée, et il y a autre chose que cela dans le shamanisme proprement dit ; on pourrait cependant se demander si, dans son état actuel, il ne représente pas une certaine dégénérescence, et si les rites tels que ceux que vous mentionnez y ont encore gardé leur portée première. Il arrive souvent, en effet, que des vestiges de traditions très anciennes peuvent être plus ou moins déviés ; dans le cas de certains peuples africains, par exemple, la chose ne semble pas douteuse. Je vais naturellement repenser encore à tout cela...

Une autre question qui est assez énigmatique aussi, c'est celle du BÖn Thibétain ; certains veulent l'assimiler plus ou moins au shamanisme ; mais qu'en connaît-on au juste ? Tout ce que j'ai vu là-dessus ne donne en somme que des indications assez vagues.

Merci d'avance pour « The Secret of Ana'l-Haqq » que vous m'annoncez, mais qui ne m'est pas encore parvenu ; devrai-je vous le retourner aussi ?

D'après l'explication que vous me donnez, c'est bien le mot « épée » qui conviendra pour traduire « sword » dans votre article.

Je vais transmettre à M. Préau votre suggestion au sujet du « Kâma-Kâla-Vilâsa ». - Le n° sur le Tantrisme est maintenant tout à fait décidé ; nous comptons donc sur l'article que vous avez bien voulu nous promettre. Quant à moi, je ne sais pas encore exactement quel sujet je traiterai ; étant toujours pris par des choses pressées, je n'ai pas eu le temps d'y réfléchir beaucoup jusqu'ici... La mise au point d'une traduction italienne de « L'Homme et son devenir » m'a donné beaucoup de mal tous ces temps-ci, mais enfin c'est presque terminé maintenant. D'un autre côté, Chacornac voudrait que je lui envoie sans tarder le texte complété du « Roi du Monde », pour la réédition qu'il compte faire paraître avant la fin de cette année, et je n'ai pas encore pu commencer à m'en occuper...

Croyez, je vous prie, cher Monsieur à mes bien cordiaux sentiments.

R. G.

L36

Le Caire, 23 mai 1937.

Cher Monsieur

J'ai reçu en même temps vos deux envois des 30 avril et 4 mai, et je vous en remercie bien vivement. Votre article pour le n° spécial est très bien ainsi ; il est certain que le sujet pourrait donner lieu à beaucoup de développements, mais ce que vous avez dit est en somme l'essentiel et contient tout ce qui est nécessaire pour remettre au point les interprétations partiales ou tendancieuses qui sont répandues en Occident. -- Je vais demander s'il sera possible de vous envoyer une épreuve mais je crains qu'on ne puisse en avoir en temps utile pour cela ; Chacornac me dit que maintenant, avec l'application des nouvelles lois sur le travail, on ne peut plus rien obtenir des imprimeurs, et que le n° de mai va paraître en retard. En tout cas, comme il y a encore du temps d'ici l'impression du n° spécial, le mieux sera peut-être, si la traduction est prête assez tôt, qu'on vous la communique avant l'impression comme on l'a déjà fait pour d'autres articles. -- Bien entendu, j'insère à leur place les deux additions jointes à votre seconde lettre.

Merci aussi pour votre note sur saint Bernard ; on pourra très bien la faire paraître comme un petit article à part.

J'ai reçu aussi « The Secret of Ana'l-Haqq » que vous m'aviez annoncé ; sans l'avoir encore lu entièrement, je vois qu'il y a là des choses très intéressantes ; c'est seulement dommage que l'expression soit souvent assez défectueuse, et aussi que les citations arabes soient transcrites d'une façon qui les défigure terriblement...

Votre article sur « Folklore and popular Art » m'est bien parvenu aussi la semaine précédente. -- L'auteur de la note intitulée « The Illuministic Sufis », qui précède la vôtre sur la Vîna, n'est-il pas un Syrien chrétien ? En tout cas, il semble accepter entièrement les vues historiques des Occidentaux, qui sont ici nettement opposées aux données traditionnelles.

Je vais faire demander par Chacornac « Cumaea Gates », dont le sujet semble très intéressant (si toutefois il n'est pas traité d'une façon simplement « littéraire ») ; peut-être aurons-nous plus de chance cette fois que pour quelques-uns des autres livres que vous m'aviez signalés précédemment...

Les histoires de Mrs. Bailey, que je suis depuis quelque temps déjà, me paraissent bien étranges ; je me demande ce qu'il y a au juste derrière, peut-être à son insu d'ailleurs, et ce que peut bien être son soi-disant « Maître Thibétain » ; tout cela ne m'inspire pas confiance !

Je vous retournerai ci-joint la brochure sur le Shamanisme, après en avoir utilisé quelques indications pour un de mes articles de juin, ainsi que vous le verrez. Ce que je dis à la fin de cet article fait allusion à l'histoire des « sept tours du Diable », dont j'ai déjà dit quelques mots à propos du livre de W. Seabrook sur l'Arabie ; c'est là encore une de ces questions sur lesquelles il est bien difficile de s'exprimer complètement...

Encore tous mes remerciements pour le tout, et croyez, je vous prie, cher Monsieur, à mes sentiments bien cordiaux.

R. G.

L37

Le Caire, 4 juillet 1937.

Cher Monsieur,

Merci de votre envoi reçu avant-hier, et aussi de la façon dont vous me citez au début de votre article sur « The Védic Doctrine of Silence ».

Le « Kitâb Dawâ El Arwah » est très intéressant ; malheureusement, la traduction anglaise est assez défectueuse. L'auteur a d'ailleurs dû s'en rendre compte lui-même, puisqu'il la déclare « somewhat tentative » ; et il faut reconnaître que c'est très difficile à rendre en une langue européenne ; mais, surtout, il faut une « clef » qui manque forcément à quiconque n'est pas « mutaçawwuf »... Je ne connais d'ailleurs pas autrement Mr. Arberry ; pourriez-vous me dire qui il est ?

J'avais reçu précédemment le recueil de conférences « What use is Art anyway », envoyé par l'éditeur ; il m'est arrivé juste à temps pour que je puisse le signaler dans mes comptes rendus du n° de juillet des « E. T. ». -- Le n° de juin doit contenir votre article sur « le folk-lore et l'art populaire », je dis « doit », car je ne l'ai pas encore vu ; il paraît que l'impression était fort en retard, et on craignait même que cette fois il n'arrive pas à être prêt avant la fin du mois...

Pour le n° sur le Tantrisme (août-septembre), ainsi que je m'en doutais, il ne sera malheureusement pas possible de vous envoyer les épreuves de votre article ; mais j'ai demandé que du moins on vous communique la traduction avant l'envoi à l'impression si elle peut être prête à temps ; j'espère que les choses pourront s'arranger ainsi pour le mieux.

Allez-vous quitter Boston pour l'été comme l'an dernier ? Il me semble que, à pareille époque, vous n'y étiez déjà plus. -- Quant à moi, je ne m'absenterai sans doute pas cette année ; nous venons de nous installer tout à fait en dehors de la ville, dans un endroit où on n'entend aucun bruit, mais où cependant les communications sont faciles. Je m'excuse de ce mot écrit au milieu du désordre d'un déménagement qui n'est pas encore terminé...

Croyez, je vous prie, cher Monsieur, à mes bien cordiaux sentiments.

R. G.

L38

Le Caire, 10 août 1937.

Cher Monsieur.

Mr. Lénnard m'écrit qu'il a envoyé le manuscrit de sa traduction du « Théosophisme », qui est maintenant achevé, à la maison Harcourt Brace and Co., de New-York, que vous aviez bien voulu lui indiquer comme éditeur possible ; il a d'ailleurs dû vous écrire aussi à ce sujet. Je vous serai bien reconnaissant de l'appui que vous pourrez nous donner auprès de cet éditeur, car il est d'autant plus à souhaiter que la chose réussisse de ce côté que, pour des raisons que vous savez, il n'est guère possible de publier ce livre en Angleterre. Pour mes autres ouvrages (car il y en a plusieurs dont la traduction est en train actuellement), il n'y a pas les mêmes difficultés, et il est d'ailleurs encore trop tôt pour s'en occuper, puisque, en général, les éditeurs veulent voir une traduction complète avant de donner une réponse...

D'autre part, j'apprends avec plaisir que vous pensez pouvoir trouver plusieurs souscripteurs à l'ouvrage de M. Charbonneau-Lassay. Je me permettrai, à ce propos, de vous adresser une demande : ce sera de vouloir bien faire envoyer les souscriptions à Chacornac, car la remise importante que celui-ci aura ainsi sera au bénéfice de la revue, et celle-ci en a plus grand besoin que jamais, du fait des énormes augmentations qu'ont subies en ces derniers temps, en France, les prix du papier et de l'impression. Merci d'avance pour tout cela !

M. Préau me dit s'occuper actuellement de la traduction de votre article pour le n° sur le Tantrisme, et je pense qu'il vous écrira sans doute ses temps-ci. Malheureusement il est à craindre que ce n° ne paraisse avec un assez grand retard, car Chacornac m'apprend que l'imprimerie va être fermée pendant 20 jours pour les vacances ; c'est là encore une chose qu'on n'avait jamais vu jusqu'ici !

Croyez, je vous prie, cher Monsieur, à mes bien cordiaux sentiments.

R. G.

ഩരു

L39

Le Caire, 21 septembre 1937.

Cher Monsieur,

Je m'excuse d'avoir tardé bien involontairement à répondre à vos dernières lettres : depuis que je vous ai écrit, j'ai eu une crise de douleurs rhumatismales tellement violente que je suis resté complètement immobilisé pendant près d'un mois ; et, quoique j'aille beaucoup mieux maintenant, je ressens encore une certaine fatigue qui ne disparaîtra que peu à peu... Naturellement, cela m'a mis tellement en retard pour tout mon travail que je ne sais plus trop comment en venir à bout ; j'ai dû commencer par m'occuper de mes articles pour octobre, et je suis tout de même arrivé à les expédier à temps, mais ce n'a pas été sans difficulté !

La première fois que j'ai pu aller à la poste, j'y ai trouvé vos lettres des 27 juillet et 9 août, ainsi que celle qui contenait les notes à ajouter à vos articles, l'« American Review », le « Bulletin of the Museum of Fine Arts », votre article sur « The Vedic doctrine of silence », et les « Ancient Indian Coins » ; je vous remercie bien vivement pour le tout.

Ces symboles figurant sur les anciennes monnaies sont en effet très intéressants et mériteraient d'être étudiés de près ; à quelle époque les fait-on remonter approximativement ? Le dernier de la page 9 rappelle en effet celui dont vous m'aviez parlé il y a quelque temps, et, d'autre part, il est visiblement apparenté aussi au swastika et à la double spirale ; il y a d'ailleurs certainement entre tous ces symboles des relations sur lesquelles j'ai depuis longtemps l'intention d'écrire quelque chose ; peut-être y arriverai-je un jour.... -- Ce que vous vous proposez de faire sur la question des « 7 rayons du Soleil » m'intéressera beaucoup ; ce qui m'intrigue à ce propos dans les figures représentées ici, c'est que la plupart n'ont que 6 rayons, et que, si la première en a bien 7, un de ceux-ci diffère des autres en ce qu'il ne se termine pas en »Trishûla » ; comment cela peut-il s'expliquer ? -- Je remarque aussi, à la même page, une figure (la 8°) exactement semblable à l'une des formes du symbole chrétien du « Signaculum Domini » étudié par M. Charbonneau-Lassay.

Pour l'article de Mr. Arberry, c'est en effet le texte même qui est le plus intéressant ; je pensais même que, si j'avais le temps, j'essaierais peut-être d'en faire une traduction plus exacte... et surtout plus conforme à l'esprit même du texte.

Merci de me signaler la publication de « Cultural Heritage of India » ; j'ai dit à Chacornac de le demander pour compte rendu, et j'espère donc pouvoir ainsi le recevoir ; ce que vous m'en dites est réellement très satisfaisant, car il était à craindre que les tendances « modernistes » y aient la plus grande place ; mais, d'après ce qui m'a été dit il y a quelque temps, il semble que, dans la « Ramakrishna Mission » elle-même, il se produise un certain mouvement de retour à la Tradition ; savez-vous jusqu'à quel point cela est exact ?

M. Préau m'a écrit qu'il vous avait envoyé sa traduction de votre article ; j'espère que vous l'aurez eue assez tôt pour que vos observations puissent lui parvenir avant qu'il ait les épreuves à corriger ; je crois d'ailleurs que celles-ci auront eu un certain retard, l'imprimerie ayant été fermée pendant quinze jours le mois dernier.

Je vois que votre travail sur la « réincarnation » sera beaucoup plus long que je ne le pensais, car je croyais qu'il ne s'agissait en somme que d'un simple article ; je souhaite que vous puissiez terminer sans trop tarder le volume entier que vous envisagez car il sera certainement fort utile pour rectifier beaucoup d'idées fausses...

- Ceci me fait penser à Mrs. Rhys Davids : j'ai appris dernièrement qu'elle s'occupe beaucoup de « psychisme », pour ne pas dire de spiritisme ; il y a sûrement là l'explication de bien des choses bizarres que j'avais remarquées depuis longtemps dans ses écrits !...

Je note votre suggestion d'écrire quelque chose sur la position réelle de la doctrine islamique à l'égard de la question des avatâras ; l'opposition n'est qu'apparente et se trouve beaucoup plus dans la forme que dans le fond ; mais je dois dire que ce sujet est un de ceux que j'hésite beaucoup à traiter, non pas seulement parce qu'il est difficile de l'exposer exactement et de façon à être bien compris, mais aussi parce que cela risque beaucoup de provoquer des réactions particulièrement hostiles de différents cotés (et surtout, bien entendu du côté chrétien).

Il faut que je vous parle d'une lettre que j'ai reçue la semaine dernière, de Mrs. (ou Miss ?) Dorothy Norman, qui m'écrit de votre part, dit-elle, et m'expose son projet d'une revue qu'elle veut fonder, et à laquelle elle me demande si je serais disposé à collaborer. Voudriez-vous, si vous en aviez l'occasion, avoir l'obligeance de lui faire savoir que je viens d'être malade et que, à cause de cela, je tarderai probablement un peu à lui répondre ? C'est d'ailleurs la vérité, mais, en outre, je voudrais bien savoir par vous, avant de répondre, ce qu'il faut penser exactement de ce projet, qui, tel qu'elle me le présente, paraît quelque chose de très « mêlé » et dont l'orientation ne se dégage pas nettement... Elle dit que vous avez déjà accepté de collaborer à un n° spécial sur le symbolisme ; peut-être pourrais-je aussi donner quelque chose au moins pour cette circonstance, si toutefois il y a un délai suffisant pour que j'ai le temps de m'en occuper, et aussi, bien entendu, à la condition qu'on me laisse entièrement libre quant au sens dans lequel je traiterai le sujet. Je crains un peu, entre autres choses que cette revue n'ait un côté politique assez accentué, sans d'ailleurs pouvoir très bien comprendre selon quelle tendance... Vous me rendrez grand service si vous pouvez me donner quelques précisions sur tout cela ; j'avoue que je trouve toujours un peu inquiétant d'accepter de collaborer à une revue dont la publication n'a pas encore commencé ; mais il va de soi que, dans le cas présent, c'est surtout ce que vous m'en direz qui pourra déterminer ma réponse.

Je pense que peut-être vous êtes déjà rentrés à Boston maintenant ; il faut espérer que vous pourrez réaliser votre intention de vous installer hors de la ville, d'autant plus que, dans celle-ci, l'agitation doit être certainement bien plus grande qu'au Caire et plus fatigante... Quant à nous, nous nous proposons de faire bâtir une petite maison sur un terrain que nous avons, tout près d'où nous habitons maintenant, aussi tôt que nous pourrons avoir des fonds suffisants pour entreprendre cette construction ; il est tellement plus agréable d'être vraiment « chez soi » !

Croyez, je vous prie, cher monsieur, à mes bien cordiaux sentiments.

R. G.

L40

Le Caire, 23 octobre 1937.

Cher Monsieur,

Je viens de recevoir votre lettre du 5 octobre, et je vous remercie de vos bons souhaits pour mon rétablissement. Je continue à aller de mieux en mieux, mais pourtant je ressens encore une certaine fatigue, surtout quand je reste assis trop longtemps pour écrire, ce qui ne me permet pas d'avancer autant que je le voudrais tout mon travail en retard...

Le refus de Harcourt Bruce est fâcheux, car je ne crois pas, et Mr. Lennard non plus, qu'un éditeur anglais <u>ose</u> publier ce livre. En tout cas, je transmets ce que vous me dites à Mr. Lennard (qui est maintenant à Santiniketan, comme vous le savez peut-être), et, s'il pense qu'il vaut mieux essayer de s'adresser à un autre éditeur américain, je vous serai bien reconnaissant de tout ce que vous pourrez faire à ce sujet.

Je vous remercie des renseignements concernant Mrs. Dorothy Norman et son projet de revue ; je vais lui répondre, d'après cela et pour les raisons que vous dites, en acceptant en principe, mais, bien entendu, sans m'engager à une collaboration régulière dont il ne me serait sans doute pas possible de trouver le temps. Il est d'ailleurs bien certain que, à part le cas d'une revue d'un caractère tout à fait spécial, il ne peut guère s'en trouver dont l'esprit et les tendances répondent exactement à ce que nous pourrions souhaiter...

Je viens de recevoir enfin le n° des « E. T. » sur le Tantrisme ; il a eu beaucoup de retard, surtout du fait de la négligence des imprimeurs dont il devient de plus en plus difficile d'obtenir ce qu'on veut, mais enfin il se présente d'une façon tout à fait satisfaisante. Auriez-vous quelques adresses de personnes à qui il pourrait y avoir intérêt à l'envoyer ?

Votre explication au sujet des 7 rayons me paraît tout à fait satisfaisante ; en somme le symbole est ainsi équivalent à (voir figure) dans le cas où on considère celui-ci comme représentant un septénaire, en comptant le centre ; d'ailleurs, partout où il est question des « 7 » directions de l'espace, la 7° (ou la 1°) est aussi le centre. -- À propos de la forme des rayons, il y a aussi une autre chose assez remarquable dans les figurations médiévales du soleil, où les rayons sont de deux sortes, alternativement droits et ondulés (c'est M. Charbonneau-Lassay qui me l'a signalé) ; il me semble que cette dualité peut s'entendre comme celle de la lumière et de la chaleur, mais il est possible qu'elle ait encore d'autres significations.

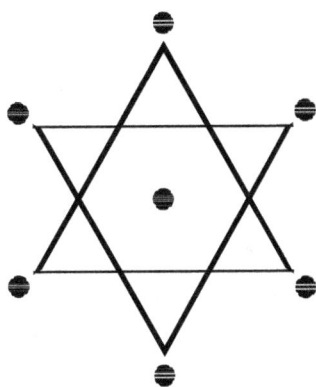

Au sujet de mâtrâ et « matière », vous avez sans doute raison si l'on s'en tient au sens étymologique de ce dernier mot ; mais, si l'on ne veut pas risquer des équivoques, n'est-on pas obligé aussi de tenir compte de tout ce que les modernes physiciens ou autres, ont accumulé dans cette notion de « matière » et qui en change complètement la signification ? Je ne vois pas que tout ce qui est « mesurable », c'est-à-dire en somme tout ce qui est du domaine de la quantité (plus exactement de la quantité continue) soit nécessairement « matière » au sens moderne du mot ; c'est ce dernier, bien entendu, qui n'a d'équivalent dans aucune doctrine traditionnelle, ni même dans la philosophie ancienne. -- Je dois dire aussi que je trouve très gênant l'emploi des mots « matière » et « forme » dans le langage scolastique, car ni l'un ni l'autre n'y a son sens actuel, et il résulte de là de fréquentes confusions ; la traduction de mâtrâ par « matière » me parait avoir le même inconvénient.

Croyez, je vous prie, cher Monsieur, à mes bien cordiaux sentiments.

R. G.

L41

Le Caire, 19 décembre 1937.

Cher Monsieur,

Je suis vraiment confus d'avoir tant tardé à répondre à trois lettres de vous (et je viens encore d'en recevoir une quatrième, celle du 30 novembre), et à vous remercier des envois que vous m'annonciez et qui me sont bien parvenus. Celui de « White Sahibs in India », à vrai dire, a eu beaucoup de retard, si bien que je commençais à me demander s'il n'avait pas été intercepté en route ; mais finalement il est bien arrivé aussi... -- Je viens également de recevoir, d'autre part, les trois volumes de « The Cultural Heritage of India », que j'avais fait demander suivant votre indication.

Ma santé ne m'a pas encore permis de remettre à jour tout mon travail arriéré ; mes douleurs continuent cependant à s'atténuer lentement, mais il n'y a que peu de temps que j'arrive enfin à rester assis une grande partie de la journée sans trop en souffrir ; j'espère donc que vous voudrez bien m'excuser de ne vous avoir pas répondu plus tôt.

Vous verrez dans les « E. T. » de janvier la note que j'ai rédigée sur « The Higher Learning in America » ; l'attitude de l'auteur est remarquable en effet de la part d'un universitaire ; pensez-vous que ses idées aient quelque chance d'être acceptées ?

J'ai lu avec intérêt votre compte rendu du travail de P. Mus, dans lequel vous avez signalé différents points particulièrement importants.

M. Préau m'a dit, il y a quelque temps déjà, vous avoir envoyé sa traduction de votre article sur le « symbolisme de l'épée » ; il faut espérer que vous aurez le temps de l'examiner et de lui communiquer vos observations de façon à ce que cet article puisse paraître dans le n° de janvier.

Je reviens à « White Sahibs in India » : il est bien certain que l'éditeur qui a publié un tel livre ne pourra pas soulever contre le « Théosophisme » des objections du genre de celles que nous craignons ; je pense donc comme vous qu'il serait bon de lui proposer la chose, et je vais d'ailleurs le dire à M. Lennard la prochaine fois que je lui écrirai. Il est vrai qu'en Angleterre, comme en France du reste, on peut publier n'importe quoi ; mais en fait, la plupart des éditeurs se laissent facilement intimider ; en France il y en a qui n'oseraient pas publier un livre de moi, quel qu'il soit, et il y a même des librairies qu'on a empêché, en leur faisant des menaces, de vendre mes livres ou de les prendre en dépôt ! -- Pour ce qui est de Luzac, M. Lennard m'a rappelé qu'il s'était déjà adressé à lui au début, ce que j'avais tout à fait oublié ; il avait même eu soin de lui faire remarquer que cet ouvrage ne pouvait convenir à Rider, qui a déjà édité « Man and his Becoming », mais dont la clientèle est en grande partie théosophiste ; or Luzac lui a répondu, non seulement négativement pour sa part, mais en lui conseillant... de s'adresser à Rider !

Pour le « 7° rayon », je vois que nous sommes entièrement d'accord ; quant à la question des rayons droits et ondulés, je me demande si la correspondance respective avec le feu et l'eau, telle que vous l'indiquez, peut bien s'appliquer dans tous les cas, d'abord parce qu'il y a aussi le symbole de l'« épée flamboyante », dont la forme est identique à celle du rayon ondulé, et qui se rapporte pourtant au feu. En outre, les deux formes semblent correspondre exactement à deux racines hébraïques : <u>ar</u>, signifiant le mouvement rectiligne et le feu comme lumière ; <u>ash</u>, signifiant le mouvement courbe et le feu comme chaleur ; vous voudrez bien me dire encore ce que vous pensez de ces différentes relations. Il n'en est pas moins vrai, bien entendu, que la ligne ondulée est prise par ailleurs pour représenter l'eau, je prends exemple dans les hiéroglyphes égyptiens et dans le signe astrologique du Verseau :

Votre dessin de l'« araignée solaire » est bien curieux ; je me demande si les deux serpents qui l'accompagnent peuvent avoir quelque rapport avec ceux qui sont joints au disque ailé des Égyptiens, bien que leur disposition soit tout à fait différente...

Pour l'emploi du mot « matière », je crois qu'en somme, il y a là un exemple des équivoques que peut causer l'imprécision des langages occidentaux, et qu'il vaut mieux éviter autant que possible, bien que ce ne soit certes pas toujours facile (la terminologie scolastique elle-même n'y a pas réussi dans tous les cas, et elle a fait notamment une terrible confusion de l'« essence et de la substance »). Le plus fâcheux est qu'on ne peut pas toujours se dispenser, en employant les mots, de tenir compte de tout ce qui est venu se surajouter à leur sens premier ; c'est là surtout ce qui constitue l'inconvénient de « matière » ; chose assez singulière, « matériaux », qui en est pourtant dérivé directement, ne me donne pas l'impression de soulever les mêmes objections, peut-être parce qu'il n'a été « manipulé » ni par les philosophes ni par les physiciens...

J'allais oublier de vous dire qu'une traduction anglaise d'« Orient et Occident » est actuellement commencée, et aussi celle de la « Crise du Monde moderne », mais elles ne sont pas très avancées encore ; je me demande, d'après ce que vous dites, s'il n'y aura pas avantage à éditer ces deux livres plutôt en Amérique, s'ils peuvent y trouver des lecteurs en nombre suffisant.

J'ai répondu à la lettre de Mrs. Norman il y a un certain temps déjà, mais je n'en ai pas eu d'autres nouvelles depuis lors ; vous parlez d'un article que, si je comprends bien, vous lui avez déjà donné pour sa revue ; ce projet doit-il donc être réalisé prochainement ?

Je vous remercie de vos remarques à propos de mes récents articles ; pour traduire <u>srishti</u>, j'employerai plus volontiers « production « (en anglais, on pourrait aussi dire »sending forth ») ; je sais bien qu'il est presque impossible d'écarter toute image spatiale inexacte, mais, en tout cas, on peut du moins éviter ainsi les associations philosophiques suspectes d'« émanation » (je n'ai pas de données assez précises sur l'emploi de ce mot par saint Thomas pour pouvoir en dire quelque chose de sûr). -- La distinction d'Eckhart entre créatures « séparées » et « unies » me rappelle quelque chose qui se trouve dans la Kabbale, mais que je n'arrive pas à préciser en ce moment... --pour <u>praja</u> il me semble qu'« offspring » est un équivalent assez exact en anglais ; il est plus difficile de trouver en français quelque chose de tout à fait satisfaisant.

Pour la caverne, je pense que nous sommes tout à fait d'accord au fond ; vous verrez d'ailleurs la suite de mes articles sur ce même sujet. -- Je connais un seul rituel initiatique où l'ouverture de la caverne se trouve dans la voûte : c'est celui du 14° degré de la Maç∴ Écossaise (Grand Écossais de la Voûte Sacrée) ; il y a d'ailleurs dans ces hauts grades bien des éléments d'origine très diverse et souvent difficiles à déterminer...

Pour le texte du « Matherantî », il n'y a là qu'une exception apparente à la nécessité de l'initiation, et qui se réfère d'ailleurs à des conditions anormales ; mais la difficulté est de trouver un moyen d'expliquer cela clairement ; j'en suis préoccupé depuis longtemps, à cause d'un article que nous voudrions reproduire, mais qui touche à cette question et auquel il faudrait adjoindre une note apportant des précisions suffisantes pour que cela ne risque pas d'être mal compris.

J'espère n'avoir rien oublié d'important, mais il y avait tant de choses cette fois que je n'en suis pas bien sûr...

Croyez, je vous prie, cher Monsieur, à mes sentiments bien cordiaux, auxquels je joins mes meilleurs vœux pour la nouvelle année qui va bientôt commencer.

R. G.

L42

Le Caire, 9 janvier 1938.

Cher Monsieur

J'ai reçu il y a quelques jours le premier n° de « Twice a Year » ; je n'ai d'ailleurs pas eu le temps de le lire encore, d'autant plus que c'est un véritable volume... -- De mon côté, comme je vous l'avais dit, j'ai envoyé à Mrs. Norman la traduction du chapitre « Individualism », en supprimant seulement les mots renvoyant en divers endroits aux chapitres précédents du livre. J'ai fait cet envoi à l'adresse que j'avais notée quand j'ai reçu la lettre de Mrs. Norman (1160, Park Avenue) ; mais ensuite je me suis aperçu que la revue porte l'indication d'une adresse différente ; j'espère cependant qu'il n'en résultera aucun inconvénient, d'autant plus que l'envoi est recommandé.

Mr. R. Krishnaswamy Aiyar, de Tinnevilly, m'a écrit de votre part en m'envoyant deux volumes de lui. Naturellement, j'en ferai un compte rendu dès que j'aurai pu en prendre connaissance, et, comme il me le demande, je lui ferai adresser le n° des « E. T. » dans lequel ce compte rendu paraîtra.

Avec mes meilleurs vœux pour la nouvelle année qui vient de commencer, croyez, je vous prie, cher Monsieur, à mes sentiments bien cordiaux.

R. G.

L43

Le Caire, 24 janvier 1938.

Cher Monsieur

Mr. Lings, qui traduit « Orient et Occident », m'écrit qu'il en a envoyé un exemplaire, avec la première partie de la traduction, à Messrs Luzac and Co., et que « They replied that they could not undertake the cost of publication themselves, but they thought that the book « should have a fairly good sale » and that they would be very pleased « to do their best for it » if I would pay for the printing ». Or il ne peut pas faire lui-même les frais de cette édition, mais un de ses amis serait disposé à s'en charger, non seulement pour ce livre, mais aussi pour la « Crise du Monde moderne ». Je serais heureux de savoir ce que vous pensez de cette solution ; pensant toujours à ce que vous m'aviez écrit il y a quelque temps, il ne me semble pas que cela puisse empêcher ces livres d'avoir une diffusion en Amérique ; mais il y a encore autre chose à considérer. En effet, en France, quand l'éditeur n'a pas fait les frais de la publication d'un ouvrage, il s'en désintéresse complètement, et, de plus, le livre édité dans ces conditions est tout à fait déconsidéré auprès des libraires ; je veux espérer qu'il n'en est pas de même en Angleterre, mais il serait important d'être exactement fixé sur ce point ; auriez-vous des informations à cet égard ? Autrement, je ne vois personne qui puisse me renseigner...

J'ai reçu dernièrement un nouveau livre (édité justement chez Luzac) de Mrs. Rhys-Davids, « To become or not to become » ; naturellement, il s'agit toujours du sens du mot « bhava » ; je n'ai d'ailleurs pas encore eu le temps de le lire, mais je me doute assez, après tout ce que j'ai déjà vu d'elle, de ce que peuvent être ses idées là-dessus...

Croyez, je vous prie, cher Monsieur, à mes bien cordiaux sentiments.

R. G.

ಐಂ

L44

Le Caire, 31 janvier 1938.

Cher Monsieur,

Merci de votre lettre du 9 janvier et de votre carte du 11, que je viens de recevoir. -- Le manuel du British Museum ne m'est pas parvenu jusqu'ici, mais j'espère bien que, cette fois encore, il ne s'agit que d'un simple retard, et je vous remercie à l'avance.

Pour la question des « rayons », nous sommes bien d'accord en effet : il n'est pas douteux que les rayons droits représentent la lumière ; quant aux rayons ondulés, représentant le feu ou l'eau, ou les deux, on pourrait, en raison de l'opposition de ces deux éléments feu et eau, voir là encore un cas du « double sens » des symboles. -- Je serai fort intéressé par ce que vous m'annoncez au sujet du symbolisme de l'« épée flamboyante ».

La question des individus exceptionnels se trouvant dans un milieu où il n'y a plus d'initiation est effectivement assez embarrassante à certains égards ; il peut, dans certains cas tout au moins, arriver qu'il soit remédié à cette situation par des circonstances également exceptionnelles ; mais la vérité est que ceci ne relève pas de la juridiction du « Qutb », mais de ce qui est représenté par la fonction d'El-Khidr, en tant que maître des « Afrads ».

Pour l'« émanation », les textes de saint Thomas que vous m'indiquez paraissent bien en effet pouvoir s'interpréter dans le sens que vous envisagez. Une chose qui m'étonne quelque peu, étant donné que saint Thomas a parlé ainsi d'« émanation », c'est l'aversion générale des théologiens catholiques pour ce mot, qui semble leur inspirer presque de la terreur...

Je ne connaissais pas le sens de « relinquere » que vous me signalez. -- Il est certain qu'un même mot ne peut pas toujours être traduit d'une façon uniforme, car il n'y a jamais d'équivalence en coïncidence parfaite entre les termes de deux langues différentes. Je pense seulement qu'il faut éviter autant que possible les mots qui, même si leur sens originel ne soulève pas d'objection, ont pris, par l'usage qu'en ont fait les philosophes occidentaux, une acception spéciale dont il est devenu à peu près impossible de les séparer.

Ce que vous me dites de la question de l'« éducation » en Amérique est tout de même un signe assez favorable, et j'avoue que je ne m'y serais pas attendu ; peut-être y a-t-il là, dans les Universités, moins de routine « officielle » qu'en Europe ; mais l'association de ces vues avec les tendances fascistes ne s'explique pas très bien... - D'autre part, je viens de recevoir le « Christian Social Art Quarterly », avec la conférence de Mr. Graham Carey ; ce mouvement entrepris par des religieuses m'a aussi quelque peu surpris...

Je vous remercie de votre suggestion de donner tout d'abord à Mrs. Norman la traduction d'un chapitre de la « Crise du Monde moderne », quel est celui qui, à votre avis, pourrait convenir le mieux ? -- Il n'y a encore que trois chapitres traduits jusqu'ici.

Maintenant que votre article sur le symbolisme de l'épée est paru, puis-je me permettre de vous rappeler que vous aviez bien voulu nous en promettre un sur l'« archery « (je ne trouve pas le mot correspondant en français) ?

On me réclame avec insistance l'arrangement de la réédition du « Roi du Monde », et je n'arrive toujours pas à trouver le temps de m'en occuper !

Croyez, je vous prie, cher Monsieur, à mes bien cordiaux sentiments.

R. G.

ℰℜ

L45

Le Caire, 6 février 1938.

Cher Monsieur,

Merci de votre envoi de « The Nature of Buddhist Art », que je viens de recevoir en même temps que votre carte du 18 janvier. -- Je vois que vous y avez justement fait allusion, entre autres choses, à cette question de l'« archery » dont je vous reparlais dans ma dernière lettre ; j'espère qu'il vous sera possible de nous donner bientôt un article sur ce sujet.

Le n° spécial des « E. T. » de cette année (août-septembre) sera très probablement consacré à la tradition islamique ; à ce propos, j'aurais encore une demande à vous adresser : pourriez-vous nous donner pour ce n° votre article sur El-Khidr, en le complétant par certaines considérations qui, comme vous me l'avez dit, n'auraient pas été à leur place dans la revue où il a été publié primitivement, mais qui seraient au contraire tout à fait appropriées pour les « E. T. » ? Si cela était possible, j'en serais d'autant plus heureux que, de divers côtés, on réclame depuis longtemps déjà quelque chose sur ce sujet, mais que, pour bien des raisons, je préférerais qu'il soit traité par quelqu'un d'autre que moi...

On me pose une question à laquelle je suis incapable de répondre : l'« Oxford University Press » et la « Clarendon Press » sont-elles deux firmes distinctes, ou bien n'est-ce qu'une seule et même firme sous deux désignations différentes ? Peut-être pourrez-vous me renseigner sur ce point...

Croyez, je vous prie, cher Monsieur, à mes bien cordiaux sentiments.

R. G.

L46

Le Caire, 17 février 1938.

Cher Monsieur,

Merci de l'envoi de votre article sur « Janaka and Yâjnavalkya », que j'ai reçu la semaine dernière.

Aujourd'hui me parvient votre lettre du 26 janvier, à laquelle je veux répondre un mot tout de suite. Je demanderai d'ailleurs, à la prochaine occasion, des informations plus précises à « Geticus » ; mais, sans vouloir être trop affirmatif, je crois qu'il y a une explication très simple et qu'il ne s'agit en réalité de rien d'autre que d'un titre nobiliaire, <u>comes</u> devant ici être traduit par <u>comte.</u> Il resterait à savoir ce que peuvent être les « Siculi » ; il est bien peu vraisemblable qu'il s'agisse de la Sicile (qui d'ailleurs était un royaume et non un comté) ; le nom de « Szekler » que vous me signalez, et que je ne connaissais pas, me paraît donner un sens beaucoup plus plausible ; c'est sur ce point surtout que je tâcherai d'avoir des éclaircissements.

À ce propos, le double sens du mot <u>comes</u> a été utilisé dans les noms ou titres pris par certains personnages ayant joué un rôle dans des organisations initiatiques. Ainsi, le nom du « Comte de Saint-Germain », qui est d'ailleurs probablement un « hiéronyme » collectif, doit se traduire par « compagnon de la Sainte Fraternité ». Je me souviens aussi d'un interrogatoire de Cagliostro, où, à une question concernant son titre de comte, il répondit d'une façon apparemment énigmatique, mais dont le sens était nettement que ce titre n'avait rien à voir avec ceux de la noblesse profane. -- Mais, dans le cas dont vous me parlez, je pense qu'il ne s'agit de rien de tel, et que c'est bien un simple titre nobiliaire sans aucune signification.

Croyez, je vous prie, cher Monsieur, à mes bien cordiaux sentiments.

R. G.

L47

Le Caire, 26 février 1938.

Cher Monsieur,

Je viens de recevoir vos deux lettres des 7 et 8 février, ainsi que votre article de « The Hindu ». -- Tout d'abord, je vous remercie bien vivement d'avoir eu l'obligeance d'écrire tout de suite à Luzac, ce qui leur fera certainement prendre la chose en sérieuse considération ; ce que vous me dites est d'ailleurs tout à fait rassurant, et j'en fais part à Mr. Lings. C'est celui-ci, et non pas moi, qui s'est mis en rapport avec Luzac ; je n'ai d'ailleurs pas qualité pour intervenir directement, l'éditeur français ayant seul, d'après les contrats, le droit de traiter pour les traductions. -- D'autre part, je reçois aujourd'hui même une lettre de Mr. John Levy, l'ami de Mr. Lings, qui me confirme encore ce que celui-ci m'avait dit quant à son intention de se charger des frais d'édition ; il me semble donc décidément que tout doive s'arranger ainsi pour le mieux.

Je viens de lire votre article, que je trouve tout à fait bien ; j'admire que vous ayez pu donner cet exposé sous une telle forme, car, pour ma part, je dois reconnaître que je suis tout à fait incapable de présenter les choses d'une façon suffisamment accessible au « grand public » (c'est d'ailleurs pourquoi il m'est si difficile d'écrire dans des revues non « spécialisées ») ; et je ne vois vraiment pas ce qu'il pourrait y avoir à modifier ou à ajouter. Je n'ai toujours aucune nouvelle de Mrs. Norman depuis que je lui ai écrit.

Ce que vous a écrit Mrs. Rhys Davids ne me surprend pas beaucoup, car les allusions qu'elle fait à ses expériences « psychiques » sont en somme assez claires ; mais il semble même que cela aille jusqu'au vulgaire spiritisme ; c'est vraiment bien fâcheux de voir que tant de gens se laissent prendre ainsi à de pareilles illusions !

Croyez, je vous prie, cher Monsieur, à mes bien cordiaux sentiments.

R. G.

ॐ

L48

Le Caire, 11 mars 1938.

Cher Monsieur,

J'ai reçu hier vos deux lettres des 17 et 21 février. -- Je vous remercie de vouloir bien communiquer le manuscrit du « Théosophisme « à un autre éditeur ; espérons que le résultat sera plus favorable cette fois ! Mr. Lennard m'a écrit dernièrement que, d'après ce que je lui avais dit, il le soumettra à Martin Secker, mais naturellement il convient maintenant d'attendre d'abord la réponse de l'autre côté. -- Pour les autres volumes, j'ai fait part à Mr. Levy de ce que vous m'avez dit au sujet de l'édition par Luzac ; je n'ai pas encore eu d'autres nouvelles depuis lors.

Je prends note de ce que vous me dites pour le chapitre de la « Crise du Monde moderne » qu'on pourrait donner à Mrs. Norman ; il n'y a encore que quatre chapitres traduits jusqu'ici, mais Mr. Osborne paraît avancer assez vite.

Pour votre article sur le Vêdânta, il est entendu que, comme vous le demandez, je n'en parlerai que quand il aura paru dans l'« American Scholar ».

Vous ai-je dit que je n'ai jamais reçu le manuel du « British Museum », dont vous m'aviez annoncé l'envoi il y a un certain temps déjà ?

Je vous remercie de vouloir bien penser à de prochains articles pour les « E. T. » ; bien entendu, je ne sais que trop bien par moi-même qu'il est souvent impossible d'arriver à faire quelque chose pour une date déterminée. -- Quant à l'article sur El-Khidr, j'espère que, malgré tout ce que vous me dites, vous voudrez bien vous décider à nous le donner tout de même ; il va de soi, d'ailleurs, qu'il ne s'agit pas de traiter la question d'une façon complète, ce qui est une chose tout à fait impossible. Je vais tâcher de voir quelles indications je pourrais vous suggérer sur certains points ; naturellement, il sera tout à fait inutile de mentionner que cela vient de moi...

Ce que vous me dites pour Clarendon Press confirme en somme ce que nous pensions ; je vois que ce nom a pourtant été employé encore pour le livre de Miss Getty. -- À propos de votre compte rendu de celui-ci, j'ai toujours eu l'idée qu'il y a quelque rapprochement à faire entre la forme de Ganêsha et celle de Kuvera ; comment pensez-vous qu'on pourrait expliquer ce rapprochement, qui semblerait indiquer un lien plus étroit que le caractère général « shivaïte » commun à l'un et à l'autre ?

Pour « l'arbre du Monde », inversé seulement sous le Soleil, cela me paraît en effet normal, je serai heureux d'avoir connaissance du résultat de vos recherches à ce sujet. Je pense que vous avez dû aussi remarquer la représentation fréquente du soleil lui-même comme fruit de l'Arbre ; certains caractères chinois notamment, donnent un sens très net à cet égard.

Il ne me semble pas qu'on puisse dire que le Paradis terrestre soit proprement « supra-cosmique », puisqu'il est en tout cas au-dessous des Cieux ; son sommet « touche la sphère lunaire », comme le dit saint Augustin entre autres ; mais, si on dit qu'il est virtuellement « supra-cosmique », en entendant par là que l'être qui est parvenu à ce sommet (lequel est en même temps le « centre » de l'état humain) est désormais soustrait aux changements d'états et peut de là passer « au-delà du cosmos » par la voie directe et « axiale », cela est parfaitement exact en effet.

Croyez, je vous prie, cher Monsieur, à mes bien cordiaux sentiments.

R. G.

L49

Le Caire, 30 mars 1938.

Cher Monsieur,

J'ai reçu la semaine dernière votre lettre du 3 mars, et j'ai bien regretté d'apprendre la réponse négative de Houghton Mifflin ; je vous remercie bien vivement de vouloir bien essayer encore auprès d'un autre éditeur ; si cela ne réussissait pas, on pourrait sans doute s'adresser alors à Martin Secker.

Je viens de recevoir la réponse de « Geticus » au sujet de « Siculi », que j'attendais pour vous écrire ; la voici : « Il ne s'agit naturellement pas de Siciliens, mais d'une peuplade de la Transylvanie, de race hongroise, les <u>Sacui</u> en roumain, <u>Szekely</u> en hongrois, <u>Szekler</u> en allemand. Ils habitent deux départements (anciens comtés) orientaux de la Transylvanie (Odorhei et Trei-Scaou), sur la frontière de la Moldavie. On dit qu'ils sont plus anciens que les Hongrois, étant les restes des Huns, tandis que les autres Hongrois sont venus en Europe seulement avec Arpad, au 9° siècle. » Il me semble qu'ainsi la question est maintenant tout à fait éclaircie. -- En même temps, il me charge d'une commission qui m'ennuie un peu, mais dont il faut que je m'acquitte tout de même : il a formé avec quelques amis un petit groupe d'études, mais ils se trouvent très isolés et dans un milieu peu favorable ; ils ne peuvent se procurer aucun de vos ouvrages (l'envoi d'argent à l'étranger est interdit, comme en Allemagne). Je sais bien que, comme moi (il y a des gens à qui j'ai eu de la peine à le faire comprendre), vous ne disposez pas de vos livres proprement dits ; mais si du moins vous pouviez leur envoyer quelques-uns de vos articles tirés à part et dont vous auriez encore des exemplaires, ils en seraient certainement très heureux. Je m'excuse de vous transmettre cette demande, et je vous remercie à l'avance de ce que vous pourrez faire... L'adresse de « Geticus » est :

Mrs. Vasile Lovinescu, 6, Str. Avram Iancu, Bucarest (4°)

J'ai reçu aussi ces jours derniers la brochure sur cette religieuse mystique canadienne, envoyée par vous ; en présence de cas de ce genre, je me pose toujours la même question : à quel degré de connaissance effective ces choses peuvent-elles correspondre réellement ? Avec le mode d'expression qu'emploient les mystiques, il est assurément bien difficile de s'en rendre compte. D'un autre côté, cette attitude de « passivité » qui est la leur me paraît toujours quelque chose de bien dangereux...

Croyez, je vous prie, cher Monsieur, à mes bien cordiaux sentiments.

R. G.

M. Préau m'a dit que vous lui aviez envoyé une note sur « The Milky Way » ; merci de ne pas oublier les « E. T. ».

༄༅

L50

Le Caire, 9 avril 1938.

Cher Monsieur,

Je viens de recevoir votre lettre du 24 mars, et je vous remercie bien vivement pour votre article, qui convient en effet parfaitement pour les « E. T. ». Je pense qu'il ne sera pas nécessaire de mentionner qu'il a déjà paru ailleurs ; si cependant vous pensiez que cela puisse avoir quelque inconvénient, vous seriez bien aimable de me le dire.

Pour le livre « Lost Atlantis », en voyant la note moins détaillée que vous m'aviez envoyée précédemment, j'avais déjà pensé qu'il pourrait être intéressant d'en rendre compte dans les « E. T. » ; j'avais donc voulu le faire demander par Chacornac, mais celui-ci vient de me faire savoir qu'il ne peut trouver nulle part l'adresse de l'éditeur Cobden-Sanderson ; voudriez-vous, si vous la connaissez, avoir l'obligeance de me l'indiquer ? Merci d'avance.

Croyez, je vous prie, cher Monsieur, à mes bien cordiaux sentiments.

R. G.

ℰℛ

L51

Le Caire, 28 avril 1938.

Cher Monsieur,

J'ai reçu avant hier votre lettre du 7 avril, et juste en même temps m'est arrivé la publication du British Museum « The Babylonian Legends of the Creation » ; merci d'avoir écrit de nouveau pour me la faire envoyer. -- Pour le symbole solaire une question, la forme des rayons ondulés 〰〰 est bien en effet, comme vous me l'aviez dit celle qui sert généralement à figurer l'eau ; il y a, à cet égard, une différence à noter, avec les figurations du moyen âge occidental, où ces rayons se terminent en pointe aussi bien que les rayons droits avec lesquels ils alternent, c'est-à-dire que leur forme ⌇⌇ est exactement celle de l'épée flamboyante. Je vois là aussi d'autres symboles curieux, mais qui malheureusement ne semblent pas tous faciles à interpréter ; la tradition chaldéenne est, au fond, presque aussi énigmatique que la tradition égyptienne, bien que certains rapprochements avec la tradition hébraïque permettent peut-être tout de même d'y voir un peu plus clair sur certains points...

C'est bien en effet surtout à la forme du ventre de Ganêsha que j'avais pensé en parlant d'un rapprochement avec Kuvera, et par conséquent avec les Yakshas. Quant à la question des changements de tête, j'avoue que je n'avais pas envisagé ce que vous me signalez ; sans doute cela s'appliquerait-il également au cas de Daksha. Mais il y a un point qui ne me paraît pas tout à fait clair : la nouvelle tête est d'une autre sorte que l'ancienne, ce qui fait une différence avec le rite du sacrifice ; comment cela peut-il s'interpréter ?

Je suis heureux de votre accord avec ce que j'ai écrit encore au sujet de la caverne ; il est bien certain que cette question est de celles qu'il n'est jamais possible de traiter complètement ; j'envisagerai du reste encore quelques autres points y touchant dans les deux ou trois articles suivants ; je ne pensais pas en commençant, que cela prendrait tout ce développement, et je dois dire que vos remarques y ont bien été pour quelque chose... -- Au sujet du stûpa comme demeure et tombeau à la fois, ce même double sens est bien donné, dans les églises chrétiennes, au tabernacle placé sur l'autel, mais je ne sais pas s'il a été quelquefois étendu à l'église tout entière, ce qui en tout cas semblerait logiquement justifié.

Le mot « dîkshâ » est certainement celui qui correspond exactement à « initiation », au sens le plus strict ; quant à « upanayana », je me suis souvent posé aussi la même question que vous à cet égard : il me semble qu'on peut, à cause de l'exclusion des Shûdras, comme vous le dites, parler aussi d'initiation dans ce cas, en un sens plus large, mais il serait assurément préférable d'employer deux termes distincts ; ce qui fait la difficulté d'en trouver un autre ici, c'est qu'en somme l'upanayana n'a pas d'équivalent, même approximatif, dans les formes traditionnelles occidentales...

J'ai votre article sur El-Khidr devant moi pour ne pas l'oublier, et je vous récrirai d'ici peu à ce sujet ; le temps passe si vite qu'il va déjà falloir bientôt penser à la préparation de ce n° spécial !

Croyez, je vous prie, cher Monsieur, à mes sentiments bien cordiaux.

R. G.

ഓജ

L52

Le Caire, 12 mai 1938.

Cher Monsieur,

Je viens de recevoir votre lettre du 25 avril, ainsi que votre mot indiquant la suppression à faire dans votre article ; je transmets cette indication à M. Préau, qui, d'après ce qu'il m'a dit dans sa dernière lettre, doit maintenant avoir déjà traduit l'article ; je pense d'ailleurs qu'il vous communiquera sa traduction comme à l'ordinaire.

Merci pour l'adresse de Cobden-Sanderson ; je l'envoie à Chacornac afin qu'il puisse cette fois demander « Lost Atlantis » ; même si cet ouvrage n'est pas très important, il sera assurément toujours possible d'en dire quelque chose.

Je communique aussi à M. Préau la référence du « Journal Asiatique », pour le cas où il aurait quelque occasion de voir cela, car ici cela m'est naturellement impossible ; mais lui-même, depuis qu'il habite loin de Paris, se trouve presque aussi désavantagé » que moi à cet égard...

À propos de Ganêsha, j'avais essayé de faire demander le livre de Miss Getty ; la » Clarendon Press » a répondu par un refus, suivant son habitude, en prétextant qu'il ne reste plus d'exemplaires disponibles pour le service de presse.

En répondant à votre dernière lettre, j'ai dû oublier de vous dire que j'ai indiqué dans « Autorité spirituelle et pouvoir temporel » la relation entre Ganêsha et Skanda à laquelle vous faisiez allusion.

D'après votre question au sujet du manuscrit du « Théosophisme », je crois comprendre qu'il ne reste plus guère d'espoir de trouver un éditeur américain ; s'il en est ainsi, le mieux à faire sera sans doute, comme nous l'avions dit, de s'adresser à Martin Secker and Warbury. Il paraît qu'ils ont publié des ouvrages d'un caractère assez mêlé, entre autres ceux de D. H. Lawrence, ce que j'ignorais jusqu'ici ; mais en somme c'est là le cas de la plupart des éditeurs, de sorte qu'on ne peut pas se montrer trop difficile sous ce rapport... -- Il y a assez longtemps que je n'ai eu de nouvelles de Mr. Lennard, mais je pense que son adresse est toujours celle qu'il m'a donnée en dernier lieu, et que voici : Hazrat Shaheedullah Sahib, c/o Major Said Ahmad

Hasheni, Sadiq Garh Palace, Dera Nawab, Bahawalgwr State (India) (ne mettre aucun autre nom sur l'adresse)

Seulement je me demande s'il ne serait pas moins compliqué d'envoyer le manuscrit directement à Martin Secker and Warburg, à la condition, bien entendu, que M. Lennard leur écrive tout d'abord ; qu'en pensez-vous ?

Dès que j'aurai terminé mon travail pour les « E. T. » de juin, c'est-à-dire dans une semaine environ, j'espère pouvoir vous récrire au sujet d'El Khidr.

Croyez, je vous prie, cher Monsieur, à mes bien cordiaux sentiments.

R. G.

L53

Le Caire, 1° juin 1938.

Cher Monsieur,

Merci de vos lettres des 5, 10 et 13 mai qui viennent de m'arriver toutes en même temps. -- Merci aussi d'avoir bien voulu faire un envoi de livres et d'articles à M. Lovinescu qui va sûrement en être fort heureux.

Je vous ai donné l'adresse actuelle de Mr. Lennard dans une de mes dernières lettres, je regrette donc un peu que vous ayez déjà envoyé le manuscrit du « Théosophisme » à Londres, mais il est vrai que ses parents et son plus jeune frère y sont encore, de sorte qu'il n'est guère à craindre que cet envoi puisse se perdre.

Tous les points que vous me signalez, en connexion avec la sortie de la caverne, sont encore très intéressants ; peut-être me sera-t-il possible d'utiliser ces renseignements complémentaires. Ce que vous me dites au sujet du « Kiva » des Indiens d'Amérique m'était inconnu, car je dois vous avouer que je n'ai jamais eu l'occasion de voir grand-chose d'important sur leurs traditions ; mais je ne suis pas étonné que celles-ci soient en réalité beaucoup mieux conservé, encore actuellement, qu'on ne le croit d'ordinaire. Il serait certainement très souhaitable que ce sujet puisse être traité dans les « E. T. », s'il se trouvait quelqu'un de compétent pour le faire ; auriez-vous quelques idées à cet égard ? -- Je ne comprends pas exactement le mot « louere » ; il me semble que le sens doit être à peu près celui du français « lucarne », mais je n'en suis pas très sûr.

L'ascension de Mojallâna est aussi très remarquable : il est évident qu'elle s'effectue ainsi suivant « l'axe du monde », qui est bien le « sûtrâtmâ » en tant que reliant directement entre eux tous les états de l'existence.

Pour les roues marquant les pieds du Buddha, votre interprétation me paraît entièrement juste ; je voudrais seulement vous demander une précision à ce propos : j'ai toujours vu les empreintes des deux pieds figurées l'une à côté de l'autre ; ou trouve-t-on des exemples ou l'une est placée en haut d'une échelle et l'autre au bas ?

Je vous remercie de l'éclaircissement concernant le caractère « solaire » de la nouvelle tête avec laquelle est ressuscitée la victime du sacrifice. - A propos de têtes tranchées, je pense aussi à Kîtu et Râhu ; il ne semble pas que cela puisse se rattacher au même symbolisme, à moins que ce n'en soit, en un certain sens, un aspect opposé ; qu'en pensez-vous ?

Votre citation d'A. W. Shorter est vraiment bien typique d'une certaine mentalité ; je me demande toujours ce que ces gens tirent de leur étude des antiquités, et aussi quel genre d'intérêt ils peuvent bien y trouver dans ces conditions !

M. Préau m'a dit, dans sa dernière lettre, qu'il vous avait envoyé sa traduction de votre article sur le « Panthéisme » ; il serait à souhaiter qu'elle vous parvienne assez tôt pour que vous ayez le temps de lui envoyer vos observations de façon à ce qu'elle puisse paraître dans le n° de juillet.

Je viens de m'occuper de votre article d'El-Khidr aujourd'hui même, et, tout d'abord, je dois dire que, contrairement à ce que vous pensiez, je ne le trouve pas trop long ainsi ; en effet, il s'agit d'un n° spécial qui est pour deux mois (août-septembre), et qui doit avoir normalement un nombre de pages à peu près double de celui d'un n° ordinaire. D'autre part, il serait intéressant de pouvoir reproduire, comme illustrations, les fig. 1 et 2 ; pensez-vous que ce soit possible malgré la réduction nécessitée par le format de la revue ? On supprimerait seulement la figure 3 (et aussi, par conséquent, le renvoi qui y est fait dans le texte, vers le milieu de la page 178). -- Pour le titre, il me semble qu'il serait suffisant de mettre : « Khwâjâ Khadir and the Fountain of Life », sans ajouter la suite, étant donné que ce n'est pas sur le côté « artistique » de la question qu'il y a lieu d'attirer plus spécialement l'attention.

Quant à l'article lui-même, après y avoir encore réfléchi, je trouve qu'en définitive il serait difficile d'y faire des adjonctions sans que cela entraîne beaucoup trop loin. Il vaudrait donc mieux le laisser à peu près tel qu'il est, en modifiant seulement ce qui risquerait de soulever certaines objections ou d'être interprété dans un sens qui serait en désaccord avec l'orthodoxie islamique. Je puis dire que j'ai examiné attentivement chaque mot à ce point de vue, et voici les modifications que je me permets de vous proposer :

P. 173. -- Au début : « In India, the Saint and Prophet known « , et après »Râjâ Kidâr », ajouter entre parenthèses : « (in arabic, Seyidnâ El Khidr) ».

Note 1 : « In accordance white the meaning of his name, from akhdar « green ». «

Au commencement du 2° paragraphe : (illisible) « ... can be inferred, at least partly, from his iconography... »

P. 176. -- Au début : « he is the guardian of the Water of Life, and corresponds in this respect to Soma and Gandharva in Vedic mythology, and even to Varuna himself; though it is evident that he cannot, either from the Islamic or from the later Hindu point of view, be properly identified with a « deity », he is, none the less, the direct expression or manifestation of a high spiritual power. We shall find these general conclusions amply confirmed by further examination of the Islamic texts concerning al-Khadir. «

Ligne 6, remplacer « The legend » par « The narration ».

Supprimer la note 12, car <u>Bahrain</u> est ici simplement le duel de <u>bahr</u>, « mer », et (Texte illisible). L'expression <u>Madjina al Bahrain</u> signifie exactement « réunion des deux mers ».

Ligne 10 : « This story can be compared with three other ones belonging to older traditions, the Gilgamesh epic,... «

Note 13, au début, supprimer « Islamic legend ». Ligne 25, supprimer « in human form ».

P. 177. --note 18 : « The prophet Elias, who is considered as belonging to the « spiritual family » of Khizr. « (Leur identification, en effet, n'est qu'une interprétation inexacte des orientalistes.)

P. 178. À la fin du 1° paragraphe, on pourrait ajouter en note une référence à mon article Quelques aspects du symbolisme du poisson (n° de février 1936), dans lequel j'ai parlé précisément de ce dont il s'agit à cet endroit.

Ligne 31 : « That Andreas here is a distorsion of the Indris.. «

Ligne 32 : « Whom Islamic Tradition identifies with Énoch and Hermes and considers, like Elyas and also Saint George, as having a close spiritual affinity with al-Khadir. «

P. 181. -. Au début : « As to the resemblance between al-Khadir and Saint George, it is in this connection... «

Ligne 11 « To some European parallels « , et supprimer la fin de la phrase.

Lignes 13 et 14 : supprimer « Khadir belong to the Wandering Jew type ». (cette phrase ne pourrait être conservée qu'à la condition d'être suivie de longues explications, car elle soulève une question « dangereuse » et qu'il est préférable d'éviter, surtout à cause du roman de Gustave Meyrinck, « le visage vert » qui utilise cette assimilation d'un bout à l'autre, mais en la présentant d'une façon caricaturale, et dont l'inspiration est nettement contre-initiatique ».)

Ligne 33 : « All these iconographical types... «

J'espère que vous voudrez bien accepter ces modifications, qui sont toutes importantes, bien que les raisons de quelques-unes d'entre elles ne soient peut-être évidentes que pour quelqu'un qui vit dans un milieu strictement islamique...

En outre, il serait peut-être bon d'ajouter à la fin quelques lignes dont le sens serait à peu près celui-ci : « Nous n'avons envisagé ici qu'un des aspects d'al-Khadir ; il est bien entendu qu'il en est d'autres, notamment celui qui se rapporte plus proprement à son rôle initiatique, qui sont d'ailleurs en parfaite harmonie avec celui-là, mais qui donneraient lieu à d'autres considérations qui ne pouvaient rentrer dans les limites de cette étude. «

J'espère que vous aurez encore un exemplaire disponible, sur lequel les corrections pourraient être faites facilement, ce qui vous éviterait la peine d'une copie (et aussi à cause des illustrations). Je vous prierais lorsque ce sera fait, de vouloir bien l'envoyer directement à M. Préau, afin d'éviter tout retard, car il faudra naturellement qu'il ait le temps voulu pour le traduire. Je pense n'avoir oublié aucune indication, et je vous remercie bien vivement à l'avance pour tout cela.

Croyez, je vous prie, cher Monsieur, à mes bien cordiaux sentiments.

R. G.

L54

Le Caire, 4 juin 1938.

Cher monsieur,

Merci de votre article sur « The Pilgrim's Way », que je viens de recevoir ; cette question du symbolisme du voyage est encore une chose fort importante, et il me semble bien que cela se retrouve dans toutes les formes traditionnelles. -- Il y a à ce propos, dans le rituel maçonnique anglais, une formule très significative : « . That I may travel in foreign countries » ; ces « pays étrangers » sont interprétés comme les <u>autres</u> mondes, les états qui sont au-delà du domaine sensible.

Après vous avoir écrit il y a quelques jours, je me suis aperçu que j'avais oublié de répondre à un point de vos lettres, au sujet de la façon dont on pourrait traduire « upanayana ». Il me semble que, comme vous le dites, « on leading » rendrait bien le sens en anglais, mais, j'avoue que je suis embarrassé pour trouver un équivalent français de ce mot. Je pense que « confirmation » est à éviter à cause des confusions auxquelles il risque de donner lieu, car on penserait presque inévitablement à l'acception qui lui est donnée dans le Christianisme (je devrais même dire les deux acceptions, car, chez les Catholiques et les Protestants respectivement, il désigne des choses qui ne sont nullement équivalentes), et, ainsi que vous l'avez bien remarqué vous-même, on ne peut établir une telle assimilation. Le mot « induction » n'aurait pas le même inconvénient, mais je crois qu'il serait difficilement compris ; il a déjà deux autres usages, l'un en logique, comme opposé de « déduction », et l'autre en physique, pour désigner une certaine catégorie de phénomènes électriques... D'un autre côté, au point de vue strictement étymologique, « induction » ne prête en somme à aucune objection, et il y a d'ailleurs une certaine parenté de sens entre ce mot et celui d'« initiation » ; « induction » a peut-être seulement, si l'on peut dire, une nuance plus « passive »...

Croyez, je vous prie, cher Monsieur, à mes sentiments bien cordiaux.

R. G.

ഗ‌ര

L55

Le Caire, 18 juin 1938.

Cher Monsieur,

Merci de l'envoi de votre brochure »Asiatic Art », que je viens de recevoir. J'ai reçu aussi, il y a quelques jours, le prospectus du « Journal of Parapsychology » ; j'avais déjà vu précédemment quelques articles sur ces expériences d'« ESP ». Il est assez curieux de voir que des universitaires commencent à s'intéresser à ces questions, autrement que pour tout nier ; seulement, je ne crois pas que les méthodes qu'ils emploient puissent jamais les mener bien loin...

M. Préau me dit qu'il a reçu votre réponse au sujet de la traduction de votre article sur le Panthéisme, et qu'il a aussitôt envoyé celle-ci à la revue ; je pense donc, d'après cela, que l'article pourra paraître dans le n° de juillet.

J'espère que vous aurez bientôt mes remarques concernant l'article sur El-Khidr, si même vous ne les avez déjà maintenant.

J'apprends que M. Lovinescu a bien reçu l'envoi que vous avez eu l'amabilité de lui adresser ; je pense d'ailleurs qu'il a déjà dû vous en remercier lui-même.

Croyez, je vous prie, cher Monsieur, à mes bien cordiaux sentiments.

R. G.

L56

Le Caire, 4 juillet 1938.

Cher Monsieur,

Je viens de recevoir « The Story of the American Indian », par le Dr. Paul Radin ; je pense bien que c'est vous qui avez eu l'obligeance de me faire faire cet envoi, et je vous en remercie bien vivement ; les informations que je trouverai dans ce livre me permettront sans doute d'écrire quelque chose sur le sujet dont vous me parliez dans une de vos dernières lettres.

Un de nos collaborateurs, M. Burckhardt, se propose de faire une thèse de doctorat sur la sculpture du moyen âge, et il me demande où il pourrait trouver des renseignements sur le point que voici : « On commence à supposer, d'une façon très vague d'ailleurs, qu'il y eut à la base de la sculpture et de la construction romane des sciences géométriques d'origine arabe, dont on discute beaucoup les vestiges contenus dans le célèbre Album de Villard de Honnecourt du 13° siècle. « Naturellement, étant donné qu'il s'agit d'une thèse, il faudrait, pour parler de ce sujet, qu'il puisse citer des références précises ; malheureusement, je n'ai aucune indication là-dessus ; mais j'ai pensé qu'il n'était pas impossible que vous en ayez, et, en ce cas, je vous serais très obligé de vouloir bien me les communiquer afin que je les lui transmette.

On me pose aussi, d'un autre côté, une question qui me paraît assez embarassante : dans quelles circonstances a été faite, dans l'église latine, l'interdiction aux fidèles de la communion sous l'espèce du vin, au 13° siècle ? Je n'ai jamais vu nulle part aucune information là-dessus ; il semble que ce soit là un de ces points obscurs comme il s'en rencontre tant dans l'histoire du Christianisme ; connaîtriez-vous par hasard quelques textes ou documents se rapportant à ce fait ? -- Je m'excuse de vous soumettre tant de questions, et je vous remercie d'avance pour tout ce que vous pourrez me dire sur tout cela.

Qu'est devenu le projet de revue de Mrs. Norman, dont je n'ai plus entendu parler ? J'y repense en ce moment, d'abord parce que nous sommes arrivés à l'époque vers laquelle, si je me souviens bien, la revue aurait dû commencer à paraître, et aussi parce que Mr. Osborne vient de m'envoyer la traduction des deux chapitres de la « Crise du Monde moderne » dont, suivant votre suggestion, j'aurais pu donner l'un ou l'autre à Mrs. Norman.

J'ai reçu dernièrement une lettre de Mr. Lennard, dans laquelle il me demande si j'ai eu d'autres nouvelles au sujet de l'édition du « Théosophisme » ; le manuscrit ne lui était donc pas encore parvenu quand il m'a écrit ; il a d'ailleurs changé encore d'adresse, de sorte qu'il n'y a peut-être pas lieu de regretter que vous n'ayez pas eu à temps celle que je vous avais donnée...

Croyez, je vous prie, cher Monsieur, à mes bien cordiaux sentiments.

R. G.

L57

Le Caire, 6 juillet 1938.

Cher Monsieur,

Je vous ai écrit avant-hier, et aujourd'hui je reçois votre lettre du 20 juin. Je veux croire que maintenant vous ne vous ressentez plus du tout de votre blessure à la main, car c'est là une chose bien gênante pour quelqu'un qui a toujours beaucoup à écrire, comme c'est notre cas !

Je vous remercie bien vivement d'accepter toutes les modifications proposées pour votre article ; juste en même temps, je reçois un mot de M.

Préau me disant que vous lui avez annoncé l'envoi de celui-ci. Comme, d'après ce qu'il me dit, vous pensiez qu'il avait déjà connaissance des modifications en question, je vais lui en envoyer tout de suite la copie que j'ai gardée, afin de lui éviter tout retard pour sa traduction.

Je vous renouvelle encore mes remerciements pour le livre de Radin, puisque c'est bien à vous que j'en dois l'envoi, ce que d'ailleurs j'avais bien pensé aussitôt que je l'ai reçu.

Encore une question : comment peut-on interpréter le fait que Sanatkumâra, qui est considéré en quelque sorte comme le Guru suprême, est parfois (quoique non pas toujours) identifié à Skanda ? Je pense à cela depuis hier sans arriver à trouver une explication vraiment satisfaisante, car il y a là quelque chose qui ne semble pas s'accorder très bien avec le rôle propre de Skanda et ses rapports avec Ganêsha...

Croyez, je vous prie, cher Monsieur, à mes bien cordiaux sentiments.

R. G.

L58

Le Caire, 12 juillet 1938

Cher Monsieur,

Merci de votre lettre du 25 juin, et de l'envoi à M. Préau de votre article avec les modifications indiquées ; j'espère qu'ainsi il aura bien le temps encore de faire la traduction dans le délai voulu.

Merci aussi pour la photo jointe à votre lettre, qui est tout à fait nette en effet, et que je ne connaissais pas ; je vous la retournerai, comme vous me le demandez, en une prochaine occasion. Il serait intéressant de pouvoir en donner la reproduction avec quelque article traitant de la question dont il s'agit ; malheureusement, le coût des clichés est devenu tel, en France du moins, que nous ne pouvons nous permettre d'en donner que bien rarement. -- Il semble bien que, pour les échelons, la signification du nombre 14 doit être ici en rapport avec celle de « Loka », ce qui est d'accord avec l'interprétation que vous envisagez. Quant au sens originel des « bottes de 7 lieues », je pense que vous avez entièrement raison ; que de choses se sont ainsi conservées sans que ceux qui les répètent aient conscience de ce qu'elles veulent dire réellement !

Je suis tout étonné de ce que M. Lovinescu tarde tant à vous écrire, car, ainsi que j'ai dû vous le dire, il y a déjà longtemps que j'ai appris que votre envoi lui était bien parvenu.

Je me doute bien que la plupart des études sur les Indiens d'Amérique doivent être faites au point de vue « ethnographique » ordinaire ; c'est déjà quelque chose quand, en pareil cas, on rapporte les faits sans les déformer pour les mettre d'accord avec certaines théories préconçues... En tout cas, les quelques exemples que vous me citez sont bien significatifs et en parfaite concordance avec toutes les autres données traditionnelles.

Croyez, je vous prie, cher Monsieur, à mes bien cordiaux sentiments.

R. G.

L59

Le Caire, 26 juillet 1938

Cher Monsieur,

Merci de l'envoi de votre article « Ushnîsha and Chhatra » que je viens de recevoir, je l'attendais d'ailleurs, car il y a déjà quelque temps que j'avais reçu votre carte m'indiquant une rectification à y faire. -- Je vois qu'il y a là différents points qui touchent d'assez près aux questions dont nous avons parlé récemment, notamment à propos de la caverne cosmique et de sa voûte -- Le chariot solaire dont la caisse est carrée ou rectangulaire et le toit en forme de dôme (page 16) correspond exactement aux formes que le symbolisme chinois assigne respectivement à la terre et au ciel. Mais, d'autre part, je remarque, au sujet des monnaies chinoises, quelque chose qui semble être une anomalie par rapport à l'interprétation envisagée page 17, vers la fin de la note 1 : si la pièce elle-même est ronde, le trou dont elle est percée en son centre est généralement carré ; comment l'expliquer ? Il semble que, pour ce cas, il faudrait envisager une autre interprétation : la partie percée par le ciel...

J'ai reçu aussi, la semaine dernière, le n° de l'« India Bulletin » que vous m'avez envoyé ; je ne savais pas du tout qu'une publication de ce caractère paraissait en Angleterre même...

M. Préau, dans sa dernière lettre, me dit avoir bien reçu votre article, ainsi que les deux photographies destinées aux illustrations ; merci !

Je vous retourne sous ce pli la photographie de Bharhut, et je m'excuse d'avoir été obligé pour cela de réutiliser une vieille enveloppe, ne réussissant pas à en trouver une de la dimension voulue... -- Il y a une chose qui m'intrigue : ce sont les mains qu'on voit vers le bas de la partie gauche ; il ne semble pas qu'elles puissent appartenir aux personnages qui sont placés au-dessous, et d'ailleurs elles ont plutôt l'air d'empreintes ; mais alors que représentent-elles ? Je serais très heureux si vous pouvez me donner un éclaircissement là-dessus...

Croyez, je vous prie, cher Monsieur, à mes bien cordiaux sentiments

R. G.

L60

Le Caire, 2 août 1938

Cher Monsieur

Merci de votre envoi des « Prehistoric Rock Pictures », qui m'est arrivé juste en même temps que votre lettre du 8 juillet ; je n'ai pas encore eu le temps d'examiner cela, mais il me semble qu'il y ait là des choses fort curieuses...

Votre explication de « luffer » ou « louver » est tout à fait claire pour moi maintenant ; mais je me demande s'il existe un mot correspondant en français ; s'il y en a un, je ne le connais pas. En tout cas, le mot de « Louvre » n'a aucun rapport avec cela, car il est dérivé de « loup », ce qui est apparemment tout à fait différent.

Ce que vous me dites au sujet du tumulus et de son rapport avec la forme du crâne est très intéressant ; je fais un rapprochement entre cela et le nom du Golgotha, traduit en latin par Clavarium, les deux mots signifiant également « crâne ». Suivant une tradition du moyen âge, mais dont l'origine peut remonter beaucoup plus loin, il s'agit du crâne d'Adam qui aurait été enterré en ce lieu, et qui est souvent figuré au pied de la croix ; il y a là une signification symbolique manifeste. -- D'autre part, je me demande même si les nombreuses localités qui portent un nom dérivé de clavus mons, ou l'équivalent dans quelque autre langue, n'auraient pas aussi un certain rapport avec la même chose ; si un tumulus existe ou a existé autrefois dans ces localités, ce serait assez facilement explicable dans ces conditions

J'ai bien reçu en effet le J. I. S. O. A., et j'y avais déjà remarqué plus particulièrement les articles que vous mentionnez ; c'est dommage que les idées de Strzygowski soient exposées d'une façon qui n'est pas parfaitement claire, du moins pour qui ne connaît pas l'ensemble de ses travaux. -- Depuis que j'ai reçu le J. I. S. O. A., je ne sais pas du tout ce qui se passe du côté de Mrs. Kramrisch : en lui en accusant réception, je lui demandais si elle voudrait bien m'autoriser à publier dans les « E. T. » le texte français de mon article, et je la priais aussi d'envoyer un exemplaire à M. Préau ; je n'ai jamais eu de réponse à cette lettre, et M. Préau n'a jamais rien reçu, non plus que Mr. Mac Iver à qui, d'autre part, elle avait elle-même promis directement l'envoi d'un exemplaire...

Je viens d'apprendre que le père de Mr. Lennard a bien reçu le manuscrit du « Théosophisme » et va le soumettre à Martin Secker and Warbury ; tout est donc bien ainsi, et il ne reste qu'à souhaiter qu'on ait enfin plus de chance de ce côté...

Croyez, je vous prie, cher Monsieur, à mes bien cordiaux sentiments

R. G.

ᛞᛞ

L61

Le Caire, 8 août 1938

Cher Monsieur

Je viens de recevoir votre lettre du 19 juillet ; merci de vouloir bien penser aux questions dont je vous ai parlé. -- Pour celles des influences arabes dans la sculpture romane, M. Luc Benoist m'a envoyé ces jours derniers quelques références ; mais il se pourrait naturellement que vous en trouviez d'autres, surtout des ouvrages anglais ou américains...

Je vous ai dit, dans ma dernière lettre, les nouvelles que j'ai eues au sujet du « Théosophisme » ; peut-être Mr. Lennard vous aura-t-il écrit aussi de son côté.

Si Mrs. Norman paraît n'avoir pas renoncé à son projet de revue, je pourrais en effet lui envoyer un des deux chapitres dont nous avons parlé ; seulement, je me suis aperçu qu'il s'y trouve un certain nombre de passages renvoyant à ce qui a été dit dans les chapitres précédents ; ne pensez-vous pas qu'il serait bon que je les modifie, de façon à ce que cela présente l'apparence d'un article formant un tout complet, plutôt que d'un simple extrait d'un livre ?

Juste en même temps que votre lettre, j'en ai reçu une qui me met dans un certain embarras : il s'agit d'un questionnaire envoyé par Mr. August H. Wagner, en se recommandant de vous, ce qui me rend difficile de ne pas répondre ; mais, d'un autre côté, je ne vois vraiment pas comment traiter la question au point de vue ou elle est présentée, car il est demandé à chacun d'exposer « sa propre philosophie », alors que, en fait, je ne peux parler que des doctrines traditionnelles. Il est vrai qu'on est peut-être pas forcé de répondre dans le sens qui est suggéré (Je suppose que c'est la même lettre qui a dû être adressé à tout le monde indistinctement) ; mais une réponse non « philosophique » sera-t-elle trouvé bien satisfaisante ? En outre, il y a encore une autre chose ennuyeuse : dans la liste des personnes ayant déjà envoyé leurs réponses, il y a des agents notoires de la « contre initiation » (M. Alexander Cameron, H. Spencer Lewis, Nicholas K. Roerich) ; étant donné ma situation très particulière, je me demande s'il serait bien « ou mal » que mon nom figure à côté des leurs. En tout cas, je ne ferai rien avant que vous ayez bien voulu me dire ce que vous en pensez.

Je vous remercie de ce que vous me dites au sujet de Sanatkumâra ; mais dans quelle mesure Skanda peut-il être assimilé à Agni ? Ne représente-t-il pas surtout un aspect de « Kshatra », qui le rapproche d'Indra plus que d'Agni ? C'est ce point seulement qui me paraît donner lieu à quelque difficulté...

Pour la question de l'arc-en-ciel, je pense que vous avez entièrement raison de la distinguer du « Pont » envisagé comme aspect de l'axe vertical, et qui est naturellement la « voie directe » de la Terre au Ciel ; mais cependant l'arc-en-ciel ne peut-il pas être considéré aussi comme un pont, évidemment d'une autre sorte ? En effet, en Chine, il est le signe de l'union du Ciel et de la Terre ; dans la Genèse hébraïque, celui de l'alliance de Dieu avec les hommes, ce qui en somme revient au même. D'autre part, si on le regarde comme reliant « les deux horizons » (suivant l'ancienne expression égyptienne) d'Orient et d'Occident, c'est aussi un pont en ce sens, mais, bien entendu, il ne va pas au-delà du « toit du monde »... -- Il y a aussi des traditions qui identifient l'arc-en-ciel au « serpent céleste », mais je n'arrive pas à retrouver ce que j'ai dû noter à ce sujet ; je tâcherai de le rechercher encore.

Croyez, je vous prie, cher Monsieur, à mes bien cordiaux sentiments.

R. G.

L62

Le Caire, 22 août 1938

Cher Monsieur

Merci de l'envoi de vos deux articles, que je viens de recevoir, et qui m'avait été annoncé par votre lettre du 28 juillet, arrivée il y a quelques jours déjà.

Pour la Katha Upanishad, il est entendu que je n'en parlerai que quand j'aurai reçu les autres parties. -- Quant au symbolisme du dôme, il est possible que j'en parle dans un article spécial, car le sujet est fort important, et il se rattache d'ailleurs encore à ceux que j'ai traité en ces derniers temps. -- Je vois que, dans ce même article, vous avez parlé accessoirement de la question de « l'archery » ; pourrais-je me permettre de vous demander d'arranger cela sous la forme d'un article séparé pour les « E. T. » (comme l'article sur le symbolisme de l'épée), ainsi que vous aviez bien voulu me le promettre ? Merci d'avance.

Merci aussi pour l'indication concernant Villard de Honnecourt ; je l'ai transmise tout de suite à M. Burckhardt.

Je suis content de savoir que M. Lovinescu vous a écrit ; vous lui ferez certainement très grand plaisir si vous pouvez lui envoyer quelques articles de temps à autre.

Une question qui m'est suggérée par les réflexions d'un correspondant : comment pourrait-on présenter le symbolisme hindou de la vache pour le rendre facilement compréhensible à des personnes qui n'ont pas de connaissances doctrinales particulières ? Cela a quelque importance, car vous savez que c'est l'un des points que les Occidentaux s'efforcent plus spécialement de caricaturer et de tourner en ridicule ; c'est à propos d'un ouvrage de l'abbé Rousselle que la chose m'a été signalée ces temps-ci.

Je suis heureux de la bonne nouvelle que vous m'annoncez ; il doit être bien agréable pour vous d'être maintenant ainsi à la campagne. C'est avec un grand plaisir, certes, que je profiterais de votre aimable invitation d'aller vous y visiter ; mais j'avoue que je ne me vois guère entreprenant un voyage aussi lointain ; il est vrai qu'on ne sait jamais ce qui peut arriver un jour ou l'autre...

Croyez, je vous prie, cher Monsieur, à mes bien cordiaux sentiments.

R. G.

ಶ಼ಽಲ಼

L63

Le Caire, 26 août 1938

Cher Monsieur

Je viens de recevoir votre lettre du 10 août, et je suis tout étonné de la rapidité avec laquelle elle est arrivée cette fois...

Merci de ce que vous me dites au sujet des empreintes de mains et de leurs différentes significations. En tant que protection contre les influences maléfiques, il existe encore actuellement ici le même usage que dans l'Inde. Quand on tue un mouton, soit pour « El-Aïd el Kebir », soit en tout autre circonstance comme un mariage, la construction d'une maison, etc., on trempe la main dans le sang et on l'applique sur les murs. La couleur rouge des empreintes, même quand elle est obtenue autrement, ne serait-elle pas destinée à rappeler le sang de l'animal du sacrifice ? -- Quant aux processions de Muharrain dont vous parlez, c'est là un usage exclusivement « shiite » qui est inconnu ici.

Pour l'idée de « signature », j'ai entendu dire que les anciens Arabes, pour rendre un engagement inviolable, se faisaient des entailles aux doigts, de façon à ce que le sang en coule, et appliquaient alors la main sur l'écrit ; je ne sais pas si la même chose se retrouve chez d'autres peuples....

En dehors de tout cela, il faut dire qu'il y a aussi une signification « sinistre » des empreintes de mains, en rapport avec des pratiques de magie noire : Elles représentent alors surtout l'empreinte des forces d'en bas, et elles sont ainsi l'exact opposé des traces de pieds dont nous avons parlé. J'ajouterai même qu'il y a une relation très frappante, et qui n'est certainement pas « fortuite » entre ce dernier cas et les manifestations fréquentes de mains isolées dans les phénomènes psychiques de l'ordre le plus inférieur (sorcellerie et spiritisme).

Il semble que la trépanation posthume, dans les sépultures néolithiques, soit quelque chose d'assez généralement répandu ; je sais qu'on en a trouvé aussi des exemples en Europe, notamment dans les stations préhistoriques du midi de la France ; j'avais justement l'intention de vous signaler ce fait ; son interprétation comme ouverture du « brahma-randhra » m'a d'ailleurs toujours paru tout à fait évidente.

Je vois que nous sommes tout à fait d'accord sur la signification de la forme des monnaies chinoises ; la forme circulaire de l'ouverture dans le cas des jades « jei » la confirme du reste encore.

Qu'est-ce donc que « Zalmoxis » ? Je n'avais encore jamais entendu parler de cette publication...

Croyez, je vous prie, cher Monsieur, à mes bien cordiaux sentiments.

R. G.

ఠ‍ొ

L64

Le Caire, 10 septembre 1938.

Cher Monsieur,

Merci de l'envoi de la deuxième partie de votre « Mediaeval Aesthetic », que je viens de recevoir aujourd'hui même.

J'apprends une bien fâcheuse nouvelle : il y a une quinzaine de jours, M. Préau a été pris subitement d'une crise d'appendicite et a dû être opéré d'urgence. On me dit qu'heureusement tout s'est bien passé et qu'il allait aussi bien que possible ; mais ce sont toujours les suites de l'opération et l'affaiblissement qui en résulte qui sont à craindre, surtout dans son cas, car, même avant cela, sa santé laissait beaucoup à désirer depuis assez longtemps déjà, de sorte que je suis assez inquiet...

La personne qui m'avait posé la question dont je vous ai parlé, sur l'origine de la communion sous la seule espèce du pain dans l'église latine, me dit avoir trouvé dans un dictionnaire de théologie la discussion du Concile de Trente à ce sujet. Ce qu'elle me rapporte produit une impression plutôt lamentable : il semble que les considérations doctrinales aient été entièrement laissées de côté et sacrifiées à de simples contingences, ce qui indiquerait que, dans l'église même, l'esprit traditionnel était déjà bien affaibli à cette époque ! D'autre part, ce qui est vraiment étrange, c'est qu'on ne trouve nulle part aucune trace d'ordonnance se rapportant à cette même question et antérieure au Concile de Trente ; c'est ce point surtout qu'il serait intéressant d'éclaircir.

Croyez, je vous prie, cher Monsieur, à mes bien cordiaux sentiments.

R. G.

ೞೠ

L65

Le Caire, 26 septembre 1938

Cher Monsieur,

J'ai reçu enfin il y a quelques jours une lettre de Mrs. Kramrisch ; j'avais bien fait de lui écrire de nouveau, car il paraît que ma première lettre ne lui est jamais parvenue. Son autorisation est arrivée d'une façon tout à fait opportune, car j'étais justement en train de m'occuper de la préparation du n° d'octobre des « E. T. », et cela va nous permettre de faire passer mon article sur les cycles cosmiques dans ce n°, où doit paraître également votre article sur le « panthéisme ».

En même temps, Mrs. Kramrisch me demande si je ne pourrais lui donner pour le J. I. S. O. A. quelque article déjà paru en français et dont elle ferait la traduction. Je voudrais bien lui donner satisfaction, mais je me trouve un peu embarrassé, car je ne vois pas qu'il y ait dans mes articles grand'chose qui ait un rapport quelque peu direct avec l'art ; voudriez-vous avoir l'amabilité de me donner quelques suggestions à ce sujet ?

J'ai été heureusement surpris en recevant une lettre de M. Préau, qui m'a rassuré en me montrant qu'il était dès maintenant en bonne voie de rétablissement. Il est vrai qu'il se plaint que ses forces ne reviennent qu'assez lentement ; mais en somme cela est normal après une opération...

J'ai reçu la semaine dernière le n° d'août-septembre des « E. T. » j'ai constaté que, dans votre article, il manquait les renvois aux illustrations, et, d'après ce que me dit M. Préau, je comprends que cela est dû à ce que l'indication qu'il vous avait demandée à ce sujet ne lui est pas parvenue à temps ; mais enfin il ne me semble pas que cela puisse avoir de grands inconvénients pour la clarté, et, à part cela, tout me paraît très bien ainsi....

Croyez, je vous prie, cher Monsieur, à mes bien cordiaux sentiments.

R. G.

ೞ⊙ಌ

L66

Le Caire, 11 novembre 1938.

Cher Monsieur,

Vos deux lettres des 5 et 13 octobre me sont arrivées en même temps la semaine dernière, et je viens de recevoir celle du 27 -- J'ai été très heureux d'avoir de vos nouvelles car je commençais à craindre que vous ne soyez souffrant ; mieux vaut que votre silence n'ait été dû à rien d'autre qu'à vos occupations ce que je ne comprends que trop bien ; il est vraiment bien difficile d'arriver à faire tout ce qu'on voudrait, même en se laissant le moins possible distraire de son travail !

M. Préau semble décidément aller mieux, il a quitté la Savoie pour les Landes, et il peut espérer que le climat beaucoup plus doux de cette région sera plus favorable à sa santé. Sa nouvelle adresse, au cas où vous ne l'auriez pas encore, est : « Clair Logis », Soustons (Landes).

Je suis content que vous ayez été satisfait de la façon dont votre article sur El-Khîdr a été présenté, malgré ce qui s'est produit pour les illustrations, et qui en somme n'est pas bien grave. -- Je pense que vous avez reçu le n° d'octobre, qui contient votre article sur le « panthéisme » ; merci d'avance pour l'« archery », quand il vous sera possible de trouver un peu de temps pour arranger cela.

Merci de l'envoi des 2 dernières parties de la « Katha Upanishad », qui m'est parvenue juste à temps pour que je puisse en parler dans les comptes rendus de novembre ; comme vous le verrez, je n'ai fait que signaler un certain nombre des points les plus importants, car je dois dire que je ne trouve aucune objection à formuler ; il me semble que nous sommes entièrement d'accord sur toutes ces questions, parmi lesquelles il en est peut-être quelques-unes sur lesquelles j'aurai à revenir moins sommairement dans mes articles, comme je le fais en ce moment pour celles qui se rapportent au symbolisme du dôme.

J'ai reçu aussi un n° de la revue » Parnassus », et je pense qu'il a dû m'être envoyé sur votre indication. -- Également la note du Dr. Heinsch, qui, tout au moins sous cette forme succincte, est quelque peu énigmatique ; il y a sûrement quelque chose dans toutes ces histoires d'« orientations préhistoriques », mais malheureusement, parmi ceux qui s'en occupent, chacun semble préoccupé de les faire accorder avec des théories particulières qu'il a construites et qui sont souvent bien fantaisistes...

La traduction de « The Fifth Veda », avec l'introduction de Mr. Mac Iver dont vous parlez, a paru dans le n° d'août du « Visna-Bharati Quarterly ». Quant à la publication qui a été faite simultanément dans « Indian Culture », c'est le Dr. Manilal Patel qui en a pris l'initiative sans en avoir avisé personne ; je ne sais comment il aura pu justifier, à l'égard du « V. B. Q. « , cette façon d'agir qui semble un peu singulière ; en tout cas, ni Mr. Mac Iver ni moi-même n'y avons été absolument pour rien.

Je vous remercie de toutes les explications concernant les différents points dont je vous avais parlé dans mes lettres successives ; pour la vache, ce que vous dites est en effet ce qui peut faire comprendre la chose le plus simplement. -- Pour Skanda, il y a sûrement des aspects multiples, mais le rapprochement avec Agni paraît bien donner la signification fondamentale. Il est intéressant de remarquer que le mot hébreu : reb, qui est l'équivalent exact du sanscrit « Kumâra », est appliqué par les Kabbalistes à Métatron ; celui-ci a l'attribut d'« everlasting youth », ce qui est aussi le sens même du nom de Sanatkumâra.

Pour la possibilité d'« entrée » par la voie de l'arc-en-ciel, il me semble que vous avez raison et qu'on pourrait dire en effet que ce chemin ne passe pas par la Porte même. Je pense aussi à ce propos, à un passage du Qorân où il est question de « deux moitiés d'arc » (qui correspondent à El-Haqq et El-Khalq), le point où elles se joignent étant situé « au plus haut l'horizon » ; il faudrait pouvoir examiner cela de plus près...

Je vois que vous pensez tout à fait la même chose que moi au sujet du questionnaire de Mr. Wagner, et d'ailleurs je me doutais bien qu'il ne pouvait pas en être autrement. De toute façon, je me demande comme vous s'il me serait possible de trouver le temps de faire quelque chose, car j'ai toujours aussi bien du travail en retard ; et, par surcroît, je ne sais pas du tout dans quel sens il voudrait avoir les réponses...

Merci de vos suggestions au sujet d'articles pouvant convenir à Miss Kramrisch ; dans le doute, j'écrivais toujours « Mrs. jusqu'ici ; avec ceux que vous m'indiquez, il pourra toujours y en avoir déjà pour un certain temps... -- Quant à Mrs. Norman, je crois qu'il y a encore du temps ; y a-t-elle (illisible) quelque chose de paru ? Je n'ai toujours rien vu jusqu'ici... Vous avez oublié de me dire si vous pensiez préférable que je fasse des modifications à mon chapitre afin qu'il se présente comme un tout complet ; vous serez bien aimable d'y penser une prochaine fois, afin que je puisse l'arranger s'il y a lieu et le lui envoyer.

J'ai reçu ces jours derniers une lettre d'un M. Jean Chevalier, instituteur à Vienne (Isère), qui dit être ami d'A. Gleizes et être en correspondance avec vous. Ce qu'il m'écrit ne me donne pas une idée entièrement nette de son point de vue ; il me fait plutôt l'impression de quelqu'un qui a de la bonne volonté, mais qui n'est pas tout-à-fait « au point » ; si vous le connaissez davantage, peut-être pourrez-vous me dire ce que vous en pensez... -- Il me parle aussi d'Éric Gill et me demande si je le connais ; à la vérité, le nom ne m'est pas inconnu, mais je ne sais plus du tout qui peut m'en avoir parlé, et en tout cas je n'ai jamais rien lu de lui.

Je n'ai pas vu jusqu'ici le nouveau livre de Mrs. Rhys Davids ; il est cependant possible encore que nous le recevions, s'il a été édité par Luzac comme les précédents. -- L'emploi du mot « dîkah » pour l'ordination bouddhique est intéressant en effet. -- Quant à la question du nombre des éléments, votre interprétation la ramènerait en somme, comme vous le dites, à une affaire de terminologie ; seulement, je me demande si elle serait valable pour toutes les écoles, car certaines d'entre elles semblent bien faire âkâsha = shûnya.

Ce que vous me signalez au sujet de l'écriture « numérique » de la vallée de l'Indus me parait très intéressant, et je serais heureux s'il m'était possible d'avoir plus de détails à ce sujet. -- Ce que je ne comprends pas bien est la connexion « indonésienne », à moins que ce mot ne soit pris ici dans un sens différent de celui qu'on lui donne d'ordinaire...

Croyez, je vous prie, cher Monsieur, à mes bien cordiaux sentiments.

R. G.

ೞಞ

L67

Le Caire, 29 novembre 1938.

Cher Monsieur,

J'ai reçu le semaine dernière votre lettre du 3 novembre ; le livre qu'elle m'annonçait vient de m'arriver à son tour, et je vous en remercie. Bien entendu, je ne manquerai pas d'en parler dans mes comptes rendus ; Ce que vous me dites de l'esprit dans lequel il est écrit ne m'étonne d'ailleurs aucunement, car il y a bien peu de gens, en Occident, qui sont capables de sortir de cette perspective particulière et étroite !

La nouvelle que vous m'apprenez au sujet de la « crise du Monde moderne » est très intéressante en effet, et assez inattendue, je dois le dire, du moins pour moi ; je ne vois pas du tout une chose de ce genre se produisant dans une université française !

Je suis très heureux de ce que vous me dites au sujet des compléments que mon article sur le dôme apporte au vôtre, ce que vous me citez de l'article d'« Ars Islamica » est intéressant aussi sous le même rapport ; je crois d'ailleurs que ce sont là des sujets à peu près inépuisables...

J'ai reçu ces jours derniers le prospectus de « Twice a Year », par lequel je vois que le premier n° doit paraître seulement maintenant. Ce qui m'inquiète un peu, ce sont les affirmations « démocratiques » du programme, car il est à craindre que ce ne soit pas très facilement conciliable avec le caractère de ce que je dois donner...

J'ai demandé qu'on envoie à Miss Kramrisch les n° des « E. T. » contenant les articles que vous m'avez indiqués comme pouvant lui convenir ; j'espère qu'ils ne seront pas épuisés, car autrement il faudrait que je fasse une copie des articles, et c'est toujours le temps qui me fait défaut pour arriver à tout !

M. Préau n'a décidément pas de chance pour sa santé : il m'écrit que, depuis sa nouvelle installation, il a attrapé un refroidissement qui l'a bien fatigué encore pendant trois semaines. Le climat de cette région des Landes est cependant doux, mais il paraît qu'il y a, surtout le soir, une humidité due sans doute au voisinage de la mer, et dont il faut se méfier...

Croyez, je vous prie, cher Monsieur, à mes bien cordiaux sentiments.

R. G.

L68

Le Caire, 6 décembre 1938.

Cher Monsieur,

Merci de l'envoi de votre étude sur « The Inverted Tree », reçue il y a quelques jours et que je viens de lire. Elle contient encore des choses fort importantes, et, bien que j'aie déjà parlé assez souvent du symbolisme de l'arbre, je pense qu'il y aura lieu que j'y revienne encore en cette occasion. -- Au point de vue que vous envisagez plus particulièrement, il est intéressant de considérer un schéma tel que, comportant trois branches et trois racines, qui se rencontre très fréquemment ; il peut être vu en quelque sorte dans les deux sens, d'autant plus qu'il s'apparente à toute une série de symboles impliquant tous la considération du « sens inverse » de l'analogie.

D'autre part, en connexion avec ce que vous dites au sujet du « buisson ardent », il y a un passage très significatif dans le Qorân (sûrat En-Nûr) : l'arbre « central » (littéralement dans le texte : « ni oriental ni occidental ») est ici un olivier, qui est mis en relation immédiate avec la lumière (il produit l'huile qui sert à éclairer) ; cela encore est donc en rapport avec <u>Agni</u>... -- Enfin, je vais voir s'il m'est possible de coordonner tout cela pour un prochain article.

Permettez-moi de vous signaler une petite inexactitude (p. 14), qui d'ailleurs ne touche nullement au fond même de la question : le chêne est l'arbre symbolique chez les Celtes ; mais, chez les Scandinaves, c'est en réalité le frêne (ash) ; Yggdrasil est un frêne et non un chêne.

Dans le cas du pommier, il y a quelque chose de curieux au sujet du mot apple et de sa similitude avec les noms d'Apollon, Aplun, Belum (et de là le double sens du nom de l'île d'Avalon) ; l'allusion au caractère « solaire » de l'arbre n'est pas douteuse ici. Je m'étais souvent demandé comment s'expliquait le mot ashwattha, et je n'avais rien trouvé de satisfaisant jusqu'ici ; mais, avec votre explication, la chose devient tout à fait claire...

Croyez, je vous prie, cher Monsieur, à mes bien cordiaux sentiments.

R. G.

L69

Le Caire, 9 décembre 1938.

Cher Monsieur,

Je vous ai écrit ces jours derniers au sujet de « The Inverted Tree », et voici que je viens de recevoir votre lettre du 21 novembre. Merci de la note qui l'accompagne ; je la transmets tout de suite aux « E. T. », de façon à ce qu'elle puisse être placée dans les comptes rendus des revues du n° de janvier. -- La chose mérite en effet d'être signalée ; ce qui est seulement un peu ennuyeux à ce propos, et que vous ne savez sans doute pas, c'est que Mademoiselle Brosse est une Théosophiste, j'ai vu plusieurs fois des articles d'elle dans le « Lotus Bleu » ; mais, comme cette fois il s'agit d'un travail publié dans une revue médicale, (et dont j'ignorais tout à fait l'existence), il est naturellement possible d'en parler sans attirer l'attention sur cette particularité, ce qui est bien préférable...

Au sujet de la « Presse Médicale », il m'est arrivée une assez singulière histoire il y a quelques mois : la directrice de cette publication avait demandé à Chacornac mes articles sur la psychanalyse ; puis, après quelque temps, elle les lui a renvoyés en disant qu'on les lui avait signalé comme traitant la question d'un point de vue médical, mais que, comme il n'en était pas ainsi, il ne lui était pas possible d'en parler. Nous n'avons jamais su ce qui s'était passé en réalité, mais il est à supposer que quelques psychanalystes influents ont dû intervenir pour qu'on fasse le silence là-dessus !

De M. Filliozat, je ne connais que le nom, qui est-ce au juste, et quel est son genre de travaux ? Je suis d'autant moins au courant de tout cela que tous les éditeurs « orientalistes », Geuthner et autres, s'abstiennent toujours soigneusement de nous envoyer la moindre de leurs publications...

Croyez, je vous prie, cher Monsieur, à mes bien cordiaux sentiments

R. G.

L70

Le Caire, 17 décembre 1938.

Cher Monsieur,

J'ai reçu en même temps votre lettre du 28 novembre avec votre article, la carte dans laquelle vous me donnez le renseignement concernant Mrs. ou Miss Kramrisch, et le « Journal of the Royal Society of Art ». Merci du tout, et spécialement de l'article sur le sens du terme « Mâhâtmâ », qui convient en effet très bien pour les « E. T. ».

Merci aussi d'avance pour le prochain article que vous m'annoncez sur le dernier livre de Mrs. Rhys Davids ; nous n'avons toujours pas reçu celui-ci, mais, s'il nous est envoyé, je saurais dès maintenant qu'il n'y aura pas lieu que j'en parle dans les comptes rendus, afin de ne pas faire double emploi avec votre article.

Je vous remercie aussi de vos explications au sujet d'« âkâsha » chez les Bouddhistes ; l'équivalence « âkâsha « = « chaos » est en effet correcte, puisqu'il est l'élément premier indifférencié ; ce « chaos », bien entendu, n'est d'ailleurs pas le « vide » au sens métaphysique ; on peut seulement le dire « vide » en un certain sens relatif, comme l'expression hébraïque de la Genèse (whbw wht) est rendu par la Vulgate par « iuanis et vacua ». Il resterait à savoir au juste ce qu'il en est de la conception de « shûnyatâ » dans les différentes écoles bouddhiques ; d'autre part, les Jains sont aussi regardés généralement comme niant « âkâsha » en tant qu'élément ; avez-vous quelques précisions sur ce dernier point ?

Le nom d'« Indonésie » est habituellement, je crois, donné seulement aux îles malaises ; c'est pourquoi il ne m'avait pas fait penser à l'île de Pâques ; celle-ci représente encore une énigme qui semble assez difficile à résoudre.

Je m'occupe ces jours-ci de mon travail pour les « E. T. » de janvier, dès que j'aurai fini, je ferai une copie du chapitre « Individualisme » en y apportant simplement les modifications que vous dites, et je l'enverrai aussitôt à Mrs. Norman. -- La traduction de la « Crise du monde moderne » est maintenant complètement achevée, ainsi que celle d'« Orient et Occident », mais je n'ai pas encore eu le temps de tout revoir.

Je viens de recevoir une lettre de Mr. Mac Iver, qui est maintenant à Bâle ; il me dit avoir reçu une carte de vous, et aussi avoir chargé Mr. Lennard, avant son départ de l'Inde, de vous envoyer la « reprint » du « Visva-Bharati Quarterly » ; si celle-ci ne vous est pas parvenue, il vous en adressera un autre exemplaire. -- Vous avez raison pour la publication dans « Indian Culture » ; ce que nous avons craint est seulement que cela ne cause quelque mécontentement du côté du « Visva-Bharati Quaterly.

L'article d'Eric Gill me montre qu'il doit sûrement y avoir bien des points sur lesquels il s'accorde avec vous ; quant à ce qu'il vous a dit au sujet de l'Hindouisme, c'est assez remarquable en effet, et fort loin de l'attitude d'un Maritain par exemple ; mais je comprends d'ailleurs qu'il pourrait être gêné pour le déclarer publiquement...

D'après la façon dont M. Chevalier me parlait de sa correspondance avec vous, je ne croyais pas qu'elle se bornait à si peu jusqu'ici ; il m'a dit, à moi aussi, avoir l'intention d'écrire un article sur mes ouvrages ; il en a déjà fait paraître un sur A. Gleizes, dont il m'annonçait l'envoi, mais que je n'ai pas encore reçu.

Croyez, je vous prie, cher Monsieur, à mes bien cordiaux sentiments

R. G.

ഓരു

L71

Le Caire, 22 janvier 1939.

Cher Monsieur,

Vos trois lettres des 30 décembre, 3 et 4 janvier, me sont arrivées en même temps. -- Merci bien vivement pour l'article joint à la dernière, très intéressant comme toujours, et qui me paraît mettre très bien les choses au point.

Je vous remercie aussi pour la suggestion, que j'ai déjà transmise tout de suite à Chacornac, de proposer l'échange des « E. T. » avec les publications de la « Royal Asiatic Society », qu'il y a sans doute en effet plus de chance d'obtenir ainsi que par l'intermédiaire des éditeurs ! Je pense comme vous qu'il est toujours possible de trouver, dans les publications de ce genre, des indications intéressantes au point de vue « documentaire » et pouvant servir de point de départ à d'autres considérations...

L'identité du schéma de l'« arbre triple » avec le double vajra est en effet très nette ; j'y reviendrai sans doute dans un prochain article, car, quoique je vienne d'en écrire déjà un sur l'arbre, dans lequel je parle surtout de l'étude que vous y avez consacré, le sujet est encore bien loin d'être épuisé. J'ai aussi l'intention de traiter ensuite une autre question qui en somme s'y rattache de près, celle du symbolisme de l'échelle, dont jusqu'ici je n'ai parlé qu'incidemment dans l'« Ésotérisme de Dante ».

Pour ce qui est d'un livre donnant un exposé convenable de l'astrologie, j'avoue que je suis embarrassé, car je ne connais rien de vraiment satisfaisant à cet égard ; les auteurs modernes qui traitent de tels sujets font généralement preuve d'une incompréhension à peu près complète et interprètent tout d'après leurs propres conceptions Quoi qu'il en soit, j'ai posé la question, et j'espère obtenir tout de même quelque renseignement que je ne manquerai pas de vous transmettre aussitôt.

Ce que vous me citez d'Eckhart, « size without size », me rappelle une expression arabe dont je ne pourrais d'ailleurs pas dire l'origine exacte, car on l'emploie assez couramment : « fî zamâni ghayri zamân, wa fî makâni ghayri makân » = = « dans un temps sans temps, et dans un espace sans espace ».

Je suis content de savoir que Mr. Mac Iver vous a écrit et vous a envoyé des exemplaires du tirage à part.

Encore une nouvelle ennuyeuse au sujet du « Théosophisme » : Mr. Lennard m'écrit que Martin Secker a donné à son tour une réponse négative. Il se propose, dit-il, d'essayer maintenant avec Hodden and Stonghton ; je ne connais d'ailleurs pas cette maison et ne sais pas du tout quel est le genre de ce qu'elle publie. Peut-être aussi, comme il le dit, sera-t-il plus facile de faire accepter le « Théosophisme » par un éditeur quand quelque autre livre de moi aura déjà été publié en anglais... -- Je ne sais si je vous ai dit que Mr. Lennard a aussi l'intention de faire une nouvelle traduction de « L'Homme et son devenir », celle qui existe étant bien défectueuse, et d'ailleurs, paraît-il, maintenant « out of print ».

Croyez, je vous prie, cher Monsieur, à mes bien cordiaux sentiments.

R. G.

L72

Le Caire, 1° février 1939.

Cher Monsieur,

Merci de votre lettre du 5 janvier et des renseignements concernant le mot « louver » ou « luffer » et ses similaires. Je ne connaissais pas du tout l'ancien mot français « lovier », et je ne crois pas qu'il en existe actuellement qui lui corresponde ; mais bien entendu, je suis loin de connaître tous les dialectes et patois locaux, qui ont souvent conservé beaucoup de termes disparus de la langue « officielle ».

Les textes que vous citez en rapport avec la « soudaineté » et « l'instantanéité » sont en effet très significatifs et vont bien encore dans le sens de mes remarques à ce sujet. J'espère, d'après ce que vous me dites, que vous pourrez faire quelque chose sur cette question et celle de l'« éclair », qui est effectivement le symbole manifeste d'une illumination soudaine.

M. Préau me dit vous avoir envoyé sa traduction de votre article « Mahâtmâ ». Dans la même lettre, à propos du symbolisme du parasol, il me dit que, dans certains textes, il est question de monde en forme de parasol (ou de champignon, le mot « chhatra » ayant les deux sens) ; il mentionne à ce sujet le commentaire de Yogarâja sur le « Paramârtha-sâra » d'Abhinavagnpta, explication du mot « bhuvana » de la 5° Kârikâ ; à quoi cela peut-il bien se rapporter exactement ?

Je pense en somme la même chose que vous pour l'« Arctic Home » de Tilak ; mais je me demande s'il s'est limité volontairement à l'interprétation concernant directement le sujet qu'il avait en vue, ou si réellement il n'a pas vu d'autre sens que celui-là dans les textes vêdiques, ce qui semblerait tout de même assez étonnant...

Croyez, je vous prie, cher Monsieur, à mes bien cordiaux sentiments.

R. G.

ೞ)ಙ

L73

Le Caire, 10 février 1939.

Cher Monsieur,

J'avais bien pensé en effet tout de suite, pour ce que vous m'écriviez au sujet de Tilak, à la question des « Sept rayons », et je croyais même que c'était cela plus particulièrement qui vous avait inspiré cette réflexion ; je n'avais pas réfléchi qu'alors le n° de décembre des « E. T. » n'avait pas encore eu le temps de vous parvenir... En tout cas, c'est bien toujours la même question qui se pose ; si c'est volontairement qu'il s'est limité à cette interprétation « naturaliste », pourquoi n'a-t-il pas tout au moins indiqué que ce sens n'était pas le seul ni même le principal ? -- Sur Tilak lui-même, j'ai remarqué qu'il y avait, parmi ceux qui l'on connu personnellement, des opinions extrêmement différentes : certains vont jusqu'à le considérer comme un « jîvan-mukta », tandis que d'autres prétendent qu'il n'a jamais été rien d'autre qu'un simple « scholar » ; il me semble qu'il y a là exagération à la fois dans un sens et dans l'autre....

Pour ce qui est de Ghyka, son ouvrage m'a bien produit toujours exactement la même impression qu'à vous ; et je dois ajouter qu'il y a aussi certains faits bizarres qui ne sont pas de nature à inspirer confiance. Ainsi, quelqu'un m'a montré autrefois une lettre de lui, dans laquelle il disait que la lecture de mes ouvrages avait beaucoup contribué à l'engager dans ses recherches ; or vous pouvez remarquer qu'il ne me mentionne jamais... Par contre, il cite indistinctement toutes sortes de « sources » parmi lesquelles il en est dont le caractère est plus que douteux, il accepte même aveuglément de véritables mystifications. Je sais qu'il est en relation avec bien des gens plus ou moins suspects, qui l'influencent manifestement ; il est bien certain que tout cela ne serait pas possible s'il y avait chez lui une véritable compréhension... -- La deuxième partie du « Nombre d'Or » surtout est écrite sur un ton « profane » extrêmement fâcheux, et qui montre qu'il n'a pas la mentalité voulue pour traiter un tel sujet comme il doit l'être, et aussi qu'une connaissance « technique » des organisations initiatiques lui fait défaut. Tout ce travail serait à refaire entièrement dans un autre esprit ; il est vrai qu'il y en a bien d'autres dont on pourrait en dire autant !

Le cas de Valéry est assez différent, car je ne crois pas qu'il se prenne lui-même très au sérieux ; mon impression est qu'il n'y a chez lui rien de plus qu'un « jeu d'idées », et qu'au fond il ne croit pas même qu'il y ait une vérité à atteindre. Il y a d'ailleurs dans son attitude et dans la façon dont il exploite son succès quelque chose qu'on pourrait qualifier de « charlatanesque » et qui est vraiment déplaisant ; le moins qu'on puisse dire, c'est qu'il ne fait jamais rien d'une façon désintéressée...

Croyez, je vous prie, cher Monsieur, à mes bien cordiaux sentiments.

R. G.

L74

Le Caire, 16 février 1939

Cher Monsieur,

Je viens de recevoir votre lettre du 26 janvier, et je transmets tout de suite à M. Préau ce que vous demandez pour le manuscrit de votre article « Mahâtmâ », car c'est lui qui l'a maintenant. Vous avez d'ailleurs dû recevoir sa traduction peu après m'avoir écrit ; comme il n'attendait que vos observations pour achever de la mettre au point, il pourra sûrement, aussitôt après vous retourner le manuscrit.

Merci pour l'indication de l'adjonction à faire à votre article sur le livre de Mrs. Rhys Davids.

Ce que vous me rapportez au sujet de « Divine Biunity », venant d'un professeur d'Université catholique, est en effet très intéressant.

Je vois que le début de la publication de « Zalmoxis » a eu quelque retard, car vous m'aviez dit précédemment que ce serait à la fin de 1938 ; en quelle langue cette revue doit-elle paraître ?

On a émis l'idée de consacrer le n° spécial des « E. T. » de cette année (ce sera, comme toujours, le n° d'août-septembre), aux questions concernant le « folk-lore », -- à la condition, bien entendu, de pouvoir trouver pour cela des collaborations en nombre suffisant. -- Que pensez-vous de ce projet, et auriez-vous quelque chose que vous puissiez nous donner dans cet ordre d'idées ?

Croyez, je vous prie, cher Monsieur, à mes bien cordiaux sentiments.

R. G.

ഩരു

L75

Le Caire, 26 février 1939.

Cher Monsieur,

Je viens de recevoir votre lettre du 6 février, et je transmets tout de suite à M. Préau l'indication concernant votre article sur le Bouddhisme, car c'est lui qui l'a maintenant pour en faire la traduction.

Merci de vos explications au sujet de « shûnyavâda » ; il est bien certain que, avec cette interprétation, il n'y a rien là d'hétérodoxe ; mais est-ce celle de toutes les écoles ? N'y a-t-il pas aussi, dans certains cas, une autre application, toute différente, et d'ordre « cosmologique », dans laquelle l'idée de « shûnya » apparaît comme liée à la conception atomiste ?

Je reçois la réponse à la question que vous m'aviez posée au sujet d'un ouvrage d'astrologie ; voici ce qu'on m'écrit : « S'il s'agit d'un ouvrage qui soit dans le commerce, il n'y en a vraiment pas qu'on puisse décemment recommander ; le moins mauvais de tous est sans doute le traité de Julevno, édité par Chacornac, qui suit assez fidèlement Ptolémée et les astrologues européens de la Renaissance. S'il s'agit seulement d'un ouvrage à consulter dans une bibliothèque, on peut consulter les traductions latines, françaises et anglaises du « Tétrabiblos » et du »Centiloque » de Ptolémée, et les œuvres, en latin, de Junctin de Florence et de Morin de Ville-franche. Il est à remarquer qu'en matière d'astrologie les occidentaux ne possèdent guère que des œuvres de décadence : œuvres des derniers temps de la tradition gréco-latine, œuvres de la décadence de la tradition hermétique chrétienne à l'époque de la Renaissance ; on n'en a aucune qui date du moyen-âge. «

Je viens de recevoir aussi une lettre qui m'est adressée de votre part par Mr. A. Janta, me demandant de collaborer à un n° spécial sur l'Inde de la revue polonaise « Wiadomosci Literackic ». La seule difficulté est, comme toujours, de trouver le temps de rédiger un article dans le délai voulu ; mais, d'autre part, comme « on ne demande aucune exclusivité sauf pour la Pologne », je pense que mon article « L'Esprit de l'Inde », bien qu'ayant paru deux fois en français (dans « le Monde Nouveau », puis dans les « E. T. »), pourrait peut-être faire assez bien l'affaire en cette circonstance. Je vais donc répondre en ce sens à Mr. Janta ; en même temps, je vais écrire aussi à quelqu'un qui a déjà traduit en polonais quelques articles de moi pour d'autres revues, et qui pourra d'ailleurs s'entendre directement à ce sujet avec le directeur des « Wiadomosci Literackic » afin d'éviter de perdre du temps, puisqu'il faudrait que l'article soit remis d'ici un mois environ.

Croyez, je vous prie, cher Monsieur, à mes bien cordiaux sentiments

R. G.

L76

Le Caire, 10 mars 1939

Cher Monsieur,

Je viens de recevoir en même temps vos trois lettres des 7, 20 et 22 février. -- Tous mes remerciements pour votre nouvel article, que je trouve fort intéressant comme toujours. Il est certain que c'est là une question sur laquelle il est difficile de se prononcer sans aucune réserve, mais je pense que vous l'avez traitée avec toute la prudence requise ; et c'est sûrement un point important à fixer dans la mesure du possible.

Pour l'addition que vous m'indiquez cette fois pour votre article sur le livre de Mrs. Rhys Davids, la dernière phrase « It is the same <u>in the genealogia regni Dei,</u> » etc. étant en caractère très pâles, je me demande si cela est dû simplement à un accident de « typing », ou si votre intention n'a pas été de l'effacer après coup ; voudrez-vous avoir l'obligeance de me dire ce qu'il en est ?

J'ai mis à sa place la note que vous m'avez envoyée en dernier lieu pour remplacer la note 1 de la page 3 de votre article.

Merci pour la notice du livre « The Westminster of Norway » ; je vais l'envoyer tout de suite à M. Burckhardt.

La remarque au sujet du « Sun-Kiss » me paraît tout à fait bien fondée ; mais je me demande à ce propos si vous auriez parlé de cette question dans quelques récents articles que je n'aurais pas encore reçu... D'autre part, cela me fait penser que le sujet du « héros solaire » dans les contes pourrait être intéressant à traiter pour le n° sur le folk-lore dont je vous ai parlé dans une de mes dernières lettres ; mais, bien entendu, je ne voudrais pas vous suggérer cela plus particulièrement qu'autre chose, car je pense que vous ne devez pas manquer de sujets se rapportant à cet ordre d'idées... -- Je ne sais plus si je vous ai dit que M. Luc Benoist a promis pour ce n° un article sur le motif de la « queste » dans les légendes populaires. Il y a aussi un article de M. Lovinescu sur le folk-lore roumain qui a été mis en réserve pour la circonstance.

Pour le mot muni et ses connexions, ce que vous dites au sujet de l'idée de « silence » est tout à fait plausible en soi ; seulement, il y a peut-être une difficulté d'ordre linguistique : la lettre 'n' ne doit-elle pas être considérée comme faisant partie de la racine ? Par ailleurs, il y a en tout cas, entre le « silence » et la « solitude », un rapport assez étroit ; toute la question est de savoir laquelle de ces deux idées le mot implique en premier lieu...

Croyez, je vous prie, cher Monsieur, à mes bien cordiaux sentiments.

R. G.

ℰℛ

L77

Le Caire, 2 avril 1939.

Cher Monsieur,

J'ai reçu successivement, et à peu d'intervalle, vos quatre lettres des 28 février, 6, 8 et 16 mars, ainsi que le paquet où se trouvait le n° de « Speculum » ; merci du tout. -- Je n'ai pas encore reçu l'article sur le Vêdânta que vous m'annonciez aussi, ni « Zalmoxis ».

Je vous remercie aussi de m'avoir fait envoyer le livre sur « el-ishrâq », qui m'est arrivé hier ; je verrai cela avec intérêt, et j'en parlerai sûrement dans mes comptes rendus.

M. Préau me dit vous avoir envoyé sa traduction de votre article sur le « Bouddhisme originel ». -- Je lui ai fait parvenir la note à ajouter à l'autre article.

Je vous retourne ci-joint la lettre du professeur Alder et celle de Mrs. Rhys Davids ; la première est tout à fait satisfaisante, puisqu'il en ressort que nous sommes bien d'accord au fond ; c'est seulement dommage que son livre n'ait pas été plus clair à cet égard... -- Quant à l'autre, c'est encore plus fâcheux que je ne le supposais, car il ne s'agit même plus là d'expériences « psychiques » plus ou moins bizarres, mais bien de spiritisme au sens le plus vulgaire du mot.

Pour le n° des « E. T. » sur le folk-lore, ce que vous proposez sur les « Jâtakas » serait en effet très bien et très intéressant ; j'espère donc qu'il vous sera possible de le faire, et je vous en remercie bien vivement à l'avance.

À propos de folk-lore, l'article de Mircea Eliade que vous avez joint à « Speculum » est mieux en un sens que le point de vue ordinaire de ceux qui traitent de ces choses, car il cherche à montrer la réalité de faits qu'on a l'habitude, à l'époque actuelle, de rejeter comme « légende » ou « superstitions » sans fondement (mais peut-être attache-t-il plus d'importance qu'il ne faudrait, à cet égard, aux expérimentations « métapsychiques » modernes) ; cependant, ce n'est pas là le côté le plus intéressant de la question, et il semble que tout ce qui est signification symbolique lui échappe ou (mais alors pour quelles raisons ?) qu'il ne veuille pas s'en occuper...

Qui est le prof. P. E. Dumont, dont j'ai trouvé aussi dans le même paquet l'introduction d'un ouvrage sur l'Agnihotra ? Je n'en ai jamais entendu parler ; et ce qui m'a étonné est de voir qu'un livre écrit en français a été édité en Amérique.

Le sujet de la « pierre angulaire » et de son rapport avec le « diamant » est assez important et assez digne d'intérêt pour que j'y consacre un article comme vous le suggérez ; aussi j'accepte avec plus grand plaisir votre offre de m'envoyer une copie de l'illustration mentionnée par le prof. Panovski ; merci pour cela encore ! -- Comment explique-t-on que le mot « Eckstein », en allemand, ait aussi le sens de « diamant » ? -- Il faut que je vous signale une petite inexactitude (dont je me demande d'ailleurs si elle n'est pas due simplement à une faute d'impression) en ce qui concerne les mots hébreux : le mot signifiant « angle » est « <u>pinnah</u> » (hnp) au singulier, et c'est <u>pinnoth</u> (twnp) qui est le pluriel ; ce mot est apparenté à <u>penî</u> (ynp) qui signifie « face ». Pour la question dont il s'agit, on trouve employées comme synonymes les deux expressions <u>eben pinnah</u>, « pierre d'angle », et <u>rosh pinnah</u>, « tête d'angle ». Il est étonnant que la seconde n'ait pas empêché la confusion qui est faite couramment entre cette « pierre d'angle » et la « pierre de fondation », confusion qui est d'autant plus curieuse, dans la Tradition chrétienne, qu'elle revient tout simplement à confondre Saint Pierre avec le Christ !

Pour la question du « needle's eye » (sur laquelle je souhaite que vous puissiez écrire un article comme vous en exprimiez l'intention), l'emploi du mot <u>pâsha</u> en ce sens est tout à fait remarquable. En lisant ce que vous m'écriviez à ce sujet, j'ai pensé tout de suite au rapprochement, que vous avez fait ensuite également, avec le P du chrisme ; c'est surtout frappant dans certaines formes se rapprochant de la croix ansée, comme (1), employée en Égypte dans les premiers siècles du christianisme ; et (2) la « boucle d'Horus », qui y remplace aussi parfois le P, n'est pas sans rapport non plus avec le <u>pâsha</u> au sens habituel de ce mot (the loop). D'autre part, il n'est pas douteux que ce <u>pâsha</u> figure aussi le « noeud vital », qui joue un grand rôle dans certaines initiations, en particulier dans le Compagnonnage (où il est représenté par une cravate nouée d'une façon spéciale) ; mais d'ailleurs ces significations différentes, loin d'être incompatibles, ont au contraire un rapport assez étroit, quoique ce ne soit peut-être pas très facile à expliquer aussi clairement qu'il le faudrait...

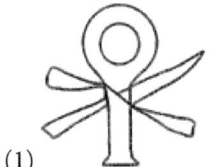   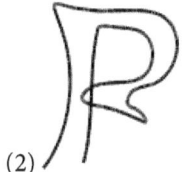

(1)   (2)

La question de l'article pour la revue polonaise ne semble pas devoir s'arranger très facilement en ce qui me concerne ; je n'ai pas eu d'autres nouvelles de M. Ian Janmais, mais à quelqu'un que j'avais chargé de s'informer auprès du directeur, celui-ci a répondu qu'il n'accepterait que des articles inédits, et je ne vois guère la possibilité d'en rédiger un dans les délais voulus... D'autre part, je dois dire que j'ai eu de fâcheux renseignements sur la façon dont la revue en question est considérée en Pologne : tout ce qui y paraît est réputé représenter le « point de vue juif », et c'est là une opinion tellement admise que rien ne pourrait la modifier !

Je viens de voir des affiches annonçant la vente du mobilier du prof. Hocart ; je suppose que cela indique qu'il doit quitter l'Égypte prochainement.

Croyez, je vous prie, cher Monsieur, à mes bien cordiaux sentiments.

R. G.

ఏఁ⌘

L78

Le Caire, 2 mai 1939.

Cher Monsieur,

J'ai bien reçu, il y a quelque temps déjà, vos deux lettres des 24 et 27 mars, puis, un peu plus tard, le n° de « The American Scholar » concernant votre article sur le Vêdânta ; merci du tout. -- Me voici là encore une fois bien en retard pour ma correspondance, et du reste pour tout mon travail, par suite d'une forte grippe qui m'a rendu tout à fait malade ces temps derniers, et dont il me reste même encore une certaine fatigue.

Pour l'article sur la « Philosophia perennis », je comprends très bien l'intérêt qu'il y a à ce que je l'écrive, étant donné le caractère de la revue et le genre de lecteurs auxquels elle s'adresse. D'autre part, le fait qu'il n'y a pas de délais étroitement fixés m'engage aussi à accepter ; je vais donc répondre dans ce sens à la lettre que j'ai reçue à peu près en même temps que les vôtres ; je tâcherai de faire pour le mieux, et je vous remercie bien vivement de vouloir bien vous charger vous-même de la traduction !

Il est intéressant qu'on vous ait demandé de faire une conférence à l'Université Catholique ; il semble vraiment, d'après cela encore, qu'il y ait bien moins de parti pris et d'idées préconçues en Amérique qu'il n'y en a en Europe dans les milieux correspondants...

M. Préau m'a dit, dans sa dernière lettre vous avoir envoyé sa traduction de votre article sur l'« ordination bouddhique » ; peut-être même l'avez-vous déjà reçue maintenant.

Pour le folk-lore, il est vrai en effet que la question du « héros solaire » est très vaste, comme vous le dites, et qu'il faudrait plutôt un volume qu'un article pour la traiter... Les deux autres sujets que vous envisagez, celui des « Jâtakas » et celui de la « mentalité primitive », me paraissent également intéressants ; je ne puis donc mieux faire que de vous laisser en définitive le choix entre les deux, en regrettant seulement que, à cause du manque de temps, il ne soit pas possible de vous demander de traiter l'un et l'autre ! Mais celui que vous laisserez de côté cette fois ne pourrait-il, en tout cas, être retenu pour quelque autre occasion ? -- Pour ma part, je ne sais pas encore exactement ce que je vais faire pour ce n°, peut-être sera-ce tout simplement quelque chose sur les diverses idées préconçues qui sont impliquées dans les méthodes ordinaires des « folkloristes », car il y a beaucoup à dire là-dessus...

Je vois que la question de la signification première de « muni » est décidément bien complexe ; les idées de « silence » et de « solitude » peuvent en somme être considérées comme connexes, mais il semble plus difficile d'y relier le rapport avec <u>man</u> et l'idée d'« inspiration »...

Merci pour les indications concernant le livre de Lund ; je pense que ce doit être dans ceux de Ghyka que je l'ai vu cité.

Croyez, je vous prie, cher Monsieur, à mes bien cordiaux sentiments.

R. G.

ℰᴐᏟᏒ

L79

Le Caire, 5 mai 1939.

Cher Monsieur,

Merci de votre lettre du 21 avril, que je viens de recevoir, et merci d'avance pour l'envoi annoncé de la photographie du « caput angularis ».

Je vais réclamer pour l'envoi des 6 exemplaires des « E. T. » de mars ; il est bien possible qu'on l'ait oublié, car malheureusement il arrive trop souvent des choses de ce genre chez Chacornac, et j'ai presque continuellement des réclamations à transmettre ainsi pour une chose ou pour une autre !

Bien entendu, je ferai envoyer au prof. Jurji un exemplaire du n° contenant le compte rendu de son livre (mais il se peut que ce ne soit pas tout de suite, car j'en ai beaucoup en retard en ce moment) ; je vous prierai seulement de vouloir bien me donner pour cela son adresse exacte. -- Je pense, d'après son nom, qu'il doit être d'origine syrienne.

Pour M. Eliade, une certaine crainte de se compromettre, comme vous le dites, correspondrait bien à ce qu'on m'a déjà dit de son caractère ; il est d'ailleurs vrai qu'il est jeune, et il est possible qu'il soit moins timide quand il sera arrivé à avoir une situation universitaire bien établie...

Nous vous serons bien reconnaissant de faire l'article pour le n° sur le folk-lore malgré tant d'autres choses que vous avez à faire aussi actuellement ;

s'il ne devait être prêt qu'un peu plus tard (étant donné qu'il faut tenir compte du temps nécessaire pour la traduction), il serait peut-être préférable que vous l'envoyez cette fois directement à M. Préau ; le n° en question sera naturellement, comme toujours, celui d'août-septembre.

Pour le journal Polonais, si vous n'arrivez pas à préparer quelque chose, je crois qu'il n'y aura vraiment pas lieu de le regretter, et que même cela vaudrait mieux à certains égards, car, d'après tout ce qu'on m'en a dit, ce journal a vraiment une bien fâcheuse réputation...

Vous ne m'aviez pas parlé de « sâkha » désignant la côte d'un parasol ; cela est très significatif en effet pour la correspondance avec l'arbre.

Pour la boucle du P dans le Chrisme, je pense comme vous que c'est sa position au sommet de la verticale qu'il y a lieu de prendre en considération.

Pour ce que vous dites au sujet de Janus, il est bien certain que son symbolisme a de multiples aspects ; il ne faut pas oublier, cependant, qu'il est, d'une façon générale, beaucoup plus « lunaire » que « solaire » (Diana = Dea Iana est sa forme féminine ; elle est aussi « Janua Coeli », et, sous l'aspect d'Hécate, « Janua Inferni »). Ce que vous envisagez se rapporterait à une transposition, d'ailleurs légitime, à un autre niveau ; je me demande, d'autre part, si ce à quoi vous faites allusion à ce propos est une forme telle que celle de l'aigle à deux têtes ou de l'oiseau double Hamsa-Garuda.

Croyez, je vous prie, cher Monsieur, à mes bien cordiaux sentiments.

R. G.

ℬ⊙ℭ

L80

Le Caire, 4 décembre 1939.

Cher Monsieur,

Me voici enfin capable, après tant de mois, d'écrire un peu sans trop de fatigue ; cette crise rhumatismale a été vraiment bien longue, beaucoup plus que celle d'il y a deux ans ; enfin, si je n'en suis pas encore complètement remis, je vais cependant beaucoup mieux, et j'espère que bientôt je ne m'en ressentirai plus. -- Je veux croire que, quant à vous, votre santé est complètement rétablie depuis longtemps déjà.

J'ai bien reçu toutes vos lettres (je vois que la dernière date du 30 juillet !), ainsi que vos autres envois, dont je vous remercie. -- Au sujet de la photographie concernant la « corner-stone », comment la référence devra-t-elle être indiquée exactement ? Cela ne ressort pas très clairement de la lettre dont la copie était jointe à votre article, et où il est seulement question de manuscrits du moyen-âge, sans autre précision.

J'ai fait transmettre aux « Études Traditionnelles » l'adresse de l'« American Oriental Society », en demandant qu'on envoie la revue ; mais, jusqu'ici, je ne sais pas ce qui en est résulté.

La publication des « Études Traditionnelles » s'est trouvée retardée par les événements, l'imprimerie ayant été fermée momentanément par manque de personnel ; enfin, le n° sur le folk-lore, qui aurait dû être celui de août-septembre, est tout de même paru (je ne l'ai d'ailleurs pas encore reçu) ; on doit faire seulement un autre n° pour terminer l'année, et ensuite on tâchera de reprendre aussi régulièrement qu'il sera possible. En ce qui me concerne, je n'ai encore rien pu écrire, mais j'espère cependant pouvoir recommencer ma collaboration à partir du n° de janvier.

Naturellement, je n'ai pas pu non plus rédiger l'article promis pour « The American Scholar » ; vous serez bien aimable, s'il y a lieu, d'excuser ce retard et d'en expliquer la raison ; je tâcherai de m'en occuper le plus tôt que je le pourrai. Puisque vous voulez bien vous charger de la traduction, ne vaudra-t-il pas mieux que je vous envoie l'article directement, plutôt que de l'adresser à la revue qui devrait vous le renvoyer ?

Je voulais aussi vous parler de « Twice a Year » ; je n'en ai plus rien su depuis que j'ai reçu le premier n°, et on ne m'a d'ailleurs jamais accusé réception de ce que j'ai envoyé ; qu'est-ce que cela devient ?

Vous me parliez de William Blake ; j'ai bien eu toujours aussi l'impression qu'il était tout à fait autre chose qu'un mystique, mais sans pouvoir dire à quoi il se rattache exactement (à part l'emploi de quelques symboles évidemment maçonniques). J'ai relu ses poèmes pendant que j'étais malade, et je dois dire que je suis toujours aussi embarrassé ; à côté de quelque chose très nette comme celle que vous citez, il y en a tant qui sont incompréhensibles ! Il faudrait notamment pouvoir trouver la « clef » des noms extraordinaires qu'il emploie, et qu'il ne doit pas avoir fabriqué d'une façon purement fantaisiste ; ses éditeurs semblent n'avoir pas osé risquer quelque hypothèse là-dessus ; auriez-vous quelques informations à ce sujet ?

Croyez, je vous prie, cher Monsieur, à mes bien cordiaux sentiments.

R. G.

L81

Le Caire, 1° février 1940.

Cher Monsieur,

Je pense que, malgré le retard qu'ont presque toutes les correspondances en ce moment, vous devez avoir reçu la lettre que je vous avais adressé il y a environ deux mois. Depuis lors, mon état a continué à s'améliorer, bien que toujours assez lentement ; tout en évitant toute fatigue trop grande qui risquerait d'amener une rechute, j'ai pu enfin recommencer à travailler un peu et écrire mes articles pour les n° de janvier et de février des « Études Traditionnelles »

J'ai reçu, ces jours derniers une lettre un peu étonnante de Mrs. Norman ; il paraît qu'elle m'avait déjà écrit il y a plusieurs mois, mais cette lettre a dû se perdre, car, ainsi que je vous le disais, je n'ai jamais rien reçu. Elle dit ne pouvoir publier ce que je lui ai envoyé, parce que « each issue is very carefully planned around basic ideas » (?) et qu'elle n'envisage pas de traiter la question de l'individualisme ; je me demande si vraiment il n'y a pas d'autres raisons, et si mon exposé n'a pas plus ou moins heurté ses propres conceptions... Quoi qu'il en soit, elle m'offre un dédommagement pour la traduction, ce que, bien entendu, j'accepte en principe ; mais, comme je ne sais pas du tout ce qu'on peut raisonnablement demander en pareil cas, surtout en Amérique, je vous prierai de vouloir bien fixer cela avec elle ; je m'en rapporte entièrement à votre appréciation. -- Elle demande aussi s'il y aurait quelque autre revue en Amérique à laquelle je voudrais qu'elle envoie le manuscrit ; là encore, ne sachant pas ce qu'il est possible de faire, je dois forcément avoir recours à votre obligeance ; en tout cas, vous pourriez vous faire remettre le manuscrit et le garder jusqu'il se trouve une occasion favorable. Je m'excuse de vous causer tout cet ennui, et je vous remercie à l'avance pour tout cela.

Autre chose dont je préfère vous parler dès maintenant, bien qu'il y ait encore du temps : pour le n° spécial des « Études Traditionnelles » de cette année, on s'est arrêté à l'idée des jeux sacrés ou traditionnels, voyant déjà la possibilité d'avoir plusieurs articles se rapportant à ce sujet. Naturellement, j'ai pensé que l'article sur le symbolisme du tir à l'arc, que vous m'aviez dit envisager il y a assez longtemps déjà, serait tout à fait approprié pour cette circonstance ; puis-je donc vous prier de vouloir bien y penser quand vous aurez un peu de temps de libre ?

Croyez, je vous prie, cher Monsieur à mes bien cordiaux sentiments.

R. G.

L82

Le Caire, 9 février 1940.

Cher Monsieur,

Je viens de recevoir votre lettre du 10 janvier ; je suis très heureux, moi aussi, d'avoir de vos nouvelles après si longtemps et de savoir que vous allez bien maintenant.

Je vous ai récrit la semaine dernière, et je vous parlais de l'histoire de « Twice a Year » ; je n'y reviens donc pas, mais je vois que je ne suis pas seul à avoir trouvé cette façon d'agir un peu singulière !

Merci pour la référence concernant la « corner-stone » ; je vais donc pouvoir m'occuper maintenant de cette question dans un prochain article ; il y aurait beaucoup de choses à dire là-dessus, ne serait-ce que pour expliquer la confusion courante avec la « fondation-stone »...

Je pense que vous devez sans doute avoir déjà répondu aux questions que M. Préau me dit vous avoir posées au sujet de la traduction de votre article « Nirvâna, Nibbâna » ; il y a plusieurs mots pour lesquels il a été embarrassé, et j'avoue que je n'arrive pas non plus à trouver une solution tout à fait satisfaisante. -- Il me parle aussi de vos recherches sur la royauté et le sacerdoce, et, d'après ce qu'il me dit, j'espère que vous pourrez nous donner quelque chose sur ce sujet ; ce sera sûrement très intéressant, ainsi que le « Baiser du soleil ». -- Bien entendu, je suis tout à fait de votre avis en ce qui concerne l'erreur d'Evola dont vous me parlez ; cela se rattache chez lui à tout ensemble d'idées très contestables, qui visent manifestement à affirmer une supériorité de la royauté par rapport au sacerdoce ; il sait d'ailleurs bien ce que j'en pense, mais j'ai l'impression qu'il y a là, chez lui un « parti pris » et que rien ne pourrait l'amener à renoncer à ce point de vue.

Marco Pallis m'a naturellement envoyé son livre ; il s'y trouve en effet des parties qui sont très bien ; je regrette seulement qu'elles soient un peu perdues au milieu des détails d'un récit de voyages ; mais il est vrai que cela pourra ainsi atteindre des gens qui n'auraient pas lu un ouvrage entièrement doctrinal, et, d'après ce qu'il m'a écrit, il semble bien que cela ait été son intention en mélangeant ainsi ces deux ordres de choses si différents.

Pour Blake, je ne connais pas du tout le livre de Foster Damon ; Mr. Paterson va voir s'il ne se trouverait pas ici à la bibliothèque de l'Université.

J'avais oublié de vous reparler du n° sur le folk-lore, que j'ai reçu en effet depuis longtemps déjà ; j'ai trouvé votre article parfait à tous les points de vue. Quant à celui de Burckhardt, c'est seulement dommage que, pressé par le temps, il n'ait pas pu développer davantage certains points, mais il me dit avoir l'intention d'y revenir dans d'autres articles. -- À propos de Burckhardt, voici une question qu'il me pose : « On retrouve dans l'art roman un motif plastique que l'on voit assez fréquemment sur des portails hindous ; il s'agit d'une tête (souvent monstrueuse) qui forme pour ainsi dire la clef de l'arc et dont sortent, d'entre les dents, deux serpents ou dragons qui s'identifient aux deux « versants » de l'arc ; pourrait-il s'agir d'un symbole de Ganêsha ? Il faut ajouter que l'arc orné du motif en question n'est pas toujours l'élément d'un portail, mais plus souvent une sorte d'arc triomphal, couronnant le trône d'une divinité. » Je n'ai aucun souvenir d'avoir jamais vu cela, de sorte que je ne me représente pas exactement la chose ; à cause des serpents, je me demande s'il ne s'agirait pas plutôt d'une tête de Garuda ; sauriez-vous ce qu'il en est ?

Croyez, je vous prie, cher Monsieur, à mes bien cordiaux sentiments.

R. G.

ಸಃ

L83

Le Caire, 20 février 1940.

Cher Monsieur,

Merci de vos deux lettres des 20 et 23 janvier, qui viennent d'arriver en même temps. -- Vous avez peut-être maintenant, de votre côté, la lettre dans laquelle je vous parlais de celle de Mrs. Norman, que j'ai fini par recevoir ; quant à celle qu'elle dit m'avoir écrite l'an dernier, elle ne m'est jamais parvenue. Je vois qu'elle paraît s'être un peu contrariée de ce que vous lui avez écrit ; pourtant, il est bien certain que, s'il y a eu « malentendu », c'est entièrement de sa faute... Elle dit avoir offert de placer l'article ailleurs ; en fait, elle m'a seulement demandé de lui indiquer une revue à laquelle je voudrais qu'elle l'envoie, comme si je pouvais savoir quelle revue, en Amérique, serait susceptible de l'accepter ! Enfin, je ne puis que vous prier encore de vouloir bien arranger vous-même toute cette affaire pour le mieux, et je vous en remercie à l'avance.

Quant à « The American Scholar », il est donc entendu que je vous enverrai l'article directement dès que je serai enfin arrivé à l'écrire ; espérons que cela ne tardera plus trop, bien que je n'arrive pas encore à travailler autant et aussi vite que je le voudrais pour rattraper tout le temps perdu, car il faut encore que je fasse attention de ne pas trop me fatiguer pour ne pas risquer une rechute...

Merci pour le renseignement concernant le livre de S. Foster Damon sur William Blake.

J'apprends que M. Préau a reçu de vous un compte rendu du livre de Pallis ; comme de mon côté je ne l'avais pas fait encore, c'est très bien ainsi ; il me reste toujours bien des comptes rendus en retard !

À propos de Pallis, il m'a écrit dernièrement que, dans votre correspondance avec lui, vous aviez parlé de la question des traductions anglaises de mes livres et de la possibilité de les faire éditer par Luzac. On avait ajourné la chose en raison des circonstances peu favorables, mais justement on a pensé ces temps-ci à essayer de la reprendre sans attendre davantage ; je vous tiendrai au courant de ce qui en résultera. Je ne sais pas au juste ce qu'il en est en Angleterre, mais, en France, les affaires de librairie semblent avoir repris plus rapidement qu'on ne l'aurait pensé.

Croyez, je vous prie, cher Monsieur, à mes bien cordiaux sentiments.

René Guénon

ℰℭ

L84

Date inconnue, document incomplet

...

encore y avoir ainsi de la véritable campagne dans un pays aussi industrialisé que le sont les États-Unis !

Pour la question des « rebirths », je vois que nous sommes entièrement d'accord sur l'interprétation des textes auxquels vous faites allusion. Quant à ce cas de « mémoire » qui s'est produit récemment dans l'Inde, j'avais déjà vu divers articles à ce sujet ; il est bien clair qu'il s'agit là d'une sorte de transfert d'un ensemble d'éléments psychiques ayant gardé une cohésion exceptionnelle. Un cas qui semble être plus fréquent, c'est celui où de semblables éléments, quoique beaucoup plus fragmentaires en général, se trouvent transmis par hérédité. Quant à ceux qui se manifestent dans les séances spirites, il est bien entendu qu'ils sont aussi du même ordre ; et il leur faut l'appui d'êtres humains vivants (le médium ou les assistants, peu importe) pour qu'ils reprennent une apparence de conscience individuelle ; mais cette manifestation n'est que temporaire, tandis que, dans l'autre cas, ils se sont en quelque sorte « incorporés » à une individualité, et là est en somme toute la différence.

Ce que vous me dites de ces vestiges traditionnels dont vous avez pu constater la survivance dans le Maine est vraiment bien curieux ; je ne suis d'ailleurs pas étonné qu'actuellement tout cela doive tendre à disparaître très rapidement. - J'ai vu moi-même des choses tout à fait semblables en France, parmi les paysans, soit aussi pour arrêter le sang, soit pour guérir divers autres accidents : foulures ou entorses, brûlures, etc. ; et les conditions de transmission étaient bien les mêmes ; mais, là aussi, je crois que cela se perd maintenant.

Fin de ce texte incomplet

ℰϽℭꝶ

Lettres à A. K. Coomaraswamy
(*publiées dans les Cahiers de L'Herne, 1985*)

Le Caire, 7 juin 1940

[...]

Pour la question du « dîkshâ », ou plus précisément de savoir ce qui doit ou non être considéré comme une initiation à proprement parler, il est bien certain que la distinction n'est pas toujours entièrement claire quand on veut entrer dans le détail de cas particuliers. Les raisons peuvent bien sûr être celles que vous envisagez d'une part, il y a des traditions où la distinction de l'exotérique et de l'ésotérique n'est pas nettement tranchée, de sorte qu'il peut y avoir une multitude de degrés intermédiaires ; d'autre part, des rites qui ont été initiatiques à l'origine ont pu, par la suite, devenir simplement religieux et on a particulièrement cette impression en ce qui concerne beaucoup de rites chrétiens ; malheureusement l'histoire des débuts du christianisme est terriblement obscure !

Pour l'*upanayana*, l'exclusion des femmes et des Shûdras ne suffit pas à lui donner le caractère d'une initiation, puisque, comme je l'ai fait remarquer dans mon article, l'ordination chrétienne, qui, actuellement tout au moins, n'est certainement pas une initiation, exclut également non seulement les femmes, mais aussi certaines catégories d'hommes tels que les esclaves, les bâtards, les infirmes (il est d'ailleurs assez curieux qu'il n'y ait presque aucune différence entre les conditions requises pour cette ordination et pour l'initiation maçonnique).

René Guénon

Le Caire, 20 décembre 1945

Cher Monsieur,

Je viens de recevoir votre lettre du 15 novembre, et j'avais déjà reçu, il y a quelques jours, la copie de votre lettre à M. Pallis au sujet du ch. VI d'*Autorité spirituelle et Pouvoir temporel*. Je vous remercie d'avoir bien voulu me communiquer ces remarques, et je vais voir comment je pourrai arranger cela pour en tenir compte ; je crois bien que le plus simple sera de supprimer une grande partie de la fin du chapitre, c'est-à-dire tout ce qui concerne Ashoka, car il n'est guère possible d'y introduire des considérations qui seraient trop complexes et trop étendues. J'avais seulement modifié les passages ayant quelque rapport avec le bouddhisme originel, ne pensant pas que le reste pouvait aussi donner lieu à des objections. Enfin, dès que j'aurai examiné cela, j'enverrai le nouveau texte à M. Pallis afin qu'il puisse modifier la traduction en conséquence. - Il y a seulement un point sur lequel je voudrais appeler votre attention : la consécration royale conférée à un shûdra (ou même plus généralement à tout autre qu'un kshatriya), même dans des formes régulières, n'est-elle pas rendue invalide par le défaut de qualification de celui qui la reçoit ? [...]

René Guénon

René Guénon

Extrait d'une lettre, publié dans La Doctrine du Sacrifice de A.K. Coomaraswamy, p. 104

2 novembre 1945

[...]

J'ai constaté tout récemment une chose que je n'avais jamais eu l'occasion de remarquer jusqu'ici, et qui me paraît tout à fait digne d'être signalée : il s'agit de l'histoire biblique de Judith et d'Holopherne, qui présente un parallélisme frappant avec le meurtre de Vritra par Indra. Mon attention a été attirée là-dessus par un article, d'ailleurs anonyme, d'une nouvelle revue *Dieu Vivant* ; l'auteur insiste particulièrement sur les points les plus significatifs à cet égard, ce qui est d'autant plus curieux qu'il ne sait très probablement rien du symbolisme védique, et qu'en tout cas il n'y fait pas la moindre allusion. Holopherne « tient les eaux en réserve » comme Vritra, et (je cite l'article textuellement), « pour que soit étanchée la soif de Béthulie (lieu 'situé sur la hauteur'), il faudra que Judith tranche la tête du détenteur des eaux et la rapporte en triomphe dans la ville ». De plus, le nom d'Holopherne « est un nom perse qui passe pour signifier le serpent » ; et Holopherne, regardé le plus souvent comme « l'image du Démon », est pourtant considéré au contraire par certains (notamment saint François de Sales) comme « le symbole de la Divinité » (car « le serpent est ambivalent historiquement ») ; c'est donc exactement l'Asura sous ses deux aspects opposés. Maintenant, on pourrait se demander quel rapport Judith peut bien avoir avec Indra, mais cela aussi me paraît assez clair : son nom est une forme féminine de celui de Juda, la tribu royale qui a pour emblème le lion, représente le « Kshatra [?] » dans la tradition hébraïque ; en somme, la seule différence est donc qu'Indra (ou du moins son équivalent) est représenté ici comme agissant par sa Shakti, ce qui évidemment ne change rien à la signification du « mythe ».

René Guénon

René Guénon à Arturo Reghini

Paris, 4 janvier 1923 ;
51, rue St. Louis-en-l'Île (IV°)

Monsieur,

Je dois commencer par m'excuser de vous avoir fait attendre si longtemps ma réponse, et aussi par vous remercier de votre brochure « Noterelle iniziatiche », que vous m'avez envoyée il y a quelques mois déjà et dont je n'avais pu vous accuser réception, ne connaissant pas alors votre adresse.

Quant à votre Revue, je ne puis assurément qu'accepter en principe une offre de collaboration qui m'est faite si aimablement, d'autant plus que j'approuve entièrement votre intention de créer un organe tout à fait indépendant de tout groupement ou école quelconque ; ce n'est pas seulement en Italie, d'ailleurs, qu'un tel organe fait défaut, malheureusement, il ne m'est pas possible de vous promettre une collaboration très régulière, car j'ai déjà beaucoup d'occupations.

Il faut maintenant que je demande quelques explications complémentaires ; tout d'abord, quand pensez-vous réaliser votre projet ? Comptez-vous commencer prochainement la publication ? Ensuite, quels seront le format et le nombre de pages de la Revue ? Ceci pour savoir quel genre d'articles conviendra le mieux ; quelles devront en être approximativement les dimensions moyennes ? Préférez-vous des articles courts, à publier en une seule fois, ou accepterez-vous aussi des études plus étendues, quand même elles ne pourraient () qu'en plusieurs numéros ? Vous serez bien aimable de répondre à toutes ces questions lorsque vous aurez quelques instants, afin que je voie un peu ce que je pourrai faire.

J'ai un quatrième volume, « Orient et Occident », qui est entièrement prêt et va sans doute paraître bientôt (cela ne dépend plus que de l'éditeur), et je prépare en ce moment un ouvrage sur le Vêdânta.

Je vous prie de vouloir bien transmettre mon meilleur souvenir à Armentano et à Guerrieri, dont j'ai été très heureux d'avoir des nouvelles par votre lettre, et d'agréer pour vous-même l'expression de mes sentiments très distingués.

R. Guénon

ഓ ൠ

Paris, 13 janvier 1924 ;
51, rue St. Louis-en-l'Île (IV°)

Cher Monsieur,

Je ne veux pas, cette fois, être si longtemps avant de vous répondre, d'autant plus que je vois que vous avez l'intention de commencer très prochainement la publication de votre Revue. Je me rends bien compte qu'il me serait tout à fait impossible de préparer quelque chose en temps voulu, mais la proposition que vous me faites vient heureusement me tirer d'embarras. J'accepte donc bien volontiers, que vous donniez, pour commencer, une traduction de mon article sur « l'enseignement initiatique » ; je crois qu'il n'y aura aucun inconvénient à supprimer toute indication de date et de provenance, car il n'est pas utile que les lecteurs sachent que c'est un article déjà ancien et qui n'a pas été écrit spécialement pour la Revue.

D'une façon générale, il me semble que le mieux sera que vous fassiez la traduction des articles comme vous me l'offrez ; s'ils étaient publiés en français, il y aurait sans doute trop de lecteurs qui ne comprendraient pas entièrement.

Je tiens à vous redire encore combien je vous approuve de faire une revue entièrement indépendante, et aussi d'être bien décidé, comme je le vois, à écarter tous les éléments peu sérieux et peu intéressants. Je veux aussi vous remercier de votre aimable intention de publier une étude sur mes ouvrages.

Je n'ai pas reçu de lettre de Mikulski ; s'il l'a envoyée à une autre adresse, il est bien probable qu'elle ne me parviendra pas, et je le regrette vivement, car j'aurais été heureux de recevoir de ses nouvelles directement. Lorsque vous aurez l'occasion de le revoir, vous serez bien aimable de le lui dire et de lui transmettre, à lui aussi, toutes mes amitiés. Je me permettrai même, si ce n'est abuser de votre obligeance, de vous donner encore une autre commission pour lui : notre ami Faugeron, qui était toujours resté en correspondance assez suivie avec lui, n'a plus reçu aucune lettre depuis longtemps déjà, et il craint d'avoir oublié de lui faire connaître sa nouvelle adresse lorsqu'il a changé de domicile, de sorte que peut-être des lettres se sont égarées ou ont été retournées. Voici donc l'adresse actuelle de Faugeron : 29, quai d'Anjou (IV°) ; voudrez-vous bien la donner à Mikulski en lui disant que lui aussi serait très content d'avoir de ses nouvelles ? Et vous pourrez lui dire en même temps que, quant à moi, mon adresse n'a jamais changée, et qu'elle est bien exactement celle où vous m'avez écrit.

Merci d'avance, cher Monsieur, et veuillez croire à mes sentiments très distingués.

R. Guénon

Le dernier numéro de la « Gnose » qui ait paru est bien celui de Février 1912.

ꙮ

Paris, 30 janvier 1924 ;
51, rue St. Louis-en-l'Île (IV°)

Au Dr Arturo Reghini

Cher Monsieur,

Je profite de ce que je peux enfin répondre à notre ami Mikulski pour répondre aussi en même temps à votre dernière lettre, et le prie de vouloir bien vous transmettre celle-ci.

Dans l'intervalle, la lettre adressée par M. Ciro Alvi à Chacornac m'est parvenue ; elle est antérieure à ma première réponse, mais elle ne m'a été communiquée qu'au bout de trois semaines.

J'ai reçu aussi, il y a deux ou trois jours, comme vous me l'aviez annoncé, quelques exemplaires de la circulaire de la Revue ; je pourrai en communiquer aux personnes que cela est susceptible d'intéresser.

Il est ennuyeux que vous soyez retardé pour le début, et je vois que ce n'est pas seulement en France qu'on est obligé à toutes sortes de formalités administratives plus ou moins ennuyeuses. Enfin, comme vous le dites, il faut bien en prendre son parti, et il vaudra peut-être mieux commencer par un numéro plus important.

Vous avez bien raison de dire que, si on voulait être trop rigoureux, on finirait par rester seuls ; pour la « Gnose », en effet, c'est à peu près ce qui nous était arrivé à la fin, après avoir éliminé tous les éléments gênants ou peu intéressants ; le difficile est de trouver le moyen de garder une juste mesure à cet égard, mais j'espère, d'après ce que vous me dites, que vous saurez y parvenir.

Quant à l'explication que vous me demandez, voici, à ce qu'il me semble, comment on peut envisager la chose : comme tout ce qui est expression, donc manifestation, le symbolisme doit forcément avoir une origine ; mais, d'autre part, comme il a un fondement naturel, cette origine peut se confondre avec l'origine même de l'humanité (et même, en un sens, avec celle du monde, si l'on regarde l'ordre de la nature lui-même comme symbolisant l'ordre des principes, comme traduisant ou exprimant celui-ci d'une certaine façon). Donc, il n'y a peut-être pas lieu de poser la question d'une origine *historique* du symbolisme en général ; et d'ailleurs, à ce point de vue historique, ce serait en tout cas une question insoluble. Je ne pense pas qu'on puisse admettre que le mode d'expression symbolique résulte d'une convention quelconque (sa raison d'être est beaucoup trop profonde pour qu'il en soit ainsi), ni qu'il soit apparu à une époque déterminée ; ce qui a pu commencer historiquement, c'est seulement l'usage de tels ou tels symboles particuliers, et encore cela doit-il remonter fort loin dans la plupart des cas, car on retrouve partout des symboles qui sont très proches les uns des autres, bien qu'ils aient pu se modifier par adaptation à des conditions diverses de temps et de lieux.

Vous serez bien aimable de me dire si cette explication vous paraît assez claire, et si elle correspond à ce que vous aviez compris ; c'est peut-être le mot « origine » qui pouvait prêter à une équivoque ; vous verrez vous-même s'il convient de modifier votre traduction sur ce point pour ne pas soulever de questions inutiles. Bien entendu, si vous avez d'autres éclaircissements à me demander, je serai toujours à votre disposition pour vous les fournir.

Veuillez croire, cher monsieur, à mes sentiments les meilleurs.

R. Guénon

Amitiés à Armentano et à Guerrieri.

ℰℭ

Paris, 19 février 1924 ;
51, rue St. Louis-en-l'Île (IV°)

Cher Monsieur,

J'ai encore mis un peu de retard à répondre à votre dernière lettre, mais vous avez bien dû penser, en ne recevant rien de moi, que je n'avais aucune objection à faire contre la traduction que vous m'indiquiez pour le passage dont nous avions parlé. Je trouve même que ce que vous avez ajouté est tout à fait bien, et qu'ainsi cela ne pourra soulever aucune difficulté.

Il faut espérer que vos ennuis et vos retards pour le transport du papier et l'impression vont être bientôt terminés, et que le premier numéro pourra enfin paraître avant la fin de ce mois. Je vois que c'est partout la même chose : pour mon livre, je croyais pouvoir compter qu'il paraîtrait le 15 février, d'après la promesse que m'avait faite l'éditeur mais j'ai revu celui-ci il y a quelques jours, et il paraît que maintenant c'est encore remis au 1er mars ! Sera-ce au moins cette fois la date définitive ?

Bien que je ne sache pas assez l'italien pour l'écrire d'une façon correcte, je le comprends et le lis très couramment, je pourrai donc prendre connaissance de tout ce qui sera publié dans « Atanòr ».

Je pense avoir quelques notes sur l'ésotérisme de Dante ; si cela est susceptible de vous intéresser comme je le pense, je pourrai les mettre en ordre et les développer quand j'aurai un peu de temps libre, et vous les envoyer ensuite.

Hélas ! ce n'est pas cette année encore que nous pouvons songer à aller en Italie ; les voyages sont trop coûteux en ce moment. Mais Mikulski, de son côté, nous avait fait espérer, dans la lettre qu'il avait écrite à Faugeron, qu'il aurait peut-être bientôt l'occasion de venir à Paris ; en a-t-il toujours le projet ? Quand vous le reverrez, vous serez bien aimable de lui dire que, quoique j'aie de ses nouvelles par vous, je compte bien qu'il ne tardera pas trop à m'en redonner directement.

Recevez, cher Monsieur, l'assurance de mes sentiments les meilleurs.

R. Guénon

Paris, 10 mars 1924 ;
51, rue St. Louis-en-l'Île (IV°)

Cher Monsieur,

Je vous envoie sous ce pli, un peu plus tard que je ne l'aurais voulu, le commencement de mon travail sur Dante. Ce travail n'est pas terminé, mais je ne veux pas vous faire attendre plus longtemps, et je vous enverrai le reste dans quelque temps. D'ailleurs, ce serait certainement trop long pour paraître en une seule fois ; et même, si cette première partie devait déjà tenir trop de place, vous pourrez naturellement en réserver un peu pour le numéro suivant.

Je vous remercie de l'envoi du « Nuovo Patto », qui m'est bien parvenu, et que je vous retournerai comme vous me le demandez quand j'aurai terminé. J'ai lu votre article avec beaucoup d'intérêt ; comme vous le verrez, je suis tout à fait d'accord avec vous sur le fond même de la question, bien qu'il y ait une différence de point de vue que j'indique dès le début. D'autre part, j'ai trouvé dans l'étude du prof. Benini des considérations intéressantes sur les nombres, que j'utiliserai dans la suite. Enfin, on vient de me communiquer un travail sur les influences musulmanes dans l'œuvre de Dante, dont j'aurai aussi à tenir compte. Le sujet, du reste, est beaucoup trop étendu pour que j'aie la prétention de le traiter complètement, et, sur bien des points, je devrai me borner à donner des indications qui pourront peut-être servir de point du départ à d'autres travaux ; il restera certainement beaucoup à dire pour vous-même ou pour d'autres qui auraient l'intention de reprendre la question par la suite.

Dans la première partie, j'ai cru utile de citer un certain nombre de choses qui sont déjà connues, mais que je ne pouvais me dispenser de rappeler, et qui me fournissaient d'ailleurs l'occasion de préciser la façon dont j'envisage la question. La suite contiendra sans doute plus de considérations véritablement nouvelles ; en tout cas, je pense que l'ensemble pourra présenter un certain intérêt pour vos lecteurs.

Je suis tout étonné de n'avoir pas encore reçu le premier numéro de la Revue ; avez-vous donc eu encore un nouveau retard imprévu ? J'espère bien le recevoir d'ici peu, et j'espère aussi que vous pourrez ensuite, comme vous le dites, arriver à rattraper ce retard.

Croyez, cher Monsieur, à mes sentiments bien cordiaux.

R. Guénon

ಞ⊙ಌ

Paris, 19 juin 1924 ;
51, rue St. Louis-en-l'Île (IV°)

Cher Monsieur,

J'ai bien reçu votre lettre lundi dernier, et, le lendemain, le paquet contenant mon manuscrit avec la traduction, ainsi que le n° de la « Rassegna Massonica » que vous m'annonciez ; merci du tout. Je suis heureux de savoir que votre santé est tout à fait rétablie. Vous n'êtes pas seul à regretter que le temps vous manque pour arriver à faire tout ce que vous voudriez ; je suis tout à fait dans le même cas.

Je commence par vous parler de ce qui concerne mon article ; et, tout d'abord, je crois bien que vous avez raison pour les *sortes virgilianae*. Je ne sais pourquoi j'ai écrit *virgiliani*, sans d'ailleurs vérifier ; il me semble que cette forme m'est restée pour l'avoir vue quelque part, mais elle est probablement fautive, à moins pourtant que *sortes* ne puisse être de deux genres en latin, ce que je ne pense pas. Il m'est arrivé une fois un embarras de ce genre pour *clypeum* ou *clypeus* ; j'avais trouvé les deux formes et je me demandais laquelle était correcte ; mais, ensuite, je me suis aperçu que les deux existaient.

Vous avez très bien fait de saisir l'occasion du passage où il était question du « Santo Impero » pour faire allusion à ce dont vous m'aviez parlé. Je ne suis pas autrement surpris par ce que vous me dites cette fois au sujet de Goblet d'Alviella ; cela ne fait que me confirmer dans l'opinion que j'en avais, car, pour moi, sa mentalité est à peu près celle d'un savant « profane », et sa conception de la « science des religions » ne diffère pas essentiellement de celle d'un Frazer, d'un Reinach ou d'un Loisy.

Pour *Kan*, le rapprochement avec l'allemand ne me paraît pas si invraisemblable ; il y a là des mots qui ont une similitude, non seulement pour la forme, mais aussi pour la signification ; et je pense qu'il y a aussi une idée de « force » exprimée par l'hébreu *Qaïn*. D'autre part, pour Tubal-Caïn, il est certain que Fludd, en lui attribuant l'invention de la musique, le confond à tort avec Jubal ; il est certain aussi qu'il a été souvent assimilé à Vulcain, mais cela n'est peut-être pas si erroné à certains égards, quoi qu'il en soit, ce que vous me dites à propos de cet ancien livre d'alchimie qu'on prétend être du XIVe siècle est très curieux. Je me suis souvent demandé, moi aussi, à quelle époque remonte la représentation du *Rébis* avec le compas et l'équerre, mais je n'ai jamais pu trouver aucune précision là-dessus. On trouve cette représentation dans les figures de Basile Valentin, mais je ne sais pas au juste à quelle époque elles ont été gravées, et je ne pense pas que ce soit antérieur à 1600. -Pour en revenir à Thubal-Caïn, ma note se justifie par le fait que, dans le rite français, c'est le mot de passe du 1er degré (au lieu du 3e). Le dictionnaire hébreu que j'ai ne donne pas l'explication du nom ; en tout cas, même si la traduction ordinaire est fautive, il n'en est pas moins certain que ce sens lui a été attribué, et il n'est pas inutile d'en tenir compte.

Le n° 6 d'« Atanòr » m'est arrivé le lendemain même du jour où je vous avais écrit. Comme vous le pensez, je n'ai de réserves à faire qu'au sujet de l'article d'Evola ; mais vous les avez faites vous-même de la façon la meilleure. Quel besoin d'aller compliquer les questions par toutes ces considérations empruntées à la philosophie allemande ? J'aime mieux l'appréciation portée sur Fichte dans le compte rendu du livre qui vient d'être traduit en italien ; elle me paraît tout à fait juste. - Je voulais vous demander ce qu'est la « Lega Teosofica » ; est-ce une branche de la S. T. ou une organisation dissidente ? D'après votre lettre, je me demande si elle ne serait pas rattachée à Steiner ; et pourtant, dans ce cas, aurait-elle gardé cette dénomination ? Steiner a donné à son organisation le titre de « Société Anthroposophique ». Ce que vous avez écrit sur la « contemplation » est tout à fait bien ; je crois que je n'y trouverais pas un mot à changer.

Les textes que vous citez dans votre article de la « Rassegna Massonica » sont très curieux, et je ne les connaissais pas du tout. La conférence sur les origines du rite écossais est intéressante aussi ; sans doute est-ce vous qui en avez fait la traduction. Si vous pouvez m'envoyer la suite quand elle paraîtra, vous me ferez plaisir. - Avez-vous remarqué qu'on a imprimé deux fois *Juana* pour *Janua* ?

Merci de m'avoir donné l'adresse d'Armentano ; je tâcherai de lui écrire dans quelque temps.

Merci aussi de m'avoir signalé l'article de Kremmerz sur l'« Erreur spirite », que j'ignorais tout à fait. Je vais écrire au Prof. Banti pour lui demander les deux n° de « O Thanatos » que vous m'indiquez. Je connais Cramerez de nom depuis longtemps, mais je n'ai jamais eu aucun renseignement particulier sur lui. Pourriez-vous me donner quelques autres indications sur cet Ordre Hermétique dont il est le chef ? Est-ce lui qui l'a fondé ? - Vous me parlez du « Mondo Occulto » ; y a-t-il eu aussi quelque chose sur moi dans cette revue ? Je n'en ai jamais reçu qu'une couverture sur laquelle figurait l'annonce de l'« Erreur spirite ». - J'avais remarqué, dans le dernier n°, que le nom Kremmerz avait disparu de la liste des collaborateurs d'« Atanòr », et je voulais justement vous demander s'il y avait à cela quelque raison particulière. De même pour Russo Frattasi ; est-ce aussi un membre de la même école ?

Pour l'autre phrase sur laquelle vous avez appelé mon attention, votre traduction est tout à fait exacte ; mais, dans le cas dont il s'agit, on peut, en français, dire indifféremment « c'est » ou « ce sont » ; sur ce point, nous avons donc raison tous les deux.

Pour l'interprétation du mot *Altri*, je suis tout à fait sûr de l'avoir vue quelque part, mais, malheureusement, j'ai été incapable de la retrouver. Les mots latins étaient bien ceux que j'ai donnés, mais avec des terminaisons plutôt fantaisistes. Quant au premier mot, il était orthographié « Arrago », et l'auteur, ne sachant ce que cela voulait dire, se demandait s'il fallait lire « Aragon » ou s'il ne s'agissait pas du navire « Argo », deux hypothèses qui ne s'accordaient nullement avec le reste de l'interprétation, tandis que, si on lit « Arrigo », il n'y a plus aucune difficulté pour le sens. Maintenant, pourquoi ce nom a-t-il une forme italienne ? D'abord, la lettre A ne donnerait pas un mot pouvant être prononcé ; et ensuite il se peut que la forme « Arrigo » ait été adaptée tout spécialement par les membres de la « Fede Santa ». Du reste, je crois qu'on pourrait trouver d'autres exemples d'association d'éléments provenant de langues différentes, et qu'il n'y a pas lieu de s'en étonner outre mesure.

Naturellement, l'équivalent linguistique d'*agni* en latin est *agnis* et non *agnus* ; la modification de la voyelle initiale est sans importance et se produit fréquemment (par exemple dans le sanscrit *antar* et le latin *inter*). Maintenant, je ne dis pas du tout que les premiers chrétiens aient eu connaissance du terme sanscrit ; il n'y a là qu'une correspondance ou une concordance qui ne suppose nullement une communication directe, d'autant plus que le rapprochement pouvait très bien se faire entre les mots latins eux-mêmes, *agnus* et *ignis* ; il y en a de plus extraordinaires, et qui ne supposent pas davantage un lien étymologique. Du reste, il y a autre chose que la relation verbale ; dans le symbolisme hindou, le bélier est attribué à Agni ; et il y aurait sur tout cela bien des considérations à développer, ce que j'arriverai peut-être à faire quelque jour.

J'en viens maintenant à votre traduction, pour vous signaler les quelques inexactitudes de détail que j'ai relevées ; je pense que ma lettre vous arrivera assez tôt pour que vous puissiez les corriger ; et d'ailleurs il y en a que vous aurez peut-être vues vous-même.

D'abord p. 1, n'y a-t-il pas, en italien, d'autre mot que *mago* pour rendre « magicien » aussi bien que « mage » ? En français, il y a une grande différence de sens entre ces deux mots.

Vous avez eu raison d'ajouter la note de la p. 2 ; j'y avais du reste pensé après vous avoir envoyé l'article. Le nom latin de la fête est « dominica in palmis » ; mais la palme a aussi le même symbolisme, comme on le voit notamment par la palme des martyrs. - En transcrivant la dénomination française, vous avez écrit « la dimanche des Rameaux », il faudrait *le* (ou *il*), puisque dimanche est masculin en français.

Le nom de l'auteur espagnol cité aux pp. 3 et 4 est *Asin* et non *Asén* Palacios. C'est l'accent aigu sur l'*i* qui vous aura trompé, et peut-être aussi ma mauvaise façon de faire les *e*.

Dans la 2e moitié de la p. 5, il faut : « nel viaggio notturno di Mohammed », et non « di Mohyiddin » ; c'est évidemment une distraction.

Au début de la p. 6, je pense qu'il vaut mieux écrire *Buddhismo* que *Buddismo*, la première forme étant seule correcte au point de vue la transcription sanscrite.

Vers le haut de la p. 7, il faudrait : « le teorie indiane *dei mondi* » au lieu de « del mondo ».

P. 13, vous avez écrit *Roberto* au lieu de *Rodolfo* Benini.

Dans la parenthèse qui se trouve vers le bas de la p. 12, il doit y avoir : « *alcuni 10 solamente* », et non pas *11*.

P 15, dans une phrase citée de Benini, *somiglianza* a été remplacé par *rassomiglianza*, ce qui, du reste, ne change pas le sens.

P 22, il y a une fois 55 pour 65, et aussi, en lettres latines, *LUX* pour *LVX* ; vous vous en serez sûrement aperçu.

À l'avant-dernière ligne de la p. 30, il me semble qu'il faudrait « si svilupparono » au lieu de « *si sviluppano* » ; le sens de la phrase demande un futur.

Enfin, p. 32, « propensione » me semble possible pour traduire « attrait », bien que ce ne soit pas tout à fait la même chose ; je ne sais pas si on pourrait trouver un meilleur équivalent.

C'est bien fâcheux que votre collection de la « Gnose » soit incomplète, d'autant plus que je ne sais pas du tout comment faire pour vous procurer les n° qui vous manquent.

En effet, j'ai été obligé, il y a déjà plusieurs années, de me débarrasser de tous les n° séparés, parce que cela tenait beaucoup trop de place. Quant aux collections complètes, pour la même raison, je les ai toutes cédées à Chacornac ; c'est donc à celui-ci que votre ami devra s'adresser pour s'en procurer une ; il les vend 20 F. - Si par hasard il m'était possible de retrouver les n° que vous m'indiquez, soyez sûr que je penserais à vous.

J'ai préparé ces jours derniers les envois d'« Orient et Occident » ; je pense donc que vous recevrez très prochainement l'exemplaire qui vous est destiné.

Je vous remercie de votre intention de parler longuement de mes ouvrages dans « Atanòr » à cette occasion. -. Je joins à cette lettre quelques feuilles de l'éditeur, que vous pourrez utiliser pour faire connaître le livre autour de vous.

Croyez, je vous prie, à mes sentiments les plus cordiaux.

R. Guénon

ఠ○సె

Paris, 13 juillet 1924 ;
51, rue St. Louis-en-l'Île (IV°)

Cher Monsieur,

J'ai bien reçu vos deux lettres, et aussi, mais seulement avant-hier, le n° de juillet d'« Atanòr ». J'ai vu que les quelques petites corrections que je vous avais indiquées ont bien été faites ; je vous en remercie. Il n'y avait pas grand inconvénient à couper mon article en cet endroit ; il n'en est pas de même pour le vôtre, et il est certain, comme vous le dites qu'on n'en voit pas très bien l'intention en s'arrêtant à ce point ; j'attendrai donc le n° d'août-septembre pour vous en reparler.

Maintenant, pour la citation d'Aroux relative à *tale* et *altri*, vous feriez très bien de l'ajouter en note comme vous me le proposez ; du reste, je l'aurais certainement fait moi-même si je l'avais eue à ma disposition quand j'ai écrit mon article.

Merci de ce que vous me dites à propos de mon livre ; je suis heureux de voir que nous sommes toujours bien d'accord sur l'essentiel. Quant à la remarque que vous faites sur la persistance possible d'une tradition occidentale, elle est très juste, et cela correspond à une question qui me préoccupe comme vous : s'il y a encore des représentants authentiques de cette tradition, comment entrer en relations avec eux ? Il y a là une difficulté que vous seriez peut-être mieux placé que moi pour résoudre, parce que je suis, intellectuellement, beaucoup plus rapproché de l'Orient que de l'Occident. Voudriez-vous me dire ce que vous en pensez ? Du reste, j'ai fait allusion à tout cela dans mon livre ; quand vous l'aurez relu plus à loisir, j'espère bien que vous m'en reparlerez.

J'ai enfin écrit à Armentano ces jours derniers ; je pense qu'il ne manquera pas de me donner de ses nouvelles comme il me l'avait promis avant son départ.

J'ai reçu, il y a une quinzaine, une carte de Mikulski, envoyée de Capri ; il me disait qu'il avait été très fatigué par suite de surmenage, ce qui explique son silence, et qu'il avait été obligé de prendre un congé ; il a dû rentrer à Rome le 3 juillet.

Le prof. Banti m'a envoyé les n° d'« O Thanatos » que je lui avais demandés ; je n'ai pas eu le temps de les lire encore. D'après ce que j'ai vu en les parcourant, Kremmerz ne semble pas avoir très bien compris mon point de vue, tout en reconnaissant que l'« Erreur spirite » est un livre bien différent de tout ce qui se publie ordinairement contre le spiritisme. S'il avait lu mon « Introduction », dont il semble ignorer l'existence, il m'aurait peut-être un peu mieux compris. En tout cas, il a l'air de m'attribuer un point de vue spécialement « français » qui n'est pas du tout le mien, qui est même tout à fait en dehors de mes intentions. De plus, il veut faire de l'esprit d'une façon qui n'est pas toujours très heureuse. Enfin, il paraît particulièrement attaché à l'idée de la réincarnation, et je crois qu'il n'y a rien de plus fâcheux pour quelqu'un qui a des prétentions à l'ésotérisme.

Je suis allé chez Chacornac pour lui demander d'envoyer à votre ami la collection de la « Gnose » ; il m'a promis de le faire tout de suite. Je lui ai aussi donné votre adresse pour l'envoi de ses catalogues. Il s'est trouvé, fort heureusement, qu'il avait quelques n° détachés, parmi lesquels se trouvaient précisément ceux qui vous manquaient ; il me les a donnés (je ne lui avais pas dit que ce n'était pas pour moi), et je vous les ai expédiés vendredi ; peut-être les avez-vous déjà reçus maintenant.

Je n'ai pas oublié non plus de parler à Chacornac du livre au sujet duquel vous m'aviez demandé de m'informer ; il n'a rien pu me dire tout de suite, sinon qu'il existait une traduction française de cet ouvrage, mais il m'a promis de faire des recherches dans les catalogues et bibliographies ; je dois retourner le voir dans quelques jours, et, s'il me donne quelques renseignements, je vous les transmettrai dans une prochaine lettre.

Maintenant, il faut que je vous rapporte ce que m'a raconté Chacornac : on lui a dit, à propos du dessin de la couverture d'« Atanòr », qu'il y avait *trois* erreurs (mais il n'a pas pu me dire lesquelles) dans le symbole pythagoricien qui y figure, erreurs qui devaient d'ailleurs être probablement *voulues* ; et surtout on lui a fait remarquer que la main placée au-dessus de ce symbole est *crochue*, ce qui indique, paraît-il, toutes sortes d'intentions diaboliques ! Il ne m'a pas dit de qui il tenait tout cela, mais je n'ai eu aucune peine à deviner que cela ne pouvait venir que de Bricaud. Je pense donc que nous devons nous attendre à quelque attaque de ce côté, d'autant plus que ledit Bricaud m'en veut tout particulièrement depuis fort longtemps.

D'autre part, Chacornac prétend avoir personnellement à se plaindre d'Alvi, parce que celui-ci a édité sans son autorisation la traduction d'un ouvrage d'Éliphas Lévi dont, suivant lui, la propriété lui appartient (ce doit être le « Livre des Splendeurs », car je crois que les autres ont été édités chez Alcan). Je tiens à ce que vous soyez au courant de tout cela, bien qu'il ne faille peut-être pas y attacher une très grande importance.

À mon grand regret, il ne me sera pas possible de vous envoyer un compte rendu du livre de Vulliaud assez tôt pour qu'il puisse paraître dans le n° d'août-septembre. Je n'aurai certainement pas le temps de lire ces deux gros volumes d'ici la fin du mois ; peut-être y arriverai-je pendant les vacances. En tout cas, vous pouvez compter que je le ferai, mais je n'ose rien vous promettre pour une date déterminée. Je pense quitter Paris dans une dizaine de jours ; mais, avant de partir, je veux terminer enfin mon travail sur le Vêdânta que j'avais été obligé de laisser complètement de côté depuis plusieurs mois ; il n'y a qu'une semaine que j'ai pu m'y remettre.

Qu'est-ce donc que ce « Néotemplarisme » dont il est question dans « O Thanatos », et auquel vous avez fait allusion dans l'avant-dernier n° d'« Atanòr » ? Est-ce une invention de Sacchi ?

Si Frosini fait paraître une nouvelle revue, les sottises à relever ne manqueront sûrement pas !

Pour le « Prince de Mercy », je n'ai guère d'autres renseignements que ceux que j'ai donnés dans mon article et ceux que contient le Manuel de Vuillaume. Je ne sais si Ragon a donné un rituel d'ouverture et de fermeture, et je me demande où il peut l'avoir fait ; bien que j'aie une bonne partie de ses rituels (où il y a d'ailleurs des conceptions bien discutables), il me manque celui de Kadosch, mais je pense qu'il ne s'y trouve qu'une simple analyse des onze grades précédents, sans aucune indication rituélique, car il en est ainsi dans le rituel de Rose-Croix pour les grades allant du 4° au 17°. D'autre part, ce qui est certain, c'est que l'interprétation bouddhiste de Goblet d'Alviella est entièrement fantaisiste ; l'autre nom du grade, celui d'« Écossais Trinitaire », suffirait à le montrer. L'analogie entre les noms de « Prince de Mercy » et de « Seigneur de Compassion » est bien superficielle ; du reste, on ne voit pas, même au simple point de vue historique, comment une influence bouddhique réelle aurait pu s'introduire là-dedans. Cette fascination qu'exerce le Bouddhisme sur l'esprit de tous les orientalistes et « historiens des religions » est vraiment quelque chose d'extraordinaire. Envoyez-moi la copie de votre travail quand il sera préparé ; je vous dirai très sincèrement ce que j'en pense, et, si je vois quelques additions ou modifications à y faire, soyez sûr que je ne manquerai pas de vous les signaler.

J'attends avec intérêt votre note relative aux deux « portes » solsticiales ; j'ai là-dessus un certain nombre de données assez curieuses, et, si j'arrive un jour à les mettre en ordre, je pourrai peut-être en faire quelque chose pour « Atanòr ».

Croyez, je vous prie, à mes sentiments les plus cordiaux.

R. Guénon

ℰↃᏟℜ

Paris, 16 novembre 1924 ;
51, rue St. Louis-en-l'Île (IV°)

Cher Monsieur,

J'ai bien reçu vos lettres et vos divers envois ; ce matin même m'est parvenue votre carte collective, dont je vous prie de bien vouloir remercier pour moi tous les signataires.

Quand j'ai écrit à Mikulski, je ne pensais pas être si longtemps avant de pouvoir vous envoyer mon article ; mais, depuis mon retour ici, j'ai été dérangé par de nombreuses visites, et, de plus, j'ai été assez fortement grippé ces derniers temps ; vous voudrez donc bien m'excuser. J'espère d'ailleurs que ce paquet vous arrivera pour le 20 comme vous me l'avez demandé.

Peut-être l'article sera-t-il trop long pour paraître en une seule fois ; en ce cas, vous pourrez très bien le partager en deux. Si vous avez assez de temps pour m'envoyer une copie de la traduction comme vous l'avez fait pour l'étude sur Dante, j'en serai très heureux. En tout cas, je vous demanderai de bien vouloir me renvoyer le manuscrit pour que je puisse le communiquer à quelques amis qui ne comprennent pas l'italien.

D'autre part, je vous prierai aussi de faire envoyer un exemplaire du ou des n° d'« Atanòr » contenant cet article à M. Ferdinand Ossendowski, aux bons soins de M. Robert Renard, 25, rue Nicolo, Paris (XVI)

Quand j'ai vu Ossendowski, j'ai eu nettement l'impression que, s'il avait été accueilli si facilement dans certains endroits, c'est qu'on lui avait fait jouer, tout à fait à son insu, le rôle d'une sorte d'« agent de liaison » ; mais, naturellement, je n'ai pas voulu écrire cela dans mon article. Il y a d'autres points sur lesquels je pourrai vous donner des explications complémentaires dans une prochaine lettre ; mais il est bien regrettable que nous ne puissions nous voir, car ce serait beaucoup plus facile.

Pour aujourd'hui, comme je vous écris un peu à la hâte, je passe tout de suite aux autres questions dont j'ai à vous parler.

D'abord je vous remercie bien vivement d'avoir fait acheter mes livres par la Biblioteca Nazionale Vittorio Emanuele ; c'est un excellent moyen de les faire connaître.

Merci aussi de m'avoir cité comme vous l'avez fait dans votre article de la « Vita Italiana ». Cet article est d'ailleurs très bien d'un bout à l'autre ; la forme en est très modérée et je ne pense pas qu'il puisse heurter personne. Aussi je ne comprends pas très bien les hésitations et les réserves de la direction de la revue ; il semble qu'on n'ait pas très bien saisi votre véritable pensée. C'est comme les gens qui, quand on parle de la constitution de l'élite intellectuelle, s'imaginent qu'il s'agit de former une société ! J'avais déjà eu l'occasion de constater une pareille méprise, et c'est pourquoi j'ai pris soin de m'expliquer nettement là-dessus dans « Orient et Occident ».

Vous voyez que je ne m'étais pas trompé en vous disant cet été, à propos de ce que m'avait raconté Chacornac, que nous devions nous attendre à quelque attaque du côté de Bricaud. Ce sont toujours les mêmes histoires, et je crois qu'on aurait tort de s'en tourmenter. L'affaire du « Turbine » n'est en somme, à part les attaques contre vous qui sont venues s'y ajouter, que la réédition de ce que Bricaud avait déjà publié il y a à peu près deux ans dans ses « Annales Initiatiques » ; je n'ai jamais pu me procurer le n°, mais j'en ai vu ensuite la reproduction dans la « Revue Internationale des Sociétés Secrètes ». Bien entendu, si vous avez la possibilité d'écrire dans le « Turbine », vous pourrez répondre comme vous le jugerez bon, mais je crois qu'il vaut mieux ne pas paraître attacher à ces gens plus d'importance qu'ils n'en ont en réalité ; ce serait leur faire trop d'honneur que de leur répondre d'une façon directe. Comme vous le verrez, j'ai simplement ajouté une note de quelques lignes à la fin de mon article, et je pense que c'est suffisant en ce qui me concerne. Pour le reste, ce que vous ferez sera certainement bien ; vous pouvez fort bien parler de moi dans le « Turbine », sans revenir par trop sur tous les racontars peu intéressants de Bricaud et Cie. Origene et Minaci sont-ils le même personnage ?

À propos du « Turbine » encore, j'y ai vu des articles du Dr. Ferrua ; celui-ci avait fondé en Angleterre, peu avant la guerre, un soi-disant « Ordre initiatique réformé des Rose-Croix » ; je ne sais ce qu'est devenue cette organisation, qui ne devait pas être bien sérieuse, et qui, d'après ce que j'en ai su à l'époque, me paraît avoir eu un caractère plutôt « commercial ». En tout cas, les articles que je viens de lire sont remplis de l'esprit « scientiste » le plus ordinaire.

Je ne crois pas que Mme Blavatsky ait jamais parlé de l'Agarttha ; mais elle parle quelque part d'une ville appelée Shamballa, qui était située du côté du désert de Gobi, et qui aurait disparu sous terre ; vous verrez, d'autre part, ce que je dis au sujet de sa « Grande Loge Blanche ».

Je me suis longtemps demandé comme vous d'où pouvait venir l'histoire de l'apparition de Tubalcaïn à Hiram, d'autant plus que je n'ai jamais vu qu'il soit réellement question de la légende d'Hiram dans la « Maçonnerie d'Adoption ». Quand vous m'avez demandé le renseignement à ce sujet, je me suis souvenu de quelque chose dont Faugeron m'avait parlé, et je l'ai prié de faire la vérification. Voici donc ce qu'il en est : l'histoire en question se trouve dans un récit de Gérard de Nerval intitulé « La Reine de Saba et le roi Soliman », ou encore « La Reine du Matin » (*sebah* signifie « matin » en arabe. Gérard de Nerval (qui du reste était Maçon) prétend avoir entendu ce récit au cours de ses voyages en Orient ; il doit y avoir là quelque chose de vrai, car les éléments musulmans qui s'y rencontrent ne s'expliqueraient pas sans cela ; mais il est probable qu'il l'a quelque peu « arrangé ». Quoi qu'il en soit, cet ouvrage a été imprimé en 1850 ; il est donc bien antérieur à celui de Saint-Albin, et il y a tout lieu de supposer que c'est là la véritable source où celui-ci a puisé son histoire, que d'autres ont ensuite répétée d'après lui et sans en contrôler la provenance, ainsi que cela arrive très souvent.

Ce que vous me dites de l'étymologie de *caelum* est très intéressant ; je ne savais pas qu'on trouvait la forme *caelare* pour *celare*, est-ce la plus ancienne ? Dans ces conditions, le rapprochement avec le grec ουρανοσ n'est pas purement accidentel ; en effet, ce dernier mot est identique au sanscrit *Varuna*, et la racine *var* (qui se change très facilement en *ur*) signifie « couvrir » ; entre ce sens et celui de « *cacher* », il y a une parenté très étroite.

Le bulletin de Frosini m'a semblé bien vide au point de vue des idées ; il cherche surtout à justifier ses changements d'attitude successifs ; ce que je ne m'explique pas très bien, c'est l'insistance qu'il met à se réclamer de d'Annunzio. Ce qui est curieux aussi, c'est qu'il continue à se vanter de ses relations avec la prétendue « Maçonnerie universelle », que vous et moi n'avons que trop connue autrefois ; c'est tout de même extraordinaire qu'il y ait encore des gens à qui cela en impose ! Avec son titre de « Grand Hiérophante » et sa « Grande Etoile de Sirius », il doit tout de même se faire moquer de lui dans bien des milieux.

N'a-t-il pas paru d'autre n° de la « Rassegna Massonica » depuis celui de juillet-août que j'ai reçu pendant les vacances ? Pour la date de la mort de J. Molay, le jour est peut-être discutable, mais l'année est sûrement 1314, et non 1313.

Je ne suis pas étonné que vous ayez quelque difficulté à trouver des collaborateurs sérieux ; quand on ne veut pas accepter n'importe quoi, c'est toujours ainsi, et j'en ai su quelque chose au temps de la « Gnose ». - J'espère recevoir bientôt le n° que vous m'annoncez. Je vois que vous êtes, comme moi, difficilement satisfait de ce que vous écrivez ; mais je suis persuadé que votre article vaut mieux que ce que vous m'en dites ; enfin, je vous en reparlerai la prochaine fois.

Que faut-il penser de cette prétendue découverte des œuvres de Tite-Live autour de laquelle on a fait tant de bruit il y a quelque temps ? N'y a-t-il là qu'une simple mystification, ou faut-il y voir autre chose ? Si vous avez une opinion là-dessus, vous serez bien aimable de m'en faire part.

Le Dr Peyre m'a écrit de son côté qu'il avait été très satisfait d'« Atanòr » et qu'il s'était abonné. - M. de Giorgio vous a-t-il écrit ? J'ai eu aussi l'occasion, dernièrement, de recommander « Atanòr » à un Espagnol, M. Juan de Nogales, à qui j'ai également donné votre adresse.

Croyez, je vous prie, à mes sentiments les meilleurs.

R. Guénon

ℰℭ

Paris, 29 novembre 1924 ;
51, rue St. Louis-en-l'Île (IV°)

Cher Monsieur,

J'ai bien reçu vos deux lettres, dont la première s'est croisée avec mon envoi, ainsi que la revue « Gerarchia », et enfin, mais il y a seulement trois ou quatre jours, « Atanòr » en deux exemplaires.

Je dois tout d'abord vous remercier des paroles si aimables et élogieuses à mon égard que contient votre article sur « Orient et Occident », et aussi du compte rendu lui-même, qui est tout à fait exact et rend très bien ma pensée. J'aurais d'ailleurs été bien surpris qu'il n'en soit pas ainsi, et c'est pourquoi je vous disais que vous deviez être trop difficile pour vous-même quand vous m'écriviez que vous n'en étiez pas satisfait.

Je me doutais bien que mon article serait trop long pour paraître en une seule fois ; mais cela ne fait rien, il peut très bien se diviser. Dans toute votre traduction, je n'ai trouvé que deux mots qui ne me paraissent pas exacts ; c'est fort peu de chose. P. 5 de la traduction, note 1 il faudrait : venuta *al pensiero* et non *alla penna* di alcune persone ; en effet, Maritain, à qui je pensais surtout ici, a fait oralement la réflexion dont il s'agit, mais, il ne l'a pas écrite lui-même ; c'est Frédéric Lefèvre qui l'a notée dans les « Nouvelles Littéraires », dans le récit de notre entrevue avec Ossendowski au mois du juillet dernier. Ensuite, p. 14, note 2, il faudrait : *intesa* (entendue) et non *estesa* (étendue) nel suo senso superiore. - Maintenant, deux ou trois petits détails : p. 9 note 2 AVM et non AUM, puisque à l'époque où le symbole en question était employé (antérieurement au XV° siècle), la forme U n'existait pas encore, V étant alors, de même que I, indifféremment voyelle et consonne. - À la même page, *Swayambhû* doit avoir le premier *a bref* (sans accent) ; et *a* ne devient long que dans le dérivé *Swâyambhuva*. - Par contre, il faudrait des *a* longs à *Dwâpara* (p. 12, note 2) et *Râma* (p. 16, note 1).

À propos de mots sanscrits, je me permets de vous en signaler quelques-uns qui ont été fortement défigurés, sans doute par les imprimeurs, dans l'article « Yoga ed arte » : p. 329, *e Ram* pour *ekam* ; p. 330, *Dyama* pour *Dhyâna*, et, un peu plus loin, une bizarre déformation du nom de *Çankarâchârya*, sans parler de *Buddho* plusieurs fois répété au lieu de *Buddha*. Enfin, vers le début de la p. 331, il y a un nom que je n'ai pas pu comprendre : *Hsich-Ho* ; ce pourrait être un nom chinois quelque peu altéré, mais ce n'est sûrement pas un nom indien. - Sur l'article lui-même, je n'aurais qu'une réserve à faire : ce que le poète ou l'artiste peut réaliser inconsciemment (ou subconsciemment) dans certains cas n'est pas le *Yoga* au sens véritable du mot, mais seulement un stade préliminaire. L'article relatif au « Sepher Ietsirah » contient des parties bien inégales ; on dirait que l'auteur craint de se compromettre par des affirmations trop nettes ; cette impression est-elle justifiée ?

Ce que vous avez répondu à Minaci et autres me paraît tout à fait suffisant, au moins pour le moment. *O Thanatos* ne paraît donc plus ? Pour l'article de la « Gerarchia », vous ferez bien de répondre, car il peut y avoir là le sujet d'une discussion plus intéressante que les racontars des autres. Quel que soit l'auteur de cet article, il montre clairement, vers la fin, qu'il n'a pas compris la distinction essentielle de la connaissance initiatique et métaphysique et du savoir profane (quand il parle d'« una nuova Accademia », etc.), et aussi qu'il ne connaît rien aux doctrines orientales : sa classification des ouvrages « mystiques » et « moraux » est plutôt amusante !

Vous avez peut-être raison de vouloir faire paraître « Atanòr » tous les deux mois sur 64 pages ; les articles seront ainsi moins coupés. Si vous vous séparez d'Alvi, ne croyez-vous pas qu'il vous suscite des ennemis au sujet du titre, à cause de sa maison d'édition ?

Je n'avais pas pensé à ce que vous me dites au sujet du « timor panicus », mais le rapprochement est très vraisemblable. - Quant au nom que vous avez cherché, c'est celui de Melchissédek ; je suis surpris que vous ne l'ayez pas trouvé par le passage où il est question de la « Justice » et de la « Paix ». Vous vous en êtes cependant approché en pensant à Abraham ; mais il s'agit en réalité d'un pouvoir supérieur à celui d'Abraham, puisqu'il confère à celui-ci une véritable investiture.

Je ne connais pas le livre de Slowatsky sur les Shamans ; quel en est donc le titre exact ? - Quant à Bulwer-Lytton, il s'est inspiré d'anciennes traditions américaines, d'après lesquelles une certaine race humaine serait venue de l'intérieur de la terre, où une partie serait d'ailleurs restée ; mais cela semble n'avoir aucun rapport avec la question de l'Agarttha.

Pour Tubalcaïn, je n'avais pensé qu'à la Maçonnerie d'adoption ordinaire, et non à celle de Cagliostro ; je n'ai pas toute la collection de l'« Initiation », mais, quand j'aurai un peu de temps libre, je verrai si j'ai les n° où se trouvent les rituels en question. Ce n'est pas Papus qui avait le manuscrit, mais Marc

Haven ; peut-être l'a-t-il encore. En tout cas, je suis persuadé que la source directe de Saint-Albin est bien le récit de Gérard de Nerval ; maintenant, il n'est pas invraisemblable que celui-ci ait connu le rituel de Cagliostro et y ait pris quelques éléments pour les joindre à ce qu'il avait recueilli en Orient.

Je suis heureux d'apprendre votre intention de venir à Paris au printemps prochain ; espérons que d'ici là, il ne surviendra rien qui vous empêche de mettre ce projet à exécution.

Croyez toujours, je vous prie, à mes sentiments bien cordiaux.

R. Guénon

M. de Giorgio m'écrit qu'il est abonné à « Atanòr ».

❦

Paris, 6 avril 1925 ;
51, rue St. Louis-en-l'Île (IV°)

Cher Monsieur,

J'ai bien reçu votre lettre, ainsi que le paquet contenant mon manuscrit avec la copie de la traduction, il y a déjà à peu près quinze jours. Je m'excuse de n'avoir pas pu vous répondre plus tôt ; la faute en est aux imprimeurs qui, après m'avoir fait attendre plusieurs mois, se sont mis a travailler avec une telle vitesse que j'ai dû passer toutes mes journées à la correction des épreuves, sans pouvoir prendre un instant pour m'occuper d'autre chose. Enfin, s'ils arrivent à rattraper le temps perdu, il ne faut pas s'en plaindre ; je pense que mes deux volumes pourront être prêts à paraître d'ici un mois environ.

Hier soir seulement, j'ai pu prendre connaissance de votre traduction, qui est très bien comme toujours, et dans laquelle je n'ai relevé que trois petites inexactitudes (ou qui du moins, me semblent telles). La première, d'ailleurs, n'est qu'une simple distraction : c'est la première référence indiquée à la p. 8 de la traduction ; le passage concernant Descartes est T. II, p. 235 et non 285. - Tout en haut de la p. 17, vous avez rendu « envisagé » par « intravisto » ; si ce mot a en italien le même sens que son équivalent français « entrevu », il ne donne que l'idée d'une connaissance imparfaite et lointaine, ce qui serait contraire à l'intention que j'ai eue en écrivant le passage en question. - Enfin, presque au début de la p. 18, il y a ceci : « le due vie che..., e che sotto forma exoterica *era rappresentato* » ; il faudrait le pluriel, puisque ceci se rapporte aux *due vie*. - Voilà tout ce que j'ai trouvé ; comme vous voyez, c'est bien peu de chose.

Quant à la question des caractères dans lesquels l'article devra être composé, cela n'a pas une grande importance, et je ne serai nullement contrarié que vous preniez des caractères plus petits ; je pense même que cela vaut beaucoup mieux que d'être obligé de ne faire paraître l'article qu'en deux fois.

Le dernier n° d'« Ignis » m'est parvenu il y a deux jours ; il se présente en effet mieux que le précédent. J'ai vu que vous y aviez mis les « errata » de mon précédent article, et je vous en remercie.

La lettre de Minaci prouve que celui-là au moins est de bonne foi, et nous ne pouvons que nous féliciter de ce premier résultat de la dénonciation du plagiat de Sacchi ; je doute fort que ce dernier puisse arriver à se justifier.

Je n'avais pas vu ce que vous me dites au sujet des méthodistes américains, mais je n'en suis pas étonné ; c'est bien conforme à la mentalité de ces gens-là !

Je souhaite que vous trouviez les caractères hébraïques à Florence, où vous devez être en ce moment, et où je vous adresse cette lettre suivant l'indication que vous m'avez donnée. - Si vous allez à Bologne et si vous voyez Gallo, vous serez bien aimable de lui transmettre mes amitiés, avec mes excuses de ne pas lui avoir écrit depuis si longtemps que j'ai reçu une lettre de lui ; je tâcherai de le faire dans quelque temps, mais j'ai beaucoup de correspondance en retard.

Ce que vous dites à propos de Tahra bey correspond tout à fait à ce que j'avais pensé dès le début, et je suis heureux que vous ne vous soyez pas engagé avec lui. Ce qui est étonnant, c'est que tant de gens tiennent à lui ; mais ils ne sont sans doute attirés que par les phénomènes et il est probable qu'il ne se préoccupent guère des questions doctrinales.

La librairie Ch. Bosse, 16-18, rue de l'Ancienne-Comédie (IV°) a en ce moment, paraît-il beaucoup de livres intéressants sur l'hermétisme ; vous pourriez écrire en donnant votre adresse et en demandant qu'on vous fasse l'envoi des catalogues. C'est dans cette maison que travaille Faugeron, et il s'est arrangé pour en faire figurer l'adresse sur ses éditions, car, pour la vente, il lui aurait été difficile de les avoir chez lui.

Nous partirons après-demain pour Blois (74, rue du Foix), et nous rentrerons ici le 20 avril ; j'espère bien qu'il vous sera possible de venir à Paris vers cette époque, et aussi que je serai un peu plus tranquille alors que je ne l'ai été ces derniers temps. - La question du logement est toujours très difficile ici ; ce n'est plus comme au temps où Mikulski y était ; et, avec l'exposition qui va s'ouvrir, il est à craindre que cela ne devienne encore plus compliqué ; enfin, nous reparlerons de tout cela.

Je vous écris à la hâte, et il se peut que j'oublie de vous répondre sur quelques points ; vous voudrez bien m'en excuser.

Croyez, je vous prie, à mes sentiments bien cordiaux.

R. Guénon

֍

Paris, 21 avril 1925 ;
51, rue St. Louis-en-l'Île (IV°)

Cher Monsieur,

J'ai bien reçu vos deux lettres, la première à Blois, et la seconde ici où nous sommes rentrés hier comme je vous l'avais dit. A l'instant même, je reçois aussi l'« Era Nuova » que vous m'annonciez ; les imprimés sont toujours plus longtemps en route que les lettres.

Je me hâte de vous répondre au sujet de la faute que vous me signalez et qui m'avait échappé ; mais la correction que vous avez faite est bien exacte. En effet, voici exactement ce que j'ai écrit :

... de plus, Malaki, « mon envoyé » (c'est-à-dire l'envoyé de Dieu, ou « l'ange dans lequel est Dieu » *Maleak ha-Élohim*), est l'anagramme de Mikaël.

Il ne faut donc pas de parenthèse devant *Maleak ha-Élohim*, qui est l'équivalent hébreu des mots qui précèdent immédiatement entre guillemets.

Je regrette de n'avoir rien à vous envoyer pour remplir les quelques pages qui vous restent encore ; mais, en ce moment, je n'ai absolument rien de préparé et je ne peux pas trouver le temps de faire quelque chose.

J'attends les dernières épreuves de mon livre sur le *Vêdânta*, et j'espère qu'il sera prêt à paraître au début du mois prochain. Quant à l'étude sur Dante, je pense qu'elle va sortir ces jours-ci.

J'ignorais la mort de Steiner ; je pense que vous feriez bien de donner un article sur lui, en disant nettement ce que vous pensez, sans trop vous préoccuper de l'opinion des gens.

Pour Minaci, il faudrait voir s'il est capable de vous faire des articles intéressants ; il est souvent bien difficile, malheureusement, de ne pas froisser quelqu'un quand on ne veut pas accepter de publier n'importe quoi.

Je n'ai pas encore pu arriver à écrire à Gallo ; Je pensais profiter des vacances pour mettre à jour ma correspondance que la correction des épreuves m'avait fait négliger, mais j'ai eu trop d'autres occupations, et ces quelques jours ont été bien vite passés.

Je ne connais la « Revue Juive » que de nom ; il me semble d'ailleurs qu'il n'y a pas longtemps qu'elle existe. Quant au « Symbolisme », je ne le vois plus depuis des années ; Wirth m'en faisait le service autrefois, mais il a cessé sans que je sache pourquoi.

Pour les caractères hébraïques, il m'est venu une idée : ne pourriez-vous pas en trouver à Livourne, qui est un centre juif très important ? Je me trompe peut-être, mais il me semble que, s'il s'en trouve quelque part en Italie, ce doit être là. Il est ennuyeux, dans bien des cas, de ne pouvoir donner qu'une transcription ; il est vrai que cela vaut encore mieux que de fabriquer des caractères fantaisistes et indéchiffrables avec des assemblages de traits comme on l'avait fait autre fois dans la « Voie ».

Je n'ai pas entendu parler, si ce n'est par vous, de cet Allemand qui se trouverait actuellement à Paris et qui ferait des expériences de lecture d'écrits cachés ; où avez-vous vu le compte rendu de ces expériences ?

M. de Giorgio me demande quelle valeur peut avoir la traduction du « Tao » par Evola ; je ne la connais pas, mais, d'après ce que vous m'avez dit, je m'en méfie, puisque l'auteur ne connaît pas la langue. À propos d'Evola, où en est son travail sur le Tantra ? Ce sera sans doute une reproduction plus ou moins arrangée des ouvrages de sir John Woodroffe ; le plus fâcheux est que celui-ci ne sait pas le sanscrit non plus, et ce qui est plus singulier, c'est qu'il fait des fautes invraisemblables en écrivant en anglais, qui est pourtant sa propre langue.

Il paraît qu'il existe une autre traduction italienne du « Tao » par Evans ; la connaissez-vous ?

Je regrette bien vivement que votre voyage à Paris se trouve encore ajourné ; j'espère pourtant que vous pourrez arriver à le faire assez prochainement en tout cas avant le mois de juillet, époque où nous nous absentons pour les grandes vacances.

Je n'ai pas eu de nouvelles de Mikulski depuis qu'il avait ajouté quelques mots à une de vos lettres ; il m'annonçait pourtant qu'il ne tarderait pas à m'écrire ; que devient-il ? Transmettez-lui mes amitiés quand vous en aurez l'occasion, ainsi qu'à Guerrieri si, comme je le pense, vous le voyez toujours de temps à autre. Avez-vous des nouvelles d'Armentano ?

Croyez, je vous prie, à mes sentiments bien cordiaux.

R. Guénon

ℬⳄ

Le Caire, 19 avril 1935

Cher Monsieur,

Peu de temps après vous avoir écrit, j'ai reçu une lettre de Mikulski, me donnant les explications que vous m'annonciez, et aussi le renseignement concernant Fidi (que je vous demandais aussi, mais que j'avais dû lui demander dans une lettre plus ancienne). Peut-être vous a-t-il dit du reste qu'il m'a écrit, si vous avez eu l'occasion de le revoir depuis lors, quoique lui aussi semble toujours bien occupé malgré qu'il soit censé être maintenant en retraite...

J'ai lu votre livre avec intérêt, et cela me paraît très bien ; il n'y a certainement, dans les hypothèses que vous faites pour arriver à cette reconstitution, rien qui ne soit tout à fait plausible ; et le rattachement aux théories cosmologiques, etc., pour être seulement indiqué, est particulièrement important.

Permettez-moi de vous signaler une petite chose qui n'est qu'un détail à côté, et qui doit être dû à une distraction : je ne crois pas qu'on puisse dire en anglais « flaming star », ou du moins je n'ai jamais vu cette expression nulle part. On dit « flaming sword », mais « blazing star », alors que, en italien comme en français, il n'y a qu'un seul et même mot dans les deux cas.

J'ai fait un compte rendu qui paraîtra dans le n° de mai du « Voile d'Isis » ; ceci en attendant un article qui je me propose d'écrire, depuis un certain temps, déjà, sur quelques points touchant précisément à la géométrie pythagoricienne, à la Tétraktys, etc., et dans lequel j'aurai sûrement l'occasion de vous citer.

J'espère que, malgré vos occupations, vous pourrez me redonner bientôt de vos nouvelles.

Bien cordialement à vous.

R. Guénon

ත⃝ର

Le Caire, 25 avril 1935

Cher Monsieur,

Je viens de recevoir votre lettre du 14 avril, qui s'est croisée avec le mot que je vous ai écrit la semaine dernière et où je vous parlais de votre livre. Je ne pense pas qu'il y ait d'erreurs mathématiques, et du reste, comme vous le dites, il serait bien étonnant que personne ne s'en soit encore aperçu ; je ne m'étonne pas, d'autre part, des objections qu'on vous fait et des préjugés qu'on vous oppose ; c'est assez conforme à l'habitude... Mais ce sont bien les choses que vous me signalez qui sont, à notre point de vue, les plus importantes, et c'est sur celles-là que j'ai l'intention de revenir dans quelque article ; c'est pourquoi je n'y ai pas insisté d'avantage dans le compte rendu, que je tenais seulement à ne pas différer. Tout ce qui peut contribuer à restituer la notion ancienne de la « science sacrée » a certainement une très grande portée, bien que peu la comprennent ; moi aussi, je regrette bien que nous ne puissions pas arriver à nous voir pour parler plus amplement de tout cela...

D'après ce que m'a dit Mikulski, la maison Fidi existe bien toujours, et il m'a même donné l'adresse actuelle (Via Borgazzi, 4, Milano) ; mais il est vraiment singulier qu'on ne réponde pas aux lettres. De toutes façons, je crois bien comme vous qu'il n'y a pas grand-chose à attendre pour le règlement des droits !

J'ai lu le livre de Buonaiuti ; il est toujours intéressant en effet d'être un peu au courant de tout cela, mais il n'y a vraiment pas d'idées bien profondes là-dedans ; cela reste même plutôt dans le vague.... Quant à « ... », je n'ai pas encore eu le temps de le lire, de sorte que je vous en reparlerai une autre fois. Il faut toujours que je commence par voir les livres et revues pour lesquels j'ai des comptes rendus à faire, ce qui m'oblige quelquefois à ajourner le reste pendant un certain temps. - Pour l'autre livre que vous m'aviez annoncé et que je n'ai pas trouvé dans le paquet, comme vous n'en reparlez pas, je suppose qu'il ne s'est pas perdu et que simplement vous ne l'y aviez pas mis.

Pour l'affaire des Polaires, ce que vous me dites du détenteur de la « méthode » ne m'étonne pas à mon tour ; mon impression, depuis longtemps est que tous les gens de ce groupe sont plus ou moins dans le même cas, et, autrefois, quelques paroles d'Ar avaient déjà éveillé mes soupçons à ce sujet ; de multiples rapprochements n'ont fait que les confirmer depuis. - Quant à la question même de l'oracle, je suis bien du même avis que vous, qu'il y a là quelque chose mais, je dois dire, quelque chose de « sinistre », dans les deux sens du mot.

Pour ce qui est des attaques contre moi, vous avez très bien compris qu'il y a là tout autre chose que les apparences extérieures ; le plus curieux est que cela semble venir de tous les côtés à la fois, même les plus opposés ; mais derrière tout cela, il y a ce qui est véritablement « diabolique », et cela va encore plus loin que tout ce que vous pouvez supposer. Pour vous en faire une idée, vous pourrez relire attentivement les réponses contenues dans mes comptes rendus et aussi ce qui concerne la « contre-initiation », les « sept tours du diable », etc. Toutes ces choses, au fond, se tiennent de très près ; le reste n'est qu'instruments plus ou moins inconscients, mais quelquefois d'autant plus dangereux par leur inconscience même... - Sûrement, je suis beaucoup plus tranquille ici ; du reste, la dernière année que j'étais à Paris, la vie y était déjà devenue presque impossible, et ce serait sans doute encore bien autre chose maintenant. Impossible de vous dire tout ce que j'ai découvert depuis et combien de prétendus amis se sont démasqués peu à peu...

Bien cordialement à vous.

R. Guénon

René Guénon à des correspondants non identifiés

Le Caire, 29 septembre 1933.

Cher Monsieur,

J'ai reçu hier les épreuves des pages 97 à 158, et je vous écris aussitôt après en avoir terminé la lecture. -- Je trouve très bien, d'une façon générale, ce qui se rapporte à la question des castes, et aussi à celle des métiers ; ce que je trouve à relever ne se rapporte qu'à de simples détails.

À propos de la note page 102, je me demande si vous savez que l'étymologie réelle de Montjoie est Mons Jovis ; je vous le signale à tout hasard.

Dans la note de la page 106, il y a une erreur sur la dérivation du nom d'Arthur, qui ne vient pas de la racine ar, mais du mot arth, nom celtique de l'ours (grec αρχτοζ, sanscrit riksha) ; et ce nom d'Arthur est en somme identique à celui de l'étoile Arcturus ; le symbolisme de l'ours est d'ailleurs essentiellement hyperboréen.

Le mot Karma signifie uniquement « action » (soit au sens général, soit spécialement dans celui de l'action rituelle) ; je ne pense donc pas qu'on puisse dire que le Karma soit une « loi » (p. 109) : l'action a des lois (exprimant ses rapports avec les effets qu'elle entraîne), mais elle-même n'est pas une loi. -- Il ne me semble pas possible non plus, de traduire Karma par « destin » (p. 125) : le destin peut être déterminé par l'action, mais il n'est pas l'action elle-même.

Je ne connaissais pas l'oracle auquel vous faites allusion au début de la page 116 ; c'est intéressant en raison de la concordance que vous indiquez en ce qui concerne le Kali-yuga ; vous serait-il possible de me dire, d'une façon plus précise, à quelle époque et dans quelles circonstances cet oracle a été prononcé ?

Je vous signale un fait qui vient à l'appui de ce que vous dites à la page 120 : dans le langage spécial du Compagnonnage, le mot « vocation » est toujours employé dans le sens de « métier » : au lieu de demander à quelqu'un quel est son métier, on lui demande quelle est sa vocation.

À propos des pages 121-122, je suis étonné que vous n'ayez pas signalé spécialement le rôle de Janus (qui était en même temps le dieu de l'initiation) comme patron des « Collegia fabrorum ». -- Une remarque à propos du « dies natalis » : dans l'Islam, toutes les confréries célèbrent toujours également la naissance (mûlid) de leur fondateur ; ce qui est assez curieux, c'est que dans le Christianisme, au contraire, la fête d'un saint est toujours la commémoration de sa mort, sauf une seule exception : la nativité de saint Jean-Baptiste, qui a pris précisément la place de la fête de Janus au solstice d'été.

Un point ou je ne puis être d'accord avec vous, c'est en ce qui concerne le Bouddhisme primitif (p. 128) : celui-ci avait au contraire un caractère démocratique et égalitaire, puisqu'il rejetait formellement la distinction des castes ; ce n'est que dans les formes ultérieures (surtout hors de l'Inde) qu'il y a eu un retour à des conceptions plus conformes à l'orthodoxie traditionnelle ; ce que vous dites pour le nirvâna n'en est d'ailleurs pas moins exact.

Je ne comprends pas très nettement ce qu'il faut entendre par « Wildes Hur » (P. 131), et il me semble que cela demanderait à être un peu plus expliqué. Je ne sais pourquoi cela me rappelle certaines histoires fantastiques de « chasses nocturnes » que j'ai entendu raconter bien souvent ; ce rapprochement est-il justifié ?

Pour l'interprétation du sceau des Templiers (note p. 132), il se peut que vous ayez raison : il y a cependant une objection : c'est que les deux chevaliers sont armés, ce qui semblerait indiquer qu'ils sont tous deux engagés dans le combat ; Krishna, conduisant le char d'Arjuna, ne porte pas d'armes.

Je n'ai malheureusement pas ici le texte de la Bhagavad-gîtâ, de sorte que je ne peux pas vérifier si le passage 3, 45 (pp. 132-133) est bien celui auquel je pense ; mais il m'a rappelé un contresens que j'avais remarqué autrefois dans la traduction de Senart : Kâmarûpa ne veut pas dire » sous forme de désir », mais « qui prend la forme qu'il désire », ou, en d'autres termes, « qui change de forme à volonté ». -- Dans le passage 3, 38 (pp. 135-136), le mot peccato me choque un peu : on peut bien parler de « faute », mais l'idée de « péché » n'est guère dans l'esprit de la doctrine hindoue...

Non seulement la tradition islamique donne un rang spirituel très élevé aux guerriers tués dans le jihâd, mais il y a ceci de spécial qu'on les considère comme n'étant pas morts véritablement ; je dois dire que c'est là un point qui est assez difficile à expliquer clairement.

Quelqu'un m'écrivait dernièrement avoir vu à Berlin, sur le drapeau d'une formation simili-militaire, la rune (dont vous parlez dans la note de la p. 138 ; il est probable que l'usage qui en est fait ainsi est en rapport avec la signification que vous indiquez. Du reste, on m'a signalé que les ouvrages d'Hermann Wirth avaient actuellement un grand succès en Allemagne.

Le nom de l'étendard des Templiers (note p. 139) s'orthographie Beaucéant, avec un c et non un s ; il paraît même que l'orthographe primitive serait Boucéan ; l'origine de ce nom est tout à fait obscure, et je n'en ai vu aucune explication satisfaisante.

Pour la note de la page 141, il y avait tout de même, entre les cités grecques, un lien d'une autre nature que ceux que vous indiquez : l'amphictyoni delphique ; peut-être serait-il bon de le mentionner.

À propos de vos réflexions très justes de la page 143, il y a une expression, devenue courante actuellement quand il s'agit de la guerre, que vous n'avez pas notée, et qui pourtant est particulièrement significative : c'est celle de « matériel humain » !

Pour les danses sacerdotales à Rome (note page 150), il me semble que, à celles des Luparques et des Arvales, il faut ajouter celle des Saliens ; on fait même généralement dériver le nom de ceux-ci de salire ou saltare. -- Je vous signale incidemment que, dans la même note, le nom de Djelaleddin Er-Rumi a été horriblement défiguré.

Sans vouloir relever les fautes d'impression, il y en a une qu'il faut que je vous indique, parce que, se trouvant dans une phrase en français, elle pourrait vous échapper : dans la première citation de la note page 97, il faut craint et non crient ; cela change complètement le sens... -- Il y a aussi une faute qui revient si régulièrement que je me demande si elle est bien due aux imprimeurs : Atzechi au lieu de Aztechi ; cette interversion de lettres fait assez vilain effet.

Doit-on, en italien, écrire retorica ou rettorica ? J'ai vu les deux formes ; si elles sont également possibles, la première est certainement plus conforme à l'étymologie ($\rho\eta\tau o\rho\iota\chi\eta$). -- Et voilà tout ce que j'avais à noter pour aujourd'hui.

Bien cordialement à vous.

R. G

ℰℭ

((Evola)) Le Caire, 28 février 1948.

Cher Monsieur,

Je viens de recevoir votre lettre du 21 janvier ; elle a été un peu plus longtemps en route que la mienne, mais en somme c'est un délai qu'on peut encore considérer comme normal dans les circonstances actuelles. C'est la première fois qu'une lettre de vous m'arrive sans avoir été ouverte, ce qui semble indiquer que la censure doit avoir été enfin supprimée aussi en Autriche.

Je ne savais pas qu'on pouvait toujours vous faire des envois à votre ancienne adresse de Rome ; mais, puisque vous avez l'intention d'y rentrer assez prochainement, peut-être vaut-il mieux attendre jusque-là pour que les livres vous parviennent encore plus sûrement ; naturellement, quand vous y serez, ne manquez pas de me le faire savoir aussitôt.

Bocca a annoncé son intention d'envoyer la traduction des « Aperçus » à l'impression dans les premiers jours de mars ; il faut donc espérer que cela ne trainera pas trop. Outre les articles que j'ai incorporés dans ce livre, il faut que je vous dise qu'il y en a encore un certain nombre d'autres qui sont entrés dans le « Règne de la quantité » ; il faudra donc examiner tout cela, car il se peut que, parmi ceux-là aussi, il y en ait qui soit de ceux auxquels vous aviez pensé (par exemple l'article sur les « résidus psychiques » que je me souviens que vous aviez déjà traduit autrefois).

Pour les traductions allemandes de mes livres, il semble, d'après ce que m'a écrit récemment T. Burckhardt, qu'il puisse se présenter enfin une occasion favorable pour l'édition, par suite de la fondation en Suisse d'une nouvelle maison qui a des connexions avec une maison de Munich, ce qui lui donne évidemment des débouchés plus faciles ; j'attends d'autres nouvelles à ce sujet. L'adresse de Burckhardt est maintenant : Seftigenstrasse, 199, Berne-Wabern.

Il est certain que cette diffusion est un signe favorable malgré tout, et qui même était un peu inespérée avec les difficultés actuelles ; mes anciens livres aussi, comme les vôtres, étaient tous épuisés, et on les réédite peu à peu en ce moment. -- J'apprends que la traduction portugaise de la « crise du monde moderne » est parue ; l'éditeur est la maison Martin S. A., à Sao paulo. La traduction espagnole de l'« Introduction générale » a été éditée par la maison Losada S. A., à Buenos Aires ; mais c'est J. A. Cuttat qui s'est occupé de cela et il n'est plus là, étant revenu maintenant en Suisse comme je vous l'ai dit.

Je croyais bien que vous connaissiez les ouvrages de Coomaraswamy, ou tout au moins une partie ; je pense que vous avez su que sa femme avait traduit quelque chose de vous (je crois me souvenir que c'était un chapitre de la « Rivolta contro il Mondo moderno) qui a paru dans le « Vishwa-Bharati Quaterly » un peu avant la guerre.

Moi aussi, j'ai été très longtemps sans nouvelles de de Giorgio, mais finalement il m'a récrit et nous avons maintenant repris notre correspondance ; il semble qu'il soit toujours le même, avec son état de santé qui malheureusement laisse beaucoup à désirer. Je ne sais comment il se fait qu'il ait laissé plusieurs lettres de vous sans réponse : son adresse actuelle est : Santuario di Vicoforte (Cuneo).

Il est bien fâcheux que votre état ne s'améliore toujours pas sensiblement ; je ne sais vraiment ce qu'il serait possible de faire dans un pareil cas... Le malheur est qu'ici l'ancienne médecine traditionnelle a complètement disparu devant l'invasion de la médecine moderne, à laquelle, pour ma part, je me suis toujours soigneusement abstenu d'avoir recours ! D'après ce que vous me dites, il semblerait réellement que ce qui vous empêche de vous rétablir soit d'une nature plus psychique que physique ; s'il en est ainsi, la seule solution serait sans doute que vous puissiez arriver à réagir vous-même contre cela. Je comprends bien d'ailleurs que ce n'est pas facile, précisément à cause de cette sorte d'inhibition de certaines facultés, et surtout de la concentration ; mais ne pourriez-vous tout de même essayer graduellement, en évitant, bien entendu, des efforts trop violents qui risqueraient de donner un résultat plutôt défavorable ? Il faudrait surtout ne pas vous laisser aller à une sorte de découragement ou plutôt d'« apathie » qui ne peut que contribuer encore à entretenir cet état... -- Il n'est assurément pas impossible non plus que « quelque chose » ait profité de l'occasion fournie par cette blessure pour agir contre vous ; mais de qui cela viendrait-il et pourquoi, c'est ce qu'on ne voit pas très bien. Ce qui est singulier à cet égard, c'est qu'il y a dans ce que vous me dites des choses qui me rappellent ce qui m'est arrivé en 1939 (je crois que vous devez l'avoir su à l'époque), quand je suis resté pendant six mois étendu sur le dos sans pouvoir me retourner ni faire aucun mouvement. Pour tout le monde, c'était une crise rhumatismale, mais, en réalité il s'agissait de tout autre chose, et nous avons très bien su qui servait inconsciemment de véhicule à l'influence malfaisante (c'est la seconde fois que cela arrivait, mais la première, deux ans plutôt, avait été moins grave) ;

on a pris des mesures pour le faire partir et pour qu'il ne puisse plus rentrer en Égypte, et, depuis lors, rien de semblable ne s'est plus jamais reproduit. Je vous dis cela pour que, en y réfléchissant, vous voyez s'il ne pourrait pas y avoir eu quelque chose du même genre autour de vous ; mais naturellement, à distance, il n'est guère possible de se rendre compte de ce qu'il en est exactement...

Je me suis pressé pour vous écrire dès aujourd'hui, craignant, si je tardais, que ma lettre ne vous trouve plus en Autriche, puisqu'on ne sait jamais au juste combien de temps elle peut mettre à parvenir. Les communications avec tous les pays sont d'ailleurs toujours bien irrégulières ; en France, ces derniers temps, une grève des chemins de fer a été cause qu'elles ont été presque complétement interrompues pendant plus d'un mois !

Bien cordialement à vous.

R. G.

P. S. J'oubliais de vous dire une chose assez singulière : j'ai reçu il y a quelque temps une lettre d'un certain Buber, qui m'est tout à fait inconnu, et qui me demandait l'autorisation de traduire la « Crise du Monde moderne » en italien ; il paraissait ignorer complètement qu'il existait déjà une traduction !

René Guénon à un correspondant non identifié, d'après un enregistrement sur cassette réalisé par « Thomas » chez le Frère 'Elie le Moine'

Le Caire 8 mars 1948

Cher monsieur et ami

J'ai été surpris quand j'ai reçu votre lettre, de voir qu'elle avait été mété (?) à cause de cela plus longtemps en route qu'à l'ordinaire la grève des chemins de fer en France ayant interrompu tous les courriers pendant plus d'un mois à l'exception des lettres expédiées par avion malgré cela il y a assez longtemps qu'elle m'est arrivée et je m'excuse encore d'être si en retard avec vous : après cette interruption tout est venu à la fois et je ne suis pas encore arrivé à sortir de cet énorme arriéré de correspondance.

J'ai prévenu Rocco au sujet de ce Philipé Ladon dont vous me parliez, pour le cas où il adresserait quelque demande à Paris, j'ai également prévenu Allard, celui-ci m'a écrit récemment qu'il avait reçu une lettre de vous.

J'espère que vous allez pouvoir vous occuper bientôt de la traduction de mes livres comme vous disiez en avoir l'intention. À ce propos, j'ai demandé qu'on vous envoie les nouvelles traductions pour que vous puissiez tenir compte tout de suite des quelques modifications que j'y ai faites, quoiqu'il ne s'agisse d'ailleurs pas de choses bien importantes en ce qui concerne les deux volumes en question. Vous serez bien aimable de me dire si vous avez reçu les États Multiples, qui sont partis il y a trois ou quatre mois. On devra vous envoyer également le « Symbolisme de la Croix » quand il paraîtra à son tour, mais je ne sais pas quand ce sera au juste : Rouhier ayant préféré faire d'abord « L'Introduction Générale (aux Doctrines Hindoues) «

J'ai reçu encore une autre lettre d'Evola qui dit avoir l'intention de rentrer aussi prochainement en Italie, bien que son état soit à peu près le même et qu'il soit toujours incapable de marcher ; ce qui est singulier c'est qu'il semblerait que ce qui l'empêche de se rétablir soit d'une nature plus psychique que physique car il n'a aucune lésion ; il éprouve une sorte d'impossibilité de réagir comme si sa volonté surtout était atteinte ; qui sait quel lien cela peut avoir avec ses anciennes prétentions à la magie ? C'est lui-même qui dans sa première lettre m'a dit qu'il fallait lui écrire à son <u>vrai</u> nom Carlos De Bracorens, son pseudonyme d'écrivain n'étant pas connu là où il est. Que peut bien signifier cette histoire, c'est d'autant plus invraisemblable que son frère qui est ingénieur à Rome porte aussi le nom d'Evola.

L'histoire de la médaille de Parisi est d'autant plus bizarre que Del Gersio aussi a montré à Rocco une médaille d'argent en disant qu'elle prouvait son appartenance à un ordre supérieur dont il a refusé de dire le nom !

J'ai reçu le premier numéro d'Athanor qui est quelque chose de tout à fait nul comme il fallait s'y attendre d'après les collaborateurs qu'a réuni ce Gorel Gorati Porthau, il paraît que celui-ci est à la tête du Martinisme en Italie et il semble travailler à augmenter encore le désordre qui existe déjà dans la maçonnerie Italienne ; naturellement cela ne plaît guère à Parisi qui ne semble pas être en meilleurs termes avec lui et dont le nom figure dans le comité de rédaction mais peut-être comme le mien sans mon assentiment, car je sais qu'il y en a plusieurs dans le même cas ; en ce qui me concerne j'ai pensé que le mieux était de ne rien dire pour ne pas susciter quelque hostilité de ce côté, il n'y a qu'à souhaiter que cette publication ne dure guère car je ne crois pas qu'elle puisse avoir un bien grand succès.

Je n'ai jamais vu ce livre de Josso dont vous me parlez et je ne savais même pas qu'il en avait écrit un autre que « Le sentier d'Allah » qui d'ailleurs n'est pas transcendant non plus.

Le livre de Schuon a été écrit en Français et après bien des retards pour l'impression on me dit qu'il va enfin être prêt à paraître ces jours-ci, chez Gallimard dans la même collection que les miens ; Rocco en a déjà fait la traduction italienne qui doit être éditée par la Touttsa.

J'ai été très intéressé par ce que vous me dites de Padre Pio et de la visite que vous lui avez faite, il est heureux que vous ayez pu arriver finalement à surmonter pour cette fois votre horreur des voyages. Il semble vraiment qu'il y ait là quelque chose de tout à fait extraordinaire à bien des égards ; cette ressemblance étonnante que vous lui avez trouvé avec Muhammed Kérédine est bien étrange aussi ; que son rôle comme vous le dites soit tout autre chose que d'enseigner, cela en somme n'a rien d'invraisemblable, il s'agirait plutôt si je comprends bien d'une sorte d'action qui s'exerce autour de lui par sa seule présence, ce qui fait penser au pôle des Afrads dans l'ésotérisme Islamique et il est bien entendu qu'il peut y avoir quelque chose de semblable dans toutes les formes traditionnelles. Quant à l'hostilité qui existe entre lui et le clergé je n'ai pas besoin de vous dire que je n'en suis nullement étonné, c'est même plutôt le contraire qui serait surprenant avec les tendances qui dominent actuellement ; d'après tout ce que l'on me dit, les idées modernes gagnent de plus en plus de terrain dans les milieux ecclésiastiques de tous les pays ; croiriez-vous qu'il y a dans le clergé Français un mouvement considérable pour demander l'adoption d'une liturgie en langue vulgaire ? Si les choses devaient en arriver là on peut se demander ce qui resterait encore de valable au point de vue rituel... Autre symptôme, la revue « Étude » des Jésuites Français ne fait plus autre chose que de défendre le point de vue scientiste et évolutionniste, on dit qu'ils ont été rappelés à l'ordre par Rome mais ils n'en ont tenu aucun compte et ce qui est encore pis, ils ont publié récemment une déclaration du Cardinal Liénard en faveur de l'évolutionnisme ! Ce ne sont là que quelques exemples parmi beaucoup d'autres et tout cela n'est malheureusement guère de nature à permettre un trop grand optimisme sur ce qui a pu s'être conservé <u>consciemment</u> dans l'Église actuelle en plus de ce qu'on y voit extérieurement... Il est vrai qu'on ne sait jamais exactement ce qu'il peut y avoir encore dans certains monastères mais même à cet égard ce qu'en disent ceux qui sont mieux placés pour s'en rendre compte est loin d'être encourageant, il semblerait y avoir davantage à ce point de vue-là dans l'Église Orthodoxe. Au fond je croirais plus volontiers seulement à l'existence en quelque sorte indépendante çà et là de quelques êtres exceptionnels et ce Padre Pio semble bien en être un, et tout ce qu'on peut sans doute espérer des autorités ecclésiastiques c'est que du moins elle le laisse à peu près tranquille et ne l'empêchent pas d'exercer cette action de présence dont j'ai parlé.

Pour cette apparition aux environs de Rome depuis que je vous en ai parlé on m'a dit d'un autre côté à peu près la même chose que vous, sauf que, d'après cette autre version il ne s'agirait pas d'un Communiste mais d'un Protestant ; il paraît d'ailleurs que les apparitions se multiplient un peu partout, ces temps-ci on en a signalé plusieurs en France et je dois dire que je ne trouve pas cela très rassurant car ces choses ont trop souvent des dessous assez suspects ; l'autorité ecclésiastique dans les cas de ce genre a certainement bien raison de se montrer très réservée et même peut-être pas assez encore car elle finit souvent, sinon par admettre officiellement, du moins par tolérer des choses qu'elle se laisse en quelque sorte imposer par la foule.

Je vous retourne comme vous me le demandiez les deux coupures qui étaient jointes à votre lettre, bien entendu il y a toujours eu des choses de ce genre mais ce qui est singulier c'est qu'il y a en ce moment une recrudescence de ces phénomènes plus ou moins extraordinaires, faut-il y voir une réaction ou une compensation vis à vis du rationalisme de cette époque ou y a-t-il à cela d'autres raisons ? Il est d'ailleurs évident que les phénomènes ne prouvent rien mais ils frappent la généralité des gens et c'est en cela qu'ils peuvent être utiles ou nuisibles suivant les cas et suivant l'intention dans laquelle ils sont dirigés : il ne faut jamais oublier en effet qu'il existe fréquemment une similitude extérieure entre les saints et les sorciers et que le diable est le singe de Dieu dans ce domaine phénoménique. Il va de soi que tous les doutes qu'on peut avoir sur l'état actuel de l'Église ne concernent qu'une situation contingente et que cela ne change rien quant à vos réflexions sur le Christianisme en lui-même, ce sont là deux ordres de choses tout à fait différents aussi ne suis-je pas étonné des conséquences qu'a eu pour vous votre visite à Padre Pio et sans doute cela valait-il mieux ainsi car la pratique des Rites d'une Tradition est non seulement importante mais même essentielle ; cela s'accorde tout à fait comme vous allez le voir avec ce que j'ai écrit moi-même sur la nécessité de l'exotérisme, mais peu de gens aujourd'hui ne veulent, ou ne peuvent, comprendre cela ! Seulement pour ceux qui veulent aller plus loin que l'exotérisme il ne faut pas compter sur une aide quelconque de l'organisation actuelle ecclésiastique, les quelques rares groupements où s'est gardé un ésotérisme chrétien authentique sont totalement ignorés de Rome même quand ils comprennent des Prêtres parmi leurs membres et je ne parle pas d'une ignorance « officielle » qui pourrait se comprendre mais d'une ignorance tout à fait réelle. Pour ce que vous appelez les intellectuels Catholiques, je crois que vous avez dû penser en particuliers aux néo-Thomistes dont vous signalez par ailleurs l'hostilité à l'égard du Padre Pio : de ceux-là il n'y a rien à attendre comme compréhension profonde non seulement leur horizon est borné à un point de vue exclusivement philosophique ce qui ne va pas loin en réalité, mais ils s'écartent de plus en plus du Thomisme authentique dont ils ont abandonné tout ce qui est trop difficile à accorder avec la science moderne que maintenant ils cherchent même à concilier avec cette ineptie qui s'appelle existentialisme.

Je connaissais l'expression « Ange du Grand Conseil » appliquée au Christ je ne sais pas quelle explication on en donne habituellement mais je pense qu'elle est de celle qui s'applique probablement à Métatron. Quant au passage d'Isaïe que je trouve aussi tel que vous l'indiquez il s'agit sans doute là d'une différence dans la forme de l'expression et non dans le sens qui semble bien être le même ; « Prince de la Paix » est aussi un nom de Métatron. Pour la question de la survivance corporelle de Saint Jean je ne m'explique pas plus que vous cette négation de Dante qui est même plutôt étonnante ; la chose est évidemment tout aussi possible en cela que dans ceux d'Énoch et d'Elie ; certains ont prétendus que Dante avait voulu par là réserver exclusivement ce privilège au Christ et à la Vierge mais alors précisément que fait-on d'Énoch et d'Elie ? Pour l'hiver qui aurait un mois d'un seul jour le sens ne me paraît pas douteux, si le Cancer avait une étoile d'une telle clarté elle brillerait pendant toute la nuit autant que le soleil pendant le jour de sorte qu'il n'y aurait pas de nuit tant que le soleil est dans la constellation opposée c'est-à-dire dans le Capricorne, la fête de Saint Jean l'évangéliste est le 27 décembre.

Il y aurait sans doute bien d'autres choses à dire mais il fait tout de même que je m'arrête pour aujourd'hui.

Bien cordialement à vous

R. G.

Lettres de René Guénon à un correspondant anonyme (d'après photocopies du manuscrit)

Cette lettre a paru dans le numéro de mars 1972 de « La Destra « revue quasi inconnue en France. Accompagnée d'autres extraits portant sur l'accident dont les séquelles avaient entraînées la paralysie d'Evola et les causes subtiles de ce genre d'infirmité (28, 2, 48) ; la doctrine des cycles cosmiques (24, 4, 48) ; la Maçonnerie (20, 7, 49) ; l'éventuelle possibilité de recréer à l'époque un « Ordre » initiatique à partir d'une suggestion d'Evola (25, 7, 50)

Le Caire, 28 février 1936.
(Poste restante, bureau central)

Monsieur

Je viens de recevoir votre lettre, transmise par Monsieur Chacornac ; et, tout d'abord, je vous remercie de ce que vous voulez bien me dire au sujet de mes ouvrages.

Merci aussi de votre communication ; je connaissais déjà cette brochure, et j'y ai même consacré une note dans un de mes comptes rendus du « Voile d'Isis », dans le numéro de novembre dernier. Tout ce que vous me dites n'est que trop vrai, et plusieurs autres personnes m'ont déjà fait part de réflexions semblables à ce sujet. Je dois dire d'ailleurs que ce n'est là qu'un symptôme parmi beaucoup d'autres du même genre ; bien des choses s'agitent en ce moment plus que jamais, qui sont certes fort peu rassurantes,... et qui en effet ne justifient que trop ce que j'ai écrit !

Je vois que l'adresse du « Secrétariat belge des Artisans de l'Ere Nouvelle » a été ajoutée après coup ; elle ne figure pas sur l'exemplaire que j'avais. Ne savez-vous rien sur les personnages qui dirigent ce groupement, et qui doivent vous connaître, à en juger par l'envoi qu'ils vous ont fait ? -- Il faut dire d'ailleurs qu'il y a dans toutes ces choses, bien des gens qui sont simplement inconscients, ceux qui inspirent tout cela ne paraissent même jamais à l'extérieur ; et il est très possible que Mrs. Bailey elle-même ne se doute pas de ce qui la mène.

Croyez, je vous prie, Monsieur, à mes très distingués sentiments

R. G.

ഩരു

Le Caire, 14 mars 1936

Monsieur

Je reçois votre lettre du 6 mars, et je vous remercie à l'avance pour les renseignements que vous voudrez bien m'envoyer.

Si ces gens demandent ainsi des noms et des adresses, il se peut bien en effet qu'ils aient eu les vôtres par ce moyen et qu'aucun d'eux ne vous connaisse directement ; cela paraît d'ailleurs montrer qu'ils tiennent beaucoup à faire le plus de propagande possible...

J'avais bien vu que l'adresse du « secrétariat belge » avait été ajoutée après coup, tandis que les deux autres adresses d'Angleterre et de Suisse sont imprimées. -- Il est possible que la brochure ait été imprimée au Mexique, car tout cela paraît avoir un lien assez étroit avec une association dite de la « Vie Impersonnelle » qui a son siège principal dans ce pays ; ou peut-être à Cuba, où il y a aussi des activités de ce genre...

Le contenu de la brochure avait d'abord paru en articles dans des revues en diverses langues, mais, chose bizarre, sous la signature « Un Thibétain ». Mrs. Bailey, qui est une ancienne théosophiste plus ou moins dissidente, prétend en effet écrire sous l'inspiration d'un certain « Maître »... que je crois bien être arrivé à identifier ; ce n'est d'ailleurs pas une chose des plus faciles, car, suivant les circonstances il se présente au moins sous une douzaine de noms différents !

Comme vous le dites, ce qu'il y a à considérer là-dedans, c'est beaucoup moins l'idée (?) que l'intention ; et c'est évidemment celle-ci qui, dans toutes ces choses, constitue un symptôme fort peu rassurant... Il est d'ailleurs bien entendu que la plupart des gens dont on se sert pour répandre tout cela ne sont guère autre chose que des instruments plus ou moins inconscients.

Croyez, je vous prie, Monsieur, à mes très distingués sentiments.

R. G.

ℰℭ

Le Caire, 21 mars 1936.

Monsieur,

Je viens de recevoir votre lettre du 14 mars ; merci des renseignements et de la circulaire.

Je vois que cette histoire est vraiment très compliquée, et, si ce qu'on vous a dit est exact, elle aurait déjà beaucoup plus d'extension qu'on ne pouvait le supposer. Il est très possible que l'adresse indiquée ne représente pour ainsi dire qu'une sorte de « boite aux lettres »... En tout cas, les appels de fond montrent bien qu'il y a là quelque chose qui n'est pas entièrement désintéressé ; mais qui reçoit ces fonds, et comment tout cela est-il organisé ? Aucun nom n'est indiqué ; il y a sûrement là quelque chose de bien énigmatique...

On ne peut pas dire qu'il s'agisse d'une organisation proprement « théosophiste », d'après les documents qu'on m'a communiqués de divers côtés, et qui semblent en rapport plus ou moins direct avec la même chose, ces gens prétendent que les « Maîtres » ont bien dirigé la S. T. à ses débuts, mais qu'ensuite ils l'ont abandonnée, et que maintenant ils veulent susciter un nouveau « mouvement » par leur intermédiaire. Je dois dire que je n'ai vu dans tout cela aucune allusion à un futur Messie ; il se peut cependant qu'il y ait encore quelque chose de ce genre, mais ce qui est arrivé d'autre part avec Krishnamurti les incite à être prudents à ce sujet... Je ne vois non plus rien qui paraisse spécifiquement « communiste », mais, si cela est, il est bien possible qu'il ne le reconnaisse pas ouvertement non plus ; comme vous le dites, il y a sûrement ((autre)) chose que ce qu'ils disent... Enfin, s'ils ont déjà des immeubles, ce ne doit tout de même pas être si facile à cacher !

Si vous apprenez autre chose vous serez bien aimable de continuer à me tenir au courant.

Croyez, je vous prie, Monsieur, à mes très distingués sentiments.

R. G.

Le Caire, 14 mai 1936.

Monsieur,

J'ai reçu hier votre lettre du 5 mai, et je vous remercie de tous les renseignements détaillés que vous m'y donnez. Il y a encore là des choses vraiment curieuses, et bien caractéristiques de la mentalité de tout ce monde...

D'abord, je remarque que, quoique Mrs. Bailey soit considérée comme une « dissidente » du théosophisme, cela ne l'empêche pas de recruter une bonne partie de ses adhérents dans la S. T. Pourtant elle semble bien être de ceux qui prétendent que les « Maîtres » qui auraient dirigé la S. T. à ses débuts l'ont abandonnée par la suite, et que c'est précisément pour cela qu'ils veulent maintenant susciter un nouveau mouvement. Bien entendu, ces « Maîtres » n'ont jamais été que des masques, si l'on peut dire, mais sous lesquels il y a des personnages qui agissent réellement. -- À cet égard, la disgression politique dont vous parlez ne m'étonne pas, et, en particulier, l'éloge des gouvernants britanniques montre bien que toutes ces choses se tiennent étroitement... Ne vous a-t-on pas parlé du soi-disant Comte de Saint Germain, ni du « Thibétain » de Mrs. Bailey ?

Ce que je comprends moins, c'est l'importance attribuée à cette Mrs. Balliett, dont je n'avais encore jamais entendu parler ; à quoi peut-elle se rattacher encore ?

La prochaine « ère du Verseau » joue un grand rôle dans tous ces milieux et fait divaguer beaucoup de gens... Mais ce qui est remarquable, c'est la date de 1966 fixée pour la venue de l'« Instructeur » ; en effet, d'après certaines prophéties, cette date doit être tout simplement... celle de la manifestation de l'Antéchrist (qui, dit-on, serait déjà né) ! Le rôle de « précurseur » donné à Krishnamurti est à noter aussi ; dans la S. T. on paraît ne plus savoir que dire à son sujet...

M. Wittemans a écrit une « Histoire des Rose-Croix » singulièrement fantaisiste ; depuis quelque temps, il est rattaché par surcroît à une organisation pseudo-maçonnique derrière laquelle il y a encore des choses bien suspectes, car elle paraît être sous l'influence du fameux Aliester Crowley...

Pour en revenir aux « Artisans », il semble bien que, s'il y a eu une déclaration légale, cela ne puisse être, d'après ce que vous me dites, que cette année ; mais est-ce nécessaire pour avoir un compte de chèques postaux ? -- Quant à la brochure des « trois années », il est bien possible en effet d'après l'adresse de Barcelone, qu'elle ait été imprimée en Espagne. Je vois qu'il y a aussi une adresse à Alexandrie, mais, comme cela ne peut être évidemment que dans les milieux européens, je n'ai aucun moyen de me renseigner à ce sujet...

Il serait curieux de savoir si ces gens se sont méfiés de vous ; la suite le montrera peut-être...

Croyez, je vous prie, Monsieur, à mes sentiments les meilleurs.

R. G

ஐᏣ

Le Caire, 27 juin 1936.

Monsieur,

Merci de votre envoi du 18 juin et de tous les renseignements qu'il contient.

Ce silence des « Artisans » est vraiment assez extraordinaire ; si cela continue, on pourra croire en effet qu'ils ont été réellement pris de méfiance à votre égard...

Puisque vous voulez bien m'envoyer le reste des deux livres de Mrs. Balliett, comme on ne sait jamais ce qui peut se trouver au juste là-dedans, j'accepte volontiers. Bien entendu, toute méthode pour réduire en nombres les noms européens ne peut être que fantaisiste et sans valeur traditionnelle ; mais il se peut aussi que cela dissimule autre chose. Je me demande si ce qui se rapporte aux couleuvres n'est pas plus ou moins inspiré des écrits plus anciens d'un autre Américain nommé Hiram Buther...

Quant aux « Maîtres », c'est bien de K. H. qu'a parlé Sinnett. Celui qui est censé avoir dicté la « Lumière sur le Sentier » était connu sous le nom d'« Hilarion » ; j'ai vu aussi son portrait... ou soi-disant tel. -- L'histoire du « Thibétain » est beaucoup plus récente que tout cela, et il n'y a d'ailleurs que Mrs. Bailey seule qui en parle.

Sur Cagliostro, il y a bien des avis différents et même contraires, et il n'est pas facile de savoir ce qu'il en est au juste ; mais, en tout cas, Dumas est certes bien loin de pouvoir être pris pour une autorité !

Les Théosophistes prétendent que le comte de Saint G. s'appelait en réalité le comte Rakoczy, de la famille des anciens princes de Transylvanie ; ils le présentent en outre comme une réincarnation de Christian Rosenkrunz, du chancelier Bacon, et d'autres personnages encore ; je l'ai d'ailleurs mentionné dans les notes que j'ai ajoutées pour la réédition du « Théosophisme ». Ce qui est certain, c'est qu'il y a quelqu'un qui joue ce rôle, et que j'ai failli rencontrer en 1913 ; en 1927 si je ne me trompe, il a séjourné quelque temps dans « son » château de Transylvanie avec Mrs. Bessant, et il y a même procédé à des « initiations » ; ce que vous me dites au sujet de cette dame Lazar ne se rapporterait-il pas à cela ?

L'histoire de la mort de Mademoiselle Siculari et de la disparition de mon livre paraît assez bizarre aussi ; où ce livre se trouvait-il donc pendant son voyage ? --

Quant à Mademoiselle Braunstein, il est clair qu'elle a été une des trop nombreuses victimes de toutes ces histoires...

J'ai connu aussi Longuet ; quand il a quitté la S. T., ils se sont réciproquement accusés de vol ! Vous savez sans doute que Marcault a succédé à Ch. Blich comme secrétaire général de la section française.

Ne vous inquiétez pas pour Alexandrie ; quant à l'adresse en Bessarabie, c'est bizarre en effet, mais tout ne l'est-il pas là-dedans ?

Excusez-moi de ne pas vous écrire plus longuement pour aujourd'hui, et croyez, je vous prie, Monsieur, à mes sentiments les meilleurs.

R. G.

Le Caire, 16 août 1936

Monsieur,

Je m'excuse d'être quelque peu en retard pour vous remercier de votre envoi du 9 juillet, que j'ai trouvé seulement en rentrant d'une courte absence, chose qui m'arrive d'ailleurs bien rarement... -- Je n'ai pas encore eu le temps, à cause de cela, de voir les deux livres de Mrs. Balliett ; je vous en reparlerai donc une autre fois.

Les Curtiss ont formé, eux aussi, une organisation spéciale qui doit s'appeler « Ordrer of Christian Mysties » ou quelque chose de ce genre ; je ne garantis pas l'exactitude du titre, car je ne retrouve pas l'indication en ce moment, et il y tant de choses qu'on risque de faire facilement des confusions ! En tout cas, l'annonce de la prochaine « ère aquarienne » semble tourner la tête de beaucoup de gens, en Amérique et même ailleurs...

Je ne savais pas que Longuet n'avait plus sa librairie « Rhéa » ; je me rappelle en effet que, avant la scission, il voulait ne pas vendre exclusivement des livres théosophistes, mais je crois que, en fait, la librairie du square Rapp en est arrivée là maintenant.

Tout ce que vous me dites au sujet de la Roumanie confirme bien ce que je savais déjà au sujet de la reine Elisabeth et du rôle plutôt étrange qu'elle a jouée en bien des choses, peut-être inconsciemment d'ailleurs. Il semble qu'il y ait toujours, dans ce pays, bien des intrigues de toute sorte, et où la politique est mêlée, peut-être plus manifestement qu'ailleurs, à des choses d'un autre ordre.

Pour le voyage du « Maître R. « en Transylvanie, c'est bien, vérification faite, en 1925 qu'il a eu lieu (en non en 1927) ; et il était accompagné non seulement de Mrs. Besant, mais aussi de Leadbeater et Widgwood. Il « initia » notamment un certain John Coues, prêtre de l'église catholique libérale, qui, malgré son nom anglais, est de nationalité allemande, et qui réside habituellement en Autriche ou en Hongrie ; ne serait-ce pas celui-là qui vint parler des « Maîtres » en 1927 ? En tout cas, ce personnage joue actuellement un rôle important par rapport à la S. T. roumaine, car il paraît que toute la correspondance de celle-ci avec Adyar passe par son intermédiaire ; je me demande donc s'il n'aurait pas succédé, dans les fonctions d'« agent présidentiel », à ce Bertram dont vous parlez et qui a dû aller rejoindre Leadbeater en Australie...

Excusez-moi de ne pas vous répondre plus longuement pour aujourd'hui ; bien que je n'aie été absent que peu de temps, tant de correspondance s'est accumulée que je n'arrive pas encore à m'y retrouver !

Croyez, je vous prie, Monsieur, à mes sentiments les meilleurs.

R. G.

೫ఎ<ఇ

Le Caire, 20 août 1936

Monsieur,

Je reçois aujourd'hui votre lettre du 14 août ; j'ai répondu il y a quelques jours à la précédente, et, comme vous le verrez, mon retard était dû seulement au fait que je me suis absenté le mois dernier.

Cette absence d'inscription des « Artisans » est vraiment singulière, puisque, comme vous me l'avez expliqué, il s'agit d'une formalité indispensable pour recevoir des fonds...

Je savais qu'il devait y avoir un Congrès Théosophiste à Genève, mais je ne savais pas au juste quand il devait avoir lieu ; il est possible en effet que Marcault ait été très occupé en cette circonstance et que ce soit là la seule raison pour laquelle il ne vous a pas encore répondu.

Avez-vous quelquefois l'occasion de voir l'« Occult Review » (publiée trimestriellement à Londres par Rider) ? Le N° de juillet contient un article intitulé « The Rationale of the Avatars », qui est bien, sur les « Maîtres » et sur la « personnalité » de H. P. B., la chose la plus follement extravagante que j'aie jamais vu jusqu'ici, et ce n'est pas peu dire !

D'autre part, le soi-disant « Bouddha vivant » Kwang-Hsih se déclare nettement l'auteur du « Plan de trois années », ce qui l'identifie bien au « Thibétain » de Mrs. Bailley ; mais, chose bizarre, il ne fait cependant aucune mention des « Artisans » parmi les diverses organisations (réelles ou supposées) qui seraient placées sous sa haute autorité... Je remarque que, depuis quelque temps, ce personnage à noms et titres multiples met une visible affectation à signer seulement des initiales K. H. ; il y a encore là une intention qui n'est pas bien difficile à deviner !

Croyez, je vous prie, Monsieur à mes sentiments les meilleurs.

R. G.

ಸಿಂಧ

Le Caire, 9 septembre 1936

Monsieur,

Je viens enfin de prendre connaissance des deux livres de Mrs. Balliett, et, véritablement, cela est encore plus absurde que je n'aurais pu le supposer ! Tous ces procédés de calcul ressemblent beaucoup à ce qui est en vogue maintenant en Angleterre sous le nom de « numerology » (qui est d'ailleurs encore un beau barbarisme). Outre que les interprétations données aux nombres n'ont rien de traditionnel, on ne peut, comme je l'ai fait remarquer souvent, rien tirer ainsi des noms écrits dans des langues européennes, puisque les lettres latines n'ont pas de valeur numériques en réalité, et que d'ailleurs l'orthographe même de ces noms ne repose généralement sur rien de défini (sans parler de l'importance attribuée ici aux voyelles, qui précisément n'en peuvent pas avoir). -- Mais où l'absurdité devient tout à fait évidente, c'est quand cette méthode est appliquée à des noms bibliques, écrits avec l'orthographe anglaise... Il est clair, en effet, qu'on obtiendrait des résultats tout différents en les écrivant, ces mêmes noms, en français ou en une autre langue où ils sont autrement déformés, et que, surtout, ces divers résultats n'ont rien de communs avec ceux qu'ils donnent quand on les considère, comme il se doit, sous leur forme hébraïque, la seule valable à cet égard. -- Et il y a encore autre chose qui n'est pas moins extravagant : ce sont les prétendues correspondances des couleurs, parfums, fleurs, etc., avec les noms des personnes ; comme tout cela repose uniquement sur les noms que toutes ces choses portent en anglais, il faudrait donc admettre que, pour quelqu'un qui parle une autre langue, les correspondances devraient être complètement différentes ! -- Je ne sais vraiment comment tant de gens peuvent prendre de pareilles histoires au sérieux ; c'est vraiment bien caractéristique de la mentalité de notre époque...

Croyez, je vous prie, Monsieur, à mes sentiments les meilleurs

R. G.

ℰℭ

Le Caire, 13 septembre 1936.

Monsieur,

Merci de votre envoi du 1° septembre, que j'ai reçu alors que je venais justement de vous écrire quelques mots au sujet des livres de Mrs. Balliett.

Je souhaite que vous puissiez bientôt quitter Anvers, puisque le climat ne vous convient pas ; je ne le connais pas, mais je suppose qu'il doit être pire encore que celui de Paris, dont j'ai souffert moi-même pendant bien des années...

Ce que vous me dites des incidents survenus autour de la question des « Artisans » donne vraiment l'impression de quelque chose d'anormal, car il est un peu difficile de considérer tout cela comme n'étant qu'un ensemble de simples coïncidences !

Au sujet des histoires de Roumanie, il y a sûrement, dans la vie de Jean de

Pauly et dans son origine même, quelque chose d'énigmatique ; lui-même faisait allusion à un « secret » sur la nature duquel il n'a jamais voulu s'expliquer ; il a joué aussi un rôle dans des affaires bizarres, comme celles des religieuses de Loigny et de la prétendue captivité de Léon XIII... -- Quant à H. Vacaresco, je ne l'ai vue qu'une fois, mais elle m'a produit une impression assez bizarre ; quelle fonction a-t-elle au juste auprès de la S. D. N. ? -- Vous avez tout à fait raison pour Péladan, dont les manifestations manquaient un peu trop de sérieux ; je ne sais trop ce qu'il peut y avoir de vrai dans ses démarches au Vatican, non plus d'ailleurs que de celles que certains attribuent aussi à Sédir (celles-ci, paraîtrait-il, en faveur de la Pologne)... -- Est-ce que le rite ambroisien dont vous parlez est la même chose que le rite uniate ? Je me souviens qu'il était beaucoup question de ce dernier dans les histoires concernant l'Albanie et auxquelles était mêlé le soi-disant « Maître R. »

J'ai aussi entendu raconter, de différents côtés, l'histoire de la réincarnation quasi-immédiate de Madame Blavatsky certains ajoutent même que le colonel Olcott aussi est déjà réincarné !

Je vois que, pour l'histoire de K. H. et celles qui s'y rattachent plus ou moins, il faut que je vous donne plus d'explications, les différentes choses dont vous parlez ont peut-être réellement encore des rapports plus directs que vous ne le soupçonnez ! -- Tout d'abord, je dois dire que le Thibet, en réalité, est fermé surtout... par les Anglais, si bien qu'il n'a jamais été si difficile d'y pénétrer que depuis quelques années... Pour ce qui est de Madame David Néel, je l'ai connue il y a bien longtemps ; elle était théosophiste à cette époque, mais il paraît qu'elle en est revenue depuis lors. On m'a raconté d'elle plusieurs choses qui indiquent un caractère passablement intrigant ; à cause de cela, je doute un peu que ses voyages n'aient eu qu'un but purement désintéressé... Quoi qu'il en soit, sa compréhension doctrinale est assez limitée, et elle s'intéresse certainement beaucoup plus aux « phénomènes » qu'à autre chose ; c'est d'ailleurs là, bien entendu, ce qui fait surtout le succès de ses livres, car c'est ce qui plaît au « grand public ».

Cela dit, j'arrive au « Bouddha vivant » : ce titre n'existe pas réellement en

Orient ; c'est une désignation donnée par les Européens à d'assez nombreux personnages, en fait à tous ceux qui sont considérés comme des « Tulkus », c'est-à-dire, non pas comme des « incarnations » ainsi qu'on le dit communément, mais comme des « projections » de certains principes ou de certaines entités supra-humaines. Le vrai titre de celui dont a parlé Ossendowski est « Bojdo-Khan » ; mais, bien entendu, le personnage dont je vous parlais n'a rien de commun avec celui-là. Ce personnage, du reste, n'est pas réellement Thibétain, mais il est bien difficile de savoir ce qu'il est exactement ; il prétend descendre tantôt de Gengis-Khan, tantôt des anciens rois Khmers, etc. ; son origine est probablement aussi compliquée que les noms et titres sous lesquels il paraît successivement ! Ce qui est admirable, c'est qu'il prétend avoir été nommé « Bouddha vivant » par décret du défunt Dalaï-Lama, qui lui aurait en même temps assuré la transmission de ses pouvoirs, si bien que maintenant il ne doit plus y avoir de Dalaï-Lama et que c'est lui-même qui, sans en avoir le titre, doit en exercer les fonctions. Ce qu'il y a de sûr, c'est que les « pouvoirs » qu'il possède ne vont même pas jusqu'à lui permettre de trouver un éditeur pour les nombreux ouvrages de physique et de biologie qu'il a écrits alors qu'il n'était encore que « Prof. Om Lind », car je sais qu'il en cherche vainement un de tous les côtés ! Il est actuellement en Amérique, mais il doit venir à Paris l'an prochain et y réunir un grand Congrès bouddhique universel...

Trebitsch-Lincoln, qui est un agent connu de la « contre-initiation », est passé, lui aussi, par bien des transformations successives, et il a toujours été mêlé à de multiples espionnages ; il a été simultanément au service de l'Angleterre et à celui de l'Allemagne, tout comme son confrère Aliester Crowley. Depuis qu'il est devenu le « Lama Dorje-Den », il a séjourné un certain temps au Canada, puis il est revenu en Europe, à la tête d'un groupe de « Lamas » du même genre (parmi lesquels il y a plusieurs Français), et s'est mis à recruter des fonds pour établir un monastère bouddhique en Suisse. Je soupçonne, d'après certaines allusions, qu'il est en relations assez étroites avec le « Bouddha vivant » susdit, lequel est même mêlé aussi au projet de monastère bouddhique. Voilà déjà plusieurs fois qu'il a des projets semblables (et toujours en Suisse), qui n'ont jamais abouti, et qui ont toujours tourné plus ou moins en escroquerie... -- Cela me fait penser encore à un autre personnage du même genre, dont je ne retrouve pas le nom en ce moment, et qui, l'année dernière, avait annoncé qu'il allait se rendre en Italie... pour convertir Mussolini au Bouddhisme ; la chose paraît n'avoir eu aucune suite ; mais ce qui est amusant, c'est que j'ai découvert que Mussolini, au temps où il était réfugié en Suisse, avait prononcé un jour un discours dans lequel il se déclarait bouddhiste !

Je passe au docteur Cannon, qui s'intitule « Chevalier Commandeur d'Asie, cinquième Maître de la Grande Loge Blanche », et je ne sais plus quoi encore ; ce que vous me dites de lui ne m'étonne pas, car l'activité de tous ces personnages a toujours un côté politique ; et, en cela, vous avez bien raison de penser qu'ils ne se servent pas que de la suggestion... Un des livres de ce docteur Cannon, intitulé « L'Influence invisible », a été traduit en français ; c'est complètement inepte, mais il paraît que cela se vend beaucoup. Un soi-disant voyage au Thibet sert de cadre à des considérations exposées sans aucun ordre, et dont la plupart ne relèvent que du plus vulgaire hyperistérisme occidental ; il y a aussi des anecdotes pillées un peu partout, et, dans le récit même du voyage, j'ai retrouvé des choses que j'ai reconnues pour les avoir lues, quand j'étais enfant, dans un quelconque roman d'aventure anglais, dont je regrette bien d'avoir oublié le titre et le nom de l'auteur. J'ai fait de ce livre un compte rendu qui, comme vous pouvez le penser, n'était pas flatteur mais voici ce qui vient d'arriver : un des organes du « Bouddha vivant » a reproduit ce compte rendu, avec ma signature, mais sans indication de provenance. Je conclus de là, d'abord, que de ce côté on voit dans Cannon un « concurrent » fâcheux ; c'est curieux comme tous ces gens, qui en somme servent pourtant à la même chose, se disputent toujours entre eux ! Mais je constate aussi que les adhérents du « Bouddha vivant » voudraient me faire passer pour un de leurs collaborateurs, et cela ne me convient pas du tout... J'ajoute que le traducteur du volume de Cannon, un certain Georges Barbarin, vient de faire paraître, aux éditions Adyard, un livre sur les « Prophéties » de la Grande Pyramide ; je ne sais si je vous ai déjà parlé de cette autre affaire, qui a encore des dessous très suspects.

J'ai connu Maurice Privat il y a quelque 25 ans ; il faisait alors partie d'un groupement assez bizarre qui s'appelait l'« Hexagramme » ; par la suite, j'ai été très longtemps sans savoir ce qu'il était devenu, puis j'ai appris qu'il s'était « spécialisé » dans l'astrologie. Sa dédicace à Albert Sarrant est vraiment une chose inouïe, mais il n'est peut-être pas difficile d'en trouver l'explication : en effet, d'après ce que m'a dit quelqu'un de bien informé, il aurait des attaches avec la police secrète... Quant à son chapitre que vous m'avez envoyé, à part le fait que la précession des équinoxes est bien la base des périodes cycliques, ce n'est que de la fantaisie pure d'un bout à l'autre ; et bien entendu, comme presque toujours en pareil cas, tout cela est attribué aux Égyptiens. C'est là un procédé très commode, puisqu'on ne sait rien de ce qu'était réellement l'ancienne Tradition égyptienne ; et j'ai même bien des raisons de penser que personne ne peut rien en savoir actuellement ; la seule chose dont je suis sûr pour ma part, c'est qu'elle était très différente de tout ce qu'imaginent les égyptologues aussi bien que les occultistes.

L'auteur de l'article sur Hitler, C. Kerniez, écrit de divers côtés sur l'astrologie et divers autres sujets, et j'ai même vu de lui des choses qui n'étaient pas mal ; il vient de faire paraître un livre sur le « Hatha-Yoga », que je n'ai pas vu, mais qu'on me dit être beaucoup plus sensé que la plupart des productions occidentales du même ordre. Il s'appelle en réalité F. Guyot il est, sous ce nom, rédacteur de la « Dépêche de Toulouse » (encore le groupe Sarrant...). Mais, dans l'article en question, quel gâchis ! je me demande même si cela n'est pas voulu, au moins jusqu'à un certain point ; en tout cas, je ne vois pas bien le siège de l'Agartha en Allemagne, ni surtout d'authentiques Orientaux accepter une pareille énormité ! S'il y a eu des Orientaux ou soi-disant tels dans cette affaire, il ne peut s'agir que de personnages du genre de ceux dont j'ai parlé plus haut... En tout cas, ce qu'il y a de certain, c'est que, au moment de l'« avènement » d'Hitler, Crowley était présent à Berlin ; il a d'ailleurs sous ses ordres directs, en Allemagne, une étrange organisation dénommée « Saturn-Loge », dont j'ai des cahiers tout à fait extraordinaires.

En voilà assez pour aujourd'hui, je crois ; mais le sujet est véritablement inépuisable !

Croyez, je vous prie, Monsieur, à mes sentiments les meilleurs.

R. G.

ℬℭ

Le Caire, 12 octobre 1936.

Monsieur,

Merci de votre envoi du 1° octobre, que je viens de recevoir ; votre retard est bien compréhensible si vous avez été fatigué. Ce que vous me dites des effets du climat d'Anvers est vraiment singulier ; est-ce que beaucoup de personnes y éprouvent les mêmes choses ? Je souhaite que l'Uruguay, si vous réalisez votre projet de départ, vous soit plus favorable ; je n'ai que bien peu de renseignements sur ces pays de l'Amérique du Sud.

Voilà donc que les « Artisans » vous ont redonné signe de vie, cette façon de s'y prendre est d'ailleurs assez maladroite en effet, et la rédaction même de la carte est tout à fait caractéristique !

Vous avez bien raison de vous méfier, d'une façon générale, de tout ce qu'on écrit sur l'initiation, car ce sont plus souvent des fantaisies ou des rêveries que des choses sérieuses. -- Quant à la peur que certains ont de l'« intellectualité », je suis tout à fait de votre avis aussi là-dessus... Il est d'ailleurs bien certain que ce sont toujours les « pouvoirs » et les « phénomènes » qui attirent la plupart des gens ; pour ce qui est de la doctrine ils ne s'en soucient guère...

Sûrement le « Bouddha vivant » et autres personnages de ce genre ne sont encore que des comparses, seulement plus conscients peut-être que bien d'autres de ce qui les mène. Ce qui est curieux, c'est de voir, dans le domaine « pseudo-initiatique » comme dans le domaine politique, tant de choses qui ont l'air de s'opposer et qui pourtant ne font en réalité que concourir à la réalisation des mêmes desseins « destructifs », ainsi que vous le constatez très bien aussi.

Pour Muss, je ne suis pas très étonné de tout ce que vous en dites ; l'histoire de la « preuve de l'existence de Dieu » me rappelle Sébastien Faure, qui, lui, avait trouvé le moyen d'en réunir douze ! -- Je n'avais pas entendu parler du projet de colonisation de la Russie méridionale ; mais celui d'un voyage d'études en Chine me rappelle une chose vague, sur laquelle je retrouverai peut-être un jour quelque indication...

Je n'ai pas vu le livre de Maria Ryjur, mais je me doute bien de ce qu'il peut-être, d'après quelques articles d'elle que j'ai lus. -- Il faut souvent se méfier des informations de la R. I. S. S. ; là et ailleurs, on a beaucoup abusé de l'histoire des « Hauts Vents », lesquelles n'ont jamais été autre chose que les organes directeurs du Carbonarisme, sans autre rapport avec la Maçonnerie que le simple fait que certaines gens pouvaient faire partie à la fois de l'un et de l'autre. -- Pour en revenir à Muss, il a dû y avoir autre chose que cela ; il n'en est d'ailleurs pas moins vrai qu'il était Maçon, et même, détail amusant, la chemise noire avec laquelle il fit son entrée à Rome lui avait été offerte par les Loges de Bologne !

Il semble que les Jésuites aient toujours eu une certaine sympathie cachée pour la Maçonnerie ; je dois dire d'ailleurs qu'il en est de même, de l'autre côté, pour certains Maçons haut gradés tout au moins... Quant au Cardinal Billot, ce que vous ne savez peut-être pas, c'est qu'il était exécré par son Ordre... parce que Thomiste ; les Jésuites sont le seul Ordre religieux qui se soit fait dispenser de l'obligation d'enseigner le thomisme dans ses noviciats.

Je crois que les Uniates sont des orthodoxes qui se sont ralliés assez récemment à l'autorité du Pape ; je ne sais pas ce qu'il en est au point de vue dogmatique, mais ils ont dû garder tous leurs rites sans modification, comme diverses autres Églises orientales : Grecs Melchites, Maronites, etc. -- Le Prince Wladimir Ghika, entré dans les ordres alors qu'il était assez âgé, est prêtre Uniate.

J'ai lu aussi le livre de Barbarin, et je viens même d'en faire un compte rendu, où je n'ai d'ailleurs pas insisté sur les détails, car cela n'en aurait pas fini ; j'ai signalé surtout l'absurdité fondamentale des « prophéties », que consiste en somme à faire de la pyramide un monument « judéo-chrétien -- La date de la naissance du Christ a été aussi « rectifiée par les théosophistes, mais ils ont varié là-dessus : Madame Blavatsky donnait également l'an 4, mais Madame Besant a été jusqu'à l'an 120 avant l'ère chrétienne... - Quoi qu'il en soit, le livre a un succès énorme et se vend par milliers, toute la presse en parle, et il y a eu plusieurs causeries par T. S. F. sur ce sujet ; cette propagande même n'est-elle pas encore bien suspecte ? Vous avez entièrement raison de penser que c'est une affaire anglo-saxonne ; il est possible que les premiers qui ont émis cette idée aient été de bonne foi, mais on a ensuite trouvé moyen d'exploiter la chose... -- Quant à Daudet, j'ai vu l'article qu'il a consacré dans « Candide », et qui en effet est plutôt extraordinaire ; j'en suis pourtant moins étonné que vous, car j'ai déjà remarqué plusieurs fois chez lui des emballements (à propos de la radiesthésie par exemple) qui semblent indiquer un certain manque de jugement ; et puis, dans le cas actuel, je me demande si son anglophilie, qui est poussée très loin, n'y serait pas aussi pour quelque chose !

Je viens de faire également un compte rendu du livre d'Enel dont vous parlez ; l'auteur est un officier de l'ancienne armée russe réfugié en France ; je dois avoir son véritable nom quelque part, mais je ne le retrouve pas en ce moment. (Scariatine : probablement N. D. T.) Son idée de vouloir trouver un parallélisme constant entre les traditions égyptienne et hébraïque, si elle diffère des hypothèses des égyptologues, n'est pas moins fantaisiste ; il est d'ailleurs fortement influencé par certaines conceptions occultistes.

Il semble ne s'être rien passé de remarquable le 15-16 septembre ; mais, de tous les côtés, on prédit un événement extraordinaire d'ici la fin de cette année ; il est clair qu'on veut susciter quelque chose ; souhaitons que cela ne réussisse pas... -- L'histoire du « Grand Monarque », dont il est question dans une de vos coupures astrologiques, est encore une autre affaire très suspecte, et que je retrouve constamment associée à toutes sortes d'autres choses de caractère non moins douteux.

Décidément, le succès de l'astrologie ne fait qu'aller toujours en augmentant, si maintenant elle doit être enseignée officiellement en

Allemagne ; cette vogue, comme celle de la radiesthésie, n'est probablement pas spontanée, car tout cela aussi sert certains desseins...

Croyez, je vous prie, Monsieur, à mes sentiments les meilleurs.

R. G.

ℰℭ

Le Caire, 5 novembre 1936.

Monsieur,

J'ai reçu en même temps votre lettre et le livre de Maria Ryjier ; merci du tout, et merci aussi d'avance pour l'autre envoi que vous voulez bien m'annoncer.

Je ne connaissais pas cette brochure d'Enel, qui, chose assez singulière ne porte aucun nom d'éditeur ni même d'imprimeur... Je ne crois pas qu'il ait jamais été théosophiste ; d'ailleurs, en fait, les idées exprimées là-dedans ne viennent pas de cette source, mais de l'occultisme « papusien » le plus nettement caractérisé. -- Vous verrez dans les « Et. Trad. « de ce mois-ci mon compte rendu d'un gros ouvrage « égyptologique » que le même Enel a fait imprimer ici ; je ne sais comment il s'y est pris pour faire accepter cela par cet « Institut français d'archéologie », qui est d'esprit tout ce qu'il y a de plus « officiel » et universitaire...

Vos remarques au sujet de l'« Occult Review » sont exactes ; elle publie d'ailleurs assez souvent des articles qui reflètent les tendances de Point Loma (c'est-à-dire des successeurs de Judge). Quant à la « Blavatsky Association », elle est certainement hostile aussi à l'orientation actuelle de la S. T. ; je crois bien, sans en être tout à fait sûr, qu'elle doit être plus ou moins en rapport avec la »United Lodge » de Wadia. Quoi qu'il en soit, il y a sûrement dans tout cela, en ce qui concerne les « Maîtres », un bel amas d'incohérences ! Et maintenant le désarroi s'accroît encore, à la suite de la publication du livre de

Loftes Hari attaquant l'authenticité des « Mahâtmâ letters »... -- Pour Jinarajadasa, c'est certainement à son désistement qu'Arnudale doit d'avoir été élu à la présidence ; Ernest Woole candidat évincé, s'est vengé par un livre plein de critiques assez violentes contre Madame Besant, Leadbeater et sa « clairvoyance », etc. les disputes, dans ce monde-là, ne font que se multiplier sans cesse !

Je n'ai jamais eu de renseignements très précis sur le futurisme, mais j'ai effectivement entendu dire, il y a bien longtemps (je me souviens que cela remonte à l'époque de la guerre de Tripolitaine), que Marinett s'intéressait à l'occultisme, Papini aussi était occultiste en ce temps-là ; il a bien changé depuis...

Je n'avais jamais entendu parler du projet de colonisation ni de la « foire flottante », quant à l'histoire du voyage en Chine, je n'arrive toujours pas à préciser ce que cela me rappelle, mais je ne désespère pas de retrouver cela quelque jour.

Puisque votre père avait été reçu Maçon à Messine, savez-vous dans quelle Obédience et dans quel rite ? La question a pour moi quelque intérêt historique, parce qu'il y avait encore à cette époque en Sicile et à Naples, des organisations maçonniques qui se sont éteintes par la suite, et qui ont eu quelque rôle dans la fondation de la Grande Loge d'Égypte.

Il est exact que la Maçonnerie Roumaine est très divisée, comme celle de beaucoup d'autres pays du reste ; elle l'est même encore davantage maintenant, car il s'est fondé récemment une nouvelle obédience dissidente, qui reproche surtout à celle dont elle s'est séparée la mauvaise qualité de son recrutement ; elle a à sa tête un écrivain assez connu dont je ne retrouve pas le nom pour le moment.

La propagande pour la crémation paraît avoir des dessous assez bizarres ; en France, ce sont surtout les sociétés de libre pensée qui s'en occupent, et il existe même une société spéciale qui n'a pas d'autre but, et dont le président, si je ne me trompe, doit être Lévy-Brühl. Mais les partisans les plus fanatiques de la crémation sont encore les théosophistes, et, en fait, ce sont même eux qui en ont été, à l'origine, les véritables promoteurs ; en Amérique, la première crémation fut celle du baron de Palm, et il paraît qu'Olcott et Madame Blavatsky eurent même assez de peine à en obtenir l'autorisation.

Il est probable qu'on n'en finira jamais avec l'affaire Taxil, d'autant plus que, en réalité les gens de la R. I. S. S. ou autres du même genre ne tiennent pas du tout à faire la lumière là-dessus, mais cherchent plutôt à embrouiller encore les choses. La question de Diana Vaughan (de qui j'ai quelques autographes assez curieux) paraît en effet bien difficile à résoudre, mais ce n'est pas la seule, et pourquoi, par exemple, ne parle-t-on jamais, dans tout cela de Sophie Walder ? -- Quoi qu'il en soit, le gros recueil des documents publié par des ex-collaborateurs de la R. I. S. S. m'a donné, d'une façon inattendue, l'occasion d'avoir la preuve de leur connivence, que j'avais soupçonnée depuis longtemps, avec le fameux Aliester Crowley...

Le « Zohar » de Jean de Pauly ne doit pas se rencontrer bien souvent ; j'ai eu la chance d'en avoir un exemplaire qu'un des souscripteurs m'avait laissé autrefois, ne pouvant s'en embarrasser dans des déplacements lointains, et qui a fini par me rester définitivement.

Le « Langage des Oiseaux » de Farîdud-Dîn-Attar est une œuvre très intéressante au point de vue ésotérique, mais je ne sais pas ce que peuvent valoir les traductions ; cela me paraît bien difficile à rendre exactement dans une langue européenne...

Je vois que le climat d'Anvers semble être quelque chose d'assez étrange ; mais pensez-vous qu'il y a vraiment que le climat « physique », si l'on peut dire, qui soit en cause là-dedans ? -- Ce que vous dites des variations du « sens » de la durée suivant les contrées m'intrigue un peu, je serais content d'avoir les explications que vous me promettez à ce sujet.

Je crois en effet que l'idée d'évolution est un besoin actuellement (mais pas dans le « grand public », qui, bien entendu, n'en est pas encore là) ; naturellement, tout ce qui concerne cette question m'intéresse, cela mérite d'être suivi.

J'espère que vous pourrez surmonter les obstacles qui s'opposeraient à votre voyage en Uruguay ; avec toutes ces réglementations et restrictions partout, les choses deviennent sans cesse de plus en plus compliquées ! Ici, on n'admet plus personne qui viendrait y chercher une occupation, et les simples voyageurs n'obtiennent de permis de séjour que pour un mois au maximum. -- Pour ce qui est de la vie actuelle en Europe, tout le monde m'en dit la même chose, et il n'est guère probable que cet état s'améliore bientôt...

Croyez, je vous prie, Monsieur, à mes sentiments les meilleurs.

R. G.

ಸಂಡ

Le Caire, 18 septembre 1936.

Monsieur,

Depuis que je vous ai écrit, j'ai pris connaissance du livre de Maria Rygier, et j'ai été plutôt surpris d'y trouver çà et là quelques considérations qui sortent tout de même un peu du simple point de vue politique, mais qui d'ailleurs sont parfois assez étranges (et très spécifiquement italiennes)... D'autre part elle est visiblement très partiale sur certains points, notamment dans ses attaques contre Palerni et le Sup.. Cons.. écossais, où il y a plus que de l'exagération (j'ai reconnu notamment, dans un personnage qu'elle ne nomme pas, un de mes amis qu'elle traite d'une façon tout à fait injuste). J'ai relevé aussi une erreur en ce qui concerne le nommé Frosini, dont l'organisation dissidente, dite « Rite Philosophique Italien », date de beaucoup plus loin qu'elle ne le dit, puisque je la connais depuis 1909 ou 1910 (je dois même avoir quelque part des numéros d'une revue « Hermès » qui en était l'organe à cette époque) ; cette organisation, dont G. d'Annunzio est le plus bel ornement, continue toujours à être « tolérée » en Italie, mais on s'abstient soigneusement d'y faire jamais la moindre allusion publiquement...

Je me suis aperçu qu'il y avait, dans votre dernière lettre, un point dont j'avais oublié de vous parler en y répondant : l'organisation juive des Beni-Berith n'a rien de maçonnique ; c'est seulement une de ces multiples organisations, à la manière américaine, qui ont été constituées plus ou moins à l'imitation des formes de la Maçonnerie. Je me demande cependant si c'est de cela qu'il s'agit dans ce que vous me dites, car il y avait autrefois à Salonique une Loge maçonnique irrégulière qui s'appelait aussi « Beni-Berith », et qui cherchait vainement de tous côtés une Obédience à laquelle elle puisse se rattacher, car personne n'en voulait ; son Vénérable-fondateur était un certain docteur Amon de Medonça, qui faisait suivre son nom d'une dizaine de lignes de titres hétéroclites ; mais tout cela doit dater de 20 ou 25 ans environ et je ne sais pas s'il en subsiste encore quelque chose. -- D'autre part, je me demande aussi si c'est bien la Maçonnerie Belge qui exige de ses adhérents des versements très importants ; d'après ce que je sais par ailleurs, cela semblerait plutôt se rapporter à la pseudo-Maçonnerie dite « Rite de Memphis et Mishraïm », qui a en effet un centre assez important en Belgique (il était d'abord rattaché à Lyon mais est ensuite passé sous obédience rivale du fameux Crowley) ; je ne serais pas étonné du tout que la Loge « Beni-Berith » sus-dite en soit finalement arrivée à entrer en relations avec des groupements de cette sorte ; où le commerce des diplômes se joint à d'autres choses d'un caractère encore plus douteux...

On vient de m'envoyer un nouveau manifeste aux « Hommes de bonne volonté », par Foster Bailey ; cela ne fait d'ailleurs guère que répéter toujours à peu près les mêmes choses ; et à la fin se trouve encore la même liste d'adresse des « Artisans ».

Je n'ai pas reçu jusqu'ici l'envoi que vous m'aviez annoncé, mais je veux espérer qu'il ne se sera pas égaré en route ; il est d'ailleurs bien compréhensible que, avec les préparatifs de votre prochain départ, vous ne deviez guère avoir de temps libre en ce moment...

Croyez, je vous prie, Monsieur, à mes sentiments les meilleurs.

R. G.

ৎ)ৎ

Le Caire, 31 décembre 1936.

Monsieur,

Je viens de recevoir votre lettre du 20 décembre, qui a dû se croiser avec celle que je vous ai récrite pour compléter ma précédente réponse ; comme vous l'avez vu, je me doutais bien que vous deviez être très pris par les préparatifs de votre départ. Je veux espérer que toutes les difficultés vont être maintenant terminées pour vous à cet égard ; mais que tout cela devient donc toujours de plus en plus compliqué !

Merci pour « L'Évolution en biologie » ; je vais lire cela attentivement, mais je n'ai pas voulu attendre pour vous écrire, afin que cette lettre vous arrive encore sûrement avant votre départ ; ensuite, il vaudra sans doute mieux que j'attende que vous m'indiquiez où il faudra vous adresser désormais la correspondance...

J'ai déjà remarqué que les « savants », tout en reconnaissant forcément l'écroulement de leurs anciennes théories, s'accrochent en quelque sorte désespérément à certaines affirmations qu'ils veulent se persuader être malgré tout intangibles ! - Pour ce que vous me signalez au sujet du calcul des probabilités, je suis entièrement de votre avis...

Pour le livre d'Enel, il est exact que cela est très « mélangé » ; ce qu'on peut dire seulement, c'est qu'il semble tout de même plus intelligent et plus instruit que la généralité des occultistes. Quant à la façon dont son livre a été imprimé, tout ce que vous supposez est possible en effet ; je n'ai aucun moyen de me renseigner là-dessus, n'ayant pas la moindre communication avec ces milieux européens d'ici.

Il est bien exact que Marc Rucart est théosophiste ; il a même publié autrefois des articles dans le « Lotus Bleu » ; et, il y a quelque temps, on m'a envoyé un extrait de journal d'où il résultait que, depuis qu'il est ministre, il a eu une entrevue avec Krishnamurti.

Pour la Maçonnerie en Sicile, c'est bien ce que j'avais pensé, : il doit s'agir du Rite de Memphis, aujourd'hui éteint, qui avait alors son suprême conseil à Palerme, et qui a été à l'origine de l'organisation maçonnique existant en Égypte.

Sur la question de climat, je crois que nous sommes d'accord ; il y a certainement des facteurs d'ordre « subtil » qui interviennent là-dedans. Pour les correspondances des différents points de la terre, il faudrait pouvoir, pour arriver à des choses précises, reconstituer l'ancienne « géographie sacrée », ce qui impliquerait en tout cas, un travail bien long et bien difficile, et qui ne pourrait sans doute pas être l'œuvre d'un individu isolé.

Je vous remercie de toutes vos explications sur la façon dont vous envisagez ce « sens » du temps auquel vous aviez fait allusion ; il est évident que ce n'est pas facile à formuler nettement ; tout cela demande quelque réflexion, et je vous en reparlerai sans doute une autre fois. En tout cas, je puis dire que la distinction que vous faites entre l'espace homogène et les « milieux » différenciés est tout à fait exacte ; j'ai moi-même pensé aussi à cela depuis bien longtemps déjà, et j'en dirai peut-être quelque chose un jour, si j'arrive à écrire l'ouvrage que j'ai en vue sur les conditions de l'existence corporelle. - L'affirmation que la vision binoculaire est nécessaire pour percevoir la profondeur m'a toujours paru, à moi aussi, trop évidemment démentie par les faits ; comment une telle erreur peut-elle être si généralement admise ? Il est vrai qu'il y en a bien d'autres dans le même cas, à commencer par l'assertion que toute idée a son origine dans les sens... - Encore un point que je vous signale : ne pensez-vous pas que le « sens » de la durée peut, d'une certaine façon, être lié plus particulièrement à l'ouïe ? Bien des considérations diverses pourraient le donner à penser...

Croyez, je vous prie, Monsieur, à mes sentiments les meilleurs.

R. G.

Le Caire, 6 janvier 1937.

Monsieur,

Je viens de recevoir votre lettre du 26 décembre, et je pense que ma réponse aura encore le temps de vous parvenir à Anvers avant votre départ. - Je ne comprends que trop l'ennui que vous causent toutes les questions d'« affaires », ayant toujours été moi-même complètement incapable de m'en occuper !

Sur la « fin de la crise » annoncée par les astrologues, je crois bien que votre interprétation est malheureusement la plus vraisemblable... - L'annonce du livre de Privat est curieuse en effet ; naturellement, les histoires de la Grande Pyramide reviennent encore là-dedans ! -- Quant à l'abdication du roi d'Angleterre, il semble, d'après ce qui m'a été dit de divers côtés, qu'elle ait des dessous très énigmatiques, et bien différents de tout ce qu'on a raconté publiquement.

Le livre de Maria Rygier plaide en effet avant tout, la cause du G∴ O∴ d'Italie, que ce soit habilement ou non, c'est là une autre question... On y trouve l'écho de toutes les rancunes du-dit G∴ O∴ contre la Maç∴ écossaise à laquelle elle n'a surtout jamais pardonné d'avoir des relations internationales qui, malgré tous ses efforts lui ont toujours été refusées. Je recevais l'organe du Suprême Conseil écossais jusqu'au moment où il a été supprimé ; je puis vous assurer que les extraits qu'elle en cite et la façon dont elle les interprète sont tout à fait tendancieux. -- De toute façon, une activité politique, de la part d'une organisation initiatique, constitue toujours une déviation ; les circonstances historiques peuvent l'expliquer, mais non la légitimer. -- Si Mazzini était Maçon, Cavour et Garibaldi ne l'étaient pas moins ; je me souviens d'avoir vu leurs portraits figurant côte à côte dans le local de la L∴ italienne « Galibon Galibi » à Paris. Ce qui fait un effet vraiment curieux, c'est de voir, dans les journaux italiens actuels, des éloges dithyrambiques à l'adresse des grands hommes du « Risorgimento », y compris ceux dont la qualité maçonnique est des plus notoire, voisiner avec les pires invectives contre la Maçonnerie !

Je ne crois pas que le fascisme, à son début, ait pu être soutenu par l'Église ; même pour le rôle des Jésuites, quelqu'un qui les connaît bien m'a dit des choses tout à fait contraires aux assertions de Maria Rygier. -- Mais il y a de singulières ressemblances entre les emblèmes du fascisme et ceux d'une certaine « Maçonnerie noire », qui n'avait d'ailleurs de maçonnique que le nom, et dont j'ai eu connaissance jadis par un ami intime de Giolitti, lequel en était membre ; peut-être est-ce de ce côté qu'il conviendrait de chercher...

Pour Messine, quand vous m'avez parlé d'« Ordre de Mishraïm », j'ai pensé qu'il devait s'agir du Rite de Memphis, ce qui est d'ailleurs tout à fait vraisemblable, étant donné le lieu et la date. -- Quant à la question des délais de séjour, ce qui vous a été dit ne se rapporte qu'à la Maçonnerie française ; tous ces détails administratifs varient suivant les pays et les Obédiences.

Pangal s'est rallié à une Obédience régulière, mais il a beaucoup d'adversaires dans la Maç∴ roumaine. -- À propos de la Maç∴ irrégulière, avez-vous connu aussi, à Bucarest, un certain capitaine Moriu ?

Presque tous les Juifs de Turquie portent des noms espagnols, et, actuellement encore, ils parlent entre eux une langue dont le fond est espagnol ; ceux d'ici, par contre, ne parlent que l'arabe et le français.

Je ne sais trop ce qu'il faut penser des Rotariens ; en tout cas, c'est certainement une organisation d'un type bien américain !

Croyez, je vous prie, Monsieur, à mes sentiments les meilleurs

R. G.

Le Caire, 30 janvier 1937.

Monsieur,

J'ai bien reçu votre lettre du 16 janvier, et je vous remercie d'avoir ainsi pris le temps de me récrire au moment même de votre départ. Je veux croire que vous avez réussi à retrouver vos colis égarés, et que rien d'autre ne sera survenu pour retarder encore votre voyage ; j'adresse donc cette lettre à Montévidéo.

J'ai reçu aussi précédemment le livre de Privat ; si je ne vous en ai pas remercié plus tôt, c'est que je pensais bien qu'il était trop tard cette fois pour vous écrire encore à Anvers. Je viens d'ailleurs seulement de le lire ; l'horoscope d'Edouard VIII ne peut vraiment pas être considéré comme un succès à son actif ! Quant à ses prédictions concernant la France, je crois bien quoiqu'il s'en défende (même peut-être avec un peu trop d'insistance), quelles ne sont pas exemptes de toute arrière-pensée politique... -- Pour en revenir à l'histoire de l'abdication, je pense que vous avez raison et qu'elle a des dessous bien peu clairs... et que peut-être même qu'on n'éclaircira jamais ; du reste, les vraies raisons des événements n'ont généralement pas grand rapport avec ce qu'on raconte pour le public...

J'avais voulu parler du cap. Moriu, et non Marin ; il faut croire que je n'ai pas écrit les noms très lisiblement ! -- pour ce qui est de l'état présent de la Maç∴ roumaine, il semble que Sadoveanu soit en train de l'emporter sur ses concurrents, mais, à part la réputation qu'il a comme écrivain, je ne sais pas si réellement il vaut beaucoup plus que les autres...

Je n'ai jamais eu l'occasion de lire la « République des Champs-Élysées », mais j'en ai entendu parler assez souvent et j'en ai même vu des citations ; il semble en effet que ce soit un ouvrage véritablement curieux, bien qu'il y ait assurément là-dedans beaucoup de confusions (les hyperboréens et les Atlantes sont deux choses tout à fait distinctes, l'Atlantide est un continent disparu et non une contrée encore existante, etc.) ; je me demande d'ailleurs si ces confusions mêmes sont entièrement involontaires. En effet, ce qui est encore singulier, c'est que des idées à peu près semblables ont été exposées depuis lors par d'autres auteurs, tous Belges (notamment Th. Cailleux) ou du nord de la France ; il semblerait qu'elles soient en réalité celles d'une école plus ou moins cachée à laquelle se rattachent tous ces gens. Il y a d'ailleurs sûrement beaucoup de choses bizarres en Belgique ; mais, malheureusement, la plupart ne sont pas d'un caractère très recommandable...

Ce que vous me dites des différences de la lumière suivant les régions ne m'étonne pas du tout ; ce qu'il y a de sûr, c'est qu'elle est tout à fait autre ici qu'en Algérie et au Maroc, quoique ce soit bien à peu près sous la même latitude. Mais une chose que je n'ai jamais pu m'expliquer, c'est que la plupart des voyageurs disent là-dessus des choses qui ne correspondent pas du tout à la réalité ; ainsi, dans presque toutes les descriptions européennes de l'Égypte, il est question d'un soi-disant éclat exceptionnel des étoiles... que nous n'avons jamais pu constater ; à quoi cela tient-il : différences dans la vue (celles des personnes qui ont les yeux bleus est toujours plus ou moins troublée ici), ou simplement idées préconçues qui affectent l'observation ?

Croyez, je vous prie, Monsieur, à mes sentiments les meilleurs.

R. G.

ෂ)ଔ

Le Caire, 12 avril 1937.

Monsieur,

Je viens de recevoir votre lettre du 13 mars ; je suis content de savoir que la mienne vous est bien parvenue, et j'espère qu'il en sera de même de celle-ci, même si l'adresse n'est que provisoire.

Il est heureux que votre voyage se soit en somme bien passé malgré ce mauvais temps ; mais ce qui est ennuyeux, ce sont toutes ces complications encore pour vos colis ; je veux croire que c'est tout de même terminé maintenant, mais je me demande comment vous avez pu vous tirer d'affaire avec cette énorme caisse !

Quant à vos impressions sur le pays, il convient naturellement d'attendre un peu pour leur laisser le temps de se préciser, et aussi pour savoir si le climat vous sera favorable ; mais je ne suis pas surpris que les gens soient plutôt bruyants… Pour la langue, vous n'aurez sans doute pas beaucoup de peine à vous y habituer ; en somme l'espagnole n'est pas très difficile, mais il est vrai que, comme vous le dites, les ressemblances avec les autres langues « latines » peuvent être parfois trompeuses.

Je me rappelle avoir vu, il y a bien des années, des n° du « Courrier de la Plata » ; je ne savais pas que cela existait encore.

Les Théosophistes sont assez nombreux dans toute l'Amérique du Sud, et les Spirites beaucoup plus encore ; quant au reste, je ne sais pas au juste ce qu'il peut y avoir là où vous êtes.

Les Grandes Loges anglo-saxonnes ont fondé des Loges dans beaucoup de pays sud-américains, parce qu'elles ne sont pas en relations avec la Maç∴ indigène ; quand il arrive par la suite que des relations s'établissent, ces Loges en sont quittes pour changer d'Obédience, car autrement cela constituerait une « invasion de juridiction « .

Pour ce qui est de la Maç∴ roumaine, j'ai appris que dernièrement le gouvernement lui a enjoint de se dissoudre, apparemment pour faire contrepoids à des mesures prises d'autre part contre des organisations de « droite », et pour donner ainsi une impression d'« impartialité ».

Je vous remercie beaucoup de votre intention de m'envoyer la « République des Champs-Élysées » ; je serai très heureux de voir ce livre dont je n'ai qu'une idée assez sommaire, d'après les citations que j'en ai vues.

À propos d'Anatole France et de ses plagiats, j'ai eu une belle surprise le jour où j'ai lu la « Rotisserie de la reine Pédauque », en y reconnaissant un mélange du « Comte de Corbolis » et de la biographie de son auteur, l'abbé de Villars.

L'impression que vous avez eue en mer me paraît difficile à expliquer ; on pourrait être tenté d'admettre qu'il y a une différence due au sens de la marche du bateau, mais le fait que vous vous êtes aperçu d'un changement de direction semble bien exclure cette supposition.

Je n'avais jamais vu nulle part ce que vous me dites à propos des yeux bleus ; il est évident que c'est là une idée qui n'a pu venir qu'à des « nordiques »... -- Quant à l'éclat des étoiles, il est bien possible en effet que le scintillement soit sensiblement augmenté par l'humidité de l'atmosphère.

Croyez, je vous prie, Monsieur, à mes sentiments les meilleurs.

R. G.

ဢါၛ

Le Caire 29 octobre 1937.

Monsieur,

J'ai reçu votre lettre il y a quelque temps déjà, et maintenant je viens de recevoir le paquet annoncé, contenant les trois volumes de la « République des Champs Élysées » ; merci bien vivement de cet envoi !

Je pensais bien que votre retard à écrire devait être dû à quelques ennuis ; du moins la question de vos bagages s'est-elle arrangée plus facilement que vous ne le craigniez ; mais je vois que pour le reste, climat, logement, situation, vous n'êtes malheureusement aussi satisfait qu'on pourrait le souhaiter. Il faut pourtant espérer que tout cela aussi va finir par s'arranger ; mais il est sûrement fâcheux d'avoir affaire à un milieu aussi peu favorable que celui-là semble l'être, bien que, à vrai dire, les difficultés de l'existence deviennent partout de plus en plus grandes dans les circonstances actuelles...

De mon côté, depuis que je vous ai écrit, j'ai eu une très violente crise de douleurs rhumatismales qui m'a complètement immobilisé pendant près d'un mois, et il m'en reste encore une fatigue dont je ne me remets que lentement, de sorte que j'ai beaucoup de travail en retard ; avec le climat d'ici, et surtout en plein été, c'est là une chose assez extraordinaire. On dit généralement que les rhumatismes sont causés surtout par l'humidité ; mais, comme beaucoup de gens, qui n'ont jamais bougés d'ici, où il n'y a aucune humidité, en sont cependant atteints, il faut croire qu'il y a autre chose...

Les remarques que vous avez faites au sujet de la lumière, des aliments, etc., sont vraiment bien étranges ; il serait curieux de savoir si c'est la même chose dans les autres pays de l'hémisphère Sud. Évidemment, il doit y avoir là quelque chose d'« inversé » ; mais, à part le fait du renversement des saisons, je n'ai jamais eu l'occasion de savoir par quels effets cela pouvait se manifester ; en tout cas, je comprends que toutes ces anomalies ne vous donnent pas une très bonne impression ! Il est possible aussi que, par suite de tout ce que les européens ont détruit, il y ait là de ces « résidus psychiques » nocifs dont je parlais dans un de mes récents articles.

Qu'est-ce encore que cette histoire de réforme du calendrier ? N'oubliez pas de m'en reparler si vous avez d'autres informations là-dessus, de même aussi que pour la correspondance de Garibaldi, où il se peut tout de même qu'il y ait des choses curieuses.

Je vous reparlerai une autre fois de la Roumanie ; là aussi, il y a certainement des « résidus psychiques » qui se manifestent d'une assez singulière façon !

Je ne connais pas le livre du docteur Vannier sur « Le diagnostic des maladies par les yeux », et je vous remercie de vouloir bien me l'envoyer. Je n'ai sur ce sujet qu'une brochure d'un médecin allemand dont le nom m'échappe (je ne le retrouve pas en ce moment) ; il n'y est pas question de la couleur, mais seulement des taches de l'iris, qui, suivant leur position, indiqueraient les différentes maladies. -- Pour ce qui est de l'homéopathie, je connais des personnes qui en obtiennent de très bons résultats, d'autres sur qui elle ne produit absolument aucun effet, et d'autres encore chez qui elle provoque des réactions désastreuses ; il semble donc qu'il y ait là tout au moins quelque chose qui n'est pas « au point ».

Croyez, je vous prie, Monsieur, à mes sentiments les meilleurs.

R. G.

ΩΩ

Le Caire, 15 décembre 1937.

Monsieur,

J'ai reçu votre lettre alors que je vous avais déjà écrit pour répondre à la précédente et vous remercier de l'envoi de la « République des Champs Élysées » ; j'espère que ma lettre, quoique portant l'adresse que vous m'aviez indiquée précédemment, vous sera bien parvenue, et aussi que votre santé sera meilleure tout de même maintenant ; mais ce pays d'après ce que vous m'en dites, semble décidément bien peu favorable, et je comprends que, dans ces conditions, vous ne teniez pas à y rester trop longtemps si possible... -- Quant à moi, je suis aussi assez fortement grippé en ce moment, sans parler de la fatigue qui m'est restée de ma crise rhumatismale et qui ne s'atténue que bien lentement ; aussi suis-je toujours fort en retard pour tout mon travail... Je n'ai donc pas encore pu lire l'ouvrage de De Grave, mais, d'après ce que j'en ai vu, les critiques que vous lui adressez me paraissent assez justifiées ; il y a sûrement là bien de la fantaisie, notamment au point de vue linguistique (je me suis d'ailleurs toujours demandé pourquoi les recherches étymologiques ont la propriété de faire divaguer tant de gens !) ; mais ce qui est curieux, c'est que, (à part ce qui porte manifestement la marque de son époque) il ne s'agit pas d'une fantaisie propre à un seul individu, mais que ces idées ont reparu avec insistance, en particulier celle de tout expliquer par le flamand considéré comme « langue primitive » ; il semble qu'il y ait là-dessous le travail de toute une école plus ou moins mystérieuse, quoique sa continuité se devine plus qu'elle ne se manifeste extérieurement... L'histoire du voyage d'Ulysse revient souvent aussi là-dedans ; elle a été reprise notamment par Cailleux, un autre Belge qui semble bien rattaché au même « courant » ; il est vrai que, d'un autre côté, l'idée préconçue de limiter les dits voyages au bassin de la Méditerranée n'est peut-être pas des mieux fondée non plus !

Pour la légende de saint Brandan, on m'avait déjà dit qu'il n'y avait pas grand-chose à tirer de l'édition de l'« Artisan du livre » ; il y a malheureusement bien des choses qu'on a « arrangées » ainsi avec des préoccupations purement « littéraires », ce qui a souvent pour résultat d'en faire disparaître précisément les éléments qui importeraient le plus à leur véritable compréhension...

Pour le mont Om ou Omul, d'autres personnes m'ont déjà fait la même remarque que vous ; je ne sais trop ce qu'il faut en penser ; je dois dire cependant que, en général, les terminaisons n'ont pas une importance essentielle, non plus que les voyelles, qui sont constamment variables et ne sont pas partie intégrante des racines. En voyant les discussions interminables de certains sur des questions de voyelle, j'ai souvent regretté qu'ils n'aient pas l'habitude de l'arabe, car cela suffirait pour qu'ils n'éprouvent même pas le besoin de soulever ces questions, qui ne proviennent que d'une illusion due à la constitution des alphabets européens... - Ce que vous me signalez au sujet du « petit chien de la terre » me paraît réellement curieux ; je n'arrive pas à deviner d'où peut venir le nom de saint Tael ; quant aux deux « anges de la mort », il se peut que ce ne soit pas sans rapport avec quelque chose qui se trouve aussi dans la Tradition islamique ; il faudra que je tâche d'avoir quelques renseignements plus précis sur tout cela...

Croyez, je vous prie, Monsieur, à mes sentiments les meilleurs.

R. G.

Le Caire, 12 février 1938.

Monsieur,

Quelques mots pour vous communiquer la réponse que je viens de recevoir d'un correspondant roumain à qui j'avais demandé des renseignements sur cette histoire du « petit chien de la terre » dont vous me parliez dans votre dernière lettre. Voici ce qu'il me dit :

« Le quatrain cité n'est pas une chanson populaire, mais un « motto » d'un poème d'Eminescu, qui est considéré comme une invention personnelle de celui-ci. Dans les éditions de ce poète, au lieu de Tael est le mot Taci, « tais-toi », de sorte que la traduction est : « Au nom du Saint, --Tais-toi et entends comment aboie le petit chien de la terre-- Sous la croix de pierre. « Il paraît cependant que, dans une des premières éditions (1907) de ce poète mort à la fin du siècle dernier, au lieu de « Taci » était imprimé le nom « Tael » ; mais ce ne peut-être qu'une erreur typographique, car l'expression est ainsi défectueuse au point de vue métrique, et d'ailleurs personne n'a jamais vu ou entendu ce nom autre part.

« Quant au « petit chien de la terre », appelé aussi « Tamcul pâmântului »« (le petit de la terre ») ou « Grivau » (nom de chien), ou encore, dit-on, « Orbetele pâmântului » (« la taupe de la terre »), celui-ci est considéré comme une entité habitant à l'intérieur de la terre, sorte de Cerbère qui parfois monte à la surface et épouvante les voyageurs. On dit qu'on l'entend aboyer si l'on met l'oreille contre la terre. Cette entité infernale trouble le sommeil des morts et s'attaque à eux si ceux-ci ne lui donnent une monnaie (qu'on met ordinairement dans la paume des morts quand on les enterre). «

Je veux croire que vous êtes enfin débarrassé maintenant de tous les ennuis dont vous m'aviez parlé, et j'espère que vous pourrez bientôt me redonner de vos nouvelles.

Croyez, je vous prie, Monsieur, à mes sentiments les meilleurs.

R. G.

ఠఇ

Le Caire, 4 mars 1938.

Monsieur,

Votre lettre du 26 janvier s'est croisée avec celle dans laquelle je vous communiquais les renseignements reçus au sujet du « petit chien de la terre ». -- Mes rhumatismes ont fini par se passer peu à peu ; espérons que cela ne reviendra pas ; mais je crois comme vous qu'il est bien difficile de savoir d'où cela vient, et aussi quels remèdes peuvent avoir quelque effet... Je sais qu'on a introduit l'acuponcture en France, mais je me demande si c'est fait bien sérieusement ; en tout cas, je connais deux personnes qui ont essayé ce traitement, et, tandis que l'une en a été assez satisfaite, l'autre en a eu des résultats tout à fait désastreux. Je vous remercie de votre proposition de m'envoyer les planches, que je serais assez curieux de voir en effet ; mais, bien entendu, ce n'est pas urgent ; prenez donc, de même que pour le livre sur l'iriscopie, tout votre temps jusqu'à ce que vous n'en ayez plus besoin. -- Ce que vous m'annoncez au sujet des photos où on voit la profondeur m'intéressera aussi ; j'avoue que je ne me rends pas bien compte de ce que cela peut-être...

Je vois que malheureusement vous êtes toujours aussi peu satisfait du pays ; il faut tout de même espérer que vous pourrez, avant de le quitter, voir quelques régions intéressantes ; mais vous avez bien fait de faire renouveler votre permis de séjour en Belgique, puisque tout cela est si compliqué maintenant. Quant aux difficultés des affaires, je crois bien que c'est partout à peu près la même chose en ce moment et il n'est que trop vrai qu'il n'y aura bientôt plus un endroit où on puisse être tranquille ! - Je ne sais rien de particulier sur l'Islande ; en tout cas, il me semble que le climat doit être bien difficile à supporter.

J'ai vu quelques articles sur cette histoire d'une jeune fille parlant l'ancien égyptien, ou quelque chose qui est donné comme tel ; mais, comme il s'agit d'un médium plus ou moins professionnel, j'avoue que cela ne m'inspire pas une confiance excessive, quoique la chose n'ait rien d'impossible « à priori ».

Ce qui se passe en Roumanie devient de plus en plus obscur et compliqué ; Goga ne s'est pas maintenu longtemps au pouvoir ; et il était assez inattendu de voir le patriarche devenir chef du gouvernement. Il y a autour de tout cela des personnages bien étranges, comme par exemple ce Codreanu qui prétend agir d'après les révélations qu'il reçoit de l'archange Michaël ! Et les visions, apparitions et prédictions de toutes sortes se multiplient un peu partout dans ce pays ; il y a sûrement des éléments psychiques assez suspects qui entrent en jeu dans tout cela...

Quant à la question juive, elle fait du bruit un peu partout ; cela a commencé aussi en Italie, où on ne s'en est guère préoccupé jusqu'ici. Votre remarque au sujet de certains arguments plus ou moins contradictoires est très juste ; l'illogisme de la plupart des gens, à notre époque, est vraiment quelque chose de bien extraordinaire !

Croyez, je vous prie, Monsieur, à mes sentiments les meilleurs.

R. G.

෨෬

Le Caire, 4 septembre 1938.

Monsieur,

J'ai bien reçu vos lettres du 4 avril et du 17 juin, puis, ces jours derniers, celle du 22 juillet ; je m'excuse de ne vous avoir pas écrit plus tôt, attendant toujours pour le faire l'indication d'une adresse plus fixe. -- Peut-être avez-vous pris un parti plus sage en essayant d'aller au Paraguay, puisque les choses ne se présentaient pas d'une façon satisfaisante du côté de la Belgique, et que d'ailleurs il est bien certain que l'état de l'Europe en général n'a rien de rassurant actuellement ; quant aux situations, je crois qu'elles sont difficiles à trouver partout en ce moment... Il faut espérer que vous serez plus satisfait de l'ambiance du Paraguay ; ce que vous m'en dites est curieux, mais ne me surprend d'ailleurs pas trop, car il doit s'être conservé plus de choses qu'on ne le dit communément des anciennes civilisations américaines ; même chez les Indiens de l'Amérique du Nord, il paraît que bien des éléments traditionnels sont encore vivants ; seulement, tout cela s'est caché devant l'invasion européenne, et il le fallait d'ailleurs pour échapper à une destruction totale... Je vous remercie d'avance pour le petit livre dont vous me parlez à ce sujet ; je lis l'espagnole très facilement, et je l'ai même parlé un peu autrefois.

Merci de l'envoi des photographies, que je trouve vraiment extraordinaires ; je n'avais jamais rien vu de semblable, et je dois avouer mon étonnement qu'il soit possible d'obtenir un tel relief, car, dans la peinture, la perspective n'est en somme que l'effet d'un artifice... - À propos de photographies, il y a encore une chose que j'avais remarqué depuis longtemps, mais qui m'a surtout frappé ces derniers temps : c'est que toutes celles qui sont prises en Chine ont une « atmosphère » tout à fait spéciale, qui se reconnaît même dans de mauvaises reproductions imprimées dans les journaux ; comment expliquer cela encore ?

Pour la question du poème d'Eminescu, je serais assez embarrassé pour vous dire que penser de tout cela en définitive, car il y a là des choses qui ne sont guère de ma compétence, au point de vue « métrique » par exemple ; le mieux pour éclaircir cela, serait que vous vouliez bien correspondre directement avec M. Mihaël Vâlsan, 20, Str. Ion Maiorescu, Bucarest (IV) ; il m'a d'ailleurs chargé de vous le demander de sa part. -- Je lui ai demandé aussi s'il connaissait Pâdeanu ; il en a entendu parler, mais seulement comme d'un spirite, et il ne croit pas qu'il ait jamais pu jouer un rôle politique réel.

En Italie, les choses ont l'air de se gâter sérieusement, en ce moment, entre la Vatican et le régime fasciste, et cela à propos de la question du « racisme » ; je me demande ce qui va encore sortir de là...

Soulié de Morant m'a toujours fait l'impression d'être plutôt un « amateur » qu'un homme capable d'approfondir vraiment quelque chose ; c'est pourquoi j'ai des doutes sur l'exactitude de sa méthode d'acupuncture... - Je ne connais pas du tout le livre de J. Tissot et je n'ai aucun souvenir d'en avoir jamais entendu parler. Je n'ai pas la moindre confiance dans la médecine « officielle », car elle manque complètement de bases, et ce n'est que « par chance » qu'elle peut réussir dans certains cas ; au fond, en dehors d'une véritable médecine traditionnelle, il ne peut pas y avoir grand-chose de sérieux... Quant à l'homéopathie, vous avez raison de dire qu'elle touche au subtil, même si ce n'est pas conscient chez ceux qui l'emploient ; mais l'extraordinaire diversité des résultats obtenus suivant les personnes paraît bien indiquer qu'il y a là quelque chose qui n'est pas « au point ».

Je savais que Jinarajadasa avait fait récemment une nouvelle « tournée » en Amérique du Sud ; je comprends que vous n'ayez pas perdu votre temps à aller l'entendre, car il n'a rien dû dire d'autre que les banalités habituelles !

Je n'avais jamais entendu parler jusqu'ici de la « Logosophie » ; je serai curieux d'avoir quelques détails là-dessus quand vous pourrez m'en donner. Le symbole, assurément très « composite », produit dans son ensemble une impression plutôt bizarre... Je me demande aussi comment est formé au juste le nom de « Raumsol » ; il semblerait qu'il y ait là-dedans le monosyllabe « Aum » et le mot « Sol » (soleil) ; mais que signifierait alors la première lettre R ?

Quant à la secte du juge Rutherford, ou des « Témoins de Jéhovah », qui est encore une chose bien suspecte, elle semble faire beaucoup de propagande un peu partout ; on m'a envoyé dernièrement quelques numéros d'une revue qu'elle publie à Paris, et dont une bonne partie est occupée par des articles en faveur des « rouges » espagnols...

L'histoire de l'article de Maurice Verne est encore une chose bien significative ; je n'ai pas vu celui-là, mais j'en ai vu d'autres du même auteur et du même caractère ; cela a dû, comme toujours, paraître dans l'« Intransigeant », qui est en quelque sorte l'organe officieux de l'I. S. anglais en France. Le rôle particulier de ce Verne consiste à raconter des histoires « arrangées », dans lesquelles il y a peu de vrai et beaucoup de faux, pour détourner l'attention des gens de ce qui pourrait être trop gênant. Ce qu'il y a de vrai, c'est que, au début de l'affaire d'Hitler, il n'y a pas seulement Trebitch Lincoln, mais aussi Aliester Crowley et un certain colonel Ettington ; il est bien possible que ce soit de ce dernier qu'il s'agit... - Quant aux recherches du côté de l'Afganistan, elles ont eu en réalité pour point de départ une toquade d'un certain Bogdanoff, qui était interprète à la légation de Russie dans ce pays, et qui affirmait que, en creusant au-dessous de la ville de Kaboul, on trouverait infailliblement l'entrée de l'Agarttha !

Merci de vous informer de ma santé ; elle est bonne en ce moment, quoique ce soit juste à cette époque que j'ai eu une crise rhumatismale l'an dernier. -- Il n'y a rien d'impossible à ce qu'un venin de serpent soit efficace contre les rhumatismes ; mais, malheureusement, il y a dans mon cas des raisons particulières qui l'empêcheraient d'exercer son action...

Croyez, je vous prie, Monsieur, à mes sentiments les meilleurs.

R. G.

ಸಿ ೧೩

Le Caire, 6 janvier 1948.

Cher Monsieur,

Votre mot vient de me parvenir, et je suis très heureux d'avoir ainsi de vos nouvelles après si longtemps, car je me demandais souvent où vous pouviez être maintenant ; je ne pensais pas que vous étiez retourné dans l'Amérique du Sud.

Quant à moi, comme vous le voyez, mon adresse n'a pas changé, et je n'ai jamais bougé d'ici pendant toutes ces années. Les communications avec presque tous les pays ayant été interrompues du fait de la guerre, j'ai profité de ce que j'avais ainsi tout mon temps libre, sans correspondance ni articles à écrire, pour préparer quatre nouveaux livres, qui ont paru successivement en 1945 et 1946. Maintenant, on s'occupe de la réédition de mes anciens ouvrages qui étaient tous épuisés depuis longtemps déjà. - La Revue « Études Traditionnelles », qui avait naturellement cessé sa publication, l'a reprise à la fin de 1945.

Vous avez peut-être su puisque ce n'est pas très loin de vous, qu'une traduction espagnole de l'« Introduction générale » avait paru à Buenos Aires pendant la guerre. D'autre part, une traduction portugaise de la « Crise du Monde moderne » doit être sortie ces jours-ci à Sâo Paulo.

J'espère, d'après ce que vous me dites, avoir bientôt d'autres nouvelles de vous, et je pourrai alors, moi aussi, vous récrire à mon tour plus longuement que je ne le fais aujourd'hui, ayant voulu du moins ne pas tarder à vous répondre.

Je vous remercie de vos bons vœux, et je vous adresse tous les miens en retour, regrettant seulement qu'ils ne puissent vous parvenir que quelque peu tardivement.

Croyez toujours, je vous prie, cher Monsieur, à mes sentiments les meilleurs.

René Guénon

Correspondance I

René Guénon à Éric Ollivier

Le Caire, 31 mars 1946

Votre lettre vient de m'être transmise ; malheureusement, je ne peux pas vous donner une réponse bien satisfaisante en ce qui concerne les possibilités d'initiation subsistant encore dans le monde occidental. Je ne pense pas que, à cet égard, il se trouve actuellement quoi que ce soit dans le Christianisme, non plus d'ailleurs que dans le Judaïsme. Au surplus, je ne sais pas, d'après ce que vous me dites, si vous êtes particulièrement attaché à une forme de tradition déterminée, ce qui est naturellement un point très important...

Puisque ces questions paraissent être celles qui vous intéressent surtout, je me permets de vous signaler qu'un nouveau livre de moi s'y rapportant spécialement, « Aperçus sur l'Initiation », vient de paraître, au début de ce mois-ci, aux Éditions Traditionnelles (Librairie Chacornac).

Quant à votre question au sujet de Gurdjieff et de Lanza del Vasto, je puis sans aucune hésitation, vous répondre d'une façon tout à fait négative. Le premier qui doit être maintenant en Amérique (du moins je n'ai pas entendu dire qu'il soit revenu en Europe), a constitué, à l'aide de ce qu'il a pu apprendre dans ses voyages en Orient, une sorte de méthode d'entraînement psychique assez fantaisiste, qui semble même n'être pas sans danger, et qui en tout cas ne se rattache absolument à rien d'authentique. Pour Lanza del Vasto, son cas est différent : il n'éprouve au fond aucun intérêt pour les questions doctrinales, et ses préoccupations sont presque uniquement d'ordre social, ce qui explique d'ailleurs ses relations avec Gandhi (fort ignorant lui aussi, il faut bien le dire, au point de vue traditionnel). Cela n'a aucun rapport avec l'initiation, et je ne crois d'ailleurs pas qu'il ait des prétentions dans ce domaine ; mais il voudrait, en vue des réalisations sociales qu'il projette, fonder un « Ordre » dont les membres devraient prononcer des vœux, et il est à craindre que cela ne tourne plus ou moins à la « pseudo-religion ».

D'une façon générale, quiconque n'est pas rattaché à une tradition régulière ne peut pas être regardé comme un véritable Maître spirituel. Parmi les gens de cette sorte, trop nombreux à notre époque, les uns sont réellement dangereux pour des raisons diverses, et les autres, bien que plus inoffensifs, ne peuvent que faire perdre du temps à ceux qui les suivent. (……)

ଚ◯ଓ

Le Caire, 26 septembre 1946

(....)

La Maçonnerie et le Compagnonnage peuvent toujours transmettre une initiation virtuelle, mais, dans l'état actuel des choses, il ne faut pas compter y trouver le moindre appui pour aller plus loin, car on n'y soupçonne même pas ce que peut être une réalisation quelconque.

Je croyais que Madame de Salzmann était toujours à Genève, où elle avait une école de culture physique avant la guerre ; si Gurdjieff, dont son mari était autrefois un des principaux assistant, est revenu en France, c'est sans doute ce qui l'aura ramenée également.

Canseliet (qui n'est pas Fulcanelli, mais qui se donne comme son continuateur) n'a certainement rien d'un « maître » ; de plus, au point de vue traditionnel, il ne peut se rattacher plus ou moins effectivement qu'à un de ces courants déviés dans le sens « naturaliste » auxquels j'ai fait allusion en diverses occasions.

Je ne sais ce qui a pu vous faire penser que Clavelle était mon représentant à Paris ; il est simplement un de ceux qui ont l'obligation de s'occuper des choses que, du fait de la distance où je me trouve, je ne puis faire moi-même ; pour sa part, il s'occupe plus particulièrement de ce qui concerne les « Études Traditionnelles », comme d'autres le font pour les questions se rapportant à l'édition et à l'impression de mes livres, etc. ; je leur dois beaucoup de reconnaissance à tous pour l'aide qu'ils m'apportent ainsi, mais, en réalité, aucun d'eux n'est mon représentant à proprement parler. (.....)

René Guénon à Frithjof Schuon
(publié dans Les Cahiers de l'Herne)

Bî-smi Llâh al-Rahmân al-rahîm al-hamdu li-Llâhi wahda-Hu
Au nom du Dieu clément et miséricordieux louange à Dieu seul !

Le Caire, 16 avril 1946.

ila l-shaykh al-fâdil wa-l-akh al 'aziz
Sayyidî Isâ Nûr al-Din Ahmad
al-salâm 'alaykum wa-rahmat Allâh wa-barakâtu-Hu-Wa-ba`d
Au Shaykh excellent et au frère très cher, Sidi Aissa Nur al-Din Ahmad
A vous le salut et la miséricorde de Dieu et Ses bénédictions.

Bien que j'aie eu déjà souvent de vos nouvelles en ces derniers temps comme vous pouvez le penser, j'ai été extrêmement heureux d'en recevoir cette fois directement, et aussi de ce que vous nous faites espérer la visite de quelqu'un de nos amis ; et peut-être vous-même pourrez-vous aussi revenir nous voir sans trop tarder...

Merci pour les envois successifs des chapitres de votre livre, maintenant complété ; je le trouve du plus grand intérêt, et il aurait été assurément bien regrettable que vous ne vous décidiez pas à l'écrire. Je ne vois vraiment pas quelles modifications je pourrais vous suggérer, ni ce qu'il pourrait y avoir à ajouter ou à retrancher ; je crois que ce qui se rapporte au Christianisme, en particulier, n'avait jamais été présenté sous ce jour, et cela pourra aider certains à comprendre bien des choses. Il importe que ce livre puisse paraître le plus tôt possible ; Luc Benoist m'avait parlé de la fin de cette année, mais, comme la réédition de la « Crise du Monde moderne » paraît devoir se faire plus tôt qu'il ne le disait alors, j'espère que cela avancera d'autant la publication des volumes suivants de la collection, c'est-à-dire de votre livre en premier lieu, et ensuite de celui de Coomaraswamy sur « Hindouisme et Bouddhisme ». - Pour ce qui est de votre nouveau titre, il me semble en effet préférable au premier parce qu'il est plus court, et que peut-être aussi il semblera plus clair aux lecteurs qui ne sont pas encore habitués à notre terminologie.

J'avais su déjà par P. Genty qu'il s'était décidé à vous écrire ; je ne sais trop ce qu'il a pu vous dire au sujet des « Prophètes de l'Esprit », mais je me doute que ce devait être quelque chose de passablement confus ; il est malheureusement toujours le même, depuis à peu près 40 ans que je le connais, et fort entêté dans ses idées... Clavelle, qui me dit avoir reçu également une copie de votre réponse, ajoute que, d'après une lettre plus récente de Genty, celui-ci « semble bien décidé, cette fois-ci comme d'habitude, à ne pas sortir du domaine des songes » ; comme il n'est pas exempt de quelque parti pris à son égard, je veux croire pourtant qu'il exagère. S'il en était ainsi, ce serait vraiment fâcheux en effet pour ce pauvre Genty, car il est tout de même bien temps qu'il prenne une résolution plus « effective » ; il doit avoir 64 ou 65 ans, mais, à vrai dire, il a toujours paru vieux. - À ce que vous dites dans votre réponse au sujet de St Jean il y aurait peut-être seulement ceci à ajouter : beaucoup de Musulmans considèrent aussi St Georges comme un prophète, appartenant à la famille spirituelle de Seyidnâ El-Khidr, Seyidnâ Idris et Seyidnâ Ilyas ; mais, en tout cas, il est bien entendu qu'il ne serait également que Nabî et non Rasûl. À ce propos, je ne sais plus si j'ai jamais eu l'occasion de vous dire que ce qui m'avait donné l'idée d'écrire les articles sur la « réalisation descendante » parus au début de 1939, c'est le fait que certains Shiites prétendent que le Walî a un maqâm plus élevé (sous le rapport d'el-qutb) que le Nabî et même que le Rasûl. Ce que j'ai écrit dernièrement à propos des Malâmatiyah, comme vous le verrez (ou peut-être l'avez-vous déjà vu, car le 4e n° des « E. T. » doit être paru maintenant), touche aussi à la même question ; cet article se rencontre d'ailleurs avec ce que vous avez écrit vous-même sur les rapports des initiés avec le peuple, et, par une assez curieuse « coïncidence » (?), je venais justement de projeter de l'écrire quand cette partie de votre livre nous est parvenue !

Oui, nous avons reçu de Buenos Aires les deux études sur le Bouddhisme et sur les « Noms Divins » dont vous parlez ; j'en ai eu aussi, et de la dernière surtout, la même impression que vous. C'est très difficile à lire, et il y a làdedans bien des complications assez inutiles, et même des correspondances dont beaucoup semblent peu justifiées ; je me demande sur quelles autorités l'auteur pourrait bien appuyer certaines de ses assertions... Sûrement, c'est bien différent du travail de S. Abu B. ; ne pensez-vous pas que, si ce dernier était traduit en français, il vaudrait la peine de le faire paraître dans la collection « Tradition » ? Je ne crois pas que L. Benoist pourrait avoir quelque objection à soulever contre cette idée.

J'ai connu en effet Mme Breton (alors Mlle Dano) dans les derniers temps que j'étais à Paris, et, depuis lors, elle a toujours continué à m'écrire de temps à autre. Je pense que vous avez bien fait de lui répondre, car elle est certainement très sympathique et paraît compréhensive, et il n'y a aucunement lieu de se méfier d'elle ; de plus, chose appréciable, elle n'appartient pas à la catégorie trop nombreuse des correspondants encombrants et indiscrets. Je dois dire aussi qu'elle et son beau-frère (Paul Barbotin) m'ont rendu quelques services en m'aidant à élucider certaines machinations des gens de la « R. I. S. S. » et autres de cette sorte. J'ajoute, pour que vous sachiez plus exactement à quoi vous en tenir, qu'elle est nettement catholique et qu'elle est aussi en relation avec Charbonneau-Lassay.

Votre chapitre sur les formes d'art sera certainement très bien pour le volume de Bharata Iyer ; Marco Pallis nous a écrit que lui-même préparait quelque chose sur le « costume traditionnel ». Quant à moi, je n'ai malheureusement rien fait encore ; comme on paraît vouloir avoir les articles sans trop tarder, je me demande si la traduction de mon étude sur la théorie des éléments, parue autrefois dans un n° spécial des « E. T. » sur la tradition hindoue, ne pourrait pas faire l'affaire. Il ne m'est guère possible en effet de faire un travail d'une certaine longueur en ce moment, ni tant que je ne serai pas complètement sorti de toutes les questions concernant les éditions et rééditions actuellement en cours, car tout cela prend bien du temps et se trouve encore compliqué par les lenteurs et les irrégularités du courrier. - Il est bien vrai que la période de silence de ces dernières années a eu pour moi quelques avantages, en ce sens qu'autrement il m'aurait probablement été bien difficile d'arriver à préparer 4 nouveaux livres pendant ce temps ; mais, d'un autre côté, cette absence prolongée de toute nouvelle devenait vraiment bien pénible tout de même...

Merci à vous et à tous nos amis de vos bons vœux ; nous allons toujours bien, Dieu soit loué, et ma famille se joint à moi pour vous adresser à tous nos salutations et nos meilleurs souvenirs.

Min al-faqîr ilâ rabbihi 'Abd al-Wâhid Yahyâ
(*Émanant*) *de l'indigent à l'égard de son Seigneur Abd al-Wahid Yahya*

ಐಜ

1931 (d'après un extrait dactylographié)

... Quant au christianisme oriental, je ne crois pas qu'il y subsiste grand-chose en fait de compréhension profonde. Les Syriens ne valent guère mieux que les Grecs, et les Coptes eux-mêmes sont généralement fort ignorants. Il y a bien encore quelques vieux moines coptes qui font exception, mais ils sont retirés dans une région presqu'inaccessible, et ils n'admettent plus de nouveaux venus parmi eux ; c'est donc une tradition qui s'éteint et qui a perdu toute vitalité. Quant à l'Abyssinie, on dit bien qu'il y aurait encore là certaines choses intéressantes, mais je n'ai pas eu l'occasion de le vérifier par moi-même.

ಐಜ

➢ (concerne la « Tariqah » de Lausanne, F. Schuon en étant le « Sheikh »)

Le Caire, 27 septembre 1950

Cher Monsieur,

Merci de votre lettre, qui m'est parvenue hier ; permettez-moi de vous dire tout d'abord que vous avez eu grand tort de ne pas oser m'écrire jusqu'ici, car je vous assure que je ne suis pas de ceux qui s'entourent de cérémonies et à qui on ne peut s'adresser qu'à travers des intermédiaires !

Lors des incidents de 1946, et malgré tout ce que j'avais déjà remarqué de fâcheux même avant cela, je pensais encore que tout pourrait s'arranger, et il me semblait que votre soumission ne pourrait qu'y contribuer ; mais, à vrai dire, je l'ai bien regretté en voyant combien on en avait abusé par la suite. Depuis lors comme précédemment, j'ai gardé le silence aussi longtemps que je l'ai pu, et pour les mêmes raisons en dépit de toutes les choses plus ou moins extravagantes que j'ai eu trop souvent l'occasion de constater ; mais cela non plus n'a servi à rien et même je me suis rendu compte que certains interprétaient trop volontiers ce silence comme une approbation. Enfin, il est venu un moment, comme vous le savez, ou, malgré toute ma bonne volonté de conciliation, il ne m'a plus été possible de conserver cette attitude, et où j'ai dû intervenir, en quelque sorte malgré moi, dans cette question du Christianisme qui a été le point de départ au moins apparent de la crise actuelle ; je dis apparent parce que, en réalité, celle-ci semble bien n'être que la suite de celle de 1946 qui n'avait jamais été vraiment résolue. Il est bien clair maintenant qu'il n'y a plus aucun espoir que la situation arrive jamais à s'améliorer, et il est certain que cela ne pouvait continuer ainsi indéfiniment...

Naturellement, je savais déjà par Vâlsan ce que vous pensiez de tout cela, et je vous remercie d'avoir bien voulu encore me le confirmer vous-même. Quant à ceux qui sont hésitants ou qui même se rangent actuellement du côté de la Suisse, leur cas s'explique évidemment par toutes les assertions fantastiques qu'on leur a répété à satiété et auxquelles ils croient encore ; mais il est bien à craindre qu'un jour ou l'autre ils ne finissent par en éprouver de cruelles désillusions... En Suisse, les connaissances doctrinales semblent vraiment bien faibles chez tous, en dépit de leurs prétentions « jnâniques » ; quant au point de vue technique, leur ignorance à cet égard est une chose à peine croyable, et le plus fâcheux est qu'ils s'imaginent qu'il est possible d'y suppléer par de prétendues « inspirations » qui sont trop manifestement en dehors de toute régularité traditionnelle. Il y aurait trop à dire sur tout cela, mais je n'y insiste pas davantage, car je pense bien que Vâlsan vous tient au courant de ce qu'il y a de plus important dans notre correspondance. Je suis heureux de votre complet accord avec lui ; il y a chez lui un fond doctrinal bien autrement solide que chez les Suisses, y compris leur Maître, et, j'approuve entièrement votre appréciation à cet égard. J'ai été content d'apprendre que vous aviez déjà commencé à vous réunir d'une façon indépendante ; quelle que soit l'attitude qu'on prendra de l'autre côté (et je n'espère guère qu'on s'y résigne à une séparation « à l'amiable »), vous n'avez certainement pas à vous préoccuper d'une question de « régularité » qui ne se pose même plus dans ces conditions, et qui d'ailleurs n'aurait pas plus de raison de se poser pour vous vis-à-vis de Lausanne que pour Lausanne même vis-à-vis de Mostaganem, car il n'y a là aucune différence réelle, et cela n'a absolument rien à voir avec la valeur qu'on peut attribuer à tort ou à raison à telle ou telle individualité... L'essentiel est d'avoir une Tarîqah vraiment normale, ce qu'on appelle dédaigneusement en Suisse « une Tarîqah comme toutes les autres » ; quel dommage que certains n'aient pas voulu s'en contenter !

Croyez, je vous prie, cher Monsieur, à mes bien cordiaux sentiments.

R. G.

René Guénon à ... ?

Le Caire, 18 septembre 1950.

D'autre part, j'ai reçu une lettre de Burckhardt, qui, au sujet de mes réponses à M.L. [Martin Lings], dit « que la violence de ces lettres l'a douloureusement frappée, et qu'il ne parvient pas à concilier cette impression avec les circonstances qui ont évoqué mes remarques si sévères » ; il me semble pourtant que ce n'est pas bien difficile à comprendre!... [j'] admire qu'on puisse pousser la mauvaise foi aussi loin.

Cela ne m'étonne guère, car, au point de vue technique, l'ignorance de tous ces gens, à commencer par F.S. [Frithjof Schuon] lui-même, est véritablement effrayante...

En pensant à toutes ces histoires, je crois qu'il faudra faire très attention à tout ce que F.S. [Frithjof Schuon] et les Suisses voudraient faire passer dans les « E.T. » [Études Traditionnelles], car il se pourrait qu'ils glissent dans quelque article quelque chose qui serait dirigé contre nous, peut-être sous une forme plus ou moins déguisée. C'est déjà bien assez de ce qui est arrivé avec la fameuse note des « Mystères christiques », et il ne faudrait pas risquer de s'exposer à quelque nouvelle histoire de ce genre, et qui serait peut-être pire encore cette fois ; [...]

J'en viens maintenant aux affaires de Suisse. Tout d'abord, peu après vous avoir écrit la dernière fois, j'ai reçu de nouvelles lettres de F.S. [Frithjof Schuon] et de Burckhardt ; M.L. [Martin Lings] les a encore apportées lui-même, et, comme toujours en pareil cas, il paraissait très pressé d'en voir le contenu, mais, en réalité, je crois bien qu'il en avait déjà pris connaissance avant moi ! En effet, comme je lui avais passé le commencement de la lettre de Burckhardt avant d'avoir fini de lire la dernière feuille, il vit que je n'avais que 3 feuilles entre les mains, et dit d'une façon en quelque sorte machinale, « Je croyais qu'il y avait 4 feuilles... » ; puis il s'arrêta brusquement, s'apercevant probablement qu'il faisait une « gaffe », et il se mit à parler de tout autre chose. Cela avait naturellement éveillé mes soupçons ; aussi, après son départ, nous avons examiné les enveloppes de près, et nous avons constaté qu'elles avaient été décollées et recollées avec soin, mais pourtant pas assez habilement pour que cela ne se voie pas, et qu'il en était aussi de même de la précédente lettre de Burckhardt. Ainsi, l'adresse des Pyramides n'était donc réellement pas sûre, et il se peut très bien que des choses semblables se soient déjà produites bien des fois avant cela ; heureusement, il n'y vient plus maintenant que des choses assez peu importantes, sauf naturellement les lettres de Suisse.

Il est encore apparu, comme vous le verrez, certaines choses qui tendent à confirmer que l'adresse des Pyramides n'est pas sûre ; je vous demanderai donc, bien qu'il y ait encore au moins 3 semaines de tranquillité, de m'écrire à partir de maintenant à l'adresse suivante :

Sheikh Abdel-Wâhid Yahya c/o Mercerie Ramadân 5 Shara Saad Zaghlud

Gisah.

༄༅

Les voyageurs des Pyramides doivent décidément arriver demain ; qui sait quelles querelles M.L. [Martin Lings] va bien pouvoir me chercher encore et ce qui en résultera ? Bien cordialement à vous. René Guénon.

... mais c'est tout de même bien fâcheux qu'il y ait toute une série de choses de ce genre. Il semble vraiment que [Michel] Vâlsan se soit trompé un peu trop souvent, en bien ou en mal, dans ses appréciations sur les uns et les autres ; j'ignorais ce qu'il vous avait dit au sujet de la Mac∴ [Maçonnerie] et qui est assurément bien « simpliste ».

Shrî Ramana a 71 ans, ce qui n'est pas un âge très avancé encore, mais ce qui est inquiétant, c'est qu'il ne veut rien faire pour réagir contre la maladie et paraît y être complètement indifférent. Je ne vois en effet personne qui puisse le remplacer, et, sachant ce qu'est son frère, je crains bien que, entre les mains de celui-ci, l'Ashram ne dégénère très rapidement en une sorte d'exploitation commerciale du genre de celles qu'on voit trop souvent s'établir autour de certains lieux de pèlerinage... Bien cordialement à vous.

René Guénon.

ॐ

Le Caire, 9 octobre 1950.

...

Quand on rapproche toutes ces choses, on s'étonne beaucoup moins que la situation en soit arrivée jour après jour au point où elle en est actuellement ; en tout cas, on ne pourra pas me reprocher d'avoir manqué de patience en ne disant rien et en cherchant même constamment à tout arranger pendant si longtemps !

... à Lausanne, les observances rituéliques ont été réduites au strict minimum, et que la plupart ne jeûnent même plus pendant le Ramadan ; je ne croyais pas que c'était à ce point, et je vois que je n'avais que trop raison quand je disais que bientôt ce ne serait plus du tout une tarîqah, mais une vague organisation « universaliste », plus ou moins à la manière de celle des disciples de Vîvêkânanda ! Bien cordialement à vous, René Guénon.

... car on se sera rendu compte que je n'envisageais pas du tout comme eux les conditions dans lesquelles [haplographie biffée] une branche d'une tarîqah pouvait être constituée régulièrement...

ॐ

René Guénon à Galvao[2]

(A)

Cruseille (Haute Savoie)
le 16 octobre 1929

...

Car je dois vous avouer que je ne connais aucune des traductions françaises de Dante, n'ayant jamais lu que le texte italien.

Il y a bien la traduction d'Aroux, mais je ne crois pas qu'elle puise être d'un grand secours pour la compréhension du sens profond, car elle est faite à un point de vue politico-religieux très spécial ; j'ai d'ailleurs indiqué les réserves qu'il y a lieu de faire sur cette interprétation. De plus, cette traduction, publiée en 1856, est aujourd'hui très rare ; M. Chacornac me dit qu'on peut parfois la trouver d'occasion à 150 ou 200 francs. Les autres traductions, qui se rencontrent plus couramment, sont faites à un point de vue à peu près uniquement littéraire. Il paraît que celle d'Artaud de Montor, dans la collection des classiques Garnier, est assez bonne. Parmi les plus

---

[2] (Galvao : ami et correspondant brésilien de René Guénon)
N. B. Malgré l'attention apportée par le copiste, il est certain que des fautes d'orthographe, de ponctuation ou autres ont été glissées involontairement entre ces pages, et il s'en excuse. Le choix des morceaux qui sont ici présentés ont obéi d'une façon générale à l'intérêt qu'ils pourront présenter au futur lecteur de l'ouvrage de J. P. Laurant, qui naturellement procédera, à son tour, à un nouveau triage. Les passages plus intimes ou concernant la vie privée de René Guénon ou de F. G. G. n'ont pas été transcrits. Ne m'a-t-il pas dit : « bien entendu, je vous prierai de garder cela tout à fait pour vous » ?
Remarque : Quand une phrase finit par trois points de suspension elle est de René Guénon, d'un autre côté, les séries de plus de trois points correspondent à des passages supprimés concernant les vies privées de R. Guénon ou de F. G. Galvao.
Dactylographie de (A) a (Y) d'après extraits recopiés dans les conditions ci-dessus sauf (B) : copie intégrale.

récentes, on m'a dit beaucoup de bien de celle du père Berthier, éditée par Desclée. Je n'ai eu sur les autres que des renseignements assez contradictoires, et généralement peu favorables...

ഔറ

(B)

Le Caire, 31 janvier 1938.
(poste restante, bureau central)

Cher Monsieur,

Voilà en effet bien des années que je n'avais rien reçu de vous, et votre lettre a même bien failli ne pas me parvenir, car il y a déjà huit ans que j'ai quitté Paris et que j'habite ici...

Je suis heureux de tout ce que vous voulez bien me dire, et aussi de savoir votre intention de traduire l'un ou l'autre de mes livres, ce qui, malgré les objections que vous envisagez, ne me paraît pas pouvoir être une entreprise tout à fait inutile ; il y a peu de temps, on me disait justement qu'il serait bon qu'ils puissent être traduits en espagnol et en portugais. -- L'année dernière, « L'Homme et son devenir » et « La crise du Monde moderne » ont paru en italien. En anglais, rien n'est encore publié (sauf « L'Homme et son devenir » qui a été traduit il y a déjà longtemps), mais il y a actuellement cinq volumes en train ; j'ai même beaucoup de travail pour revoir toutes ces traductions, de façon qu'elles soient aussi exactes que possible. Il y a aussi plusieurs projets de traduction en allemand, et même en polonais et en roumain... La plus grande difficulté, dans beaucoup de pays, est de trouver des éditeurs dans les conditions actuelles ; naturellement, je ne sais pas ce qu'il en est au Brésil à cet égard. Pour l'ordre possible des traductions, il me semble qu'on peut en somme considérer « Orient et Occident », « La Crise du Monde Moderne » et « Autorité spirituelle et pouvoir temporel » comme formant une sorte de série indépendante de celle des ouvrages proprement doctrinaux, et qu'on peut commencer par l'une ou par l'autre suivant qu'on y trouve avantage pour atteindre plus facilement les lecteurs tout d'abord. -- Quant aux ouvrages doctrinaux, il est certain que le mieux serait de commencer par l'« introduction générale », et de continuer ensuite dans l'ordre même où ils ont paru : « L'Homme et son devenir », « Le Symbolisme de la Croix », « Les États multiples de l'être ». Je me demande si vous avez eu connaissance de ces deux derniers, qui ont été écrits depuis que je suis ici, et aussi de ma collaboration régulière, à partir de 1929, à la revue « Études Traditionnelles », précédemment « Le Voile d'Isis » (11, quai Saint Michel, Paris 5°). En tout cas, je me permets de vous signaler tout cela en réponse à votre demande de vous indiquer quelques études pouvant vous être utiles ; dans la revue, en dehors de mes articles, vous trouveriez certainement encore bien d'autres choses susceptibles de vous intéresser.

J'espère que vous serez cette fois moins longtemps sans me récrire ; je fais adresser toute ma correspondance à la poste, comme je l'ai indiqué ci-dessus, afin d'éviter toute erreur, car, pour qui ne sait pas écrire l'arabe, nos adresses d'ici sont à peu près impossible à mettre exactement...

Croyez, je vous prie, cher Monsieur, à mes sentiments les meilleurs.

R. G.

ഓൽ

(C)

Le Caire, 8 mai 1938.

...

Il me semble en effet qu'il serait bon de tenter tout d'abord une sorte d'« expérience « avec quelques articles, si toutefois vous pouvez trouver une revue qui soit disposée à les accepter et où ils ne soient pas trop « déplacés » (ce n'est d'ailleurs pas seulement au Brésil que cela est difficile à trouver). Naturellement, je m'en rapporte à vous pour le choix de ceux qui pourraient convenir le mieux, car il est évident que c'est là une chose dont vous pourrez vous rendre compte mieux que moi. Je vous prierai seulement de vouloir bien écrire à Chacornac pour lui demander l'autorisation de traduire les dits articles ; bien entendu, il ne s'agit que d'une autorisation de pure forme, qu'il vous donnera sans difficulté (d'autant plus que je vais le prévenir moi-même) et sans vous demander de droits ; mais il est assez susceptible, et naturellement, nous avons, à cause de la revue, bien des raisons de ne pas risquer de le contrarier ou de le mécontenter d'une façon quelconque......... Pour la « Crise du Monde moderne », il y aura lieu de s'adresser à Monsieur R. Denoël, 19 rue Amélie, Paris (7°), qui a racheté ce volume (ainsi que « L'Homme et son devenir ») à la suite de la faillite des éditions Bossard.

Pour la traduction d'Evola, je dois dire qu'il m'a proposé certaines modifications qu'il considérait comme nécessitées par les conditions spéciales existant actuellement en Italie ; j'ai du les accepter (non pas toutes cependant), mais j'aurais assurément préféré que la traduction soit entièrement conforme à mon texte.

Je vois avec plaisir que vous avez suivi la transformation progressive du « Voile d'Isis » et que vous vous êtes bien rendu compte des difficultés qu'il a fallu surmonter ; je vous assure que cela a demandé de la patience, mais du moins le résultat est satisfaisant ; c'est bien pourquoi nous devons savoir gré à Chac. d'avoir peu à peu admis tout ce que nous voulions faire, et cela malgré toutes sortes de gens qui essayaient de le terroriser pour l'en détourner...

ʽʼ

(*D*)

Le Caire, 7 janvier 1940

...

Votre seconde lettre m'est parvenue peu de temps après que Monsieur Paterson avait répondu pour moi à la première... Sans être encore complètement remis de cette longue crise rhumatismale, je vais beaucoup mieux, et il faut espérer que bientôt ce sera tout à fait terminé. J'ai pu recommencer à travailler et préparer mes articles pour le numéro de janvier des « Études Traditionnelles ». La publication de la revue, à moins que des difficultés financières ne viennent y mettre obstacle, va pouvoir redevenir maintenant plus régulière qu'elle ne l'a été en ces derniers temps.

ಲ಄ಌ

(E)

Le Caire, 27 décembre 1943

Cher Monsieur,

Voilà assez longtemps déjà que j'ai reçu votre lettre, et je m'excuse de ne pas y avoir répondu plutôt ; il faut dire que les délais si longs de la correspondance, sans parler de tout ce qui se perd en route, n'encouragent pas beaucoup à écrire ; qui sait quand tout cela redeviendra enfin à peu près normal ?

Merci de vos prières et de vos bons vœux ; notre petite fille a déjà un peu plus d'un an maintenant !...... Monsieur Cuttat avait l'intention de vous envoyer une copie de mon livre « Le règne de la quantité et les Signes des Temps », écrit l'an dernier ; je pense qu'il aura dû le faire. Je ne sais pas jusqu'ici s'il a reçu mon autre travail sur « Les Principes du calcul infinitésimal », que nous lui avons envoyé un peu plus tard ; les dernières nouvelles que nous avons eues de lui datent d'à peu près un an, et, comme il n'y a guère que par lui que nous pouvons avoir indirectement des nouvelles de nos amis de Suisse, vous voyez comme tout cela est loin !

D'autre part, monsieur Lings vous a envoyé d'ici, il y a plusieurs mois, une copie de son propre travail « The Book of Certainty », vous est-elle parvenue ?

En ce moment je travaille à arranger et à compléter, pour en faire un volume, mes articles concernant l'initiation, ce qu'on m'avait demandé de faire il y a longtemps déjà (la plupart des années de la revue où ils se trouvent étant complètement épuisées déjà avant la guerre) ; mais quand sera-t-il possible de faire éditer tout cela ?

ಐಂಡಿ

(F)

Le Caire, 22 décembre 1944

....

Notre fille grandit, elle a déjà un peu plus de deux ans maintenant ; et voilà que nous attendons un autre enfant pour bientôt, probablement d'ici deux mois environ !

J'ai terminé, sous le titre « Aperçus sur l'Initiation », l'arrangement des articles dont je vous parlais la dernière fois que je vous ai écrit (cela doit faire presque exactement un an) ; avec tout ce que j'y ai ajouté, cela forme un gros volume. Dernièrement, j'ai terminé encore un autre livre sur « La Grande Triade », c'est à dire, comme le titre l'indique, principalement sur le symbolisme de la tradition extrême-orientale. Me voilà donc maintenant avec quatre ouvrages prêts à être édités dès que les circonstances le permettront ; souhaitons que cela puisse ne plus trop tarder... Je suis heureux de savoir que vous avez bien eu « Le Règne de la quantité », ainsi que « The Book of Certainty » de Monsieur Lings, qui me charge de vous remercier de ce que vous voulez bien me dire pour lui à ce sujet.

ಐಂಡಿ

(*G*)

Le Caire, 25 janvier 1946

....

J'ai également demandé qu'on vous envoie de Paris un exemplaire du « Règne de la quantité », paru au début d'octobre dernier............ D'un autre côté, je dois dire que vous avez eu raison en un sens de ne pas prendre au sérieux l'avis paru en décembre 1927 dans le « Voile d'Isis », car son auteur a bien été initié par le Sheikh Ahmed, mais c'est tout, et il n'a fait cet appel que de sa propre initiative. Ayant constaté certaines choses qui me paraissaient assez bizarres et peu régulières, je me suis informé directement à ce sujet, et il m'a été répondu qu'il (Docteur J. H. Probst-Biraben) n'avait jamais été « mandaté « pour quoi que ce soit.

ೞಌ

(*H*)

Le Caire, 14 septembre 1946

....

Vous savez sans doute que Monsieur Cuttat a quitté l'Argentine ; quand il est parti, il croyait y retourner après son congé, mais il est resté en Suisse, ayant été nommé à un poste (chef du protocole) au Ministère même. -- Monsieur Lings est allé aussi en Suisse pendant ces deux mois derniers, pour y revoir tous nos amis ; il vient de rentrer ici il y a quelques jours et nous a rapporté de bonnes nouvelles de tous.

ೞಌ

(I)

Le Caire, 28 septembre 1946

Note de F. G. G. : Il s'agit du livre de Fernando Nobre : "Gouvernement démophile"

....

J'y ai seulement jeté un coup d'œil, et il me semble que, à côté de choses qui sont très bien, il y en a d'autres qui appelleraient des réserves ; j'ai constaté aussi certaines admirations qu'il me seraient bien difficiles de partager ; et puis le mot même de « démophilie » ou « démophilisme » ne me paraît pas des plus heureux ; mais tout cela est bien insuffisant pour me permettre de donner vraiment un avis. D'autre part, il y a là-dedans un côté proprement politique, pour lequel je ne me reconnais aucune compétence ; et vous devez même savoir combien j'ai toujours eu soin d'éviter d'aborder ce domaine !

಼಻

(J)

Le Caire, 14 novembre 1946

....

Quant aux « Principes du calcul infinitésimal », je me suis déjà aperçu que leur titre paraissait un peu effrayant à bien des gens, mais je crois que c'est à tort, car il n'est certainement pas besoin d'être un spécialiste des mathématiques pour les comprendre, et même beaucoup de mathématiciens se trouvent plutôt gênés à cet égard par leurs idées préconçues et par les habitudes qu'ils ont prises et auxquelles il ne leur est pas facile de renoncer............ Si j'avais envoyé une lettre d'approbation, à Monsieur Nobre, en réponse à son télégramme, peut-être aurait-il trouvé bon de la publier pour en tenir lieu ; et j'avoue que j'en aurais été plutôt ennuyé ! Quant aux renseignements biographiques, vous savez combien je suis opposé par principe à ce qu'on fasse intervenir toutes ces questions individuelles là où la doctrine seule doit compter... À propos de portraits, il y autre chose encore : je veux parler d'un véritable danger au cas où ils viendraient à tomber entre les mains de gens mal intentionnés ; ici même il y a je ne sais combien de gens (des Européens et des Juifs) qui ont vainement cherché par tous les moyens à se procurer des photographies de moi ; que voulaient-ils bien en faire ? Je dois dire d'ailleurs que, si j'ai réussi à être tranquille ici, c'est seulement à la condition de m'arranger pour n'avoir jamais le moindre rapport avec les milieux européens.......... Ce qu'on vous a dit au sujet du voyage à la Mecque est malheureusement inexact ; c'est ma femme seule qui y est allée avec notre fille aînée (c'était avant la naissance de la seconde). Nous espérons bien y aller tous ensemble une autre fois, mais qui sait quand ?

En tout cas le Christianisme, actuellement tout au moins, est la seule Tradition dans laquelle il soit permis de manger indistinctement n'importe quoi ; il ne peut donc y avoir aucun inconvénient pour un catholique à manger la viande d'un animal abattu suivant le rite d'une tradition quelconque, aussi bien que sans aucun rite, d'autant plus que cela n'implique évidemment aucune participation au rite même de l'abattage. J'ai dit « actuellement » parce qu'il n'en était peut-être pas de même dans les premiers temps ; la seule chose dont je sois sûr (et ce serait bien insuffisant pour traiter la question dans un article, d'autant plus que je n'ai pas fait moi-même de recherches à ce sujet, mais que c'est Monsieur Clavelle qui m'a communiqué cela), c'est que, à l'origine, l'interdiction du sang existait dans le christianisme comme ailleurs ; elle est peu à peu tombée en désuétude comme d'elle-même, à des époques différentes suivant les pays, mais, chose curieuse, elle n'a jamais été abrogée en réalité par aucun décret officiel !

ಸಿಂಡ

(*K*)

Le Caire, 11 janvier 1947

Cher Monsieur,

Vos deux lettres du 25 novembre et du 7 décembre me sont parvenues à peu de jours d'intervalle, et je m'excuse d'avoir un peu tardé à y répondre. Ce retard est bien involontaire en effet : j'étais assez fatigué depuis quelque temps déjà, et j'ai fini par être tout à fait malade, si bien que je suis resté deux semaines sans pouvoir me lever. Enfin, je vais beaucoup mieux maintenant, mais avec tout ce que j'ai à faire, je me demande comment je vais pouvoir arriver à rattraper ce temps perdu !

Je suis très heureux d'apprendre que vous avez entrepris la traduction de la « Crise du monde moderne » et qu'elle est en bonne voie......... J'ai demandé à notre ami René Allar, qui s'occupe plus spécialement de tout ce qui concerne les affaires d'éditions de vous envoyer le texte de deux modifications qui n'ont pas pu être faites assez tôt pour figurer dans la nouvelle édition, ainsi que l'indication de quelques fautes qui sont encore restées dans celle-ci, ceci afin que votre traduction puisse être tout à fait « au point »

Je vois par la coupure que vous m'avez envoyée, que le spiritisme paraît malheureusement faire bien grands ravages au Brésil ; ce qui est peut-être plus étonnant, c'est que cela s'étale maintenant aussi dans les journaux.

ᛒᛉ

(L)

Le Caire, 18 février 1947.

....

Une dame polonaise, Madame la Comtesse Humnicka, qui s'intéresse beaucoup à nos études et qui avait même traduit plusieurs de mes livres (ces traductions ont été perdues pendant la guerre avec tout ce qu'elle avait, malheureusement), ayant réussi après bien des difficultés à s'échapper de Pologne et à gagner le Brésil avec son mari, est maintenant à Sao-Paulo. Comme naturellement elle se trouve très isolée, surtout au point de vue intellectuel, je lui ai parlé de vous et lui ai donné votre adresse en l'engageant à aller vous voir de ma part. Je vous serai bien reconnaissant de vouloir bien lui faire le meilleur accueil.......

৪৩০৪

(*M*)

Le Caire, 9 mai 1947.

....

Il faut en effet tenir compte maintenant, pour tout ce qui concerne le bouddhisme, des travaux de Monsieur Coomaraswamy qui change complètement l'aspect de la question ; avant cela bien entendu, je n'avais jamais eu l'occasion d'examiner la chose de plus près, et même je dois vous dire que la façon dont le Bouddhisme est présenté habituellement le rend si peu intéressant que cela ne m'engageait pas du tout à m'en occuper plus particulièrement.......... Je vous remercie bien vivement pour l'excellente idée que vous avez eue, de m'adresser directement ici la totalité des droits ; puisque, comme vous le savez, il m'est toujours impossible de faire venir l'argent que j'ai en France, ce sera toujours autant que je pourrai recevoir de cette façon, et cela me rendra un grand service.

Votre idée de mettre en appendice à la « Crise » l'étude que vous avez rédigée me paraît très bonne.

Au sujet de la communion sous les deux espèces, dont vous me parlez à propos de la dégénérescence qui s'est produite dans le christianisme, vous savez peut-être qu'elle a toujours été maintenue dans toutes les Églises orientales, y compris celles qui sont rattachées à Rome.

৪৩০৪

(N)

Le Caire, 28 juin 1947.

....

Il paraît que vous avez manifesté une certaine inquiétude au sujet de ce rédacteur de journaux dont la Comtesse Humnicka vous a parlé ; vous devez sans doute savoir ce qu'il en est, mais en tout cas il me semble, comme à elle, qu'on pourrait tout de même l'utiliser à l'occasion, je veux dire, dans le cas actuel, pour parler du livre et le faire connaître quand il paraîtra ; qu'en pensez-vous ?.........

ಎಂಡ

(O)

Le Caire, 23 octobre 1947.

....

Je ne sais si vous avez appris la triste nouvelle de la mort de Monsieur Coomaraswamy, survenue il y a à peu près un mois et demi ; c'était bien inattendu, car, quoiqu'il ait été sérieusement malade il y a quelques mois, il m'avait écrit depuis lors qu'il allait beaucoup mieux, et il se plaignait seulement d'être obligé de ralentir son travail. Il avait l'intention après avoir terminé encore différentes choses, de quitter l'Amérique vers la fin de l'an prochain pour se retirer dans l'Inde ; il n'aura malheureusement pas pu réaliser ce projet auquel il paraissait tenir beaucoup...........

ಎಂಡ

(P)

Le Caire, 24 décembre 1947.

....

Je pense, d'après ce que vous me dites, que « A Crise do Mondo moderno » doit être maintenant sur le point de paraître, si même elle n'est déjà pas paru ; j'espère que vous ne manquerez pas de me tenir au courant de ce que vous saurez sur l'accueil qui lui sera fait............ J'ai reçu une lettre d'un certain Monsieur Ladislan Kovacs, d'origine hongroise, qui habite Sao-Paulo, et qui avait eu mon adresse par Chacornac... J'ai pensé que le mieux que je puisse faire était de vous l'adresser. Chose singulière, il me demande de l'autoriser à traduire en portugais et à faite éditer la « Crise du Monde moderne » ; et il ne se doute pas que cela est déjà fait ! Vous serez bien aimable de voir s'il serait possible de lui confier la traduction de quelque autre de mes livres, sans que cela doive faire double emploi avec ce que vous vous proposez de faire vous-même ; naturellement, vous pourrez mieux que personne vous rendre compte s'il est réellement capable de faire ce travail d'une façon convenable............ D'autre part, il dit que après la lecture des « Aperçus sur l'initiation », il voudrait » pouvoir trouver un support plus solide que celui que peut offrir un savoir purement livresque » ; je ne sais trop quoi lui répondre là-dessus, et en tout cas, comme je ne le connais pas du tout, je trouve préférable de ne rien lui dire avant que vous l'ayez vu et que vous m'ayez fait savoir quelle impression vous aurez de lui. Voyez aussi s'il y aurait quelque intérêt à lui faire faire la connaissance de la Comtesse Humnicka, dont bien entendu, je ne lui parle pas pour le moment ; je m'en rapporte à vous pour tout cela, et vous en remercie à l'avance.

Je savais déjà, par la Comtesse H. que vous aviez eu récemment la visite d'un des membres du groupe de Buenos Aires ; j'ai été très heureux que vous ayez eu cette occasion d'un contact plus direct (et c'est aussi une chance que vous vous soyez justement trouvé à Sao-Paulo à ce moment-là), occasion qui ne se présente que trop rarement là où vous êtes, car j'ai souvent regretté pour vous cet éloignement si gênant à bien des égards............ Je crois que vous avez tout à fait raison de tenir le plus possible votre famille loin de la grande ville, qui présente tant d'inconvénients du genre de ceux que vous dites, et sans doute de plus en plus, car tout cela ne fait qu'aller toujours en s'aggravant. Vous avez à ce point de vue, sur beaucoup d'autres, l'avantage de pouvoir vivre à l'écart dans votre fazenda.......... Ce qui a paru sur l'Archéomètre dans la « Gnose » était en réalité une sorte de travail collectif ; j'y ai collaboré ainsi que plusieurs autres, et le tout était coordonné par A. Thomas ((Marnès) ?), dont l'initiale T. figure comme signature................ Nous sommes bien d'accord sur la difficulté qu'il y aurait à identifier le Bouddha au 9° Avatâra ; ceux qui soutiennent cette opinion sont du reste obligés, pour la concilier avec le fait que ce devait être un Mlêchchha-Avatâra, de prétendre, en s'appuyant sur une étymologie très douteuse, que les Shâkyas étaient des Shakas, c'est-à dire un peuple d'origine scythe. Peut-être pourrait on voir plutôt seulement en lui un Avatâra mineur ; ceux-ci sont d'ailleurs naturellement en nombre indéterminé............... Au sujet des possibilités d'initiation, de quel côté on pourrait les envisager, en voyez-vous donc d'autres actuellement que celui de la Tarîqah (Note de F. G. G. : Organisation qui siégeait en Suisse autour du Sheikh Aïssa Nourreddine, qui reçu la Barakah du Sheikh El-Alaoui, le grand Saint marocain du premier tiers de ce siècle), je veux dire d'autres qui permettent d'espérer obtenir quelque chose de plus qu'une initiation simplement virtuelle ?... Vous savez qu'une initiation chrétienne semble bien ne plus exister en fait, sauf peut-être dans quelques groupements tellement fermés et restreints, que pratiquement il est inutile d'en parler ; il est possible aussi qu'il subsiste quelque chose dans certains monastères de l'Église Grecque, mais, en tout cas, cela encore est évidemment inaccessible.

Ce que vous me dites de cet érudit et littérateur que vous avez connu me fait penser, je ne sais trop pourquoi, à Dario-Velloso (Note de F. G. : Brésilien, auteur d'une traduction en portugais des « Vers Dorés » sur la version de F. d'Olivet. René Guénon l'a rencontré vers 1907 dans le milieu « occultiste ») ; serait-ce de lui qu'il s'agit ? J'aurais cru cependant qu'il était mort depuis plus longtemps. -- Ce qu'il vous a dit au sujet des grottes du Matto-Grosso ne me surprend pas et me rappelle une histoire que j'ai entendu il y a bien longtemps ; il ne s'agissait cependant pas là du Brésil, mais d'un autre pays de l'Amérique du Sud, je ne sais plus exactement maintenant si c'est la Colombie ou la Bolivie. Un ingénieur qui travaillait dans cette région s'aventura un jour dans une caverne où il marcha longtemps, apercevant une lueur qui lui faisait penser qu'il devait y avoir une autre issue ; mais finalement il fut arrêté par une étendue d'eau, de l'autre côté de laquelle il vit des animaux de formes étranges et inconnues, et il lui sembla que la lumière qui éclairait cet endroit n'était pas celle de l'extérieur ; il dû revenir sur ses pas, et n'en su jamais davantage. Sûrement, comme vous le dites, ces pays ne sont pas entièrement connus, et qui peut savoir ce qui s'y trouve encore au point de vue qui nous intéresse plus particulièrement ?

Autre chose à ce propos : je ne sais si vous êtes au courant, du côté du Sheikh Aïssa, des relations très intéressantes qui se sont établies ces temps derniers avec les Indiens de l'Amérique du Nord. Je dois dire que j'ai été étonné d'apprendre que, malgré tant de circonstances défavorables, bien des choses s'y sont conservées intactes jusqu'à maintenant, si bien qu'un réveil de leur Tradition demeure toujours possible ; il se peut d'ailleurs que les choses prennent bientôt de ce côté un développement imprévu...

Je suis bien certain que votre appendice à la traduction, quoi que vous en disiez, n'a rien de commun avec le livre de Marcireau ; celui-ci est un recueil d'extraits fort mal faits (il y a même des phrases isolées ou tronquées dont le vrai sens ne peut pas être compris), et groupés sous des titres qui, le plus souvent, ne répondent guère à mes intentions. Il a fait une quantité de volumes et de brochures qui ne sont tous composés que de citations plus ou moins hétéroclites ; il est évident que, dans tout cela, son but est uniquement « commercial ». Je n'ai pas besoin de vous dire que c'est à mon insu qu'il a fait paraître ce livre sur moi ; il s'est même abstenu de me l'envoyer. J'avais d'abord espéré que cela passerait à peu près inaperçu, mais il a fait une telle publicité de tous les côtés que malheureusement il n'en a rien été et qu'il s'est répandu un peu partout (il m'a même été signalé qu'il était en vente dans les librairies d'ici). La façon dont il m'« utilise » pour sa réclame (car il continue toujours) devient même de plus en plus déplaisante et indiscrète, d'autant plus que beaucoup de gens peuvent croire que c'est avec mon autorisation qu'il agit ainsi ; et nous ne savons pas du tout ce qu'il serait possible de faire pour y mettre fin. J'ai profité de l'occasion qui se présentait pour dire un peu, dans les « E. T. », ce que je pensais de son livre, mais je crains bien que cela n'ait pas grand effet sur lui.

(Q)

Le Caire, 23 juin 1948.

....

La lettre que je vous ai écrit le 10 juin et dans laquelle je vous ai parlé de « A Crise... » devra vous avoir déjà rassuré avant que vous receviez celle-ci. Malheureusement celle où il était question de l'évêque de Bragança ne m'est toujours pas parvenue ; je veux pourtant croire encore qu'il ne s'agit que d'un retard, car il y en a beaucoup en ce moment ; ainsi ces jours derniers une lettre de Monsieur Préau, que nous croyions bien perdue, à fini par m'arriver au bout de trois mois !...... Je me demande si vous aurez revu Monsieur Kovacs et ce qui en sera résulté suite en (R)

(R)

Le Caire, 1° septembre 1948.

....

Ce doit être dans ma lettre du 10 juin que je vous remerciais de la traduction de « A Crise » et que je vous parlais de la traduction, pour laquelle j'avais déjà remarqué la plupart des choses que vous me signaliez ; mais je ne pense plus me rappeler exactement tout ce que je vous disais. Je serais heureux de savoir quelles ont été jusqu'ici les réactions provoquées par ce livre ; j'espère que vous m'en parlerez une prochaine fois.

(S)

Le Caire, 2 décembre 1948.

....

Je suis tout étonné de voir que trois de mes lettres ont été perdues en route ; quant aux vôtres, il me semble bien qu'il n'y en ait eu qu'une, celle dans laquelle il était question de l'évêque de Bragança, et, à ce propos, je voudrais vous demander où en est maintenant cette affaire dont je n'ai plus rien su............ Ce que la comtesse H. m'a dit au sujet de Monsieur Kovacs, c'est en somme qu'il lui avait produit une impression assez antipathique, et qu'il lui semblait qu'il y avait chez lui quelque chose qui n'était pas normal. Bien entendu, cela ne veut pas dire qu'il faille l'abandonner, s'il est possible de faire quelque chose pour lui, mais je crois qu'il convient du moins d'être très prudent ; nous avons eu bien des ennuis pour ne pas l'avoir été assez avec d'autres, et l'expérience nous a montré qu'il valait mieux être trop méfiant que de ne pas l'être assez, surtout quand il s'agit de gens qui ne paraissent pas très équilibrés. Je ne sais plus si c'est vous ou la Comtesse H. qui m'avez dit qu'il y avait chez lui une sorte de hâte pour chercher à obtenir une initiation ; il est évident que cela serait en tout cas bien prématuré... Quant à la question des traductions qu'il peut faire, cela est naturellement différent, mais je dois avouer que, même à ce point de vue, ce que vous me dites cette fois au sujet de ce livre « Liberté de conception » m'inquiète beaucoup ; si la traduction d'un ouvrage de ce genre paraît avec sa signature, il est absolument impossible que celle-ci figure également sur celle de mes livres ; ne le lui avez-vous pas fait remarquer ? À part cela et d'une façon générale, ce que je crains aussi, toujours d'après ce que vous me dites, c'est qu'il n'envisage les traductions à un point de vue surtout « commercial » ; cela n'a peut-être pas un grand inconvénient quand il s'agit d'ouvrages « littéraires », mais, dans mon cas, il ne peut pas en résulter quelque chose de bien satisfaisant, et je me suis toujours abstenu de donner suite aux propositions qui présentaient un tel caractère. Il y a eu seulement la première traduction anglaise de « L'Homme et son devenir « qui a été faite sur la demande d'un éditeur, par quelqu'un qu'il en avait chargé et que je ne connaissais pas ; elle était si mauvaise et m'avait causé tant de désagréments que je me suis bien promis de ne plus jamais rien autoriser dans les mêmes conditions, et j'ai été très heureux quand elle a été épuisée, ce qui nous a permis d'en faire paraître une autre entièrement nouvelle. De toute façon je ne voudrais pas qu'une traduction portugaise d'un quelconque de mes livres soit faite sans entente avec vous et autrement que sous votre contrôle, car il est bien entendu que c'est vous qui pouvez le mieux juger de son exactitude et de ce qu'elle vaut à tous les points de vue, je veux dire aussi pour la langue et pour le style. -- Pour ce qui est du livre qu'il vaudrait mieux faire paraître maintenant en premier lieu, c'est aussi vous qui pouvez naturellement vous rendre compte beaucoup mieux que moi de ce qu'il en est. J'avais cru comprendre, par ce que vous m'aviez dit précédemment, que vous vous étiez déjà décidé pour « Autorité spirituelle », qui pourrait se faire plus vite que « Le règne de la quantité », puisque c'est beaucoup moins long ; je ne me rappelle plus si vous avez reçu la nouvelle édition, sur laquelle il serait préférable de faire tout de suite la traduction pour éviter d'avoir à y faire des modifications après coup. -- En tout cas, je pense qu'il va falloir d'abord que vous terminiez le livre de Sheikh Aïssa ; il faut bien espérer qu'il pourra être publié sans difficulté ; pensez-vous pouvoir le faire accepter par le même éditeur ? Sh. A. a fini dernièrement de mettre au point son autre livre, « L'Oeil du Cœur », mais nous ne savons pas encore trop quand il paraîtra, car, chez Gallimard, les choses marchent toujours très lentement ; « Hindouisme et Bouddhisme » de Coomaraswamy, qui est le premier volume à paraître dans la collection et dont la traduction était prête depuis bien longtemps, vient seulement d'être envoyé à l'impression. À propos de Sh. A., je ne sais pas qui a pu parler de la « réalisation de mes rêves », car je ne me souviens pas du tout d'avoir jamais employé cette expression, mais je dois d'ailleurs reconnaître qu'elle correspond bien à quelque chose de vrai, car il est sûr que, sans lui, bien des choses seraient restées à l'état de possibilités en quelque sorte « théoriques » et n'auraient pas pu arriver à se réaliser.

C'est un bon signe, comme vous le dites, que trois personnes vous aient demandé de leur procurer mes livres, et il faut bien espérer que cela n'en restera pas là. D'un autre côté, vous ne m'avez jamais dit s'il y avait eu quelque chose dans les journaux ou dans des revues ; il est pourtant toujours bon de voir quelles sont les réactions provoquées, surtout dans un pays où aucun autre ouvrage du même genre n'avait encore paru. -- Vous pouvez être sûr que je ne trouve pas du tout que vous vous soyez « arrogé » une tâche qui ne vous reviendrait pas, bien au contraire, et je souhaite seulement que vous puissiez la continuer comme vous l'avez commencée............ Je crois bien que, dans une de mes lettres qui se sont perdues, j'ai dû vous parler déjà de l'histoire de l'horoscope et du portrait exposé par Rouhier ; il a fait cela à mon insu, et, bien entendu, je ne l'y ai nullement autorisé ; c'est par Monsieur Allar que je l'ai appris quand il est allé pour s'occuper de la question des rééditions. Cela m'est fort désagréable, car je suis tout à fait opposé à cet étalage de choses individuelles, d'abord parce que c'est contraire aux principes traditionnels, et ensuite parce que j'estime que cela ne regarde aucunement le public ; mais, malheureusement, il paraît qu'il n'existe aucun moyen pour l'obliger à les retirer. L'horoscope doit d'ailleurs être faux, car je suppose qu'il a été fait d'après une date indiquée par Chacornac dans un de ses Almanachs astrologiques, autre indiscrétion faite sans mon consentement et qui m'avait beaucoup déplu aussi ; je me suis seulement félicité de ce que, par un accident en quelque sorte providentiel, cette date s'est trouvé être inexacte (le 5 novembre au lieu du 15, et c'est là l'explication que je vous annonçait plus haut), car cela ne peut naturellement qu'« embrouiller » ceux qui voudraient s'en servir ! Pour ce qui est du portrait, je voudrais bien pouvoir vous donner satisfaction, car il va de soi que ce que je disais tout à l'heure pour le « public » ne s'applique aucunement aux amis comme vous ; mais la vérité est que je ne l'ai pas moi-même, ou du moins que je ne l'ai plus, car, j'en avais un qui est resté en France comme beaucoup d'autres choses. Comme ma femme voudrait beaucoup l'avoir, j'ai demandé il y a quelque temps à Monsieur Allar de voir s'il y aurait moyen de s'en procurer un autre exemplaire et de me l'envoyer ; mais jusqu'à maintenant, je ne sais même pas si cela sera encore possible...

(**T**)

Le Caire, 20 juillet 1949.

....

Je ne suis pas très étonné de ce que vous me dites pour « A Crise. », car, en France aussi, mes éditeurs ont souvent fait la remarque que mes livres se vendent d'une façon régulière et qui continue en quelque sorte indéfiniment, au contraire de ce qui arrive pour d'autres livres qui se vendent d'abord en plus grande quantité, mais dont ensuite on ne demande même plus un seul exemplaire. Il est seulement dommage qu'il en ait été si peu parlé ; n'y a-t-il donc pas, en dehors des journaux, des revues qui auraient pu en faire des comptes rendus plus sérieux ?....... Au sujet du « silence », je ne connais pas du tout les livres que A. K. Coomaraswamy vous avait indiqué, de sorte que je ne pourrais pas vous dire s'ils ont quelque rapport avec le sujet de mon article (« Silence et Solitude ») ou s'ils traitent la question à d'autres points de vue. --Naturellement, je connais bien « Peaks and Lamas », et aussi son auteur ; il est revenu en Europe depuis quelques mois et était dernièrement à Lausanne, et il compte retourner au Tibet à l'automne prochain. À son précédent voyage il s'était arrêté ici en passant avec Ràma Coomaraswamy ; celui-ci est maintenant retourné en Amérique, car sa mère se trouve obligée d'y rester encore quelques années pour s'occuper des travaux laissés en train par son mari.........

෧෬

(**U**)

Le Caire, 6 septembre 1949.

Cher Monsieur,

Je vous écris aujourd'hui quelques mots seulement en hâte pour vous prévenir que je viens de recevoir une lettre d'un certain Monsieur Ary Vasconcelos (rua Gustavo Sampais, 202, apt. 302, Rio de Janerio), qui m'est tout à fait inconnu ; ce qui m'étonne est qu'il a adressé cette lettre aux Pyramides, et je me demande par qui il a pu avoir cette adresse. Il me demande la permission de faire publier une traduction du « Roi du Monde » que, si je comprends bien, il doit avoir déjà faite ; naturellement, je lui réponds en lui demandant de se mettre tout d'abord en rapport avec vous et en lui disant que je n'autoriserai aucune traduction portugaise sans qu'elle ait été examinée et approuvée par vous, afin d'être sûr de son exactitude ; il est donc probable qu'il vous écrira bientôt à ce sujet. Je l'informe aussi qu'il faudra en tout cas attendre la publication de la nouvelle édition française actuellement en préparation, afin de tenir compte des quelques modifications et additions que j'y ai faite (bien entendu, si sa traduction est déjà prête et si autrement elle est satisfaisante, cela sera facile à arranger après coup.) -- Maintenant il faut que je vous dise qu'il y a dans sa lettre certaines choses que je trouve quelque peu ennuyeuses : d'abord il parle d'une traduction « avec commentaires » ; là-dessus, je lui dis nettement que je ne pourrais en aucun cas accepter cela, car il se pourrait très bien que ses commentaires ne répondent pas à mes véritables intentions. Il devra donc être entendu qu'il ne s'agira que d'une traduction pure et simple et qu'il n'y ajoutera rien de lui-même ; j'ai eu trop d'exemples de la façon dont beaucoup de gens, interprètent les choses pour ne pas me méfier ! Ensuite, il parle, au sujet de sa traduction, d'un but de « divulgation » des doctrines traditionnelles ; est-ce seulement parce qu'il ne saisit pas exactement le sens de certains mots en français, ou est-ce bien réellement ce qu'il a voulu dire ? Dans les deux cas, cela ne me paraît pas très rassurant pour sa compréhension de ce que j'écris, et ce que je crains c'est d'avoir affaire à quelqu'un ayant des tendances plus ou moins « occultistes » ; je vous prierai de tâcher de vous informer de ce qu'il en est au juste, et je crois qu'il conviendra d'examiner les choses de près et d'être très prudent avant de donner une autorisation. Je m'excuse de vous donner toute cette peine, et je vous remercie à l'avance.

Je veux croire que vous et les vôtres êtes toujours en bonne santé ; j'espère que ma dernière lettre (du 20 juillet) vous sera bien parvenue et que vous pourrez bientôt me redonner de vos nouvelles.

Bien cordialement à vous.

R. G.

ᛉᛉ

(V)

Le Caire, 12 juin 1950.

....

Notre jeune Ahmed a maintenant 9 mois, et il essaie déjà de marcher ; fort heureusement, depuis sa naissance, il n'a jamais été malade même un seul jour ; souhaitons que cela continue ainsi !.......... nous avons eu dernièrement la visite de Monsieur Cuttat, qui n'était encore jamais venu ici......... il vient d'être nommé conseiller de légation à Washington, où il doit se rendre en octobre prochain ; ce sera probablement son dernier poste avant d'être nommé ministre.

Sûrement, vous n'aviez pas besoin, en ce qui vous concerne, de me témoigner expressément votre solidarité à propos des attaques du sieur F. D. (Note de F. G. G. : In E. T. 1949 pages 189 -289), car je sais très bien ce qu'il en est. Depuis ma 2° réponse cet individu s'est tenu tranquille et n'a plus réagi de nouveau ; en se voyant désapprouver à peu près par tout le monde, il a peut-être fini par comprendre qu'il ferait mieux d'être plus prudent. Je viens de voir, dans une revue belge, un programme de conférences d'un groupe « radiesthésiste » où son nom figure à côté de celui d'occultistes de l'espèce la plus suspecte !.......... À propos de Fernando Nobre, j'ai eu à plusieurs reprises des prospectus d'un « Institut » qui s'est fondé sous son nom à Paris, et où on fait des conférences pour la diffusion de ses idées « démophilocratiques » ; je me demande quels résultats il peut bien espérer obtenir de tout cela... Mon impression est qu'il y a là des gens qui tirent profit de lui en le flattant et en le présentant comme un des plus grands hommes de notre époque ; ces éloges excessifs ne me paraissent pas être entièrement désintéressés !........... Je n'ai eu l'occasion de lire le livre de Monsieur Lallement, mais ce que vous m'en dites concorde bien avec ce que j'en ai su par ailleurs. Je crois comme vous qu'il doit bien connaître quelque chose de nos écrits, mais il ne faut peut-être pas trop s'étonner qu'il ne les cite jamais ; il n'est certainement pas le seul à agir ainsi, et d'ailleurs il se peut aussi qu'il y ait là de sa part une sorte de « tactique », parce qu'il doit probablement être au courant de l'hostilité de certains milieux à notre égard, et il est possible qu'il ne veuille pas risquer qu'elle rejaillisse sur lui ; mais en somme il n'y a pas lieu de s'en plaindre si cela lui permet du moins d'exprimer certaines idées sans éveiller la méfiance et la malveillance de tous ces gens, ce qui ne manquerait pas de se produire s'ils voyaient la mention de mon nom ou de celui de quelqu'un de nos collaborateurs.

Il y a sûrement du vrai dans ce que vous dites au sujet de Saint Thomas ; vous seriez tout à fait d'accord là-dessus avec Monsieur Préau, qui va même jusqu'à considérer Aristote et Saint Thomas comme les premiers responsables du rationalisme moderne, ce qui est peut-être tout de même un peu exagéré. Dès lors qu'ils affirment l'existence de l'intellect pur, on ne peut pas parler de rationalisme en ce qui les concerne ; mais pratiquement, ils ne tirent guère de conséquences de cette affirmation de principe, et leur méthode exclusivement dialectique a pu servir par la suite aux rationalistes (bien que ceux-ci, à commencer par Descartes, se soient toujours montrés hostiles à Aristote et à la scolastique). Je ne pense pourtant pas que cela doive empêcher de les « utiliser », surtout à cause de leur grande influence dans le monde occidental, pour indiquer des rapprochements dans la mesure ou leurs doctrines sont quand même d'accord avec les idées traditionnelles, tout en montrant aussi leurs limitations quand il y a lieu, et en somme c'est ainsi que j'ai toujours fait. Ce qui n'est pas douteux, c'est que le Catholicisme aurait eu une orientation intellectuelle bien différente si l'influence platonicienne avait continué à s'y exercer comme avant saint Thomas, au lieu d'être remplacée par l'influence aristotélicienne ; ce changement a eu, entre autres conséquences fâcheuses, celle d'y faire négliger l'étude des Pères de l'Église, et surtout des Pères Grecs qui sont certainement les plus intéressants au point de vue doctrinal. Bien entendu, rien de semblable ne s'est produit dans l'Église orientale, et c'est sans doute pour cela que sa théologie, jusqu'à notre époque même donne l'impression d'être beaucoup plus compréhensive et de ne s'être jamais enfermé dans des bornes aussi étroites..........

ဆုဩ

(W)

Le Caire, 24 août 1950.

....

J'ai été étonné en voyant que vous pensiez que trois lettres de vous avaient dû se perdre, car j'avais cru tout d'abord qu'il ne s'agissait que d'une seule ; en tout cas rien ne s'est trouvé depuis la dernière fois que je vous ai écrit (il y a un peu plus de deux mois), et je crois bien que maintenant il ne reste plus guère d'espoir. Il y a sûrement quelque chose d'anormal dans tout ce qui s'est produit il y a quelque temps pour ma correspondance....... Vous avez certainement tout à fait raison de penser qu'il ne faut jamais négliger les « signes », bien que naturellement il ne faille pas s'exagérer la portée de certaines choses ; c'est surtout quand différents signes sont concordants, bien que se présentant indépendamment les uns des autres, qu'il convient d'y prêter attention, car il n'y a pas de « hasard » ni de simples « coïncidences » purement accidentelles.......... à la question que vous me posez, je crois qu'il faut que je vous dise exactement quelle est actuellement la situation présente, et malheureusement, comme vous allez le voir, elle ne se présente pas d'une façon très encourageante. D'abord en ce qui concerne la possibilité d'une initiation spécifiquement chrétienne, il n'y a toujours rien, pratiquement du moins, du côté catholique ; l'organisation du Paraclet, sur laquelle nous avions fondé quelques espoirs à un certain moment, semble bien, depuis la mort de notre ami Charbonneau-Lassay, être retombée dans le sommeil où elle était restée longtemps avant lui, et je ne vois actuellement personne qui puisse l'en tirer de nouveau. Du côté de l'Église orthodoxe, il y a bien l'Hésychasme, qui paraît avoir gardé tous les caractères d'une véritable initiation, mais en fait, ce doit être à peu près inaccessible, il paraît qu'il est extrêmement difficile de trouver pour cette voie un guide qualifié ; il faudrait pouvoir aller au Mont Athos qui en est le centre (il a été transféré là du Sinaï vers le 14° siècle), être admis à y résider pendant un certain temps, et gagner suffisamment la confiance des moines pour obtenir de l'un d'eux la transmission et les instructions techniques voulues, et tout cela est bien loin d'être sans difficultés, surtout pour ceux qui ne sont pas orthodoxes d'origine. D'autre part, pour ce qui est de la « Grande Triade », il faut forcément habiter Paris ou à proximité ; il n'est pas impossible que, par la suite, quelque chose de similaire arrive à se constituer dans d'autres pays (même peut-être en Amérique du Sud), mais en tout cas, pour le moment, ce n'est encore là qu'une espérance assez lointaine ; jusqu'ici, ce qu'on a déjà essayé de faire dans ce sens en Italie et en Syrie n'a pas pu réussir, faute de trouver des éléments convenables en nombre suffisant. -- Il reste la question de la Tarîqah............ Pour compléter le tableau, et bien que cela ne présente pas ici d'intérêt pratique, j'ajouterai encore que dans l'Inde, les faux gurus et les personnages plus ou moins suspects ou douteux au point de vue traditionnel se multiplient depuis quelque temps d'une façon inquiétante ; par contre, ceux qui sont réellement intéressants se tiennent de plus en plus cachés, et cela ne se comprend que trop bien, étant données les tendances nettement antitraditionnelles du gouvernement actuel (il est assez significatif, à cet égard, que celui-ci subventionne une soi disante « Académie de Yoga » dans laquelle on prétend étudier ces choses suivant la méthode « scientifique », au sens occidental et moderne du mot) ; qui sait ce qu'il adviendra et si ce ne sera que passager ?........... Je crois qu'il serait réellement très bien que vous traduisiez maintenant le « Règne de la quantité » plutôt que quelque autre de mes livres, étant donné que la traduction de la « Crise » est déjà paru et que c'est en quelque sorte la suite ; une traduction anglaise a déjà été faite par Lord Northbourne (Note : F. G. n'a pas très bien saisit l'orthographe.), qui s'occupe maintenant de trouver un éditeur (il y a bien toujours la possibilité de Luzac, mais il se pourrait qu'un autre fasse des conditions plus avantageuses) ; d'autre part, Gallimard vient d'annoncer son intention d'entreprendre dès maintenant une troisième édition, ce à quoi je ne m'attendais pas si tôt. -- Pour ce qui est du livre sur la « Pipe sacrée », l'édition américaine n'est pas encore parue, contrairement à ce qu'on espérait ; il y a eu des retards dont je ne connais pas exactement la raison ; Monsieur Allar doit le traduire en français, mais je ne crois pas qu'il s'en soit encore occupé jusqu'ici.......... Pour votre collection de la « Gnose », il n'est pas douteux qu'il s'agit d'une de celles que j'avais cédées autrefois à Chacornac ; et sans doute d'une des dernières qui était restée chez lui ; en effet, il me semble bien que l'annotation dont vous me donnez le calque a du être écrite à la librairie même par Clavelle, et je suppose que la lettre mentionnée devait contenir quelque chose se rapportant à la question de la reproduction de l'article d'Abdul-Hâdî dans les « E. T. » ; il est donc très probable qu'en réalité cette collection n'a eu aucun autre possesseur avant vous, si ce n'est moi-même d'abord et ensuite Chacornac............

༄༅

(*X*)

Le Caire, 12 novembre 1950.

....

Clavelle m'a dit aussi avoir correspondu avec vous en ces derniers temps ; je suis très curieux de savoir ce que vous aurez pu constater en ce qui concerne la G∴ L∴ de Sao Paulo et les tendances qui existent dans ce milieu ; il serait à souhaiter qu'elles soient favorables, mais, bien entendu je ne sais pas du tout ce qu'il peut en être............ J'ai su qu'au Brésil, il y a encore trente ou quarante ans, certains ne se préoccupaient guère en fait de la question de l'excommunication, et qu'il y avait même des prêtres appartenant à la Maç∴, comme il en était en France au 18° siècle ; mais j'ignore si on est plus stricte actuellement... -- Pour le Paraclet, je vous ai dit dans ma dernière lettre ce qu'il en est, de sorte que je n'y reviendrai pas longuement ; évidemment sa « fermeture » presque complète est due à un ensemble de circonstances qui ne sont la faute de personne.......... Quant à la Tarîqah on a vu dernièrement la constitution à Paris d'une nouvelle branche indépendante............ je n'ai jamais prétendu à être « maître » ou « chef » de quoi que ce soit, et je m'estime d'ailleurs fort heureux de ne pas m'y être trouvé forcé par des circonstances quelconques, car je connais guère de pire calamité pour quelqu'un que d'avoir des disciples ! -- Pour le rattachement à plusieurs organisations, à la condition qu'il n'y ait pas d'incompatibilité entre elles (car cela peut aussi arriver dans certains cas), il me semble qu'on pourrait y appliquer un proverbe qui dit : « Deux sûretés valent mieux qu'une », parce que surtout au milieu de la confusion actuelle, quelqu'un peut très bien ne pas savoir exactement à l'avance de quel côté il lui sera possible d'obtenir les meilleurs résultats.

Les circonstances sont certainement de moins en moins rassurantes, et toutes vos réflexions à ce sujet ne sont que trop justes ; à vrai dire, je ne crois même pas qu'il soit nécessaire qu'une nouvelle guerre éclate pour que la situation en Europe finisse par devenir tout à fait intolérable.......... Pour ce qui est de cette influence nocive dans l'hémisphère Sud, c'est moi qui en avait parlé à la Comtesse H., car j'ai connu des cas de personnes qui s'en sont ressenties d'une façon très nette ; il est bien entendu qu'il s'agit de personnes nées dans l'hémisphère Nord. Il est possible que cela soit lié d'une certaine façon à la direction des courants du magnétisme terrestre, ou à quelques autres conditions qui se trouvent en quelque sorte « inversées » entre les deux hémisphères ; tout le monde n'y est sans doute pas également sensible, mais il y a des gens qui ne peuvent pas s'y acclimater........

༄༅

(Y)

Le Caire, 23 novembre 1950.

....

Il est malheureusement certain que, la situation de Clavelle est très difficile, et, s'il devait être obligé finalement, pour en sortir, d'accepter un emploi qui ne lui laisserait plus aucun temps pour s'occuper des « E. T. », ainsi que toutes les autres activités qui sont plus ou moins directement liées à celle-là, je ne vois vraiment pas qui pourrait le remplacer... Vous ne me dites pas si vous avez pu prendre contact avec la G∴ L∴ de Sao-Paulo comme vous en aviez l'intention ; je serais très intéressé de savoir ce qu'il en est et, dans le cas affirmatif, quelle impression vous avez eu de ce milieu.

Il est fâcheux qu'il y ait eu ce changement chez Martins et qu'il s'occupe maintenant ainsi de beaucoup d'autres choses que de ses éditions ; il faut cependant espérer, d'après ce que vous dites, qu'il va accepter de publier « Da Unidade ». On pourrait en effet profiter de cette occasion pour faire quelque publicité pour « A Crise » ; le compte rendu dont vous parlez est très bien et vous pourrez certainement vous en servir.

Le « Règne de la quantité "n'a pas été traduit en espagnol ; la traduction italienne est en train (ainsi qu'une traduction anglaise), mais elle n'est pas encore terminée ; si elle peut l'être en temps utile, je ne manquerai pas de demander qu'on vous l'envoie.

--Je viens de recevoir la traduction allemande de la « Crise », enfin paru après bien des difficultés et des retards ; cette traduction était déjà prête avant la guerre !

Merci de vos bons vœux pour mon anniversaire, votre lettre m'est parvenue peu de jours après.

Croyez, je vous prie, cher Monsieur, à mes bien cordiaux sentiments.

René Guénon

René Guénon à Guido de Giorgio

Le destinataire des 23 lettres (datées du 20 novembre 1925 au 10 février 1930) publiées ci-après, Guido De Giorgio, au sujet duquel on a donné quelques aperçus biographiques au début de ce recueil, semble avoir été un interlocuteur privilégié de René Guénon, surtout parmi les correspondants italiens de ce dernier. À en juger par ces seules lettres -probablement un fragment relativement important[3] de la correspondance adressée à De Giorgio-, on a clairement le sentiment d'une amitié sincère et désintéressée (au sens le plus large du terme : jamais n'entrent en jeu des questions d'appartenance, d'édition,... Cela ne s'explique pas seulement par la formule épistolaire « Cher Monsieur et ami », rare chez Guénon et qui apparaît pour la première fois dans la lettre du premier novembre 1927. En réalité, bien d'autres traits caractérisent cette amitié.

René Guénon parle à De Giorgio de choses personnelles, familiales, et même confidentielles[4] : il envisage aussi, à plusieurs reprises, d'accueillir De Giorgio chez lui (et vice versa), et la chose se réalisera d'ailleurs une fois -à la fin de

---

[3] Nous nous sommes demandé jusqu'à quelle date s'était poursuivie la correspondance Guénon / De Giorgio. Une lettre de Guénon à Evola (envoyée le 28 février 1948) nous a donné la preuve qu'en dehors d'une interruption pendant la seconde Guerre mondiale (et ses suites), cette correspondance a duré jusqu'à la mort de Guénon en 1951. Voici l'extrait où il est question de De Giorgio : « Moi aussi, j'ai été très longtemps sans nouvelles de De Giorgio, mais finalement il m'a récrit et nous avons maintenant repris notre correspondance ; il semble qu'il soit toujours le même, avec son état de santé qui malheureusement laisse beaucoup à désirer ». Dans une autre lettre à Evola, du 18. 4. 1949, Guénon parle d'une lettre de De Giorgio l'informant du retour d'Evola en Italie (depuis l'Autriche) et de son hospitalisation à Bologne. Tout récemment, de nouveaux collaborateurs milanais de la revue Études Traditionnelles (n°492) ont cité une lettre à « G. D. G. « du 22. 3. 36.

[4] Toutes ces choses, qui devaient jadis être recouvertes du voile de la discrétion, sont aujourd'hui bien connues, du moins dans leurs grandes lignes. Il n'y a donc aucune raison de les passer sous silence ou de mutiler des lettres qui sont aussi un témoignage sur l'« humanité » de René Guénon.

l'été 1927 ; il évoque également le projet de De Giorgio de s'installer à Blois en tant que professeur ; il lui parle des sujets les plus divers, mais il y a toujours, entre les deux amis, entente et accord (Guénon parle même de « coïncidence »...)[5].

La variété des sujets abordés semble confirmer, outre une disponibilité totale et sans réserve, la preuve du caractère très amical de cette relation. Avec d'autres correspondants, du moins italiens, les lettres de Guénon, tout en étant riches en références et renseignements, sont en effet, à notre connaissance, toujours axées sur des thèmes particuliers, des leitmotiv spécifiques. Avec Reghini, Guénon parle de la Maçonnerie et de l'initiation, ainsi que des revues animées par son correspondant ; avec Evola, il traite des vexatae quaestiones qui le séparent de l'auteur italien et, bien entendu, également des revues de ce dernier.

Parmi ces trois hommes - Reghini, Evola et De Giorgio -, c'est celui-ci qui bénéficie de la pleine et entière confiance de Guénon, et qui remplit une fonction « rectificatrice » dont il s'acquittera avec plus ou moins de succès.

Un intérêt particulier commun aux deux hommes ressort cependant de cette correspondance partielle : celui concernant les confréries islamiques, et notamment la tarîqa des Alaouïas, dont nous apprenons qu'il en existait une branche à Paris en 1927. Il y a plus : informant son correspondant sur une branche en formation où l'on admettra des Européens, Guénon ne manque pas d'exprimer ses préoccupations : « L'introduction des éléments occidentaux - écrit-il- est trop facilement une cause de déviation ». On a donc là la preuve de l'existence d'une tarîqa alaouïte ouverte aux Européens bien avant la constitution de celle de dérivation suisse, puis parisienne. La visite de De Giorgio à Blois, à l'époque, nous prive malheureusement des développements

---

[5] Et dans la lettre du 6. 4. 28, Guénon lui écrit : « J'ai été heureux de voir que vous étiez complètement d'accord avec tout ce que j'ai exposé dans mon dernier livre ; d'ailleurs le contraire m'aurait beaucoup étonné. Les coïncidences que vous m'avez signalées avec des choses que vous aviez écrites vous-même précédemment sont en effet très remarquables ; ces rencontres ne sont certainement pas l'effet du hasard (auquel d'ailleurs je ne crois pas du tout) ».

épistolaires sur ce sujet, car les deux amis auront bien sûr saisi l'occasion d'en parler de vive voix.

Cette correspondance couvre une période de plus de quatre ans, d'une importance fondamentale pour Guénon : la première lettre de ce recueil épistolaire, qui n'est évidemment pas la première lettre adressée par Guénon à De Giorgio, porte la date du 20 novembre 1925 et contient en annexe différents comptes rendus de L'Homme et son devenir selon Vêdânta *; la dernière parmi celles qui nous sont parvenues, est datée du 10 février 1930 et Guénon y annonce son départ pour Le Caire...* « *probablement pour quatre ou cinq mois* »*. Une chose doit être soulignée ici : Guénon ne manque pas de préciser à son ami italien que, du voyage en Égypte,* « *il était question depuis 1911* »*, ce qui est une allusion évidente à son attachement à l'école akbariya d'Elish el-Kebir, rattachement remontant précisément à cette époque.*

Ces 23 lettres sont envoyées de Paris et de Blois, à l'exception d'une seule, postée en Haute-Savoie le 29 septembre 1929. Entre novembre 1925 et février 1930 se déroulent quelques-uns des événements personnels les plus dramatiques de la vie de Guénon : la maladie subite et le décès de sa femme, puis de la tante de celle-ci ; le conflit épuisant et impitoyable avec sa belle-soeur ; la séparation forcée de sa nièce bien-aimée dont il découvre, a posteriori, le comportement ambigu ; la persécution, bien réelle -avec des lettres contenant injures et menaces- de certains « *milieux catholiques* » *proches de Maritain, persécution déclenchée surtout, de l'avis même de Guénon, à la suite de la parution de* « La crise du monde moderne. «*

Guénon renseigne aussi son ami sur ses travaux et projets, ainsi que sur bon nombre de sujets, d'idées et de personnages,..... En dehors d'Evola et de Reghini, il parle notamment de Masson-Oursel, Bacot, Mead, du cheikh Moustafa ben Alioua, de Matgioï (qu'il n'a pas revu depuis dix ans), de Charbonneau-Lassay et de son futur Bestiaire du Christ, de Probst-Biraben et de Marquès-Rivière. Guénon évoque aussi le cas du Voile d'Isis, revue dont il dit qu'elle n'est « *pas à lâcher alors qu'on est enfin arrivé, non sans peine, à lui donner une allure vraiment sérieuse* » *; il annonce la fondation de la maison d'édition* « *L'Anneau d'Or* »*. D'autres personnes également sont mentionnées, dont on ne sait* *pratiquement rien.*

L'éditeur

NOTE - *On s'est abstenu de corriger les rares fautes d'orthographe et de syntaxe -sans doute dues à la distraction-, et l'on a renoncé à interrompre le texte de fâcheux* (sic).

Paris, 20 novembre 1925 ,
51, rue Saint Louis-en-l'Île (4è)

Cher Monsieur,

Je commençais à être inquiet de ne rien recevoir de vous depuis votre carte de juillet, et, craignant que vous ne soyez encore souffrant, je pensais à vous écrire quelques mots pour vous demander de vos nouvelles, quand votre lettre m'est parvenue. Depuis lors, je remets d'un jour à l'autre pour vous répondre, car j'ai toujours été très pris depuis mon retour ici, de sorte que maintenant c'est moi qui, à mon tour, suis bien en retard avec vous. Je vous adresse cette lettre à Varazze, où je pense, d'après ce que vous me disiez, que vous devez être réinstallé depuis quelque temps déjà.

Merci de la bonne pensée que vous aviez eue de m'inviter à aller vous rejoindre ; mais, malheureusement, les voyages sont biens coûteux actuellement ; j'espère tout de même que nous finirons biens par nous rencontrer quelque jour.

Ce que vous dites de la Kabbale de Vulliaud est très juste, quoique peut-être un peu sévère ; au fond, c'est à peu près ce que j'ai écrit moi-même sous une forme plus atténuée. J'ai parlé de cet ouvrage avec différentes personnes qui l'ont lu ; leurs appréciations concordent avec les nôtres et sont assez peu enthousiastes. Je n'ai pas encore eu l'occasion de lire le nouveau livre de Vulliaud sur le Cantique des Cantiques, qui est paru il y a trois ou quatre mois ; il paraît qu'il contient moins de discussions et de critiques que la Kabbale, mais encore beaucoup trop au gré de certains.

Merci du n° de « Bilychnis » que vous m'avez envoyé ; depuis, j'ai reçu d'Evola lui-même tout un paquet d'autres revues contenant des articles de lui. Comme, en lui accusant réception, je lui ai dit que j'aurais bien des réserves à faire sur son point de vue qui me paraît surtout philosophique, il m'a écrit une assez longue lettre, plutôt embrouillée, et dans laquelle il proteste que la forme philosophique dont il se sert n'est pour lui qu'un simple moyen d'exposition qui n'affecte pas sa doctrine même. Je n'en crois rien, et je persiste à penser qu'il est réellement très imbu de philosophie, et spécialement de philosophie allemande. Dans un article publié par la revue « Ultra », il a fait allusion à moi dans une note, à propos d'« Orient et Occident », en des termes qui prouvent qu'il n'a pas compris grand-chose à ce que j'ai exposé ; il va même jusqu'à me qualifier de « rationaliste », ce qui est plutôt ridicule (d'autant qu'il s'agit d'un livre où j'ai expressément affirmé la fausseté du rationalisme !), et ce qui montre bien qu'il est de ceux qui ne peuvent se débarrasser des étiquettes philosophiques et qui éprouvent le besoin de les appliquer à tort et à travers. Il m'annonce son intention de faire un article sur « L'Homme et son devenir » ; je me demande ce que cela pourra être ; enfin, on verra bien.

Puisque nous en sommes à Evola, il faut encore que je vous dise qu'il a été froissé des critiques que Reghini lui a adressées, sous une forme très modérée cependant. Il doit être assez vaniteux et voudrait n'avoir que des éloges ; il est vrai qu'il est très jeune. Vulliaud, qui n'a pas la même excuse, est presque aussi susceptible ; il paraît que lui aussi a été plutôt mécontent de mon article ; il s'imagine que lui seul connaît la Kabbale et est capable d'en parler. Il est à craindre qu'Evola n'en fasse bientôt autant pour les Tantras, dont il n'est pourtant pas très qualifié pour s'occuper ; il voit tout cela à travers sa philosophie, d'où une espèce de déformation à la manière allemande ; la conception véritable de la Shakti est tout autre chose qu'un « volontarisme ».

Je suis content que vous ayez été intéressé par les articles de la « Gnose » ; l'infériorité des premiers numéros vient de ce que je n'avais alors qu'une direction toute nominale ; j'ai même eu quelque peine ensuite à me débarrasser des gens encombrants ; ce serait trop long à vous raconter en détail.

Quel est donc ce livre récent qui contient des fragments du Zohar d'après la traduction de Jean de Pauly ? Je n'en ai pas entendu parler.

J'ai fait dernièrement la connaissance de Massignon ; il parle beaucoup, et il y a chez lui une certaine affec(ta)tion, qui d'ailleurs se sent aussi dans son style. Il est vrai que ses ouvrages sont assez difficiles à lire, et d'autre part, s'il a assurément compris certaines choses, il n'a pourtant pas pénétré le fond de l'ésotérisme musulman. Quand à Carra de Vaux, il comprend encore beaucoup moins, et, même au point de vue de l'exotérisme, il lui arrive de commettre d'assez grosses erreurs ; c'est surtout un compilateur, et la principale utilité de ses ouvrages consiste en ce qu'il y a réuni des renseignements qui se trouvaient épars un peu partout.

Pour le Vêdânta, jusqu'ici, il n'y a pas encore eu de comptes rendus dans les revues ; cela demande toujours assez longtemps, et de plus il y a eu les vacances. Rien de Masson-Oursel ; je ne sais s'il en parlera ni ce qu'il en dira, mais je serais bien étonné que ce soit mieux que ce qu'il a fait pour moi précédemment. Il y a eu quelques notes dans les journaux ; je joins à ma lettre la copie des principales ; vous verrez que ce n'est pas mauvais. Le mois dernier, il y a eu aussi un assez long article sur moi, de Gonzague Truc, dans « Candide » ; je n'en ai actuellement qu'un seul exemplaire, mais je vais tâcher de m'en procurer un autre pour vous l'envoyer.

Ne tardez pas trop cette fois à me redonner de vos nouvelles, et croyez toujours, je vous prie, à mes sentiments bien cordiaux.

René Guénon

ഓ⊃ൽ

Paris-Soir :

« On sait assez combien l'Asie est à l'ordre du jour et plus généralement combien actuelle est la question des grandes civilisations orientales jusqu'ici en sommeil apparent, en sommeil politique tout au moins, mais toujours aptes à la nourriture intérieure de millions d'âmes. Sous le titre « Orient et Occident », M. Guénon nous exposa l'an dernier, dans un petit livre incisif, la révision de valeurs qui s'imposait à nous si nous voulions enfin rendre justice à l'Orient. Il y préconisait la formation d'une élite capable de favoriser un rapprochement, d'éviter une friction terrible. Nul mieux que lui n'est désigné pour donner à cette élite les directives qui permettront de voir l'Orient tel qu'il est, et non tel que le veulent nos œillères occidentales.

« M. Guénon n'est pas seulement notre seul métaphysicien indianiste. Il a, en des études qui firent quelque bruit, dénoncé l'« Erreur spirite » et le « Théosophisme ». Il reproche à cet occultisme de petite marque son ignorance inouïe des grandes doctrines traditionnelles, ses fraudes scandaleuses, les dangers de sa vulgarisation.

Poursuivant l'exposé de la science sacrée commencé avec sa magistrale « Introduction à l'étude des doctrines hindoues », M. Guénon nous donne aujourd'hui la fleur du Vêdânta.

« L'être humain, d'après ces textes que seul un philosophe est capable de comprendre, car tout y est symbole, et un historien y suit toujours de fausses pistes, a une constitution autrement complexe que ne l'imagine la psychologie occidentale. Nous ne sommes pas qu'un être de chair en communication seulement avec nos semblables, nous disent-ils ; nous avons en nous des antennes merveilleuses, propres à capter autre chose que des « phénomènes » et à nous lier avec les puissances supérieures. Les chapitres les plus remarquables du livre sont peut-être ceux où l'auteur nous parle successivement de l'état de veille, de l'état de rêve et de l'état de sommeil profond. Mais ceux qui attireront le plus la curiosité sont ceux où il est question de l'évolution de l'être humain après la mort.

« René Guénon est à l'antipode de Maeterlinck. Qu'on ne s'attende donc pas, malgré des titres comme « L'artère coronale et le rayon solaire », ou « Le voyage divin », à trouver des embellissements imaginatifs, ni une pensée incertaine ; mais la sobriété probe et ferme d'un esprit vigoureux et logique. Les rapprochements suggestifs des autres traditions : biblique, arabe, égyptienne, taoïste, augmentent singulièrement l'intérêt de ce livre qui marque une date dans notre connaissance de l'Orient ».

L'Intransigeant

« D'une lecture assez ardue, ce livre récompense ceux qui le lisent page à page. « M. René Guénon projette sur les doctrines métaphysiques hindoues, sur la distinction du Soi et du moi une lumière éclatante, mais son livre ne peut absolument pas être considéré comme une « vulgarisation ». D'ailleurs, il est impossible de « vulgariser » de telles conceptions. M. René Guénon s'est contenté d'apporter des précisions, d'éclairer des nuances jusqu'ici incomprises même de l'élite intellectuelle et d'inviter cette élite à s'élever à la compréhension de la doctrine dans sa pureté intégrale.

« Son livre a la valeur d'un enseignement donné par un grand érudit ; il en a peut-être aussi un peu la sécheresse. Mais pour qui a pu atteindre le dernier chapitre, quel éblouissement ! Lisez Shankarâchârya dans la traduction qu'en donne M. René Guénon.

« Un livre à relire. »

Dans le Journal des Débats, article d'Abel Bonnard dont voici le début :

« L'Asie, ses doctrines, ses arts, sont menacés par la mode. Ce mot de menace paraîtra bien fort. Il ne l'est pas trop. Dès qu'il s'agit de choses hautes et nobles, la mode peut faire beaucoup de mal ; elle masque ce qu'elle prétend découvrir ; elle le profane et souvent même le souille, et les idées qu'elle en répand sont si communes et si dénaturées qu'on regrette, en vérité, le temps où ces choses reposaient, à l'abri du public, intactes et pures. Malheureusement, notre temps ne paraît guère capable d'autre chose que des modes. Sollicité par mille objets sans être retenu, curieux sans être attentif, à la fois avide et distrait, il semble condamné à tout méconnaître. Il n'est pas douteux que l'influence de l'Asie s'étend jusqu'à nous. Mais il est fort à craindre que cette influence reste superficielle, et que tout cela finisse par un bouddhisme de contrebande et par des charlataneries.

« Il n'en est que plus important de signaler au public les livres qui peuvent lui donner de cette grande Asie une idée profonde et vraie. Il vient d'en paraître deux qui méritent d'être connus à ce titre. L'un deux, « L'Homme et son devenir selon le Vêdânta », est l'œuvre de M. René Guénon. Tous ceux que l'Orient intéresse sérieusement connaissent les livres de M. René Guénon. Ils sont trop pleins de pensée pour qu'on essaie de les résumer en quelques mots. Disons du moins qu'ils ont pour première qualité de retirer le lecteur à toutes les idées convenues et de le reporter au centre même du sujet, c'est-à-dire à la valeur générale que gardent pour l'humanité les doctrines que l'Asie conserve ».

La suite de l'article concerne la traduction de la « Vies de Milarépa » par J. Bacot.

Dans l'Ère Nouvelle, un compte rendu très habilement fait, mais que je ne vous copie pas, parce qu'il est composé presque entièrement de phrases tirées de mon avant-propos.

Dans le Figaro, il y a eu deux chroniques d'Etienne Fournol dans lesquelles il est question de moi, en termes sympathiques, mais d'une façon assez superficielle.

Enfin, dans le « Larousse Mensuel » de septembre, il y a un bon article sur « Orient et Occident » ; c'est long à paraître, mais cela arrive tout de même peu à peu....

ೞ☙

Paris, 26 janvier 1926,
51, rue Saint-Louis-en-l'Île (4è)

Cher Monsieur,

Je crois que je suis de plus en plus en retard pour ma correspondance ; j'aurais voulu vous adresser plutôt mes vœux de meilleure santé, puisque, d'après ce que vous me disiez dans votre dernière lettre, vous étiez encore asse souffrant.

Je suis heureux que vous ayez été satisfait de la lecture de « Milarépa » ; du reste, le contraire m'aurait bien étonné. Dans la même collection, il y a une autre traduction de Bacot : « Trois mystères thibétains » ; c'est bien aussi, mais ce sont des textes d'un caractère plutôt littéraire, donc beaucoup moins intéressants pour nous.

Je suppose que le livre du P. Huc dont vous me parliez est la réédition qui a été faite récemment de son voyage au Thibet et en Tartarie ; il ne contient en effet rien qui concerne les doctrines ; il y a là-dedans des descriptions qui sont assez curieuses, mais c'est tout.

L'ouvrage de Boehme qui a été traduit en italien doit être le « De signatura rerum » ; il me semble que le sens du titre n'a pas été rendu très exactement. Quant à celui de Campanella, je ne le connais pas ; j'en ai seulement lu un compte rendu dans le dernier numéro d'« Ignis ». Les fragments du Zohar publiés chez Rieder ne sont en effet que des extraits de la traduction de Jean de Pauly ; je ne les ai pas vus, mais on m'a dit qu'ils étaient assez bien choisis.

Quand à Mead, ses livres sont tellement imprégnés de Théosophisme que je doute fort qu'on puisse en tirer grand-chose de bon.

À propos de théosophisme, savez-vous que la proclamation solennelle du nouveau Messie (Krishnamurti) doit avoir lieu très prochainement avec une mise en scène extraordinaire ? Que tout cela est peu sérieux !

Vous me demandiez ce qu'était la revue « Ultra « ; elle se qualifie de « théosophique indépendante «, c'est à dire qu'elle est l'organe d'un groupement qui s'est séparé de la Société Théosophique « besantiste « (Gruppo « Roma », 5, via Gregoriana). Voici copie de la note d'Evola qui a paru dans cette revue (dans un article intitulé « Il problema di Oriente ed

Occidente «), et où il est question de moi :

« Qui è chiaro che si parli di Oriente e di Occidente come di due tipicità ideali, le quali se convergono alla intonazione generale delle due culture, possono non convenire ai particolari di queste. P. e presentemente correnti come l'intuizionismo, l'idealismo attuale, l'irrazionalismosono in massima guistiziabili con il principio dell'èros. Sul pragmatismo si debbono invece fare delle riserve. Non si saprebbe pertanto convenire con la tesi sostenuta da R. Guénon (« Orient et Occident ») che « scientificismo » e vita del senso elementi connessi insieme. E esatto che la scienza occidentale venga utilizzata praticamente. Tuttavia non bisogna confondere le due cose : con semplice desideri e bisogni che fossero restati tali la comprensione scientifica della natura non sarebbe proceduta d'un passo. Il compimento della scienza si rimette invece, come lo si è accennato, ad una prima manifestazione del principio deldominio e di affermazione dell'Io -il che costituisce un valore metafisico. Che cio che è stato reso possibile da un tale principio in sé superiore sia alla vita dei bisogni e del sentimento che a quella « pura intellettualità » di cui il Guénon, da buon razionalista, ha la superstizione-sia stato utilizzato da elementi che cadono fuori di esso, questa è tutta un'altra questione. In sé stesso resta un valore, che da alla cultura occidentale il suo significato e la sua originalità. Con il Guénon affermiamo che il principio dell'assoluto non ha nulla a che fare con l'elemento sentimentale, moralistico ed astrattamente razionale ; contro il Guénon affermiamo pero che esso non ha parimenti nulla a che fare con quella « intellettualità pura » o « metafisica » di cui egli parla e che, si badi, sappiamo cosa sia, e appunto per questo, da un livello superore, contestiamo possa essere distinta dal razionale cosi come esso venne inteso p. e. dallo Hegel (Vernunft opposta a Verstand). E affermiamo dunque che il principio dell'assoluto è la potenza (çakti) e che razionalistico (nel senso dispregiativo usato dal Guénon) e astratto è qualunque sistema che nell'ordine metafisico ponga qualcosa prima o sopra la potenza.[6] »

---

[6] Traduction du passage d'Evola concernant Guénon :
« Il est clair ici qu'on parle de l'Orient et de l'Occident comme de deux types idéaux qui, s'ils conviennent au caractère général des deux cultures, peuvent ne pas convenir aux

Evola ne manque pas de prétentions, comme vous le voyez ; mais, pour ma part, je persiste à penser qu'il ne comprend pas du tout ce que nous entendons par « intellectualité », « connaissance », « contemplation », etc., et qu'il ne sait même pas faire la distinction entre le point de vue « initiatique » et le point de vue « profane ». Il paraît qu'il a l'intention de faire paraître un compte rendu de mon ouvrage sur le Vêdânta dans la revue « L'Idealismo Realistico » ; on verra ce que ce sera. En tout cas, malgré tout ce qu'on a essayé de lui expliquer, il persiste à trouver du « rationalisme » dans le Vêdânta, tout en étant obligé de reconnaître qu'il prend alors ce mot de « rationalisme » dans un sens assez différent de celui qu'on lui donne habituellement.

Vous avez dû voir que la publication d'« Ignis » est interrompue ; Reghini ne pouvait plus arriver à tout faire à lui seul ou à peu près, ou bien il aurait

---

détails de celles-ci. Présentement par exemple, des courants comme l'intuitionnisme, l'actualisme idéaliste, l'irrationalisme sont en règle générale justifiables par le principe de l'eros. On doit au contraire faire des réserves sur le pragmatisme. On ne saurait pour autant admettre, en suivant ainsi la thèse soutenue par R. Guénon (« Orient et Occident »), que « scientisme » et vie des sens sont des éléments liés entre eux. Il est exact que la science occidentale est employée à des fins pratiques. Mais il ne faut pas confondre les deux choses : avec des simples désirs et besoins qui seraient restés tels, la compréhension scientifique de la nature n'aurait pas avancé d'un pas. L'accomplissement de la science se rattache en fait, comme on l'a déjà dit, à une première manifestation du principe de domination et d'affirmation positive du Moi -ce qui constitue une valeur métaphysique. Que ce qui a été rendu possible par un tel principe, en soi supérieur tant à la vie des besoins et du sentiment qu'à cette « intellectualité pure » à laquelle Guénon, en bon rationaliste qu'il est, voue une culte superstitieux -ait été utilisé par des éléments qui lui sont étrangers, c'est là une tout autre question. Cela reste en soi une valeur, qui confère à la culture occidentale sa signification et son originalité. Nous affirmons avec Guénon que le principe de l'absolu n'a rien à voir avec l'élément sentimental, moraliste et abstraitement rationnel ; mais nous affirmons contre Guénon qu'il n'a rien à voir également avec cette « intellectualité pure » ou « métaphysique » dont il parle, et dont nous savons, soulignons-le, ce qu'elle est. C'est pour cela précisément que nous contestons, d'un point de vue supérieur, que cette « métaphysique » puisse être distinguée du rationnel tel qu'il fut défini par exemple par Hegel (Vernunft opposée à Verstand). Et nous affirmons donc que le principe de l'absolu est la puissance (çakti), et que tout système qui pose dans l'ordre métaphysique quelque chose avant ou au-dessus de la puissance est rationaliste (au sens péjoratif utilisé par Guénon) et abstrait ».

fallu qu'il n'ait eu à s'occuper que de cela, ce qui ne lui est pas possible avec les conditions de la vie actuelle. Il y a bien des gens qui avaient promis de l'aider, mais qui n'ont rien fait ; c'est souvent ainsi, malheureusement. Je pense que vous aurez vu, dans le dernier numéro, mon article sur Joseph de Maistre, à propos des livres d'Émile Dermenghem.

Je vais vous envoyer le numéro de « Candide » contenant l'article sur moi dont je vous avais parlé dans ma précédente lettre. À part cela, je n'ai pas grand-chose de nouveau à vous communiquer ; les comptes rendus dans les revues sont longtemps à venir ; et puis il se peut que les gens éprouvent quelque difficulté à parler de mon dernier livre. Lorsque j'aurai quelque chose qui en vaudra la peine, je vous le dirai.

Ce que vous dites sur la conception de Dharma chez les Jaïns me paraît très juste, et je ne crois pas non plus que ce soit là qu'on peut trouver une différence essentielle avec la doctrine orthodoxe. Par contre, le sens où ils prennent les mots loka et aloka est assez particulier ; il me semble assez exact de traduire le premier, dans ce cas, par « monde des formes » comme vous le faites.

Quant au shota, c'est une conception propre à certains grammairiens, et dont la discussion à laquelle vous faites allusion montre l'in(an)ité. Naturellement le point de vue des grammairiens ne peut être qu'extérieur et analytique ; il se rapporte uniquement à la forme du mot, en tant que celui-ci est constitué par l'assemblage de certains éléments phonétiques ; le mot n'y est pas pris en lui-même et synthétiquement. C'est bien ce qu'il y a d'artificiel dans ce point de vue qui nécessite l'intervention du sphota ; vous avez donc tout à fait raison. Il est certain aussi que cette discussion a beaucoup plus d'importance qu'on pourrait le croire quand on l'envisage superficiellement ; mais ce n'est pas aux philologues actuels que l'on peut espérer faire comprendre cela ; tout ce qui concerne la véritable nature du langage leur échappe entièrement.

Le mois dernier, j'ai fait, à un groupe d'études qui se réunit à la Sorbonne, une conférence sur la métaphysique orientale ; je vous l'enverrai quand elle sera publiée.

Avant moi, Masson-Oursel en avait fait deux ; il y a dit des choses invraisemblables, et il a présenté une véritable caricature des doctrines hindoues ; si cela vous intéresse, je pourrais vous en donner quelques exemples la prochaine fois que je vous écrirai.

Croyez toujours, je vous prie, cher Monsieur, à mes sentiments bien cordiaux.

René Guénon

ΩΩ

Paris, 12 juin 1927,
51, rue Saint Louis-en-l'Île (4è)

Cher Monsieur,

Que devez-vous penser de mon silence ? Je suis vraiment confus d'avoir laissé si longtemps vos dernières lettres sans réponse, et je me le reproche d'autant plus que vous étiez alors souffrant. J'aime à croire que, depuis lors, votre santé s'est améliorée.

J'ai fait tout de suite votre commission à la librairie Bosse ; on n'a pas pu me dire si votre mandat était bien parvenu, car il paraît qu'il aurait fallu faire des recherches assez compliquées pour s'en assurer ; mais on m'a dit que vous n'aviez pas à vous inquiéter, et qu'il serait temps pour vous de faire une réclamation à la poste si vous receviez un avis que le paiement n'a pas été effectué ; je suppose qu'on doit recevoir les comptes à époques fixes.

La traduction italienne du « Roi du Monde » est parue ; je l'ai reçue tout dernièrement. Je ne savais pas que vous connaissiez M. Hackin[7] ; nous avons parlé de vous la dernière fois que je l'ai lu. Il m'a envoyé aussi le livre de

---

[7] Il s'agit sans doute de Joseph Hackin, spécialiste bien connu de l'art oriental. (N. D. E.).

Stcherbatsky, mais, jusqu'ici, je n'ai pas encore eu le temps de le lire ; il y a déjà longtemps que cette traduction était annoncée.

J'ai vu Masson-Oursel il y a quelque temps ; il m'a dit qu'il se rapprochait de plus en plus de mon point de vue et qu'il se rendait compte que les orientalistes avaient commis bien des erreurs. Après tout ce qu'il a écrit jusqu'ici, j'ai été surpris de cette déclaration ; je me demande s'il aura le courage de dire cela publiquement un jour ou l'autre : il est vraiment trop indécis et craint trop de se compromettre par des affirmations nettes dans un sens ou dans l'autre.

Avez-vous reçu enfin une réponse de Tahar Kheireddine ?[8]

Voici l'explication que vous m'aviez demandée au sujet d'Avalokitêshwara : ce nom signifie littéralement « le Seigneur (Îshwara) regardé (lokita) en bas (ava) « ; mais, malgré la forme lokita qui est celle du participe passé, on l'interprète le plus souvent comme s'il voulait dire « le Seigneur qui regarde en bas ». En réalité, ces deux interprétations, loin d'être contradictoires ou de s'exclure, se complètent parfaitement l'une l'autre, car il y a là en quelque sorte une réciprocité de relation. On pourrait parler à cet égard d'une aspiration de bas en haut, provoquant la descente des influences spirituelles. C'est cette descente que représente le symbolisme d'Avalokitêshwara ; c'est ce qu'on peut appeler la « charité cosmique » (certaines écoles musulmanes emploient aussi une expression qui a cette signification), en employant, bien entendu, ce mot de « charité » en dehors de toute acception sentimentale. Un des symboles les plus employés, et qui se trouve à peu près partout, est le triangle ∴ dont la pointe est dirigée vers le bas. L'assimilation qui a été faite parfois d'Avalokitêshwara à un principe féminin est aussi en connexion avec la même idée et avec le même symbolisme ; dans l'Inde, le triangle inversé ou descendant est un des signes des Shaktis.

Le Rex Nemorensis dont vous me parliez doit être le même personnage

---

[8] Voir note 3.

que ce qu'on appelle souvent le « prêtre de Nemi » (je crois que Renan a écrit quelque chose sous ce titre). Je sais qu'il existe un lac de Nemi, mais je ne sais pas exactement en quelle région de l'Italie il se trouve. En tout cas, c'est <u>Nemi</u> qui est le nom actuel de la localité dont il s'agit ; mais à l'origine, ce ne devait pas être un nom propre, car c'est tout simplement le mot latin <u>nemus</u>, qui signifie « bois », et spécialement « bois sacré ». Ce mot est étroitement apparenté au <u>nemeton</u> celtique, et aussi, par inversion, au <u>temenos</u> grec, qui signifient l'un et l'autre « lieu consacré » ; les racines de ces mots, comme celles de <u>templum</u> et de <u>sacratum</u>, expriment principalement l'idée de mettre à part, de séparer du monde profane.

Je n'ai pas eu l'occasion de voir les traductions de Mardrus, mais, d'après ce que je sais du personnage, je m'en méfie en peu ; du reste, je ne crois pas que le Coran soit vraiment traduisible.

Evola m'envoie toujours sa revue ; il voudrait bien que je lui donne un article, mais je n'ai guère le temps de m'en occuper. Il y a là-dedans des choses d'intérêt assez inégal, mais cependant il y a beaucoup moins de « philosophie » que je ne le craignais. D'ailleurs, Evola m'a écrit qu'il laisserait bientôt de côté cette forme « philosophique » qu'il a adoptée jusqu'ici ; je ne puis que le féliciter de cette intention ; mais je crains que l'influence qu'il a subie ne persiste malgré tout, bien qu'il s'en défende et qu'il prétende avoir eu des raisons spéciales de prendre ce langage et ce mode d'exposition.

Tout ce que vous me disiez au sujet de la magie est tout à fait juste ; il semble qu'Evola prenne ce mot dans un sens assez différent de celui qu'il a normalement, et l'emploi qu'il en fait a bien des inconvénients. Au sens propre du mot, ce n'est en somme qu'une science d'ordre expérimental ; elle peut en effet servir de point de départ pour autre chose, mais cela est vrai de toutes les sciences traditionnelles, quelles qu'elles soient, et même je dirais volontiers qu'elles sont surtout faites pour cela. Il n'y a que les sciences conçues à la façon occidentale moderne qui ne puissent mener à rien d'autre et qui soient constituées de façon à ne pas permettre le passage à une connaissance d'un ordre supérieur.

Pour ce qu'Evola vous a écrit, je suis d'accord avec lui pour dire qu'il a existé une tradition initiatique occidentale ; mais, malheureusement, je doute fort qu'elle puisse être considérée comme encore vivante actuellement. Je rencontre bien, de temps en temps, l'affirmation de l'existence de centres spirituels en telle ou telle région de l'Europe, mais, jusqu'ici, je n'ai pu avoir aucune preuve que cette affirmation soit fondée.

Croyez toujours, je vous prie, cher Monsieur, à mes sentiments bien cordiaux.

René Guénon

ℬ⟩⟨ℛ

Blois, 3 août 1927,
74, rue du Foix

Cher Monsieur,

Vous devez vous étonner de n'avoir pas eu encore de réponse à votre dernière lettre ; c'est que nous ne sommes à Blois que depuis quelques jours. Nous avons dû retarder notre départ de Paris, parce que je n'avais pas encore terminé la préparation d'un petit volume sur « la crise du monde moderne » (un peu dans le même genre qu'« Orient et Occident »), qui doit paraître chez Bossard avant la fin de l'année. Maintenant, je me hâte de remettre ce travail au net, car je dois envoyer le manuscrit avant le 15 août, et j'aurai tout juste le temps d'y arriver.

Pour ce que vous me demandiez, des amis nous ont dit que vous pourriez assez facilement trouver à vous loger ici dans un quartier tranquille, où vous n'entendrez certainement pas beaucoup de bruit. Quant à la chaleur, il ne semble pas qu'elle soit fort à craindre cette année ; jusqu'ici, tout au moins, les journées ensoleillées ont été bien rares.

Je n'ai pas pu demander à M. Hackin si la lettre dont vous me parliez lui était parvenue ; nous sommes allés une fois à une conférence au musée Guimet et nous pensions l'y voir, mais il n'était pas là. Il n'y aurait rien d'étonnant, d'après ce que vous me dites, à ce qu'il n'ait pas reçu cette lettre. Il y a bien longtemps que je n'ai pas eu de nouvelles directes de Reghini ; Quant à Evola, il m'envoie toujours sa revue régulièrement. Un ami de Reghini, qui est venu à Paris il y a peu de temps, m'a dit que sa façon d'envisager le Catholicisme s'était beaucoup modifiée en ces derniers temps.

Le lac de Nemi est en effet tout près de Rome ; vous avez peut-être vu comme moi qu'on se propose actuellement d'y faire des recherches pour retrouver les trirènes de Caligula. Ce lac était appelé « Speculum Dianae » ; il y avait là, en effet, un temple de Diane, dont le prêtre devait être le « rex Nemorensis » auquel se rapportait la phrase que vous me citiez précédemment.

Pour <u>Avalokitêshwara</u>, il est tout à fait exact que les deux interprétations se complètent, et aussi que le même symbolisme se trouve exprimé dans le mot latin « charitas » (ainsi d'ailleurs que dans le grec <u>charis</u> qui lui est identique).

Excusez-moi de ne pas vous répondre plus longuement ; je me hâte pour terminer mon travail, mais j'ai voulu tout de même vous envoyer ces quelques lignes sans plus tarder. Naturellement, prévenez-moi si vous vous décidez à venir à Blois.

À bientôt peut-être, cher Monsieur, et croyez toujours à mes sentiments bien cordiaux.

René Guénon

ᛞᛘ

Blois, 15 août 1927,
74, rue du Foix

Cher Monsieur,

Je suis désolé de voir par votre dernière lettre que votre santé est encore loin d'être bonne ; j'espère pourtant qu'elle va s'améliorer. Malheureusement, le temps est bien mauvais depuis que nous sommes ici : orages, tempêtes, pluies presque continuelles ; ce n'est vraiment pas un temps d'été. Pourtant, ici, il fait habituellement beaucoup meilleur, et le ciel n'est pas du tout le même que dans la région de Paris ; mais, cette année, le soleil est presque toujours absent. Il n'y a ni montagnes ni collines, tout au plus coteaux ; mais il y a des forêts tout près de Blois, et on peut faire d'assez nombreuses promenades aux environs. Voilà, je crois, les renseignements que vous me demandez ; en tout cas, si vous vous décidez à venir, ne le faites pas avant les premiers jours de septembre, car nous allons nous absenter d'ici là. Je serai très heureux d'avoir cette occasion de faire enfin votre connaissance, si toutefois votre santé vous permet à ce moment de faire le voyage sans trop de fatigue.

<u>Vajra</u> est la foudre, mais je dois vous avouer que, moi aussi, je serais actuellement bien en peine de dire exactement en quoi consiste <u>Vajrâyana</u> ; il faudra que je recherche cela à mon retour à Paris, n'ayant pas ici les renseignements nécessaires.

Je suis tout à fait de votre avis pour ce que vous dites de l'état de l'humanité actuelle en rapport avec le Kali-Yuga ; c'est d'ailleurs ce que j'explique dans le volume que je viens de terminer. D'autre part, il est bien certain que l'« initiation » ne se comprend que par les conditions spéciales du « Kali-Yuga », en dehors desquelles elle n'aurait pas sa raison d'être. Il n'en est pas moins vrai qu'il faut bien, en fait, tenir compte de ces conditions ; c'est pourquoi, tout en étant parfaitement d'accord avec vous en principe, je dois pourtant maintenir tout ce que j'ai dit sur le rôle de l'élite. Ce rôle, d'ailleurs, n'est nullement propre aux traditions à forme religieuse ; l'exemple du Taoïsme en est une preuve suffisante ; et la même chose se retrouve partout, quoique quelquefois d'une façon moins tranchée (dans l'Inde par exemple). Depuis le Kali-Yuga, l'« initiation » existe en Orient aussi bien qu'elle a existé en Occident ; il y a là la nécessité de fait. De même pour le symbolisme :

l'emploi de symboles comparables aux symboles hermétiques est tout à fait général aussi ; et ces symboles ne s'opposent point aux symboles naturels, mais s'y relient au contraire très normalement. En outre, le caractère symbolique de toute manifestation permet de donner aux faits historiques, aussi bien qu'à tout le reste, une tout autre valeur que celle qu'ils ont en eux-mêmes ; ceci pour ce que vous dites à propos de Dante ; le symbolisme de celui-ci est, si vous voulez, occidental dans sa forme extérieure, mais il est tout à fait équivalent aux symbolismes orientaux. Du reste, il n'y a eu vraiment d'opposition entre l'Orient et l'Occident que lorsque celui-ci a perdu sa tradition, y compris le sens du symbolisme ; l'hermétisme est beaucoup plus proche de l'esprit oriental que de l'esprit occidental moderne. Peut-être aurons-nous bientôt l'occasion de reparler de tout cela plus longuement.

Je pense comme vous pour Hackin : il est très gentil, mais je ne sais pas au juste ce qu'il peut comprendre. S'il ne vous a pas envoyé le livre de Stcherbatsky, c'est sûrement un oubli ; il est assez distrait.

J'ai reçu hier une lettre d'Evola, qui insiste encore pour que je lui envoie quelque chose pour Ur ; je crois bien qu'il faudra que je finisse par me décider à lui donner satisfaction. Il me dit qu'il a fait paraître le premier volume de sa « Teoria dell'Individuo assoluto », mais qu'il ne me l'a pas envoyé à cause de son caractère surtout philosophique, qu'il pense que son « Imperialismo Pagano », qui doit paraître à l'automne, sera susceptible de m'intéresse davantage. Il est au courant du livre que je viens d'écrire ; je suppose que c'est vous qui lui en avez parlé, car je n'ai écrit à personne d'autre en Italie depuis que j'ai commencé à le préparer ; cela n'a d'ailleurs aucune importance, car je l'ai déjà annoncé à beaucoup d'autres personnes. J'ai expédié le manuscrit à l'éditeur il y a huit jours ; je ne suis pas fâché que ce soit terminé, car jusque-là, je n'ai pu prendre aucun repos.

Ce n'est pas d'Evola, mais de Reghini, qu'on nous a dit que son attitude à l'égard du Catholicisme s'était modifiée en ces derniers temps ; il faut croire que je me suis mal expliqué dans ma dernière lettre, ou que peut-être j'ai écrit un nom pour l'autre par distraction. Il est d'ailleurs possible, d'après ce que vous dites, que la même chose soit vraie pour tous les deux ; en tout cas, si vous pouvez avoir quelque influence sur Evola, ce sera très heureux ; je le crois intelligent, mais remplis de préjugés de toutes sortes ; je pense d'ailleurs qu'il ambitionne une situation dans l'Université, et cela aussi peut le gêner à bien des points de vue.

Croyez-moi, je vous prie, bien cordialement vôtre.

René Guénon

ℰℭ

Paris, 1 novembre 1927,
51, rue Saint-Louis-en-l'Île (4è)

Cher Monsieur et ami,

Nous avions appris avec plaisir, par votre carte envoyée à votre arrivée à Varazze, que votre voyage de retour s'était bien passé ; mais ensuite votre lettre, qui nous est encore arrivée avant notre départ de Blois, nous a malheureusement apporté de beaucoup moins bonnes nouvelles. Cependant, comme vous ne reparlez pas de votre santé dans votre dernière lettre, nous aimons à croire qu'elle est maintenant rétablie.

Malgré tout ce que je savais d'Evola, surtout par vous, j'ai été un peu surpris de son refus d'insérer votre article ; je me demande, dans ces conditions, pourquoi il insiste tant pour que je lui envoie quelque chose, car il doit penser que ce que je ferais serait tout aussi traditionnel et, par conséquent, ne le satisferait pas davantage. Je vois bien que décidément il n'y a rien à faire avec lui ; aussi est-ce très volontiers que je vais lui écrire dans le sens que vous me demandez, d'autant plus que cela coupera court (du moins je le pense) à toute nouvelle insistance de sa part et me donnera une raison décisive de ne pas collaborer à sa revue. Je lui dois d'ailleurs une réponse, ayant reçu de lui, il y a environ un mois, une lettre dans laquelle il me demandait un renseignement sur un point dont je crois me souvenir qu'il vous avait déjà parlé. Je vais joindre ma lettre à celle-ci, en vous priant d'en prendre connaissance et de la lui expédier ensuite ; je m'excuse de ne pouvoir la timbrer, n'ayant pas de timbres italiens à ma disposition.

Je serais heureux de lire votre article si Evola vous l'a retourné et si vous voulez bien me l'envoyer ; mais je suis sûr d'avance que je serai tout à fait d'accord avec vous.

Quel est donc ce texte latin pour lequel la traduction de Reghini vous a paru douteuse ?

Je suis curieux de savoir ce qu'Evola pourra bien dire à propos de Milarépa ; il sera certainement heurté par la place tout à fait inférieure qui est donnée à la magie, et qui est pourtant bien celle qui lui convient en réalité.

Je ne connais pas du tout le poème d'Ashthâvakra dont vous me parlez ; si vous voulez bien, comme vous me le dites, m'envoyer la traduction que vous avez, bien qu'elle soit plutôt une adaptation, cela m'intéressera et me donnera tout au moins quelque idée de ce qu'est le poème en question.

Voici l'adresse que vous m'aviez demandée :

M. Taillard[9], interprète judiciaire, 5, rue Al-Djézirah, Tunis

---

[9] Il s'agit d'Eugène Taillard - dont il sera encore question dans la suite de cette correspondance. Il a publié, sous le pseudonyme de « Jaafar », un article envoyé par Guénon à Jean Reyor, dans le numéro spécial du Voile d'Isis-Études Traditionnelles sur le soufisme (Août-Septembre 1934, pp. 307-313), article ayant pour titre : « La Présence Divine à la lumière du Quadran » (N. D. E.).
Au moment de mettre sous presse, nous avons trouvé confirmation, dans l'ouvrage de Johan Cartigny, Cheikh Al Alawi. Documents et témoignages (éd. Les Amis de l'Islam, Drancy 1984, p. 104), du rattachement de Taillard et de sa compagne Mlle Myriam à la tarîqa du cheikh Al Alawi. Quand à Gustave-Henri Jossot (1866-1951), ce même livre nous apprend que lui est entré en Islam, sous le nom d'Abd al-Karîm, avant de se rattacher à la même tarîqa. L'ouvrage en question reproduit notamment un récit autobiographique de

La brochure[10] que Jossot m'a envoyée ne contient guère d'intéressant que le résumé de quelques entretiens avec Kheireddine (qu'il désigne seulement par une initiale), et un aperçu, que je connaissais déjà, sur la doctrine des Alaouïas auxquels il se rattache maintenant comme je vous l'ai dit. Il paraît que cette confrérie prend beaucoup d'extension ; je viens même d'apprendre qu'elle a une zaouîa à Paris, boulevard Saint-Germain, à deux pas d'ici ; cela fait d'ailleurs craindre qu'elle ne devienne trop ouverte et ne dévie ainsi comme beaucoup d'autres. Il paraît aussi qu'elle travaille, en Algérie, à favoriser un rapprochement entre Chrétiens et Musulmans, ce qui est assurément très louable ; mais ces efforts aboutiront-ils à un résultat appréciable ?

La revue à laquelle Parise a fait allusion est Regnabit, dont voici l'adresse : 30, rue Demours, Paris (18è) ; j'y ai en effet collaboré régulièrement d'août 1925 à mai 1927, et j'avais toujours oublié de vous en parler. Mais voyez comment on raconte l'histoire : cette revue est si peu dirigée par les Jésuites que ceux-ci ont fait tout ce qu'ils ont pu pour l'empêcher de paraître. D'autre part, j'ai dû cesser cette collaboration à la suite de certaines machinations qui ont eu leur point de départ dans l'entourage de Maritain ; ce serait trop long à vous raconter, et d'ailleurs assez peu intéressant au fond. J'ai l'intention de reprendre quelque jour, de façon à en faire un volume, les questions de symbolisme que j'avais commencé à traiter dans cette revue ; mais quand y

---

Jossot, où il est question de Taillard et du mystérieux « sage », qu'il indique par l'initiale « Kh... » (sans doute Tahar -ou Mohammed-Kheireddine) et qu'il appelle son « mystagogue ». Taillard « exerçait la profession d'interprète assermenté près du Tribunal mixte de Sidi Bou Saïd, dans la banlieue de Tunis ».
Ce livre confirme aussi l'existence à Paris (Porte de Versailles) dans les années vingt d'une zaouïa alaouïte (avec documents photographiques à l'appui). Si Guénon la situe par contre bld. Saint-Germain, comme nous allons voir, c'est parce que celle-ci était « destinée exclusivement aux Arabes et aux Kabyles », d'après sa lettre du 31. 12. 1927, où il parle aussi de « la branche qui est en formation et dans laquelle on admettra des Européens... « ; mais « l'introduction des éléments occidentaux est trop facilement une cause de déviation ». C'est probablement pourquoi M. Frithjof Schuon, qui résida quelque temps à Paris, se rendit jusqu'à Mostaganem pour prendre contact avec cette tarîqa. (N. D. E.).
[10] 6) Très probablement le récit autobiographique mentionné à la note, « Le Sentier d'Allah », édité en 1927 en Tunisie. (N. D. E.).

arriverai-je ?

J'ai fini de corriger les épreuves de « La Crise du Monde moderne » ; je pense que cela va pouvoir paraître vers le 15 novembre.

Ces dames vous envoient leur meilleur souvenir, et moi je vous prie de croire à mes sentiments très cordiaux.

René Guénon

෨෬

Paris, 31 décembre 1927,
51, rue Saint-Louis-en-l'Île (4è)

Cher Monsieur et ami,

J'ai reçu vos deux lettres et j'aurais voulu y répondre plus tôt ; mais j'ai de moins en moins de temps libre, si bien que j'ai dû toujours remettre jusqu'ici, d'autant plus que je me proposais de vous écrire assez longuement ; je crois bien que, aujourd'hui encore, je vais être obligé de ne répondre qu'à une partie de ce que vous me dites et de remettre le reste à une autre fois.

D'abord, Evola m'a écrit deux fois ces temps derniers, et, d'après ce que vous me rapportez, je vois que ce qu'il me dit est à peu près exactement la même chose que ce qu'il vous a écrit à vous-même. Je me demande ce que peut être cette « action » qu'il compte déclencher avec sa revue et son livre, et cela non seulement en Italie, mais aussi dans les pays voisins ; enfin, on verra bien... Il m'a envoyé aussi un article intitulé : « Fascismo antichristianisme » ()reparaît, si bien que la direction de la revue a dû ajouter une note faisant des réserves sur ce point. D'autre part, je ne vois pas très nettement ce qu'il entend par « tradition méditerranéenne », et je crains que, dans l'idée qu'il s'en fait, il n'y ait une certaine part de fantaisie. Je n'ai pas eu le temps de lui répondre jusqu'ici ; il faudra tout de même que je le fasse un de ces jours. Quant à la question de la collaboration à « Ur », je pense exactement comme vous, et je ne suis pas plus disposé que vous l'êtes à accepter les limites qu'il prétend nous imposer ; d'ailleurs, comme il voit de la « polémique » dans des choses où mon intention a été tout autre, je ne sais pas trop comment je pourrais faire pour ne pas sortir des dites limites, qui ne correspondent qu'à une appréciation des plus contestables.

Dans le dernier numéro du « Voile d'Isis », il y a une petite note sur « Ur », dans laquelle il est dit que cette revue est consacrée à l'étude de la psychologie ! Je ne sais qui a écrit cela, mais c'est assurément quelqu'un qui n'a pas lu un seul des articles d'« Ur » ; il est probable que c'est l'expression « scienza dell'Io » qui a donné lieu à cette méprise ; si Evola a vu cela, il n'a pas dû en être très satisfait.

Il y a deux ou trois jours, j'ai reçu une carte de Reghini, qui ne m'avait pas donné signe de vie depuis à peu près un an ; il m'annonce qu'il va m'écrire plus longuement et qu'il m'expliquera les raisons de son silence.

Mon nouveau livre est arrivé il y a une quinzaine de jours, alors qu'il aurait dû paraître en novembre ; il aurait été étonnant que les imprimeurs ne se mettent pas en retard, car c'est leur habitude ; aussi a-t-on décidé de ne sortir le volume qu'en janvier après les fêtes, car cette période des étrennes est tout à fait défavorable.

Nous avons vu Hackin dernièrement, et nous lui avons appris que vous étiez à Blois pendant les vacances ; il a regretté que vous ne vous soyez pas arrêté à Paris car il aurait été très heureux de vous revoir.

Masson-Oursel a donné dans la « Revue Critique » (je ne sais trop ce qu'est cette publication, n'ayant reçu qu'une coupure) un petit compte rendu du « Roi du Monde » qu'il faut que je vous copie textuellement, car il en vaut la peine :

« Leibniz aimait à dire qu'il y a de l'or dans le fumier de la scolastique ; il s'en trouve probablement -même chez les alchimistes- dans cette symbolique universelle qu'ont prônée les gnostiques, les Hindous, les Chinois, les kabbalistes. Malheureusement, cet or, R. Guénon ne cherche pas à l'extraire ; seule la critique pourrait y prétendre. Il prend tout pour argent comptant, pourvu que ce soit donnée traditionnelle, et il ne doute pas que tout correspond à tout ; il s'avère par là de la lignée des symbolistes. Il possède de l'information, mais il accueille n'importe laquelle. La critique serait à ses yeux entreprise misérable, qui discréditerait le chercheur, et combien superflue pour un auteur qui croit tenir la vérité métaphysique ! Nous le savons assez par les autres ouvrages de M. Guénon. Ce qu'il prend pour force et lucidité, à nos yeux compromet la valeur du savoir très étendu et, ce qui vaut mieux, curieux, de cet orientalisme. Nous sommes effrayé, quant à nous, de ce qu'en une centaine de coquettes petites pages on prétende révéler le fin du fin sur le <u>swastika</u>, <u>Aum</u> et Manu, sur la <u>luz</u> et la <u>Shekinah</u>, sur le Graal, sur les Mages et le Vieux de la Montagne, sur des énigmes sans ombre. Même si l'on a deviné juste ici ou là, qu'importe le résultat sans la démonstration ? Et la preuve qu'il n'y a qu'une symbolique parmi la diversité des religions, des philosophies ? »

Que dites-vous de cela ? Ce qui est le plus stupéfiant, c'est qu'il m'affirmait, il y a quelques mois, qu'il se rapprocherait de plus en plus de mon point de vue ! Il semble qu'il en soit au contraire plus éloigné que jamais ; il est évidemment incapable de comprendre. Rien ne compte pour lui en dehors de la « critique » et de l'analyse, c'est à dire de ce que je considère précisément comme inexistant ; il s'imagine, comme tous ses collègues, qu'il faut des volumes de pesante érudition pour traiter le moindre point de détail. Si j'avais cru utile de lui répondre, j'aurais pu lui faire remarquer que je suis bien loin d'accueillir « n'importe quelle information » comme il prétend, puisque je me refuse à tenir le moindre compte de celle qui vient des orientalistes officiels ; mais cela aurait été parfaitement inutile ; on ne peut pas changer la mentalité de ces gens-là, et le mieux est de continuer son chemin sans s'occuper de ce qu'ils peuvent dire ou penser.

Moi non plus, je n'ai pas eu l'occasion de m'occuper de Virgile depuis longtemps ; il est certain qu'il s'y trouve des choses qu'il est assez difficile de comprendre maintenant, mais je suis persuadé que, si on avait le temps, il pourrait être utile d'y faire des recherches au point de vue qui nous intéresse ; en tout cas, les quelques interprétations que vous m'indiquez me semblent tout à fait justifiées.

Je n'ai pas pu me reporter aux passages que vous m'indiquez dans le livre du P. Wallace, car je l'ai prêté à quelqu'un qui ne me l'a pas encore rendu ; il faudra donc que je revoie cela un peu plus tard, et alors je vous en reparlerai. Pour la réflexion que je vous avais faite autrefois à ce sujet et que vous me rappelez, ce que vous formulez correspond en effet très bien à ce que j'avais voulu dire.

J'ai parlé à Bacot de la traduction allemande des chants de Milarépa ; il la connaît, mais, ne sachant pas très bien l'allemand, il n'a pas pu l'examiner d'assez près pour voir ce qu'elle vaut exactement ; il paraît d'ailleurs qu'elle est incomplète. Les passages que vous me citez ne semblent pas très clairs en effet, et il aurait fallu des notes pour les expliquer ; mais le traducteur en était-il capable ? Vous avez certainement raison pour l'artère du milieu, qui ne peut être que sushumnâ, et il est plus que probable que le « vent » est bien prâna ; je me demande même si, là où il est question de « cinq vents », il n'y aurait pas un rapprochement à faire avec les cinq vâyus, qui sont des modalités de prâna. Les sens de mudrâ sont bien ceux que vous indiquez ; quant à Dharmadhâtu, littéralement « semence de la Loi », je sais que c'est une désignation de Bouddha, mais cela n'éclaire pas beaucoup le sens de la phrase où se trouve ce mot. Pour ce qui est de Vajra, vous savez qu'il signifie à la fois « foudre » et « diamant » ; il y aurait tout une recherche à faire là-dessus.

Je n'ai pas encore eu le temps de chercher le texte de la Bhagavad-Gîtâ ; je prends note du passage dont vous m'avez parlé ; je tâcherai de vérifier cela un de ces jours.

Merci d'avance pour le poème vêdântin que vous avez promis de m'envoyer ; je pense que vous ne serez pas trop pressé que je vous le retourne, car en ce moment, je n'arrive même pas à lire quoi que ce soit. Merci aussi pour les indications que vous me donnez au sujet du texte et de sa traduction en prose ; mais il me sera difficile de trouver cela, car je ne vais jamais dans aucune bibliothèque.

Le sens de sâkshî est bien « témoin » ou « observateur » ; je pense que sâkshipurusha doit se prendre comme un équivalent de celui des « deux oiseaux sur l'arbre » qui « regarde sans manger », et qui est effectivement la personnalité, tandis que l'autre, celui qui mange (c'est-à-dire qui est engagé dans l'action et ses conséquences), est jîvâtmâ ou l'individualité. La traduction du shloka en question me semble exacte à première vue ; quand j'aurai un instant, je la reverrai de plus près.

La lettre Kha symbolise l'atmosphère, et même le ciel, plutôt que l'air comme élément. La désignation d'Agni « triforme » peut avoir plusieurs significations ; il est possible que, dans le cas dont il s'agit, elle se rapporte au feu céleste, au feu terrestre et au feu vital. Les trois couleurs dont vous parlez sont plus habituellement rapportées aux gunas qu'aux éléments : sattwa, blanc ; rajas, rouge (c'est même le sens propre de la racine rauj) ; tamas, noir (obscurité). Pour le 0 entre 3 et 2 (au lieu de l'unité), ce que vous dites me paraît tout à fait juste, ou en tout cas très plausible comme interprétation. Quant aux passages du commentaire indiquant la définition de la mukti suivant différentes écoles, c'est encore une chose qu'il faut que je remette à une prochaine fois, ne voulant pas vous donner une traduction qui risquerait d'être inexacte.

Je suis content que Taillard vous ait répondu et qu'il ait pu vous envoyer une photographie de Kheireddine ; si vous arrivez à la faire reproduire comme vous l'espérez, je serai très heureux de l'avoir. Chose singulière, le jour même où j'ai reçu votre lettre, j'en avais une de Jossot qui me parlait aussi de Kheireddine ; il dit que celui-ci est mort alors qu'il se disposait à l'instruire ; mais je ne sais vraiment si Jossot aurait pu beaucoup profiter de ses enseignements. Vous serez bien aimable de me dire si vous avez eu une nouvelle réponse de Taillard ; le Cheikh dont il vous a parlé doit être certainement le Cheikh Mostafa ben Alioua, le chef des Alaouïas. J'ai un résumé des enseignements de cette école, rédigé par le secrétaire du Cheikh Si Mohammed El Aïd, avec une traduction française faite par Taillard, et dont je pourrai vous envoyer la copie si cela vous intéresse. Je crois vous avoir dit que les Alaouïas ont maintenant un centre à Paris, d'ailleurs destiné exclusivement aux Arabes et aux Kabyles ; bien qu'on m'ait engagé à me mettre en rapport avec eux, je n'en ai pas eu le temps, et pourtant c'est tout à côté d'ici ; il faudra bien que j'arrive à voir cela, car cela peut être plus intéressant que la branche qui est en formation et dans laquelle on admettra des Européens, comme il me semble vous l'avoir dit également ; l'introduction des éléments occidentaux est trop facilement une cause de déviation.

Excusez ma réponse incomplète ; je tâcherai d'être moins longtemps sans vous écrire.

Je pense que vous n'étiez pas dans la montagne au moment des grands froids ; n'en avez-vous pas trop souffert.

Tous mes vœux pour l'Année qui va commencer ; ces dames vous envoient leur meilleur souvenir, et moi je vous serre la main bien cordialement.

René Guénon

J'allais oublier de vous remercier de votre gracieux envoi de timbres.

ෂ෬

Blois, 6 avril 1928,
74, rue du Foix

Cher Monsieur et ami,

Je suis confus d'être si en retard avec vous ; j'aurais voulu vous remercier beaucoup plus tôt des témoignages de sympathie que vous m'avez donnés en ces tristes circonstances, mais j'ai été bien longtemps sans avoir le courage d'écrire à personne. Votre dernière lettre m'est bien parvenue à Paris, et j'aurais voulu répondre tout de suite, mais je n'ai pas pu trouver même quelques instants, tout mon temps a été pris par les leçons et d'autres occupations aussi peu intéressantes, mais pourtant nécessaires. Je profite des quelques jours que nous passons ici pour vous écrire enfin ; nous avons été obligés de venir à Blois pour affaires, sans quoi nous ne nous serions probablement pas décidés à quitter Paris en ce moment.

J'allais vous remercier de votre envoi, que j'avais reçu avec grand plaisir, quand le malheur est arrivé, et cela de la façon le plus subite et la plus inattendue : quelques jours de maladie à peine, mais d'une maladie contre laquelle on ne peut rien, la méningite cérébro-spinale. Il y a eu alors une véritable épidémie à Paris : certaines personnes ont été emportées en quelques heures ! Depuis, ma santé n'a pas été bien fameuse, ce qui n'a rien d'étonnant après un coup si dur ; il a fallu cependant que je reprenne presque tout de suite les occupations forcées, mais c'est à peu près tout ce que j'ai pu faire jusqu'ici.

Nous rentrerons à Paris à la fin de la semaine prochaine, c'est à dire le 13 ou le 14 avril ; peut-être vaudra-t-il mieux que vous attendiez ce moment pour m'envoyer la lettre de Taillard dont vous me parlez, et qui m'intéressera sûrement. Il faudra aussi, à mon retour à Paris, que je recherche ce résumé de la doctrine des Alaouïas qu'il a traduit, pour vous en envoyer une copie comme je vous l'avais promis.

Il va falloir tout de même que je me décide un de ces jours à écrire à Evola dont j'ai toujours laissé plusieurs lettres sans réponse. Jusqu'ici, je n'ai pas reçu son « Imperialismo », et pourtant il m'avait annoncé, il y a déjà longtemps, qu'il me l'enverrait ; peut-être le fera-t-il quand je lui aurai écrit. En tout cas, si je ne reçois rien, je vous le dirai, et alors vous pourrez me prêter votre exemplaire comme vous voulez bien me le proposer.

J'ai lu un peu rapidement l'« Ashtâvakra Gîtâ » ; cela m'a paru très bien ; même dans cette adaptation qui est sûrement imparfaite (d'autant plus que la préface, autant que je me souviens, ne prouve pas beaucoup de compréhension chez son auteur) ; il faudra que je reprenne cela plus attentivement quand j'aurai un peu de temps libre.

J'ai reçu le 1er numéro de la 2è année d'<u>Ur</u> ; en a-t-il paru un autre depuis ? Je n'ai pas constaté, dans l'ensemble, un bien grand changement avec la 1ere année, si ce n'est que ces histoires de « chaîne magique » semblent devoir prendre de plus en plus d'importance, et aussi que la « Scienza dell'Io » a disparu du titre ; est-ce l'interprétation « psychologique » dont je vous avais parlé qui a déterminé Evola à supprimer cette expression, à laquelle il semblait cependant tenir beaucoup ? J'avais trouvé très justes toutes les réflexions que vous faisiez dans une de vos lettres du début de janvier, au sujet du numéro précédent ; quand j'écrirai à Evola, vous pouvez être sûr que je tiendrai compte de ce que vous me disiez alors, car je suis persuadé que vous avez tout à fait raison.

Avez-vous pu voir le nouvel ouvrage sur Dante dont vous m'aviez parlé ? Si oui, vous serez bien aimable, à l'occasion, de me dire un peu ce que c'est et de quel genre de symbolisme il est question là-dedans.

Je me suis acquitté, il y a déjà longtemps, de la commission dont vous m'aviez chargé pour Bossard ; j'allais oublier de vous le dire et de vous renvoyer la note, timbrée à la date du paiement.

J'ai été heureux de voir que vous étiez complètement d'accord avec tout ce que j'ai exposé dans mon dernier livre ; d'ailleurs le contraire m'aurait beaucoup étonné. Les coïncidences que vous m'avez signalées avec des choses que vous aviez écrites vous-même précédemment sont en effet très remarquables ; ces rencontres ne sont certainement pas l'effet du hasard (auquel d'ailleurs je ne crois pas du tout).

J'espère que j'aurai un jour le temps de reprendre toutes vos dernières lettres et de répondre au moins aux plus importantes des diverses questions que vous me posiez.

J'ai en ce moment un travail fort désagréable : c'est la correction de la traduction anglaise de « L'Homme et son devenir » ; cette traduction a été affreusement mal faite, il y a des contresens à toutes les pages. De plus, au lieu de m'envoyer le manuscrit comme j'y comptais, on a tout fait composer et on m'a seulement envoyé des épreuves, de sorte que les éditeurs ont été fort mécontents quand je leur ai écrit qu'il y aurait beaucoup de changements à faire ; ce n'est pourtant pas ma faute s'ils ont fait une sottise.

J'aime à croire que votre santé n'est pas trop mauvaise maintenant et que vous n'avez pas eu d'autre crise depuis votre dernière lettre.

Ma tante me charge de vous envoyer son meilleur souvenir, et moi, cher Monsieur et ami, je vous prie de croire toujours à mes sentiments les plus cordiaux.

René Guénon

ඏCҘ

Paris, 4 mai 1928,
51, rue Saint Louis-en-l'Île (4è)

Cher Monsieur et ami,

Cette fois encore, j'aurais dû vous répondre plus promptement ; mais décidément il faut que j'aie, en ce moment, des travaux pressés et ennuyeux. J'avais à peine renvoyé de Blois à l'éditeur anglais la traduction de « L'Homme et son devenir » avec les corrections nécessaires, qu'il m'arrivait autre chose : on réédite le « Théosophisme » qui est épuisé, et on me demande des notes complémentaires pour que cette nouvelle édition soit mise à jour. Je me suis donc, dès notre retour à Paris, mis à ce travail qui demande beaucoup de recherches pour arriver à rédiger quelques pages, et je n'en suis pas encore sorti ; on me le demandait pour le plus tôt possible, mais je crois que j'en ai bien encore pour une quinzaine, car, avec mes cours et leçons, je suis loin de pouvoir disposer de tout mon temps, surtout à l'approche de l'époque des examens.

Bacot m'avait parlé, il y a à peu près six mois, du « Tibetan Book of the Dead » comme de quelque chose de très intéressant ; un jeune homme qui vient souvent me voir a fait venir dernièrement ce volume d'Angleterre, et il doit me le prêter quand il aura fini de le lire. Merci de votre offre de me le communiquer, mais vous voyez qu'il est inutile de vous donner cette peine ; du reste, si je n'avais pas su que je l'aurais autrement, je vous aurais tout de suite envoyé un mot pour vous le demander. L'affaire de la traduction anglaise a fini par s'arranger mieux que je ne l'aurais cru : les éditeurs m'ont fait savoir, il y a quelques jours, qu'ils acceptaient de faire toutes les corrections que j'avais indiquées, tout en se plaignant des frais supplémentaires que cela va leur occasionner. Comme je le leur ai dit, je ne suis aucunement responsable de ces difficultés, puisqu'elles auraient été entièrement évitées si on m'avait envoyé la traduction en manuscrit. Je vous avoue que je n'aurais pas eu l'idée de proposer de faire cette traduction moi-même, parce que c'est un travail qui demande beaucoup de temps et qui n'est pas bien intéressant ; mais je l'ai un peu regretté en voyant comment cela avait été fait. Sûrement, nous nous en serions bien tirés en la faisant ensemble ; merci de l'intention ; on pourra peut-être envisager cela en une autre occasion.

Ch. Lancelin est un expérimentateur « psychiste » et plus ou moins spirite ; je n'ai pas lu le livre que vous mentionnez, mais j'en ai lu d'autres de lui, et je n'y ai rien trouvé d'intéressant.

Ma collaboration à « Regnabit » va d'août 1925 à mai 1927 inclusivement ; l'adresse de la revue est 30, rue Demours (17è), peut-être vous l'ai-je déjà donnée. Je regrette de n'avoir plus de séries complètes en double, sans quoi je me serais fait un plaisir de vous en envoyer une. Il faudra que je vous raconte quelque jour la suite de l'histoire de cette collaboration, mais c'est malheureusement trop long et à peu près impossible à résumer. Actuellement, j'en suis à recevoir de ce côté des lettres d'injures et de menaces ; il paraît que c'est la « Crise du Monde moderne » qui, je ne sais trop pourquoi, a suscité dans certains milieux catholiques de véritables accès de fureur.

Je n'ai pas encore pris le temps d'écrire à Evola ; c'est à se demander si j'y arriverai. Jusqu'ici, je n'ai pas reçu le numéro 2 d'« Ur » ; est-il paru ? Je suis curieux de savoir ce qu'Evola y dit du livre thibétain ; sans doute y aura-t-il vu encore de la « magie », puisque, pour lui, tout se ramène à cela.

Merci pour la copie de la lettre de Taillard, qui contient en effet des choses très intéressantes ; vos réflexions à ce sujet sont tout à fait exactes ; il faudra que je vous reparle de cela plus longuement et plus tranquillement la prochaine fois que je vous écrirai car, aujourd'hui, je n'ai que bien peu de temps libre, et pourtant je n'ai pas voulu tarder davantage à vous écrire.

Je ne sais pas du tout qui est ce Pierre Taillard ; je suppose que ce doit être un parent de l'autre ; s'il est antoiniste, cela me donne une bien mauvaise idée de son intellectualité (voir le chapitre relatif à cette secte dans l'« Erreur spirite »). Du reste, la fin de la lettre m'inquiète un peu : Taillard semble se faire encore bien des illusions sur les prétendus « chercheurs de la Réalité de l'Etre », et ce qu'il dit de l'Europe me paraît beaucoup trop « optimiste ». Puisque vous ne connaissez pas les « Cosmiques », je pourrai vous renseigner à l'occasion, car, ayant connu la plupart des dirigeants de ce mouvement (maintenant bien dispersé), je suis très bien informé là-dessus.

Comme je vous l'avais promis, je vous envoie sous ce pli la copie du résumé des enseignements des Alaouïas. J'y joins aussi celle d'une note sur les Tidjanias, dont Jossot m'a envoyé le texte arabe avec la traduction écrite par Taillard ; vous verrez que cette confrérie, comme tant d'autres, semble bien dégénérée aujourd'hui.

En hâte, bien cordialement à vous.

René Guénon

ഊറ

Paris, 9 juin 1928,
51, rue Saint-Louis-en-l'Île (4è)

Cher Monsieur et ami,

Voilà déjà quelque temps que j'ai vos deux lettres, mais, cette fois encore je n'ai pas pu y répondre plus tôt, car c'est seulement ces jours-ci que j'ai terminé la rédaction de notes complémentaires pour le « Théosophisme » qui va être réédité ; peut-être vous ai-je déjà parlé de ce travail, auquel j'étais occupé depuis notre retour ici après les vacances de Pâques ; cela m'a donné plus de mal et pris plus de temps que je n'aurais cru.

<u>Ur</u> me parvient toujours régulièrement ; j'ai reçu il y a deux ou trois jours le numéro de juin, dans lequel il y a encore moins que dans le précédent. Celui-ci m'était arrivé à peu près en même temps que votre avant dernière lettre ; je me suis demandé aussi quelle intention Evola avait bien pu avoir en publiant ainsi votre article « arrangé » et des extraits de lettres que j'aurais tout de suite pensé être de vous également, même si vous ne me l'aviez pas dit. Depuis j'ai reçu une lettre d'Evola, dans laquelle il y a un passage qui vous concerne ; je vous le transcris textuellement ;

* « Avrà visto che Ur 3-4 comincia con un articolo che è una riduzione di quello che, a suo tempo, De Giorgio mi mando. Avendo presa tale riduzione direttamente sotto nostra responsabilità, Lei potrà vedere che nei punti principali non si era certamente in contrasto con De Giorgio, ma solamente su alcune sfumature, su alcuni modi di presentazione che avrebbero nouciuto all'unità della rivista e che ora sono stati eliminati. Questa pubblicazione puo dunque servirLe come un punto di orientamento maggiore nei nostri riguardi e nei nostri rapporti »[11]. Cela n'éclaircit pas beaucoup les choses, et j'avoue

---

[11] Traduction : « Vous aurez vu qu'<u>UR</u> 3-4 commence par un article qui est une version abrégée de celui que De Giorgio m'envoya. Cette décision d'abréger l'article relevant directement de notre responsabilité, vous pourrez voir que sur les principaux points il n'y avait certainement pas de désaccord avec De Giorgio, mais seulement sur quelques nuances, sur certaines façons de présenter les choses qui auraient nui à l'unité de la revue et qui ont maintenant été éliminées. Cette publication peut donc vous servir pour mieux vous orienter à notre sujet et dans nos rapports ».

que « l'unité de la revue » ne m'apparaît pas très nettement jusqu'ici.

Dans la même lettre, Evola me demande si j'ai reçu son « Imperialismo Pagano » qu'il avait, paraît-il, dit à l'éditeur de m'envoyer ; je lui ai répondu que je n'avais rien reçu ; je pense donc l'avoir un de ces jours. Quand j'aurai lu ce livre, je pourrai lui faire quelques observations sur ce qu'il a dit de moi ; vous les lui avez déjà faites comme il convenait, et je vous en remercie ; mais cela ne fait rien, car je suis censé ne pas le savoir, et je pourrai les réitérer de mon côté ; on verra bien si Evola en tient compte, d'autant plus que, d'après ce qu'il m'a écrit, il a l'intention de donner dans Ur une étude sur mes ouvrages ; je me demande ce que ce sera. En tout cas, en lui répondant, je vous assure que je ne lui ai rien dit de bien compromettant ; après tout ce qui vous est arrivé avec lui, je me méfie beaucoup.

En effet, les articles d'Ur sont décidément bien faibles ; celui de Reghini sur la « Traduction occidentale » est tout de même encore ce qu'il y a peut-être de mieux là-dedans, mais au sujet de Saturne, il y aurait eu beaucoup d'autres choses à dire. Je vois qu'Evola se propose de revenir dans le prochain numéro sur sa « Tradizione mediterranea » ; la conception qu'il s'en fait me semble à la fois bien vague et bien fantaisiste.

J'ai reçu dernièrement le livre de Valli, mais je n'ai pas encore eu le temps de le lire ni même de le parcourir ; je vous en reparlerai donc plus tard.

La brochure dont vous me parlez est une biographie de Matgioï qui a dû paraître vers 1910 ; je ne sais pas du tout s'il est encore possible de se la procurer ; je dois bien l'avoir, mais où ? Je finis par avoir ici une telle accumulation de choses que je ne m'y retrouve plus. Oui, j'ai connu Matgioï, mais il y a au moins dix ans que je ne l'ai pas revu ; il a été, malheureusement, trop « dispersé » par toutes sortes de choses qui n'ont aucun rapport avec des doctrines extrême-orientales et qui l'ont empêché de continuer ce qu'il avait commencé. Ce que vous dites de son style est tout à fait exact ; il y a surtout chez lui un défaut de précision qui est bien gênant parfois. Quant aux autres choses qui le concernent, je vous en parlerai bien volontiers si vous venez à Blois cet été ; j'espère encore que vous pourrez obtenir le renouvellement de votre passeport.

Je n'ai malheureusement aucune donné sur ce que signifie l'expression « Canticum graduum » ; l'hébreu se traduit bien littéralement par « cantique pour les ascensions », mais de quoi s'agit-il au juste ? Votre interprétation me paraît au moins vraisemblable, mais sans que je puisse rien affirmer.

Si vous devez quitter Varazze bientôt, n'oubliez pas de me faire connaître votre nouvelle adresse.

Excusez ma hâte, j'ai beaucoup de correspondance en retard. Meilleur souvenir de ma tante, et bien cordialement à vous.

René Guénon

ଥ

Blois, 8 septembre 1928,

Cher Monsieur et ami,

Quelques mots seulement pour vous dire d'abord que j'ai bien reçu votre lettre et votre carte, et ensuite que nous pensons quitter Blois pour rentrer à Paris le 25 ou 26 septembre, car j'aurai des leçons dès le 1er octobre, et nous ne pouvons pas attendre la veille à cause de la foule. Jusque vers le 20, vous pourrez, si vous vous décidez à venir, choisir le moment qui vous conviendra le mieux ; cela ne fait absolument rien pour nous, car décidément je ne bougerai pas d'ici. Je crois que le mieux serait que vous passiez par Lyon et Tours comme vous l'avez fait pour repartir l'an dernier ; mais je comprends que vous ayez de la peine à organiser un itinéraire, car moi-même je n'y entends pas grand-chose non plus ! Nous aimons à croire que votre indisposition est passée maintenant et que votre séjour dans les montagnes vous a été tout à fait favorable. Vous avez très bien fait de ne vous engager à rien vis-à-vis d'Evola, qui sûrement voudrait bien que vous lui donniez des articles, quitte à les « arranger » comme il l'a déjà fait ; cette expérience n'est pas bien encourageante... Je n'ai toujours pas reçu le dernier numéro d'Ur ; sans doute s'est-il perdu en route comme c'était déjà arrivé une fois ; quand j'aurai l'occasion d'écrire à Evola, je lui demanderai qu'il m'envoie un autre exemplaire, car je serais curieux de voir les fantaisies étymologiques auxquelles vous faites allusion. À bientôt peut-être, et bien cordialement à vous.

René Guénon

ℰℭ

Paris, 18 décembre 1928,
51, rue Saint Louis-en-l'Île (4è)

Cher Monsieur et ami,

Je pensais bien, en ne recevant rien de vous, que le faire-part que je vous avais envoyé, ne pouvant vous écrire alors, ne vous était pas parvenu tout de suite, et j'en avais conclu que vous ne deviez plus être à Varazze, en quoi je ne m'étais pas trompé.

Ce nouveau deuil était prévu, car l'état de ma tante s'était beaucoup aggravé depuis cet été ; je ne pensais pourtant pas, en quittant Blois à la fin de septembre, être obligé d'y revenir au bout de trois semaines, et dans des circonstances aussi pénibles pour la seconde fois cette année.

Voilà déjà quelque temps que je me propose de vous écrire, mais sans pouvoir y arriver ; il faut vous dire que, depuis plus d'un mois, j'ai une grippe dont je ne peux pas me débarrasser ; je ne me suis pas arrêté pour cela, mais je suis très fatigué et incapable de faire un travail quelconque en dehors des choses absolument obligées. D'un autre côté, j'ai de très graves ennuis, qui sont bien aussi pour quelque chose dans cet état. Vous savez que j'ai avec moi une nièce que nous avons élevée depuis dix ans ; or la mère, qui ne s'en est jamais occupée jusqu'ici, veut maintenant à toute force me la retirer, et non pas même pour l'avoir avec elle, mais pour la mettre en pension ; et toute la famille l'approuve et se tourne contre moi. Je ne sais pas encore comment les choses vont pouvoir s'arranger, et la situation est d'autant plus inquiétante pour moi que, avec l'aide de cette enfant qui a maintenant quatorze ans, je peux arriver à me tirer d'affaire, tandis que seul j'en serais tout à fait incapable ; et puis, si je venais à tomber malade, n'ayant plus absolument personne, que se passerait-il ? Ma belle-sœur, à qui j'ai dit cela, m'a répondu que cela lui était indifférent, et que d'ailleurs tout ce que je pouvais dire ne comptait pas. Il ne m'est pas possible de vous donner tous les détails, ce serait beaucoup trop long ; l'ingratitude et la méchanceté des gens sont vraiment quelque chose d'incroyable.

J'ai beaucoup regretté que le moment où vous auriez pu être libre coïncide juste avec celui où il nous fallait rentrer à Paris ; et je le regrette d'autant plus maintenant que je ne sais pas du tout comment les vacances pourront s'arranger pour moi à l'avenir ; de toutes façons, il me sera encore beaucoup plus difficile de m'organiser à Blois qu'ici.

Par une lettre de Reghini, reçue quelques jours avant la vôtre, j'étais déjà au courant de ses difficultés avec Evola ; tout cela est bien singulier. Naturellement, il me demande ma collaboration pour la nouvelle revue qu'il projette de faire ; je ne lui ai pas répondu encore ; il va tout de même falloir que je le fasse, mais je tâcherai de ne m'engager à rien pour le moment.

La semaine dernière, j'ai reçu le numéro 11-12 d'<u>Ur</u>, qui va, pour la nouvelle année, se transformer en <u>Krur</u> ; peut-être l'avez-vous eu aussi. Je n'avais plus rien reçu depuis le numéro 6, non plus qu'aucune réponse à la lettre que j'avais écrite à Evola au sujet de son « Imperialismo Pagano », si bien que je pensais que peut-être il s'était froissé de ce que je lui avais dit. Dans ce numéro 11-12, je trouve un extrait de cette lettre reproduit en note dans un article où il est question de la « Crise du Monde moderne », et qui contient encore les attaques habituelles contre le christianisme, auquel on refuse même le caractère de « tradition » ! Si vous voulez bien m'envoyer le numéro 7-8 comme vous me l'aviez proposé, je serai content de pouvoir prendre connaissance des choses que vous me signaliez. Quant aux numéros 9 et 10, je vois que vous ne les avez pas eus non plus, mais peut-être pourrez-vous les obtenir par Parise ; je serais curieux aussi de voir ce qui a déclenché la scission ; en tout cas, merci d'avance pour ce que vous pourrez m'envoyer.

Pour cette personne dont vous m'aviez parlé et que vous avez été voir à Gênes, je vous avoue que je n'ai pas été surpris que vous ayez eu une déception ; quand il y a un côté « phénoménal » si extraordinaire, je me méfie toujours un peu, sans contester en principe que, dans certains cas, cela puisse recouvrir quelque chose de plus intéressant. Cette histoire n'en est pas moins curieuse ; avez-vous eu d'autres informations à ce sujet ?

Je me suis informé au sujet d'une question que vous m'aviez posée il y a déjà assez longtemps, et voici la réponse que j'ai reçue : « Pour la date première de l'apparition du crucifix, il faut s'en tenir au 5è siècle, et les deux plus anciens documents certains paraissent être le crucifix de la porte de Sainte Sabine à Rome, et l'autre en ivoire du Musée Britannique. On a parlé d'une gemme gnostique plus ancienne, mais sa date et son utilisation ont été contestées ».

J'ai lu le livre de Valli à la fin des vacances ; je vous parlerai la prochaine fois, car je n'ai plus le temps aujourd'hui ; rappelez-le moi quand vous m'écrirez. Dites-moi où vous en êtes de toutes vos difficultés ; je vois que malheureusement je ne suis pas seul à en avoir ! Je tâcherai d'être moins longtemps sans vous donner de mes nouvelles.

Croyez toujours, je vous prie, à mes sentiments les plus cordiaux.

René Guénon

℘⋈

Paris, 12 janvier 1929,
51, rue Saint-Louis-en-l'Île (4è)

Cher Monsieur et ami,

Je n'ai que trop tardé à vous remercier de votre bonne lettre, ainsi que de l'envoi des trois numéros d'<u>Ur</u> et de la conférence d'Evola, et aussi à vous adresser tous mes vœux pour la nouvelle année, vœux surtout d'amélioration de votre santé et de vos affaires de famille, car je vois que ce sont toujours là deux choses dont, comme moi-même en ce moment, vous avez grand besoin.

Mon état est toujours à peu près le même : je n'arrive pas à me débarrasser de cette sorte de grippe, qui est due certainement aux ennuis plus qu'à tout autre chose. La résistance de l'organisme a malheureusement des limites ; je ne sais pas comment j'arrive à tenir encore malgré tout.

Je ne sais plus si je vous avais dit que j'avais envoyé à ma belle-sœur une lettre rédigée par un avocat, et la menaçant, si elle persistait dans son attitude, de lui réclamer le remboursement de tous les frais que nous avons faits pour sa fille depuis dix ans ; il est fâcheux d'être obligé de recourir à de pareils moyens, mais, avec des gens de cette sorte, on se défend comme on peut. Il faut croire que cela a tout de même donné à réfléchir, car je n'ai eu jusqu'ici aucune réponse ; mais, hier, Françoise a reçu une lettre de sa mère, qui n'avait plus répondu à aucune des siennes depuis deux mois. Dans cette lettre, ma belle-sœur se dit malade, elle se plaint amèrement et récrimine beaucoup, mais j'ai l'impression que, elle bat en retraite, au moins pour le moment ; c'est toujours autant de gagné.

Hier soir, nouvelle aventure : la directrice du cours où allait Françoise m'écrit qu'elle ne veut plus de l'enfant, avec accompagnement d'arguments tout à fait semblables à ceux de la mère ; celle-ci a-t-elle agi pour obtenir ce résultat ? C'est bien possible, mais, naturellement, nous ne le saurons jamais. J'en serais quitte pour mettre Françoise dans un lycée, où il n'y aura pas à redouter les mêmes histoires, et pour perdre des leçons, car c'est moi qui faisais la philosophie dans ce cours, et j'ai répondu immédiatement à la directrice que, dans ces conditions, il m'était impossible de retourner dans son établissement, en même temps que je lui ai fait sentir qu'elle n'avait pas à se mêler d'affaires qui ne regardent que moi.

Ne trouvez-vous pas qu'il y a quelque chose de vraiment étrange dans toute cette persécution ? Je remarque que tout cela a commencé peu après la publication de la « Crise du Monde moderne » ; n'est-ce qu'une simple coïncidence ? Je vous ai parlé, il y a quelques mois, de mes démêlés avec les gens de « Regnabit » ; si vous réussissez à venir me voir dans quelque temps comme vous me le faites espérer, il faudra que je vous montre tout cela, car c'est très instructif.

J'ai lu <u>Ur</u> et j'ai vu que ce que vous me disiez au sujet des derniers articles était tout à fait justifié, ce qui d'ailleurs ne me surprend pas. L'article sur la « vertu des noms », dont vous m'aviez parlé autrefois, contient des choses véritablement extravagantes en fait d'étymologies ; j'ai vu du reste qu'on a fait des réserves dans le numéro suivant, sans doute à la suite de protestations de quelques lecteurs. J'espère que ces numéros ne vous feront pas défaut, et que vous pourrez de nouveau les obtenir d'Evola. Depuis que je vous ai écrit, j'ai reçu une lettre de celui-ci, qui n'était nullement fâché comme je l'avais supposé, et qui s'excuse d'être resté si longtemps sans m'écrire. Il faudra que je lui réponde un de ces jours, ainsi qu'à Reghini, car je ne l'ai pas encore fait ; au fond, tout cela m'ennuie, surtout en ce moment ; je voudrais ne pas me mêler de leurs affaires, car j'ai bien assez des miennes, et, si chacun fait une revue de son côté, j'aimerais autant ne donner d'articles ni à l'un ni à l'autre. Quelqu'un que j'ai vu ces jours-ci me disait qu'il fallait se méfier de Parise ; est-ce aussi votre impression ?

Les livres tantriques se rattachent en effet directement à la grande tradition hindoue, qui est essentiellement <u>une</u> depuis l'origine, quoi qu'en puisse dire Evola. Ce que vous dites de la façon dont celui-ci, à la suite des orientalistes, envisage ces choses, est tout à fait exact, de même que pour la préoccupation « morale » qui, au fond, est en effet prépondérante chez lui, sans quoi il ne mettrait pas ainsi l'action au-dessus de tout.

Je vois que ce n'est pas encore aujourd'hui que je pourrai vous parler du livre de Valli ; il faut que je remette cela à une autre fois.

Croyez toujours, je vous prie, à mes sentiments les plus cordiaux.

René Guénon

ঙও

Paris, 20 février 1929,
51, rue Saint-Louis-en-l'Île (4è)

Cher Monsieur et ami,

Voilà encore que j'ai laissé passer un mois avant de répondre à votre dernière lettre ; veuillez m'en excuser. Nous avons eu ces temps-ci un froid épouvantable, qui n'est même pas encore terminé, et, comme vous pouvez le penser, cela n'a pas contribué à améliorer ma santé. Je me demande comment vous devez supporter cette saison dans votre région de montagnes où elle est encore plus rigoureuse ; donnez-moi bientôt de vos nouvelles.

D'un autre côté, je voulais, avant de vous écrire, faire l'envoi de numéros de « Regnabit » contenant mes articles, ainsi que vous me le demandiez, et j'ai eu toutes sortes de difficultés à ce sujet. D'abord, j'ai eu de la peine à faire compléter la série, car il paraît que plusieurs numéros sont à peu près épuisés ; je ne pouvais d'ailleurs m'adresser pour cela qu'au dépositaire, et non à l'administration de la revue après ce qui s'est passé l'an dernier ; enfin, j'y suis arrivé tout de même. Ensuite, on m'a refusé le paquet à la poste parce qu'il était trop lourd ; il a donc fallu que je l'expédie par le chemin de fer, et je viens seulement de le faire ce matin même ; j'espère que vous le recevrez bientôt. Il y a 18 numéros à 2 f., soit 36 f., et j'ai dû payer 13 f., 15 pour l'envoi ; le prix des expéditions est vraiment effrayant.

Mes ennuis ne cessent pas ; après l'affaire du cours, il y a eu une période d'accalmie relative, pendant laquelle ma belle-sœur a essayé d'une autre tactique ; elle a recommencé à répondre régulièrement à sa fille, se disant malade (elle a dû être grippée comme presque tout le monde), se plaignant beaucoup, etc. ; elle lui a même envoyé des lettres extraordinaires de son frère et de sa sœur (15 et 12 ans !), de véritables sermons, tout cela avec l'intention évidente de décider l'enfant à revenir d'elle-même. Comme cela n'a pas pris, l'offensive a recommencé : j'ai reçu une lettre d'un avocat de Tours, puis la semaine dernière une nouvelle lettre menaçante de ma belle sœur, me sommant encore de lui renvoyer sa fille, me fixant même le jour et l'heure. J'ai passé le tout à mon avocat qui se charge d'y répondre, car je ne veux pas le faire moi-même, sachant que ce serait parfaitement inutile ; d'ailleurs, je ne pourrais pas m'empêcher d'en dire trop. Voilà où en sont les choses, et vous voyez que la situation est toujours aussi inquiétante ; comme vous le dites, cela aurait beaucoup moins d'importance pour quelqu'un qui est engagé dans l'action, mais nous, nous ne demandons que notre tranquillité et nous ne pouvons même pas l'obtenir. Il est certain que cette malheureuse déséquilibrée n'agit pas d'elle-même, mais qu'elle est poussée par toutes sortes de gens, d'abord par des personnes de sa famille, et aussi par des prêtres. En voyant tout cela, je ne peux pas m'empêcher de penser aux lettres d'injures et de menaces que j'ai reçues, il y a à peu près un an, du côté de « Regnabit » ; il n'y a sans doute aucun lien direct entre les deux choses, mais, dans des domaines différents, ce sont bien des manifestations de la même mentalité sectaire et haineuse.

Heureusement, ce que me rapportait le cours n'était pas très important, à ce point de vue économique du moins, je n'ai pas trop à me plaindre en ce moment ; mais une grande partie de mon temps se trouve prise par des besognes sans aucun intérêt.

J'ai reçu le numéro 1 de <u>Krur</u> ; c'est bien la suite d'<u>Ur</u>, et je n'y vois aucun changement quant aux tendances ; mais je ne comprends pas plus que vous la signification de ce nouveau nom. Evola m'a encore écrit dernièrement (je n'ai pas répondu jusqu'ici à sa précédente lettre) ; il me demande de lui envoyer (gratuitement sans doute) ou de lui prêter mes articles de « Regnabit ». Je ne peux pas recommencer les démarches dont je vous parlais tout à l'heure, et d'ailleurs, cette fois, je ne pourrais sûrement pas me procurer tous les numéros ; d'autre part, je ne peux lui envoyer la seule série complète qui me reste, et à laquelle j'ai parfois besoin de me reporter. Puis-je lui dire qu'il vous demande de lui prêter dans quelque temps les numéros que je viens de vous envoyer ? Naturellement, il faudrait qu'il soit bien entendu qu'il vous les rendrait après les avoir lus ; il paraît qu'il a seulement parcouru mes articles chez Reghini, à qui il ne veut pas les redemander maintenant. Dites-moi ce que je dois faire avant que je lui écrive.

Moi aussi, j'ai pensé depuis longtemps à un rapport possible entre Om et Amen, mais je ne suis jamais arrivé à rien de bien défini à ce sujet ; il faudra que j'y repense et peut-être pourrai-je vous en dire quelque chose une prochaine fois.

Je ne me souviens plus de ce chapitre de Tite-Live où il est question de Numa ; si vous voulez bien m'envoyer la copie du passage, cela me fera plaisir.

Croyez toujours, je vous prie, à mes sentiments très cordiaux.

René Guénon

℘⃝

Paris, 4 mars 1929,
51, rue Saint-Louis-en-l'Île (4è)

Cher Monsieur et ami,

J'ai reçu ce matin votre lettre avec son contenu intact ; je ne veux pas tarder à vous en remercier et à vous tranquilliser sur le sort de cet envoi. Je pensais bien que vous attendriez d'avoir reçu le paquet pour me répondre ; je suis content de savoir qu'il vous est bien parvenu ; mais c'est effrayant qu'il y ait encore des droits de douane à payer pour cela. Ce que vous dites pour les cachets de cire me fait penser à une dernière difficulté que j'ai eue pour envoyer ce paquet : on a failli me le refuser au bureau du chemin de fer parce qu'il fallait des cachets et que je n'en avais pas mis ; heureusement, il s'est trouvé un employé complaisant qui a arrangé cela lui-même. Enfin, puisque tout s'est bien terminé, il ne faut plus y penser ; je ne suis pas du tout disposé à refaire les mêmes démarches pour Evola, d'autant plus qu'il est presque sûr que je n'arriverais pas cette fois à trouver tous les numéros. J'attendais donc votre lettre pour répondre à Evola ; je viens de le faire dans le sens que vous m'indiquez. Il est bien entendu que, si vous lui prêtez ces revues, il faudra vous assurer qu'il vous les rendra ; enfin, vous verrez vous-même ce que vous devez faire, d'autant plus que je ne lui affirme pas que vous les avez. Je ne sais pas plus que vous pourquoi il veut lire ces articles ; il est bien possible que ce soit, comme vous le dites, pour y trouver des idées pour les siens, puisque c'est son habitude de prendre ainsi un peu partout. Il n'y a en effet rien d'intéressant dans « Regnabit » en dehors de mes articles et de ceux de Charbonneau ; ceux-ci sont des fragments de cet ouvrage sur les symboles du Christ qu'il prépare et auquel j'ai fait allusion dans une note du « Roi du Monde » ; mais je crois qu'il en aura encore pour un certain temps avant de l'avoir terminé.

Il n'y a toujours pas grande amélioration dans ma santé ; une recrudescence du froid, ces jours derniers, m'a causé un nouvel accès de grippe ; ce n'aurait sans doute été qu'un simple rhume dans d'autres conditions, mais, avec mon état, cela amène tout de suite de la courbature et des douleurs de toute sorte. Quant à mes ennuis, il n'y a, je crois, rien de nouveau depuis la dernière fois que je vous ai écrit ; je ne sais pourtant si je vous ai dit que ma belle-sœur m'avait envoyé une lettre recommandée pour me signifier encore une fois de lui renvoyer sa fille ; je n'ai pas répondu, mais mon avocat a écrit deux fois à son collègue de Tours sans pouvoir en obtenir la moindre réponse ; tout cela est vraiment bizarre. Comme vous le dites, il n'y aurait qu'à traiter ces gens par le mépris si la chose ne devait avoir des conséquences plus graves ; mais il me serait absolument impossible de me tirer d'affaire si je venais à me trouver complètement seul ; cela n'est pas très rassurant du tout.

Merci pour le texte de Tite-Live ; il est intéressant en effet, et je pense que les conclusions que vous en tirez sont tout à fait justes. Une question se pose à ce propos : quels liens a-t-il pu y avoir exactement entre les Sablins et les Étrusques ? Cela n'est pas très clair pour moi ; peut-être savez-vous quelque chose de plus précis à ce sujet. En tout cas, il est assez curieux que le nom des Sablins soit si proche de celui des Sabléens d'Orient.

Oui, j'ai reçu aussi le premier numéro d'« Ignis » redivivus, et comme vous, je m'étonne un peu de toute cette polémique, à laquelle, bien entendu, j'entends ne me mêler en aucune façon, malgré les allusions aux emprunts qu'Evola m'a faits comme à bien d'autres. Les critiques portant sur ses « plagiats » sont assurément justifiées, puisqu'il reproduit textuellement des passages entiers sans en indiquer la provenance et comme s'ils étaient de lui ; mais je pense qu'il y a chez lui, à cet égard, une véritable inconscience ; vous vous rappelez peut-être ce que je vous ai dit d'un article sur le spiritisme qu'il m'avait envoyé il y a déjà un certain temps. En tout cas, il me semble qu'il y aurait mieux à faire que d'engager des disputes comme celles-là ; mais j'avais toujours prévu que, entre Evola et les autres, cela ne pourrait que mal finir.

Amen doit certainement être rapproché de l'Égyptien Amoun (qui, chose bizarre, donne Numa si on le lit à l'envers) ; le sens principal semble être celui de mystère, de chose cachée ou invisible ; de là dérive Emounah, qui signifie foi. Dans AMeN et AUM, il y a deux lettres communes sur trois, A et M, qui représentent deus opposés ou complémentaires ; N indique le produit de ces deux termes, et par conséquent est placé après, tandis que U indique le lien qui unit et, à ce titre, se place entre eux. Seulement, les deux complémentaires ne semblent pas être envisagés au même point de vue dans les deux cas, bien que figurés par des symboles hiéroglyphiques correspondants. Il y a là quelque chose qui n'est pas encore très net, et il faudra que j'y repense avant de vous en parler davantage une prochaine fois.

Croyez-moi, je vous prie, bien cordialement vôtre.

René Guénon

P. S. Vous avez tout à fait raison, « moralisme » et « amoralisme » sont bien les deux aspects contraires d'une même chose ; cela se tient exactement au même niveau et répond à une seule et même préoccupation.

J'ai écrit à Jossot il y a quelques jours ; ses dernières lettres dataient de plus d'un an, et je n'y avais jamais répondu !

Paris, 23 mars 1929,
51, rue Saint-Louis-en-l'Île (4è)

Cher Monsieur et ami,

Je pense que vous avez bien reçu ma dernière lettre, en réponse à celle où vous m'accusiez réception de mon envoi ; depuis lors, il s'est encore passé bien des choses fâcheuses. La catastrophe que je redoutais s'est produite ; ma misérable belle-sœur, me prenant en traître, a fait irruption ici il y a dix jours, et a enlevé sa fille dans les conditions les plus révoltantes. J'ai appris alors des choses inouïes, qui dépassent encore de beaucoup tout ce que j'aurais pu supposer ; j'étais entouré d'un véritable réseau d'espionnage et de trahison. Ce qui est le plus effrayant, c'est que l'enfant elle-même jouait un double jeu : pendant qu'elle protestait chaque jour qu'elle ne me quitterait pas, qu'elle tenait à rester avec moi, elle écrivait à sa mère, à mon insu, des lettres destinées à servir en cas de besoin et dans lesquelles elle disait qu'elle voulait aller chez elle. Bien entendu, ce n'est pas d'elle-même qu'elle a fait cela ; il y a deux femmes qui s'introduisaient chez moi en mon absence, et ce sont elles, évidemment, qui lui dictaient ces lettres (les voisins, qui ont été assez lâches pour ne pas m'avertir, commencent à parler maintenant). Tout de même, à son âge, on doit savoir ce qu'on dit et ce qu'on fait ; aussi, maintenant que je sais ces choses, je n'en voudrais plus à aucun prix. J'éprouve un dégoût et un écœurement qui vont au-delà de tout ce qu'il est possible d'exprimer ; ce serait un soulagement d'être délivré de toute cette boue si mon isolement ne devait amener, au point de vue matériel, des complications presque insolubles pour moi ; mais je crois que tout vaut mieux que de vivre au milieu de telles ignominies.

Naturellement, ma santé s'est encore ressentie de cette affaire, et mon état va plutôt en s'aggravant qu'en s'améliorant ; je ne sais pas du tout comment cela finira. Avec cela, il m'est absolument impossible de travailler à quelque chose d'intéressant, et c'est bien là le résultat qu'on voulait obtenir. En effet, tout a été machiné avec une habileté infernale ; ce n'est sûrement pas cette détraquée qu'est ma belle-sœur qui a été capable de combiner cela ; on a utilisé son fanatisme sectaire pour la lancer contre moi. En pensant à la fin de l'histoire de « Regnabit » et aux lettres d'insultes et de menaces que j'ai reçues de ce côté l'an dernier, je crois qu'il n'est pas bien difficile de deviner d'où tout cela est parti. Je me demande ce qui va bien pouvoir encore m'arriver maintenant ; si j'étais mieux portant, ce serait beaucoup moins inquiétant ; mais mon organisme ne peut plus résister à ces chocs répétés.

Et vous, comment allez-vous en ce moment ? J'espère que vous pourrez me donner bientôt de vos nouvelles.

Avez-vous eu connaissance de l'extraordinaire attaque d'Evola contre Reghini ? Je ne sais plus très bien où j'en suis, mais il semble que cela est arrivé depuis la dernière fois que je vous ai écrit. Vraiment, cela dépasse les bornes permises ; si vous n'êtes pas au courant de la chose, dites-le moi, et je vous donnerai quelques détails.

J'ai reçu une lettre de Jossot il y a quelques jours ; il a perdu sa nièce il y a six mois ; ce que j'ignorais, et il semble en avoir été très affecté ; mais, à un autre point de vue, il paraît moins découragé qu'il y a quelque temps.

Je ne vous écris pas plus longuement, car je me sens tout à fait fatigué. Croyez toujours, cher Monsieur et ami, à ma très cordiale sympathie.

René Guénon

Paris, 6 avril 1929,
51 rue Saint-Louis-en-l'Île (4è)

Cher Monsieur et ami,

Je me reproche de n'avoir pas répondu tout de suite à votre si bonne lettre, mais il y a des jours où je n'arrive pas à avoir un instant à moi, ou bien, quand j'ai fini les choses indispensables, je suis si fatigué qu'il ne m'est pas possible d'écrire ni même de lire. C'est vous dire que mon état de santé est toujours le même ; j'ai des malaises bizarres, qui prennent toute sorte de formes, et contre lesquels aucune médication ne peut rien. Évidemment, tout cela est la conséquence de tout ce qui m'est arrivé ; même si je peux m'en remettre, je crois que ce sera bien long. Vous avez raison de dire que je ne devrais pas me laisser abattre ; mais, en réalité, c'est la résistance de l'organisme qui est à bout. Si on s'est proposé de m'empêcher de continuer mes travaux (et au fond il n'y a pas d'autre chose là-dedans), je dois reconnaître qu'on n'y réussit que trop bien, tout au moins pour le moment.

Pour ce qui est de l'organisation matérielle, j'arrive à peu près à m'arranger avec l'aide de la femme de ménage, et je tâche de ne pas trop penser à ce qui pourra survenir par la suite ; mais c'est difficile, car, un jour ou l'autre, je me trouverai forcément en face de questions très compliquées pour moi. Par exemple, je serai obligé d'aller à Blois aux vacances, ne serait-ce que pour peu de temps, afin de régler beaucoup de choses ; mais je ne sais pas du tout comment je pourrai me tirer d'affaire dans cette maison, d'autant plus qu'il est tout à fait impossible de trouver une femme de ménage.

À propos des vacances, merci beaucoup des intentions que vous m'exposez ; je serais très heureux de ce séjour avec vous mais j'avoue que je n'ose guère faire de projets plusieurs mois à l'avance ; enfin, on pourra peut-être trouver un moyen d'arranger les choses, nous en reparlerons d'ici là. En tout cas, j'espère bien que nous arriverons à nous revoir, et je vous suis bien reconnaissant de cette idée, ainsi que de l'offre que vous me faites de venir ici en cas de besoin. D'un autre côté, Reghini et Mikulski voudraient aussi que j'aille en Italie, et Mikulski m'écrivait même qu'il fallait que je vienne tout de suite à Rome, ce qui n'est pas possible, car j'ai des occupations que je ne peux pas abandonner. Je ne sais donc pas trop comment tout cela s'organisera cet été ; cela dépend bien aussi un peu de ce que sera mon état de santé.

Je n'avais plus entendu parler de ces misérables gens, mais il faut croire qu'ils ne se résigneront pas à me laisser tranquille : ce matin, je reçois une lettre me réclamant les vêtements et autres affaires de Françoise qui sont restés ici ; c'est de l'audace ! Vous pensez bien que, après ce qui s'est passé, j'aime mieux donner ces affaires à n'importe qui que de les leur envoyer.

Hackin est reparti pour l'Afghanistan il y a environ trois semaines ; je ne sais pas combien de temps il doit y rester.

Je n'ai pas encore récrit à Jossot ; je me suis trouvé à peu près aussi en retard avec lui que vous avec Taillard.

Evola ne m'a pas envoyé le numéro 2 de « Krur », mais je l'ai eu tout de même d'un autre côté ; la feuille qui y est jointe doit être en partie la reproduction de l'attaque dont je vous avais parlé. Il s'agissait d'un article paru dans « Roma Fascista », après avoir été d'ailleurs refusé par plusieurs autres journaux. Là aussi, il y avait l'accusation d'appartenir au Grand Orient, qui est tout à fait fausse ; il allait jusqu'à demander le « confino », ou tout au moins l'éloignement des écoles publiques. Cela n'a pas produit du tout l'effet attendu, et Evola a été jugé très sévèrement dans beaucoup de milieux. Il ne s'en est pourtant pas tenu là, et il a fait paraître encore un autre article dans le journal « Patria » ; on ne voulait pas l'insérer tout d'abord, mais on l'a fait après avoir communiqué la chose à R. et P.[12]( )ont déposé une plainte qui suit son cours ; voilà où en sont les choses d'après les dernières nouvelles que j'ai reçues.

Merci encore, cher Monsieur et ami, et très cordialement à vous.

René Guénon

ഇരു

Paris, 6 septembre 1929,
51, rue Saint-Louis-en-l'Île (4è)

---

[12] Il s'agit de Giulio Parise, R. étant évidemment Reghini (N. D. E.).

Cher Monsieur et ami,

J'ai reçu votre dernière lettre, ainsi que la précédente carte ; je voulais vous répondre tout de suite comme vous me le demandiez, mais, depuis trois jours, je n'ai pas eu une minute à moi ; je vous prie d'excuser ce petit retard.

Comme vous le voyez, je suis encore ici, mais pas pour bien longtemps maintenant ; je m'étais chargé d'un travail qui a duré beaucoup plus que je ne le prévoyais ; cela touche tout de même à sa fin, et je vous assure que je n'en suis pas fâché, car je me sens tout à fait fatigué. D'ailleurs, malgré la belle saison, ma santé ne s'est pas beaucoup améliorée ; je ne sais si un changement d'air va me faire du bien.

Je pars dimanche matin pour l'Alsace, où je passerai huit ou dix jours ; de là, j'irai en Haute-Savoie, et je pense y rester au moins jusqu'à la fin du mois. J'ai donc dû renoncer pour le moment à aller à Blois, car cela m'aurait mené beaucoup trop tard, mais j'irai au moins d'octobre. Je repasserai par Paris où je ne m'arrêterai que quelques jours ; je ne suis pas forcé d'y être à une date fixe. Je me demande, d'après tout ce que vous me dites, s'il vous sera possible de venir me rejoindre à Blois à cette époque, mais je le souhaite bien vivement, car il faudrait que nous puissions parler de beaucoup de choses qui sont vraiment trop longues à dire par lettre.

Quant à la possibilité que vous envisagez de venir vous installer à Blois avec vos enfants pendant quelque temps, je dois vous avouer que je n'ai jamais pu me résigner à l'idée de louer ma maison (qui est bien à moi en effet) ; on me l'a déjà demandé plusieurs fois, et j'ai toujours refusé. Cela m'ennuie beaucoup de vous le refuser à vous, mais vraiment, si singulier que cela semble peut-être, la chose m'apparaît comme une impossibilité. Du reste, cette maison est déjà si pleine de toutes sortes de choses que je ne vois pas du tout comment d'autres personnes pourraient encore trouver le moyen d'y loger leurs affaires. D'un autre côté, quoique je ne tienne guère à y aller actuellement (surtout à cause des difficultés d'organisation), je ne sais pas ce qui pourra arriver par la suite ; je peux même moins que jamais le prévoir ;

j'ai l'impression de quelque chose de complètement instable. Enfin, j'ignore tout à fait le prix des locations en meublé, mais ce que je sais bien, c'est que je n'y aurais pas grand avantage à ce point de vue, car cela m'obligerait à payer des impôts que je ne paie pas actuellement (j'en paie déjà bien assez d'autres) et qui absorberaient la plus grande partie de ce que la location pourrait me rapporter.

Pour ce qui est de trouver autre chose à louer en meublé, il faudrait être sur place pour s'informer ; ce n'est donc qu'au mois d'octobre que je pourrais voir cela ; il se peut qu'il y ait quelque chose, mais il ne faut pas trop y compter, car ce n'est guère l'habitude de louer ainsi à Blois. C'est une ville assez dépourvue de ressources, comme le sont d'ailleurs la plupart des petites villes de province, du moins en France où tout est tellement centralisé. Il n'y a pas de lycée, mais seulement un collège municipal ; il est vrai que cela ne fait pas une grande différence pour les études ; les professeurs ont seulement moins de titres. Quant à trouver des leçons à donner à Blois, c'est tout à fait impossible ; j'en sais quelque chose par moi-même.

Tout cela est bien embarrassant, et je ne sais trop quoi vous dire ; j'aimerais bien, si ce n'était pas si pressé à cause de cette question de passeports, que vous puissiez d'abord venir voir cela avec moi au mois d'octobre ; vous pourriez ensuite prendre une décision plus sûrement. Je vois bien que vous êtes tout à fait comme moi, qui n'entends rien non plus à toutes ces questions d'organisation matérielle ; vous dirai-je que, même pour le voyage que je vais faire, je suis préoccupé par la crainte de m'embrouiller dans les horaires des trains ?

Il y a encore, pour ma maison, autre chose que j'oubliais de vous dire : c'est que, pour l'hiver, il est presque impossible de s'y chauffer convenablement, à moins de brûler une grande quantité de bois comme le faisaient mes parents autrefois ; mais maintenant c'est devenu tellement coûteux qu'on ne peut plus songer à faire cela.

J'espère que votre fils va réussir à ses examens ; en somme, vous serez peut-être plus tranquille pour vous absenter après que ce sera passé.

J'ai toujours été tellement surchargé de travail en ces derniers mois que je n'ai rien pu arriver à faire en dehors des choses strictement indispensables et urgentes. Je ne suis même pas passé chez Alcan pour prendre le livre que vous me demandiez, mais j'en ai pris bonne note et vous pouvez être sûr que je ne l'oublierai pas ; je ferai cela à mon passage à Paris, surtout si vous devez venir à Blois. À ce propos, vous m'avez bien indiqué le nom du traducteur de ce livre (H. Baron), mais non celui de l'auteur, qui est plus nécessaire pour le demander.

Avez-vous revu Taillard et Mme Bouchet à leur retour d'Ommen ? J'ai eu l'occasion de parler d'eux avec Probst dont j'ai eu la visite il y a quelques jours. Il y a chez Taillard des choses que je n'arrive pas à comprendre ; je voudrais bien en parler avec vous.

À propos d'Ommen, vous savez sans doute ce qui est arrivé ; Krishnamurti a dissous l'« Ordre de l'Etoile » ; tous ces gens sont dans le désarroi le plus complet ; c'est en effet un véritable gâchis !

J'ai lu aussi un article de Masson-Oursel dans les « Cahiers de l'Etoile », et j'en pense tout à fait la même chose que vous ; mais je ne savais pas qu'il allait collaborer aussi à « Ur » ; il ne manquait vraiment plus que cela !

J'ai répondu très brièvement à Evola : je ne sais si cette fois il aura compris, mais depuis il ne m'a pas redonné signe de vie ; je crois cependant qu'il est bien difficile à décourager, et ce que vous me disiez de sa nouvelle proposition d'aller avec lui dans les Alpes en est encore la preuve. Je ne suis pas surpris de ce qu'il vous a dit au sujet de mes articles de « Regnabit », ce qui ne l'a d'ailleurs pas empêché de les citer dernièrement ; il n'a pas dû y comprendre grand-chose. Il se peut en effet qu'il y ait de la mauvaise foi chez lui, mais il y a sûrement aussi de l'inconscience.

Voilà quatre ou cinq mois que je suis absolument sans nouvelles de Reghini ; c'est vraiment singulier. Ce qui m'étonne encore davantage, c'est que, depuis tout ce temps, je n'ai pas pu arriver non plus à avoir une réponse de Mikulski[13], à qui j'ai récrit aussi à plusieurs reprises ; je me demande ce que cela veut dire.

J'ai encore là plusieurs anciennes lettres de vous auxquelles je ne suis jamais arrivé à répondre complètement ; j'en suis tout à fait confus. Je revois tout ce que vous m'écriviez sur A V M et A M N ; c'est très intéressant, et je pense que c'est juste en grande partie ; il faudrait que nous reparlions de cela aussi, et il serait plus facile de le faire de vive voix. En tout cas, pour le point qui vous semble embarrassant, c'est-à-dire les rapports et les différences entre V et N, ce que je peux vous en dire pour le moment, c'est ceci : V est le lien entre les deux termes opposés ou complémentaires, d'où sa position intermédiaire (cette lettre et le nombre correspondant 6 représentant le « médiateur ») ; N est le produit de l'union de ces deux mêmes termes, d'où sa position finale.

Pour les signes, et, il faut remarquer que la verticale représente l'activité et l'horizontale la passivité ; quand une seule des deux lignes est complète, cela indique la prédominance de l'élément ou plutôt du terme correspondant. La passivité prédomine dans le minéral, et l'activité dans l'animal ; dans le végétal, il y a une sorte d'équilibre intermédiaire. Naturellement, par activité et passivité, il faut entendre ici ce qui, dans un être manifesté, est respectivement comme le reflet (ou la participation) de Purusha et de Prakriti.

Je n'ai jamais vu, ou du moins je ne le pense pas, l'hiéroglyphe égyptien formé de quatre marches devant un carré et signifiant « connaissance » ; il semble bien qu'il s'agisse en effet de quatre degrés ou stades ; pour le reste, votre interprétation est certainement plausible, mais il faudrait voir cela de plus près ; ce carré qui (est) peut-être la projection horizontale d'une pyramide, me fait penser aussi à d'autres choses dont je vous reparlerai à l'occasion. Pour ce qui est du Dad, je sais mieux de quoi il s'agit : cela a un rapport très étroit avec le Brahma-danda, les chakras, Kundalinî, etc. ; le

---

[13] Avant de prendre congé de ce personnage ; n'oublions pas de souligner que Faugeron et lui (également mentionné dans les lettres de Reghini) vécurent avec Guénon, en 1908 l'aventure de l'Ordre du Temple Rénové. (N. D. E.)

« passage de l'horizontal au vertical », dont vous parlez, est particulièrement significatif à cet égard.

L'histoire de l'omphalos de la terre et de l'omphalos de la mer est très intéressante ; il me semble bien que j'ai fait allusion à Ogygie dans le « Roi du Monde » ; je pense que cette île a dû être, à une certaine époque, identifiée à Thulé, mais alors il s'agirait de la Tula atlante, et non de la Tula hyperboréenne qui est encore bien au-delà, aussi bien géographiquement que chronologiquement.

Je connaissais le rapport établi (en latin) entre Eva et Ave ; en hébreu, Hàwah (Eva) vient de la racine h'ai qui signifie « vie » et « vivant ».

La nouvelle revue tunisienne « L'Astrosophie » est une publication spécifiquement théosophiste ; décidément, je ne comprends pas que Taillard soit toujours resté en relations avec tout cela.

« L'Oeuf de Kneph » est un ouvrage déjà assez ancien ; sa réédition annoncée dans les « Cahiers du Portique » n'a pas paru, faute d'un nombre suffisant de souscripteurs ; il paraît que c'est très intéressant au point de vue linguistique.

Voilà cette fois une bien longue lettre, et encore je ne suis pas sûr d'avoir répondu à tout, même sommairement.

Il me reste encore tant de choses à faire avant de partir que je ne sais pas trop comment je vais pouvoir y arriver ! Je suis obligé de travailler une bonne partie des nuits, quoique maintenant cela me fatigue beaucoup les yeux.

Vous pourrez toujours m'écrire ici ; c'est le plus sûr, car je ne vais pas avoir d'adresse bien fixe pendant ce mois ; je préviendrai de mes déplacements successifs pour qu'on me fasse suivre la correspondance.

Toujours bien cordialement à vous.

René Guénon

Les Avenières, par Cruseilles (Haute-Savoie),
29 septembre 1929

Cher Monsieur et ami,

Excusez-moi de ne pas vous avoir récrit plus tôt ; votre lettre m'est parvenue en Alsace, où je n'ai pas eu de temps libre, car j'ai visité toute cette région que je ne connaissais pas du tout et où il y a beaucoup de choses à voir. Maintenant, me voici ici depuis quelques jours déjà, et je pense y rester jusque vers le 15 octobre, c'est-à-dire plus longtemps que je ne comptais tout d'abord. En effet, ce séjour me fait beaucoup de bien, et je me porte bien mieux depuis que j'ai quitté Paris ; de plus, le temps est encore superbe (même plus beau que cet été), et il faut en profiter le plus possible.

Cela aurait été très bien si vous aviez pu venir ici, car c'est en effet plus près de chez vous que Blois ; mais, malheureusement, il n'y a aucune possibilité de vous loger à proximité. C'est un endroit tout à fait isolé dans la montagne, à plus de 1000 mètres d'altitude, à mi-chemin entre Annecy et Genève.

C'est seulement dans la seconde moitié d'octobre que j'irai à Blois ; j'espère bien que, malgré toutes vos difficultés, il vous sera possible d'y venir aussi à ce moment-là. Vous n'aurez pas cette fois à vous inquiéter du logement, puisque, hélas ! je serai maintenant tout seul dans cette maison.

Vos affaires s'arrangent-elles un peu ? Allez-vous pouvoir rester encore à Ormea comme vous sembliez l'espérer ?

Les examens de votre fils doivent être terminés ; comment cela s'est-il passé ?

Écrivez-moi ici pour me dire ce que vous pourrez faire ; je voudrais bien vous voir pendant quelques jours.

De toutes façons, en repassant par Paris (je m'y arrêterai probablement 3 ou 4 jours), je m'occuperai du livre que vous m'avez demandé ; il est singulier qu'on ne sache pas qui en est l'auteur.

Chose curieuse, il y a ici des cousins de Taillard ; le monde est vraiment bien petit !

Je suis toujours sans nouvelles d'Evola ; je crois que le dernier numéro d'« Ur » que j'ai reçu est le numéro 8 ; j'ai vu en effet ces histoires d'ascension de montagne, et je me suis demandé ce que cela venait faire là-dedans. Quant à Reghini, je ne sais pas du tout ce qu'il devient ; je ne comprends pas comment ni pourquoi il n'est pas arrivé à faire paraître le numéro 2 d'« Ignis », qu'il me disait être en préparation il y a à peu près 6 mois, et dans lequel il devait y avoir un article de lui sur la « Crise du Monde moderne ».

Il faudra que vous pensiez à me parler de ce passage du « Convivio » auquel vous faites allusion, et aussi de ce que Taillard vous a dit ou écrit d'intéressant ; mais tout cela sera plus facile si, comme je l'espère, nous arrivons à nous voir, car, par lettre, ce serait sans doute bien long.

Au sujet de l'hiéroglyphe égyptien dont vous m'avez parlé, j'ai demandé à Charbonneau s'il connaissait cela ; il me répond qu'il ne l'a jamais vu, lui non plus, et il ajoute : « Est-ce bien égyptien, ou ne serait-ce point égypto-chypriote ou égypto-phénicien ?... Chacun des quatre triangles inscrits dans le carré aurait-il un rapport avec l'une des marches de l'escabeau ? Je ne le crois pas. On pourrait en effet conjecturer une ascension en quatre temps conduisant à un plancher ferme. Pour l'instant, je ne vois rien de satisfaisant ». Ainsi, la question n'est pas éclaircie ; mais du moins vous pourrez sans doute me dire si c'est dans des documents d'origine purement égyptienne que vous avez trouvé cette figure plutôt énigmatique.

Je me dépêche de terminer pour pouvoir donner ma lettre au facteur, car nous sommes à 7 kilomètres de la poste la plus proche.

À bientôt de vos nouvelles, et bien cordialement à vous.

René Guénon

ಲ⊃ಧ

Blois, 9 novembre 1929

Cher Monsieur et ami,

Ne recevant pas la dépêche annoncée par votre carte, je pensais bien que vous ne viendriez pas ici et qu'il avait dû vous survenir quelque empêchement. Par votre lettre reçue hier soir, je vois que les horaires des trains sont en effet bien compliqués et peu commodes, tout au moins pour le retour. Il est certain que c'est bien plus simple pour venir à Paris ; c'est dommage que le séjour dans une grande ville vous effraie tant ; mais l'île est très calme, et il y a des hôtels qui ne sont pas extraordinaires, mais où je pense que vous pourrez tout de même vous trouver à peu près bien. Il est seulement regrettable que je ne puisse pas vous loger à Paris, alors que j'aurais pu le faire si facilement ici ; enfin, j'espère que cela arrivera à s'arranger malgré tout.

Je rentrerai à Paris lundi ; j'ai à peu près terminé mes affaires ici, et il était bien nécessaire que je vienne voir à tout cela ; il y avait un peu plus d'un an que je n'y étais pas venu.

Je vais être très occupé la semaine prochaine, et sans doute encore la semaine suivante ; il se peut même que je sois de nouveau obligé de m'absenter pour quelques jours avant la fin du mois, mais je n'en sais rien encore. Si donc il vous était possible de retarder un peu votre voyage, jusqu'à ce que je sois plus tranquille, je crois que cela vaudrait mieux maintenant ; je vous récrirai d'ailleurs dès que je pourrai y voir un peu plus clair et être à peu près réorganisé.

L'occasion de nous voir en Savoie ne sera pas unique, car j'y retournerai sûrement l'année prochaine, et j'aurai peut-être alors, pour recevoir quelqu'un, des facilités que je n'avais pas cette année, car il se peut que j'aie toute une maison à ma disposition, si toutefois la construction en est achevée (le froid et la neige ont dû déjà faire interrompre les travaux).

Aussitôt que j'ai reçu votre lettre, je vous ai expédié un paquet contenant la « Vie Impersonnelle », un exemplaire de mon livre que j'avais apporté à votre intention, et plusieurs numéros du « Voile d'Isis » où se trouvent mes derniers articles (parus depuis celui que je vous avais envoyé il y a quelque temps).

Je ne sais si je vous ai dit que le prix de la « Vie Impersonnelle » est de 15 f. ; c'est un peu cher pour la grosseur du volume. J'ai parcouru ce livre ; c'est assez bizarre, et je me demande comment il se fait que cela ait été édité chez Alcan. Je ne sais ce que peut vouloir dire la figure qui se trouve sur la page du titre. Savez-vous de quelle langue cela a été traduit ? En tout cas, j'ai rarement vu un français aussi incorrect que celui de la traduction. Toutes ces « révélations » qui sortent maintenant de tous les côtés me paraissent bien suspectes...

Evola est décidément bien singulier ; il y a quelque temps, j'ai su qu'il était question qu'il aille en Angleterre pour y continuer la publication de sa revue ; d'après ce qu'il vous a écrit, il n'est plus question de cela. Le dernier numéro de « Krur » que j'ai reçu est, si je me souviens bien, le numéro 8 ; en a-t-il paru d'autres depuis ?

Pour le Christ-Panthère, je ne me rappelle pas avoir jamais vu cela ; vous serez bien aimable de me donner les indications que vous aurez là-dessus.

Il me semble bien qu'il doit en effet y avoir à Paris un livre de morceaux choisis qui servait à Françoise et qui pourra peut-être bien faire votre affaire ; je verrai cela en rentrant.

Comment se fait-il qu'il y ait tant d'écoles et de professeurs à Mondovi ? Je ne croyais pas que c'était une localité si importante. Espérons que vous arriverez tout de même à y trouver des leçons.

Si le climat est si humide, je comprends que cela ne vous convienne pas ; mais le grand froid est bien pénible aussi ; il faut souhaiter que l'hiver prochain ne soit pas aussi dur que le dernier, quoiqu'on annonce déjà qu'il sera encore très rigoureux.

Je vous récrirai de Paris ; mais dites-moi dès que vous le pourrez s'il y a des moments où il vous sera plus facile de faire le voyage, afin que je tâche de combiner cela pour le mieux.

Bien cordialement à vous.

René Guénon

ರಿಂ ಲ

Paris, 25 décembre 1929,
51, rue Saint-Louis-en-l'Île (4è)

Cher Monsieur et ami,

Voilà bien des fois que je me propose de vous écrire, et j'y pensais encore quand votre carte m'est parvenue. J'ai bien reçu votre lettre recommandée, ainsi que son contenu dont je vous remercie. Excusez-moi d'avoir tant tardé ; depuis mon retour ici, j'ai été constamment surchargé de travail, et cela ne diminue pas ; j'espérais être un peu plus libre pendant cette période de fêtes, mais je vois qu'il n'en sera rien. Aussi, malgré mon désir de m'entretenir avec vous, je crois que vraiment il vaut mieux que vous remettiez encore votre voyage à un peu plus tard, car j'ai si peu de temps à moi que nous n'aurions guère la possibilité de nous voir tranquillement, et alors ce ne serait pas la peine que vous vous déplaciez. Vous parlez de Pâques ; peut-être irai-je à Blois à ce moment-là, mais, à vrai dire, je ne peux guère prévoir encore ce que je ferai dans si longtemps.

Je vais certainement mieux qu'avant les vacances, mais, depuis que je suis revenu à Paris, je souffre de nouveau de la gorge, ce qui est assez pénible ; il fait très humide, et cela m'est tout à fait contraire.

J'ai cherché le livre que vous m'aviez demandé ; ce que j'ai ici, ce sont les morceaux choisis de Des Granges, et j'ai aussi l'Histoire de la littérature française du même auteur ; dois-je vous envoyer le premier de ces deux volumes, ou bien les deux s'ils peuvent servir ? Bien entendu, je n'en ai nullement besoin ; ils sont donc à votre disposition.

Merci pour vos renseignements sur la panthère ; j'ai communiqué le texte du Bestiaire à Charbonneau, qui a été très heureux de la joindre à sa collection de documents sur les symboles du Christ.

À vrai dire, le livre de Marquès-Rivière n'est pas bien fameux, et je ne crois pas qu'il puisse vraiment vous intéresser ; il n'est guère question que de phénomènes là-dedans ; il paraît que c'est l'éditeur qui a voulu cela... C'est bon pour les gens qui, ne connaissant encore rien, peuvent être attirés par ce côté un peu bizarre ; encore est-il bien à craindre que ceux-là n'aillent pas plus loin. Les articles parus dans le « Lotus Bleu » sont bien meilleurs et plus sérieux ; mais, comme ils vont très probablement être réunis en volume, je crois qu'il vaut mieux attendre. Il vient aussi de paraître un second livre de Mme David-Neel, intitulé « Mystiques et Magiciens au Thibet », mais je ne l'ai pas encore vu (le premier n'était qu'un récit de voyage assez quelconque). Quant au livre de Mukerji, ce qu'il contient de bien, c'est la première partie, où il raconte son éducation ; la seconde, sur son séjour en Amérique, n'a rien de particulièrement remarquable. On vient de faire paraître la traduction d'un autre ouvrage du même auteur, intitulé « Le Visage de mon frère » ; je n'ai fait que le parcourir ; il semble qu'il y a aussi d'assez bonnes choses ; mais je pense bien que tout cela ne vous apprendrait pas grand-chose de nouveau.

Evola m'a écrit deux fois en ces derniers temps, et pour une chose plutôt désagréable : il paraît qu'il est décidément en procès avec Reghini, et que celui-ci a sorti une lettre de moi dans laquelle il était question de sa manie de reproduire des phrases et des passages entiers sans en indiquer la provenance ; il paraissait assez mécontent. Je lui ai répondu en tâchant de le calmer et de lui faire comprendre que je ne voulais pas me mêler de cette histoire. De Reghini lui-même, je n'ai pas eu de nouvelles depuis plus de six mois, je ne sais pas du tout pourquoi.

Evola m'a parlé en même temps de la modification de la revue et de son changement de titre ; tant mieux si vous y écrivez, cela lui donnera peut-être une orientation un peu différente de celle qui a été suivie jusqu'ici. Quant à moi, il faut attendre un peu et voir comment cela tournera ; pour le moment, je trouve que ma collaboration est rendue plus difficile par l'article concernant mon dernier livre, et qui marque une divergence irréductible sur un point essentiel, la question des rapports entre les Brâhmanes et les Kshatriyas. D'autre part, je suis trop pris en ce moment pour envisager encore autre chose ; j'ai déjà le « Voile d'Isis » qui m'occupe assez (ce n'est pas toujours si facile de trouver le temps de faire un article régulièrement chaque mois, sans parler des comptes rendus), et je ne peux pas le lâcher alors qu'on est enfin arrivé, non sans peine, à lui donner une allure vraiment sérieuse. Enfin, nous reparlerons de cela dans quelque temps, quand je serai un peu plus tranquille, et quand les premiers numéros de la nouvelle revue auront paru, ce qui permettra de mieux voir ce qu'elle sera dans l'ensemble. Pour le titre, ce n'est pas ce que vous aviez suggéré ; il paraît que ce sera « La Torre ».

Taillard vous-a-t-il appris quelque chose d'intéressant dans sa dernière lettre ? J'ai donné dernièrement son adresse à un jeune officier de marine qui est à Bizerte et qui s'intéresse aux questions islamiques ; je ne sais pas s'il l'a vu.

Tous mes meilleurs vœux, cher Monsieur et ami, pour l'année qui va bientôt commencer, et croyez-moi toujours bien cordialement vôtre.

René Guénon

Paris, 5 janvier 1930,

51, rue Saint-Louis-en-l'Île (4è)

Cher Monsieur et ami,

Suivant ce que vous m'avez écrit, j'ai porté avant-hier les deux livres à Mme Courtot ; elle avait bien reçu votre lettre, et elle va les joindre à son envoi.

Vous pouvez compter que je continuerai à vous envoyer régulièrement le « Voile d'Isis » ; je pense qu'il continuera à devenir de plus en plus intéressant dans l'ensemble. Cela a beaucoup changé, depuis un an environ, et très avantageusement ; on est heureusement arrivé à faire comprendre à Chacornac qu'il fallait faire quelque chose de sérieux, sans trop se préoccuper des goûts d'une certaine clientèle ; et, comme les abonnements augmentent au lieu de diminuer comme il le craignait, cela l'encourage à continuer dans ce sens.

Vous avez vraiment de la chance d'avoir un temps sec ; ici, il ne fait pas froid du tout, mais c'est toujours la pluie et le vent. Quoique je craigne beaucoup le froid, je crois que l'humidité m'est encore plus contraire à cause des douleurs. Ce que j'ai à la gorge est une pharyngite ; j'ai essayé beaucoup de choses sans aucun résultat, et, au fond, je crois qu'il n'y a à peu près rien à faire ; ma mère a eu cela toute sa vie et n'a jamais pu s'en débarrasser. Cela tient aux mêmes causes que les rhumatismes ; j'ai remarqué que j'en souffrais bien davantage aussi quand il faisait humide, comme c'est le cas en ce moment.

Je vous plains si vous êtes obligé de vous remettre au grec et au latin comme vous le dites ; je crois bien que, pour ma part, je n'en aurais pas le courage ; il est vrai que j'ai laissé tout cela complètement de côté depuis bien plus longtemps que vous. J'en sais toujours assez pour moi, si j'ai besoin d'un renseignement quelconque ; mais, quand il s'agit de l'enseigner, il est évident que ce n'est plus du tout la même chose.

Je ne pense pas que ce soit Reghini lui-même qui ait montré ma lettre à

Evola ; j'ai compris qu'il l'avait versée aux pièces du procès, et que c'est ainsi qu'Evola en avait eu connaissance. Quoi qu'il en soit, je n'ai plus entendu parler de cette affaire, et j'espère bien que maintenant on me laissera tranquille avec cela. Vous devez avoir raison de penser que c'est Parise qui est la cause de toute cette histoire ; mais je me demande, moi aussi, quel peut bien être son rôle exactement.

Ce qui est vraiment curieux, c'est la façon dont vous traitez Evola et le résultat que vous en obtenez de cette façon ; je doute fort qu'il accepte cela d'un autre que de vous. Je serai intéressé de voir bientôt la nouvelle revue ; j'espère que vos articles dont vous me parlez y paraîtront tels que vous les avez écrits. J'attendrai donc pour savoir si je dois y collaborer également, il faut dire aussi que j'ai bien peu de temps libre et que je ne voudrais pas trop me disperser. La collaboration régulière au « Voile d'Isis » est déjà une occupation ; et puis, avec ce qui est en train maintenant, il faudra surtout que je me remette à écrire des livres ; enfin, on verra ce qu'il y aura moyen de faire.

Il me semble bien que Charbonneau a parlé quelque part du Christ-Bouc, ou que du moins il m'a dit qu'il en parlerait ; il y a eu bien d'autres articles de lui que ceux que vous avez vus, et encore tous ces articles ne représentent-ils qu'une petite partie de son travail, qui comprendra trois volumes ; il espère que le premier de ces volumes pourra être prêt dans le courant de cette année.

Si vous pouvez venir à Pâques et si nous pouvons aller ensemble d'ici à Blois, ce sera en effet ce qu'il y aura de mieux et de plus commode pour vous ; nous en reparlerons d'ici là.

Bien cordialement à vous.

René Guénon

Paris, 10 février 1930,

51, rue Saint-Louis-en-l'Île (4è)

Cher Monsieur et ami,

J'ai reçu vos deux lettres, ainsi que la carte dans laquelle vous m'annonciez l'envoi de « La Torre » ; mais celle-ci ne m'est jamais parvenue, bien que, d'après ce que vous me disiez, vous me l'ayez adressée recommandée. Par contre, le numéro qu'Evola m'a envoyé m'est bien arrivé, quoiqu'il ait été expédié comme imprimé ordinaire ; c'est à n'y rien comprendre. J'ai eu ce numéro juste en même temps que votre seconde lettre ; de même, le dernier numéro de « Krur » m'était arrivé en même temps que la première ; cette double coïncidence est assez bizarre.

Voilà déjà un certain temps que je veux vous écrire, sans pouvoir y arriver, pour vous annoncer une nouvelle quelque peu imprévue : je pars pour l'Égypte le 20 février, c'est-à-dire de jeudi en huit. Cela s'est décidé d'une façon très subite ; je ne suis pas fâché d'avoir enfin trouvé une occasion de faire ce voyage, dont il était question depuis 1911, et qui se réalise ainsi au moment où je n'y pensais pas. Je ne sais pas au juste combien de temps je resterai ; ce sera probablement quatre ou cinq mois.

Avec ce départ si proche, je suis tout à fait bousculé par toutes sortes de choses qu'il faut que j'arrive à faire d'ici là. Il faut surtout finir d'organiser l'affaire d'édition, de façon à ce que tout soit complètement prêt à marcher quand je partirai ; tout va d'ailleurs très bien de ce côté.

J'ai reçu hier une lettre très gentille de Taillard, à qui j'avais écrit il y a quelques jours pour lui demander s'il n'aurait pas besoin de quelques renseignements que je pourrais lui obtenir pendant mon séjour en Égypte. Il parle de cette singulière chose de la « Vie Impersonnelle », et Probst, dont je reçois une lettre aussi à l'instant, m'en parle également ; il paraît que cela vient de Mexico, ce que j'ignorais. Je me demande quelle importance cela peut avoir ; qu'en pensez-vous au juste ?

Le livre dont vous me parlez est « Le Secret de la Chevalerie », de V. E.

Michelet ; il est bien, quoique manquant un peu de précision sur certains points. Ce petit volume fait partie de la série des « Cahiers du Portique », que nous avons maintenant prise dans nos éditions ; le prix en est de 12 francs.

Pour le cas où vous en auriez besoin, voici l'adresse (ou plutôt les adresses) de notre maison : Didier et Richard, 56 rue Mazarin, Paris (4è), et 9, Grande Rue, Grenoble (Isère). Le titre général, qui a été définitivement choisi pour les éditions, après plusieurs modifications successives, est « L'anneau d'Or ».

Pour « La Torre », vous avez tout à fait raison ; ce n'est pas fameux à aucun point de vue ; la présentation extérieure est même tout à fait mauvaise, et le format est abominable ; pourquoi avoir donné cet aspect de journal ? Quant aux articles, il n'y a à peu près rien dans la plupart ; la présence du vôtre, au milieu de tout cela, paraît d'une terrible ironie. Je me demande ce qu'on pourra faire ; Taillard ne m'en parle pas ; enfin, comme vous le dites, attendons que vos autres articles aient paru dans les prochains numéros. Comme vous le comprendrez facilement, je ne peux pas songer à préparer quoi que ce soit en ce moment, avec ce voyage si proche et tout ce que j'ai à faire ; on verra quand je serai en Égypte. Si je fais quelque chose, il est entendu que je vous l'enverrai directement pour que vous le traduisiez ; merci d'avance.

Comment allez-vous maintenant ? Avez-vous toujours autant de neige ? Ici, le temps, qui avait été constamment humide, est changé et s'est mis au froid depuis trois ou quatre jours. Je suis plus ou moins grippé depuis près d'un mois, mais je n'ai guère le temps d'y faire attention ; je compte sur le changement de climat pour me remettre.

Je regrette que ce voyage doive encore reporter notre rencontre jusqu'à l'époque des grandes vacances ; mais il fallait profiter des circonstances favorables.

Vous pourrez toujours m'écrire ici, du moins jusqu'à nouvel ordre ; je vais charger un ami de me faire parvenir ma correspondance tant que je n'aurai pas une adresse tout à fait stable.

Très cordialement à vous.

René Guénon

René Guénon à Hillel

Blois le 25 juillet 1916

Cher monsieur,

Je ne sais pas trop jusqu'à quel point on peut parler de ce qui existait dans l'Inde avant le cycle de Rama, à cette époque-là l'« Aryavartta » n'était certainement pas l'Inde actuelle.

Il n'en est pas moins vrai qu'il y a des doctrines « Shaïvas » qui sont extrêmement intéressantes, et que des voies qui tendent au même but, quoique différentes, peuvent être également orthodoxes. Quant à l'école de Shankarâchârya, il faudrait demander à ceux qui la disent hétérodoxe, de laquelle ils veulent parler, car actuellement il en existe deux.

Blois 14 août 1916

Je ne pense pas que « dravidien » puisse être opposé à « âryen » ; c'est simplement une désignation des Hindous du Sud, quant à « âryen », employé pour désigner une race, vous savez que c'est tout simplement une invention de quelques Occidentaux. En réalité le mot « ârya » n'a jamais été qu'un titre distinctif des hommes appartenant aux trois premières castes, et cela aussi bien chez les Hindous du Sud que chez les autres. Je ne vois pas ce qui a pu vous faire penser qu'il y avait une opposition entre « dravidien » et « âryen ».

Paris le 15 octobre 1916

Le mot <u>rich</u> qui vient de <u>rig</u> en composition, est primitivement une racine verbale qui signifie louer, exalter, et aussi briller, resplendir ; ce dernier sens peut suggérer un rapprochement avec le titre du <u>Zohar</u>. - <u>Rich</u> est aussi la racine des mots <u>rishi</u> et <u>riksha</u> ; ce dernier signifie étoile, et, plus particulièrement, <u>sapta-riksha</u> est le nom sanscrit de la Grande Ourse (qui est aussi symboliquement, la demeure des <u>rishis</u>).

Quant à la démission de Synésius, je n'en pense pas grand-chose, sinon que sa lettre, dont Mme de Chauvigny a dû vous envoyer la copie, est de quelqu'un de bien malade (mentalement bien entendu). Je ne vois aucune nécessité à lui désigner un successeur ; pour ce qui est de nommer un président à chaque réunion du Synode, il faudrait d'abord que ces réunions aient lieu, ce dont je doute fort. D'une façon générale, je ne suis pas plus que vous partisan du principe de l'élection, mais à mon avis, le mieux est de laisser la chose complètement en sommeil et comme devant être reprise un jour ou l'autre il faudrait que ce soit tout autrement que sous cette forme d'Église, dont pour ma part, je ne vois pas du tout la raison d'être, car ce n'est jamais sur ce terrain-là qu'on fera quelque chose de sérieux.

ℰ)〇ℛ

Blois 22 décembre 1918

Il y a assurément une grande ressemblance entre les mots « Druide » et « Dravidien » ; mais y a-t-il plus que cela ? Une communauté d'origine me paraît assez douteuse, d'autant plus que les Dravidiens descendent probablement d'une race qui était dans l'Inde bien avant les Hindous ; eux-mêmes ne sont devenus « hindous » que par adoption de la tradition de ceux-ci (puisque ce nom implique seulement la communauté de tradition et non de race), et les langues qu'ils parlent encore actuellement n'ont aucun rapport avec le sanscrit.

ℰ)〇ℛ

Blois 1er mars 1919

Vous avez sans doute appris la mort de Téder et son remplacement par l'illustre Bricaud ; c'était bien la peine de combattre Boullan comme l'a fait autrefois Papus, pour en arriver à avoir comme successeur le représentant direct et authentique dudit Boullan : Il <u>fallait</u> que tout cela finisse de cette façon ridicule ; c'est tout de même dommage que la « France-Antimaçonnique » ne paraisse plus...

℘

Chiché le 6 septembre 1924

Nous avons déjà parlé du sanglier de Calydon, tué par Hercule si je ne me trompe. Par contre, chez les Phrygiens, c'est Atys qui est tué par un sanglier. Il faut croire, en tout cas, que le rôle symbolique du sanglier est particulièrement important puisque c'est lui qui, dans l'Inde, donne son nom, au Kalpa actuel appelé Shrî-Shwêta-Varâha-Kalpa. Il est même assez curieux que ce soit la troisième manifestation de Vishnu, plutôt que la première, qui caractérise ainsi tout l'ensemble du cycle.

℘

Blois le 26 août 1926

On m'a parlé ces jours-ci d'un argument astrologique employé au moyen-âge, notamment par Guillaume d'Auvergne, pour prouver la vérité du Christianisme par la considération de certaines conjonctions planétaires, et on m'a demandé où il serait possible de trouver des explications à ce sujet.

Je pense que vous avez raison au sujet de l'ouvrage de Philalèthe : il faudrait revoir cela de plus près. Du reste, je pense que tout le symbolisme alchimique peut s'interpréter, comme vous le dites, dans un autre sens que celui de l'alchimie minérale, ce qui, bien entendu, ne veut nullement dire qu'il faille exclure celui-ci.

ᛞᛠ

Blois le 24 septembre 1926

Il est probable en effet que ce dont parle Guillaume d'Auvergne est bien la fameuse conjonction de Saturne dans les Poissons ; je n'y avais pas pensé.

ᛞᛠ

Blois le 12 Septembre 1928

Pour ce que vous me demandez au sujet du Tibet, l'Adhi-Buddha est au sommet de la hiérarchie, et les cinq Dhyâni-Buddhas (Littéralement Buddha de contemplation) sont ses émanations directes ; de chacun d'eux procède à son tour un Dhyâni-Bodhisattwa. Chaque Dhyâni-Bouddha et chaque Dhyâni-Bodhisattwa correspondent à une certaine période, dans laquelle ils se manifestent respectivement par un Mânushya-Buddha (Buddha humain, ou manifesté sous forme humaine) et un Mânushya-Bodhisattwa. Le Dhyâni-Bouddha correspondant à la période actuelle est Amitâbha, et le Dhyâni-Bodhisattwa est Avalokitéshwara. Comme il y a aussi une correspondance avec différentes régions célestes, on pourrait sans doute envisager en effet des rapports avec les cinq Empereurs du ciel ; mais les quatre Mahârâjas, régents des quatre points cardinaux, dont il est question au Tibet, sont autre chose. Pour ces derniers, je ne pense pas non plus qu'on puisse les faire rentrer dans une hiérarchie « linéaire », pour ainsi dire, avec les quatre Rishis ; en un certain sens, ils seraient plutôt au-dessous de ceux-ci qu'au-dessus, mais ce serait peut-être un peu trop simplifier les choses que de les envisager de cette façon.

ᛞᛠ

Paris le 2 juin 1929

Le vajra Thibétain n'a pas la forme d'un disque ; au contraire il a aussi une forme allongée, avec deux pointes, et se tient par le milieu : en somme cela ressemble beaucoup aux foudres de Zeus. Les deux pointes représentent les deux effets contraires : production et destruction.

Le pouvoir auquel je fais allusion est en effet en rapport très direct avec la « science de l'Aum » ; d'autre part, on peut dire aussi que, au moins en un certain sens, il s'identifie avec le « pouvoir des clefs », qu'exprime dans le langage hermétique la formule « coagula-solve » (où apparaissent également les deux aspects opposés).

ಬಂ

Les Avenières par Cruseilles (Haute-Savoie)
le 24 septembre 1929

Tout ce que vous me dites sur la région des Alpes est bien curieux, et il doit y avoir quelque chose de vrai là-dedans. Je ne sais pas s'il y a encore quelque chose de vivant dans cette région, mais en tout cas, voici des choses assez étranges : nous sommes ici sur le mont Salève, dont le nom semble être encore une forme de Montsalvat, et, tout à côté, il y a aussi un mont de Sion : Le nom de Cruseilles est assez remarquable également : c'est à la fois le « creuset », dont le sens est tout à fait hermétique, et la « creusille » c'est à dire la coquille du pèlerin.

ಬಂ

le 29 septembre 1929

Merci de votre prompte réponse et de vos indications sur le soleil de minuit, que je vais transmettre à Charbonneau. Il en a besoin parce qu'il paraît que ce phénomène a servi à symboliser le Christ dans les pays septentrionaux, « La venue du Sauveur ayant éclairé la terre comme le soleil de minuit éclaire la nuit d'une douce lueur ». Il y a d'autre part dans sa dernière lettre quelque chose dont j'avais oublié de vous parler : c'est à propos des prêtres et Évêques templiers, qui auraient été plus particulièrement accusés de manichéisme, et dont il n'a pas été question du tout dans le numéro du « Voile d'Isis » ; il a vu, mais il ne se rappelle plus où, qu'il y avait neuf Évêques templiers, qui, dit-il, semblent avoir passé au travers les mailles du filet en 1307.

Depuis que je vous ai écrit, j'ai découvert un véritable gisement d'« œufs de serpents » sur un des versants de la montagne dans une sorte de ravin qui descend directement sur une localité appelée Saint-Blaise (vous savez la signification celtique de ce nom) tout cela est vraiment bizarre.

Tout ce que vous dites au sujet des Templiers est certainement très juste ; je n'avais pas pensé au rapprochement entre les neuf évêques et les neuf qu'on dit s'être réfugiés en Ecosse ; mais comment savoir ce qu'il y a de fondé sur cette dernière histoire ?

Blaise ou Beleiz est le nom celtique du loup, qui était le symbole de Belen : la même chose se trouve chez les Grecs pour l'Apollon Lycien, avec un curieux rapprochement entre les désignations du loup (lukos) et la lumière (luké). Le nom de Blois est aussi le Beleiz celtique ; le loup est d'ailleurs resté dans les armes de la ville ; et il y a des monnaies dites Blesances, ou la tête d'Apollon du type ordinaire est remplacé par une tête de loup.

ℰϿCℛ

Le Caire le 11 avril 1930

Le personnage que je devais voir à Sohag est mort l'année dernière, je ne m'y suis donc pas arrêté en allant à Louqsor, ayant su cela ici avant mon départ.

J'ai vu des choses très intéressantes dans les tombeaux des Rois ; mais tout cela est d'ordre presque exclusivement cosmologique et magique ; en tout cas, on a l'impression de quelque chose d'entièrement différent de tout ce que racontent les égyptologues. Dans certains endroits, il y a encore de singulières influences qui subsistent ; certaines sont d'une nature assez dangereuse.

Le Sinaï est très intéressant aussi à d'autres points de vue.

༒

Le Caire le 18 octobre 1930

Il y a ici, derrière El-Azhar, un vieux bonhomme qui ressemble étonnamment aux portraits que l'on donne des anciens philosophes grecs, et qui fait d'étranges peintures. L'autre jour, il nous a montré une espèce de dragon avec une tête humaine barbue, coiffé d'un chapeau à la mode du 16ème siècle, et six petites têtes d'animaux divers sortant de la barbe. Ce qui est tout à fait curieux, c'est que cette figure ressemble, presque à s'y méprendre à celle que la « R. I. S. S » a donné il y a un certain temps, à propos de la fameuse « Élue de Dragon », comme tiré d'un vieux livre qui n'était pas désigné, ce qui rendait son authenticité plutôt douteuse. Mais le plus fort, c'est que le bonhomme prétend avoir vu lui-même cette drôle de bête et l'avoir dessinée telle quelle !

༒

Le Caire le 22 avril 1932

À ce propos, l'impression de Tamos dont vous me parlez n'est qu'en partie exacte : s'il y a eu dans ce qu'il vous est arrivé quelque chose de provenance égyptienne, cela n'a rien de musulman, mais bien plutôt « pharaonique » comme on dit ici. En effet, la seule chose qui subsiste de l'ancienne Égypte est une magie fort dangereuse et d'ordre très inférieur ; cela se rapporte d'ailleurs précisément aux mystères du fameux dieu à tête d'âne qui n'est autre que Set ou Typhon. Cela semble d'ailleurs s'être réfugié en grande partie dans certaines régions du Soudan, ou il y a des choses vraiment peu ordinaires : ainsi, il paraît qu'il y a une région ou tous les habitants, au nombre d'une vingtaine de mille, ont la faculté de prendre des formes animales pendant la nuit ; on a été obligé d'établir des sortes de barrages pour les empêcher d'aller faire au dehors des incursions pendant lesquelles il leur arrivait souvent de dévorer des gens. Je tiens la chose de quelqu'un de très digne de foi, qui a été dans le pays et qui a eu même un domestique de cet espèce, qu'il s'est d'ailleurs empressé de congédier dès qu'il s'en est aperçu. Pour en revenir au dieu à la tête d'âne, les histoires de Le Chartier & Cie s'y rattachent certainement ; il est malheureusement difficile d'arriver à certaines précisions mais peut-être tout cela se découvrira-t-il peu à peu... Il me paraît à peu près sûr que c'est bien là le vrai centre de toutes les choses malfaisantes que vous savez. J'ai pu me rendre compte qu'on emploie dans certains rites le sang d'animaux noirs ; à ce propos n'avez-vous jamais eu à constater chez vous des manifestations prenant la forme desdits animaux ? Il serait intéressant que je sache cela...

ℰℭ

Le Caire le 12 mars 1933

La sorcellerie en Afrique du Nord n'est par arabe, mais berbère, et peut-être en partie d'origine phénicienne, quoique l'élément le plus puissant (je veux parler de ce qui concerne la tête d'âne) soit égyptien et continue les mystères typhoniens ; je pense même que c'est tout ce qui a survécu de l'ancienne civilisation égyptienne, et ce n'est pas ce qu'elle avait de mieux... Il semble d'ailleurs que le côté « magique » y ait été très développé d'assez bonne heure, ce qui indique qu'il y avait déjà une dégénérescence ; il y a dans certains tombeaux, des influences qui sont vraiment épouvantables, et qui paraissent capables de se maintenir là indéfiniment.

ℰℭ

Le Caire le 24 septembre 1933

Rome en condamnant tout ce qui se rattache à l'ésotérisme prononcerait en réalité sa propre condamnation, car ce serait la rupture définitive avec le « Centre » ; il est compréhensible qu'on y regarde à deux fois, même si l'on a pas bien nettement conscience de ce qui est en jeu. Mais une reprise de contact vraiment effectif est bien invraisemblable aussi, maintenant plus que jamais ; c'est à cela que se rapportent les choses auxquelles j'avais fait allusion ; c'est à se demander si la susdite rupture ne serait pas préférable, car elle rendrait du moins la situation plus nette et déblaierait en quelque sorte le terrain.

ೞಇ

Le Caire le 5 décembre 1933

Pour les Hassidim, je ne suis jamais arrivé à être fixé très exactement : il n'y a pas, dans le judaïsme, d'initiation autre que celle de la Kabbale : mais à quel point sont-ils Kabbalistes ? Il semble, par ailleurs, qu'il y ait chez eux un côté quasi-mystique dans la mesure où on peut parler de mysticisme juif (ce n'est qu'à propos d'eux, en tout cas, qu'une telle expression pourrait être employée sans constituer un contresens par trop grossier). Il pourrait se faire aussi que Baal Shem Tob ait été réellement initié, mais que le Hassidisme n'ait représenté pour lui qu'une sorte d'expression exotérique ; je pense que les Kabbalistes n'ont jamais transmis leur initiation qu'à des disciples choisis un à un, et restant toujours très peu nombreux.

Il est exact que Rasûl signifie littéralement « envoyé », mais le mot Malak existe aussi en arabe avec le sens d'« ange » (je pense que, en grec, il doit y avoir une certaine différence de sens entre apostolos et angelos, bien que les deux mots puissent se traduire par « envoyé ») ; et il peut y avoir des Rusul « min el-malaïkah wa min en-nâs, c'est à dire d'entre les anges et d'entre les hommes. L'expression « ed-dîn el-hânif » désigne la religion d'Abraham ; justement il était question ici, il y a quelque temps, du sens de ce mot hânif, et on envisageait différentes significations, finalement on a été d'accord pour admettre celle que je donnais : hânif = tâher, c'est-à-dire « pur ». Les hunafâ sont donc littéralement les « purs » (comme les Cathares, ce qui est assez curieux) ; ce sont ceux d'entre les arabes qui avaient conservé intact la religion d'Abraham, car il y en a toujours eu jusqu'à l'Islam (certains ont pu être prophètes, mais non pas tous) ; et Mohammed lui-même, avant sa mission était hânif. - Quant à une équivalence des Sufis avec les Esséniens, je ne crois pas qu'on puisse l'envisager, d'abord parce que les Esséniens formaient une organisation qui devait naturellement comporter des degrés divers, y compris les plus inférieurs, tandis que le mot Sufi doit être réservé à ceux qui possèdent la sagesse divine (le véritable Sufi est « el-ârif billah », c'est-à-dire celui qui tire sa connaissance directement du Principe même), ensuite parce que, dans le judaïsme, l'initiation (kabbalistique) ne semble pas avoir jamais appartenu exclusivement aux Esséniens (sur lesquels on ne sait d'ailleurs pas grand-chose de bien précis), si bien que ceux-ci représenteraient plutôt l'équivalent d'une Tarîqah particulière, tout simplement.

❧

Le Caire le 6 janvier 1934

Ce que vous dites au sujet de Jéthro me paraît très plausible ; à ce propos, je ne sais plus où j'ai vu, il n'y a pas très longtemps, qu'on aurait fait des découvertes assez curieuses au sujet des forgerons qui habitaient la presqu'île du Sinaï, et qui seraient des Kaénites, que certains disent être des Kaïnites ; en tout cas, toutes ces histoires de forgerons se rattachent toujours d'une façon ou d'une autre à Tubalcaïn. Quant à Ur en Kaldée, je serais assez embarrassé pour vous en définir exactement la situation ; je n'ai ici aucune carte à laquelle je puisse me reporter ; mais il me semble bien qu'en tout cas cela doit être assez loin du Caucase (lequel n'est certainement pas la montagne du Qâf quoi qu'en prétende Ahmed Zaki pacha).

Une autre chose curieuse, ce sont les Yéménites : ils ne ressemblent pas du tout aux Arabes, mais aux Abyssins ; du reste, d'après leur propre Tradition, les deux peuples, autrefois, n'en aurait fait qu'un, qui était le peuple de la reine de Saba ; il serait à supposer d'après cela, que les Abyssins auraient émigrés en Afrique à une époque postérieure à celle de Salomon. L'ancienne langue Yéménite, qui n'est plus parlée actuellement, n'a aucun rapport avec l'arabe ; on se demande quelle peut être l'origine de ce peuple, qui était probablement en Arabie avant les descendants d'Abraham.

L'éveil de Kundalinî ne concerne qu'un type spécial d'initiation : il ne faudrait pas généraliser ; les moyens sont multiples, bien qu'ils doivent tous concourir au même but. - Nâda est le premier stade de la manifestation du son, et il est aussi un aspect de la Shakti ; il est même sous certains rapports, considéré comme Shiva-Shakti ; de toutes façons, on ne peut pas l'assimiler à Kundalinî, qui ne peut s'y identifier qu'à un des derniers degrés de son ascension.

ഇ)ശ

Le Caire le 11 février 1934

Oui, la crainte inspirée par les forgerons et métallurgistes semble avoir été assez générale, et il y a là quelque chose de bien curieux, qui se rattache sûrement à Tubalcaïn et aux mystères des Kabires ; tout cela n'est d'ailleurs pas facile à éclaircir. - Vous parlez à ce propos de saint Patrice ; justement, il y a eu des mystères kabiriques en Irlande.

Je ne sais si c'est vraiment la ville d'Ur qu'on a retrouvée, comme on l'a dit, dans les fouilles récentes ; il est possible, en somme, que cette ville ait été, à une certaine époque, la localisation d'un centre traditionnel ; du reste Abraham ne pouvait venir originairement que d'un centre secondaire, sans quoi sa rencontre avec Melchissédec et l'investiture qui lui est donnée par celui-ci ne se comprendraient pas. - Ce que vous dites sur la montagne de Qâf est tout à fait exact ; elle a d'ailleurs beaucoup de noms ; elle est appelée notamment El-Jebal el abiod, la « Montagne blanche », et aussi Jebal el-Awil la « Montagne des Saints » (ce qui est la même chose que la « Montagne des Prophètes », mais avec un sens plus étendu, puisque wali est un degré spirituel au-dessus de celui de nabi) ; et il est dit aussi qu'on ne peut l'atteindre « ni par terre ni par mer » (Lâ bilbarr wa lâ bil-bahi). L'Alborj, chez les Perses, est également la même chose ; Alborj et Elbrouz ne sont d'ailleurs que deux formes du même nom ; la forme ancienne est Berezed ou Berezaiti. Il semble que la forme Alborj soit due à une assimilation à un mot arabe : el-borj, c'est « la tour » ou la « forteresse » (et c'est aussi le nom donné aux signes du Zodiaque) ; il est assez curieux que ce mot se retrouve exactement en allemand (Burg) à vrai dire je crois qu'il n'est pas arabe d'origine, mais vient du grec (?) purgos, qui a aussi le même sens. - Pour en revenir à l'Alborj, il importe peu, au fond que ce nom, comme d'autres d'ailleurs, ait été appliqué ultérieurement à telle ou telle montagne ; c'est bien à l'? ? (manque une ligne ?) la montagne polaire. C'est là que se trouve le Haoma blanc (auquel le Haoma jaune fut substitué par la suite, lorsque ce premier séjour fut perdu) ; et c'est là aussi que vit le Simurg, qui est la même chose que le Phénix, et qui, dit-on, ne peut toucher la terre en aucun lieu.

ಐಖ

Le Caire le 19 mars 1934

Ce que vous dites pour les forgerons me paraît juste ; quant à l'interprétation des Béni-Élohim comme désignant les descendants de Seth, elle a toujours été assez courante, mais semble bien exotérique, en tout cas, pour l'origine des Kshatriyas, je ne vois rien de semblable dans la tradition hindoue ; chaque caste est considérée comme ayant son origine propre, par sa nature même, et non par dérivation ou mélange. - Kabir et Gibor doivent bien se rattacher primitivement à la même racine ; il est vrai que, en arabe, il y a seulement Kabir, mais aussi jabbar, qui est évidemment identique à l'hébreu gibor ; mais d'autre part, le ji (qui ici se prononce dur comme en hébreu) devient K dans certaines régions de l'Arabie. - Les Gandharvas ne sont pas assimilables aux anges, qui en somme sont identiques aux Dêvas ; ils appartiennent plutôt à de simples modalités subtiles de notre état. La tradition islamique admet aussi la possibilité d'union entre les Jinn et les humains, mais les Jinn, pareillement, sont des êtres subtils de notre monde, il y en a d'ailleurs de multiples espèces...

Le mot « wali » ne signifie pas « serviteur » (c'est « abd ») ; il signifie « ami » (sous-entendu de Dieu). Je ne sais pas si on peut dire que le « Juste », corresponde à un degré spirituel bien défini ; en arabe, « çadiq », qui signifie « juste » et « sincère », a aussi le sens d'ami, mais pourtant je n'ai jamais vu qu'on le regarde comme synonyme de « wali ».

ℰℭ

Le Caire le 27 novembre 1934

Au fond, nous sommes bien d'accord quant à la différence qui existe entre l'astrologie traditionnelle et l'astrologie moderne ; maintenant on peut se demander jusqu'à quel point les résultats obtenus par celui-ci peuvent lui être attribués en tant que « science » proprement dite, ou quelle part il faut y faire aux facultés propres aux astrologues ; vous reconnaissez d'ailleurs vous-même qu'il faut que ceux-ci soient doués pour cela, et n'y a-t-il pas beaucoup de moyens « divinatoires » dont la valeur intrinsèque n'intervient guère dans les résultats ? Pour ce qui est de l'astrologie, l'intervention d'Uranus, Neptune, etc... me paraît particulièrement sujette à objection ; si ce n'est pas là une confusion avec le point de vue astronomique profane je ne vois vraiment pas trop ce que cela peut-être...

ℰℭ

Le Caire le 17 mars 1935

Les correspondances de Nephesh avec Psyché et de Ruah avec Pneuma ne sont pas douteuses ; mais, pour ce qui est de Neshamah, est-ce que « Noûs » peut vraiment être regardé comme supérieur à Pneuma ? D'autre part si Nephesh est du monde de Ietsirah, et Ruah de celui de Briah, il semble bien que pour Neshamah, il ne reste plus que celui d'Atsiluth, mais alors ce serait l'Atmâ, auquel le « Noûs » ne peut certainement pas être identifié.

Le Caire le 16 avril 1935

Je ne vois vraiment pas quelle correspondance on pourrait trouver à la chute des anges dans la tradition hindoue ; les Asuras représentent les états infra-humains de l'être, mais ils ne sont pas considérés comme « déchus ». Quant à la chute de l'homme, elle se rapporte évidemment à l'éloignement du Principe à travers les différentes phases du développement cyclique, on pourrait donc y distinguer plusieurs degrés, mais je pense que la sortie du Paradis terrestre correspondrait plutôt à la fin du Krita-Yuga qu'au début du Kali-Yuga.

Le Caire le 12 mai 1935

Évidemment la « catabase » ne peut pas être considérée comme une « chute » au sens littéral ; il resterait pourtant à savoir si ce ne sont pas là deux expressions d'une même chose à des points de vue différents. En tout cas, il semble bien que l'idée de « chute » proprement dite ne puisse pas exister sans être liée à celle de « péché » laquelle est quelque chose de très spécial, qui ne se rencontre guère en dehors de la forme judéo-chrétienne.

Pour votre question concernant le D∴ H∴ la solution adoptée officiellement est celle-ci : un Maçon reçu dans une L∴ mixte, et qui demande ensuite son admission dans une obédience régulière, n'est pas initié de nouveau, mais seulement « régularisé » ce qui est une formalité purement administrative ; cela implique donc qu'on reconnaît son initiation comme valable, comme le serait d'ailleurs aussi celle qui serait constituée en dehors de toute obédience.

Ce qui est vrai, c'est que non seulement 7 Maçons (mais il faut ajouter :

ayant le grade de M∴) peuvent constituer une L∴ mais qu'il n'existe même aucun moyen de la constituer autrement ; ce n'est qu'ensuite que cette L∴ peut demander son rattachement à une obédience. Quant aux LL∴ dites « clandestines » en Angleterre (il n'en existe pas ailleurs), ce sont des LL∴ antérieures à la fondation de la G∴ L∴ et qui n'ont pas voulu s'y rattacher, mais ont continué à l'ignorer purement et simplement, il doit y en avoir encore 4 en activité.

……… Il est certain que les fondateurs de la G∴ L∴ d'Angleterre en ont dévié l'esprit, mais on ne peut cependant les considérer comme des usurpateurs purement et simplement, puisque antérieurement, ils étaient eux-mêmes membres réguliers de l'ancienne Maç∴ opérative. Celle-ci, si diminuée qu'elle ait été à cette époque n'était pourtant pas éteinte, et elle ne l'a même jamais été puisqu'elle existe encore actuellement... Il y a aussi les grades écossais qui ont été institués surtout pour réagir contre l'intrusion de l'esprit protestant.

La Maçonnerie opérative a toujours continué d'exister en Angleterre comme une organisation à part, assez comparable au compagnonnage ; elle correspond du reste à ce que sont en France les Compagnons Tailleurs de pierre, aujourd'hui presque complètement disparus, quoi qu'en prétende le trop fameux « M∴ de l'OE∴ » qui en dépit de tous les titres dont il se pare, n'a jamais pu s'y rattacher régulièrement.

Je ne sais plus où j'ai trouvé la date de 1702 pour la mort de Chr. Wren ; depuis lors, j'ai en effet vu aussi celle de 1723 ; il semble donc qu'il faille admettre que 1702 soit seulement la date à partir de laquelle, pour une raison ou une autre, il aurait cessé toute activité.

Il est exact que le G∴ O∴ a supprimé le titre de Grand Maître (à peu près en même temps que la formule du G∴ A∴ si je ne me trompe) comme trop peu « démocratique » ; la fonction est remplie par le président du Conseil de l'Ordre ; mais l'absence du titre le met dans l'impossibilité de traiter d'égal à égal avec la plupart des Obédiences maçonniques des autres pays, la Grande Maîtrise étant généralement considérée comme un « landmark ».

D'autre part, la Grande Maîtrise n'a jamais été occupée par aucun Roi de France ; il n'y a qu'un seul pays, la Suède, où le Roi soit le Grand Maître. En Angleterre, si le roi est Maçon, ce qui n'est pas le cas actuellement, il porte le titre de « Protecteur de la Maçonnerie » ; Edouard VII, qui était Grand-Maître quand il était Prince de Galles, a abandonné cette fonction à son avènement, et a été remplacé par le duc de Connaught qui l'occupe encore maintenant. Il est vrai que le roi d'Angleterre a de droit un autre titre, celui de Grand-Maître de l'Ordre Royal d'Ecosse ; mais s'il n'est pas Maçon, il ne peut exercer effectivement cette fonction et est remplacé par un Pro-Grand-maître, si bien qu'alors le titre n'est que purement honorifique.

L'Ordre Royal d'Ecosse est un rite de hauts-grades, qui se considère même comme le plus ancien de tous, puisqu'il fait remonter son origine à Robert Bruce (1306-1329), c'est lui qui est aussi désigné par l'appellation de ROSY-CROSS of Heredom of Kilwinning (qui s'écrit R. S. Y. C. S. of H. R. D. M. of K. L. W. N. G.).

ℰℜ

* ?? mai 1935

...

Évidemment, la « catabase » ne peut pas être considérée comme une « chute » au sens littéral ; il resterait pourtant à savoir si ce ne sont les deux expressions d'une même chose à deux points de vue différents. En tout cas, il semble bien que l'idée de « chute » proprement dite ne puisse pas exister sans être liée à celle de « péché », laquelle est quelque chose de très spéciale et qui ne se rencontre guère en dehors de la forme judéo-chrétienne.*

ℰℜ

* 30juin 1935

... J'ai entendu dire ici que le char était l'emblème des Pharisiens et la barque celui des Sadducéens, mais personne n'a pu me citer de références à ce sujet.*

René Guénon

Fragments de lettres de R.G. à P.G.
– *(transmis par Lov.)*

*à P.G., 9 août 1935

...

Quant aux objets qui auraient été apportés en Irlande par le prophète Jérémie, j'ai entendu dire aussi qu'ils avaient été transportés en Éthiopie, c'est-à-dire vraisemblablement d'abord au Yémen (le royaume de la Reine de Saba) et ensuite, de là en Abyssinie quand une partie des habitants de cette région y ont émigré.

... Philipon m'écrit une chose très curieuse : « Vous ai-je jamais raconté que Gaston Maspéro avait jadis évoqué les dieux de l'Égypte, qu'ils lui étaient apparus, mais sans lui parler, alors qu'ils avaient fait des révélations à Mariette. Je tiens le récit de la bouche même de Maspéro avec qui je fus très lié. »*

... Les êtres (de l'Agarttha) n'ont véritablement pas de nom ; ils sont au-delà de cette limitation ; ils peuvent pour telle ou telle raison particulière, prendre les noms qui leur conviennent et cela n'a pas plus d'importance que le fait de se vêtir d'un costume quelconque... La conséquence, c'est qu'aucun personnage connu dans l'histoire n peut être désigné comme ayant été un membre de l'Agarttha ; beaucoup, et sans doute même plus qu'on ne pourrait le supposer, ont été influencés directement ou indirectement, consciemment ou inconsciemment ; mais aucun membre de l'Agarttha ne travail par lui-même dans le monde extérieur, ni ne se fait connaître comme tel. C'est aussi pour cela que, si l'on peut citer beaucoup de Rosicruciens, on ne peut nommer aucun Rose-Croix.

... Quant à vos autres questions, que le « Roi du Monde » ait une ou des « hypostases » physiques, cela n'est pas douteux, mais n'a peut-être, comme la « localisation » des centres spirituels, qu'une importance assez secondaire. L'immortalité corporelle pour certains êtres n'est certainement pas impossible, et il se peut que Saint-Jean soit de ce nombre ; cette immortalité est *surtout* le symbole de la permanence d'une fonction.

... À propos de Moïse, prophète et législateur inspiré, on pourrait même peut-être faire appel ici à la conception des *avatâras* secondaires.

... La théorie des *Avatâras* est celle des prophètes représentant deux points de vue qui sont complémentaires et qui, comme tels, peuvent fort bien se concilier.

... Dans les conditions présentes, il n'est pas convenable qu'un adepte joue un rôle de chef d'état ou d'armée ; il ne peut prendre de telles fonctions extérieures que dans des cas exceptionnels se rapportant à cette fondation des états dont vous parlez dans votre article ; autrement, il exercera son influence d'une façon invisible.

Un centre spirituel peut connaître l'intention de quelqu'un par des moyens très divers qu'il sera toujours erroné de chercher à limiter ; mais, à part des cas biens rares, celui qui ne bornerait à attendre l'initiation en quelque sorte passivement risquerait, je crois, d'attendre bien longtemps.

... Un grand sheikh du Maroc affirmait dernièrement que l'Antéchrist est déjà né, mais qu'il ne doit pas se manifester encore.

... Je ne connaissais pas ce que vous me dites du rôle des trois « hiérarques » (Saint Basile, Saint Jean Chrysostome et Saint Grégoire le Théologien) dans la tradition orthodoxe ; il semble bien que cela indique qu'ils représentent une « fonction » unique et sans doute cela bien avoir quelque rapport avec l'idée d'*Avatâras* mineurs, surtout à cause de cette affirmation que, sans eux, le Christ aurait dû revenir sur terre (enseignement de l'Église orthodoxe).

... Certains ont intérêt non seulement à détruire le Centre spirituel de l'Abyssinie, mais aussi à occuper le point même, puisque la situation des lieux a une importance en elle-même. Je me rappelle que j'avais remarqué autrefois des choses singulières sur les points où les bolcheviks avaient établi leurs principaux « noyaux » d'influence notamment du côté de l'Asie centrale. On pourrait faire la même remarque pour l'Angleterre (Malte, Chypre).*

ಞಡಿ

*à P.G. , 2 septembre 1936

...

Dans la version arabe des Évangiles, la désignation du Paraclet est Ahmed, ce qui est le nom céleste du Prophète (Mohammed étant son nom terrestre, et Nahm[???] son nom paradisiaque). À cause de cela, l'empereur Héraclius fut tout près de reconnaître la mission du Prophète ; il en fut seulement détourné par certains membres du clergé grec qui prétendirent qu'il y avait là une erreur d'interprétation.*

ಞಡಿ

*29 septembre 1936

Pour la question de l'ange Gabriel, il est tout de même stupéfiant que des gens puissent faire comme si la tradition islamique ne comprenait que le seul texte du Coran... Quant à l'esprit (*Er-Rûh*) dans les passages auxquels il est fait allusion, certains ont voulu en effet, rapporter ce mot à l'ange Gabriel, mais il fallait bien qu'ils aient par ailleurs, quelque raison pour cela ; cette interprétation est d'ailleurs inexacte car, en fait, c'est de *Métatron* qu'il s'agit.*

ಞಡಿ

*à P.G., 14 juillet 1937

...

Shaminûra[? illisible] n'est ni un ange, ni un archange, c'est le roi des *Jinss muminîn*[?], ce qui est tout différent ; quant à l'origine de son nom, je n'en ai jamais vu aucine explication. IL paraît d'ailleurs qu'il est mort (passé à un autre état) et que roi actuel est ...[?], si bien que nombre de magiciens qui ignorent ce changement, s'entêtent à répéter en vain des formules qui ont perdu toute leur efficacité...*

René Guénon à Pierre Germain[14]

26 août 1916

J'ai bien reçu vos deux lettres, mais je n'ai pas eu le temps de vous répondre avant notre départ de Blois. C'est ce qui vous explique cette lettre au crayon, que je vous écris en voyage, ne voulant pas attendre plus longtemps pour vous retourner celle de Maritain que je vous remercie de m'avoir communiquée. Sa réponse à votre question n'est pas en effet très nette ni très satisfaisante. D'après la doctrine scolastique, il est certain que c'est la matière qui est le principe d'individuation, l'individualité de l'âme dérive donc de la matière : son individualité, mais non son être ni son essence, évidemment. Il semble bien qu'il y (ait) une confusion à cet égard dans le post-scriptum. Quant à l'ange, il est limité ou déterminé par son essence même.

Maintenant, pour ce qui est de l'âme séparée du corps, on ne peut pas dire qu'elle soit un homme, car l'homme est précisément défini comme le composé de l'une et de l'autre. On ne peut donc même pas dire que l'âme séparée soit un être complet, et ce n'est là pour elle, en somme, qu'un état transitoire, puisque sa nature est d'être la forme d'un corps. (Il s'agit toujours, bien entendu, de l'âme individuelle, ce que la doctrine hindoue appelle *îivâtmâ* ou l'âme vivante.)

---

[14] Pierre Germain, proche ami de Guénon, avait été, comme lui, un temps affilié à l'Église Gnostique, mais, en 1914, à la suite d'un séjour à Lourdes, il retrouve la foi. L'année suivante, Guénon et lui se lient d'amitié avec la fille du peintre Maurice Denis, Noëlle Maurice-Denis, alors brillante étudiante à l'Institut Catholique de Paris et proche des milieux néo-thomistes. C'est par son intermédiaire que les deux hommes rencontreront Jacques Maritain. La correspondance de Guénon avec P. Germain et N. Maurice-Denis, que nous publions ici, témoigne de l'intérêt et de la qualité du débat engagé entre les trois amis. Cette fructueuse controverse sera malheureusement interrompue par la mort de P. Germain en novembre 1922 et par le mariage de N. Maurice-Denis en janvier 1923. (N. d. E.).

Autre chose : *materia signata* est la matière informée, laquelle est toujours quantifiée ; c'est donc un pléonasme que de la dire *signata quantitate*.

Enfin, je ne crois pas que St Thomas puisse dire que l'âme humaine a un *esse absolutum* : cet absolu serait encore trop relatif.

Pour la question de l'infini, M. Gombault me disait l'autre jour que ceux qui admettent un infini « secundum quid » comme étant autre chose que l'indéfini ne peuvent pas être considérés comme de vrais scolastiques. Je suis curieux de savoir ce que Maritain répondra à ma lettre. Pour ce qui est de l'*indétermination*, je lui ai bien précisé que je ne l'entendais pas du tout dans le sens de Spinoza.

Pour la « *Revue de Philosophie* », le mieux est certainement d'attendre la réponse que vous fera Maritain. En tout cas, merci de votre offre d'écrire au P. Blanche. M. Gombault ne connaissait pas l'existence de cette revue ; savez-vous quel en est l'esprit exactement ? Je n'ai pas encore eu le temps de mettre au point mon travail sur la substance, mais je tâcherai de le faire le plus tôt possible (...).

ৎ⊃⊂ও

16 septembre 1916 (...)

Si on considère le prétendu « infini potentiel » comme véritablement infini, ainsi que le fait Maritain, je ne vois pas plus que vous comment on peut échapper à une foule de contradictions ; et d'ailleurs il doit nécessairement en être ainsi, puisque la contradiction est dans l'hypothèse même.

Quant à la difficulté que vous me soumettez au sujet de l'acte et de la puissance, elle ne me paraît pas du tout insoluble, mais il faut d'abord bien prendre garde à ceci : je n'ai jamais dit que l'acte et la puissance, ou l'essence et la substance, sont deux aspects *contraires* de l'être, mais bien qu'ils en sont deux aspects *complémentaires*, ce qui n'est pas du tout la même chose. En second lieu, l'acte est bien antérieur à la puissance *en principe* (dans l'être), mais il lui est postérieur *en fait* (dans la manifestation) ; leur rapport doit donc être pris en sens inverse suivant le point de vue sous lequel on le considère, et je ne vois pas en quoi cela pourrait empêcher de dire que ces deux termes sont corrélatifs. En outre, si nous envisageons l'acte et la puissance dans l'être en soi, c'est pour pouvoir en parler, et parce que nous ne pouvons évidemment rien exprimer (même mentalement) autrement qu'en mode distinctif ; mais il ne faut pas perdre de vue que leur distinction n'est réelle que par rapport à la manifestation.

Je ne vois pas très bien ce que vous entendez par « réciprocité de relation » ; entre le père et le fils, par exemple, la relation n'est pas réversible, et pourtant ils ne sont tels que l'un par rapport à l'autre, c'est-à-dire qu'ils sont bien corrélatifs. De même, il n'y aurait pas lieu de parler de l'acte si on n'envisageait pas la puissance corrélativement, mais la nature de leur relation peut cependant être telle qu'il y ait priorité logique de l'un à l'égard de l'autre.

Quant à vouloir réduire l'un des deux termes à l'autre, c'est sans doute échapper au dualisme, mais par le monisme, et c'est s'imposer une limitation qui est incompatible avec la métaphysique. Il y a pourtant un sens dans lequel on peut dire que l'être est l'acte pur ; il faut pour cela considérer que la puissance, en elle-même et par elle-même, n'est rien, ou plutôt qu'elle est « le rien » (...), d'où il résulte que l'acte doit être « le tout » de l'être ; ce qui n'empêche pas l'être en soi d'être supérieur à l'acte comme tel, puisqu'il est le principe de l'acte aussi bien que de la puissance.

En tout ceci, bien entendu, il faut se borner à ce qui appartient au domaine de l'être ; puisque la scolastique ne va pas plus loin, il ne peut y avoir, pour tout le reste, à chercher ni conciliation ni contradiction. St Thomas a complété et corrigé Aristote sur bien des points, mais l'emploi du langage aristotélicien peut produire parfois certains flottements apparents, quand il se trouve appliqué à des idées qui dépassent la pensée grecque. C'est sans doute à cause de l'influence de cette pensée grecque que la scolastique s'est arrêtée à l'être, ce qui l'empêche d'être la métaphysique intégrale. Encore faudrait-il être bien sûr qu'il n'y avait pas, au moyen âge, un autre enseignement plus complet et plus profond, et cela est assez vraisemblable si l'on considère que la « Somme » n'était, dans l'intention de son auteur, qu'un traité élémentaire à l'usage des étudiants. Cela prouve en tout cas qu'il y avait alors une intellectualité autrement développée qu'aujourd'hui : il est vrai que dans ce temps-là on ne croyait pas encore au « progrès » !

Encore un mot à propos de votre objection : on ne peut certainement pas dire que Dieu soit un des deux pôles de la manifestation ; il doit contenir en lui ces deux pôles, étant leur principe commun, en tant qu'il est le principe de la manifestation, c'est-à-dire en tant qu'il est l'être. Du reste, la traduction des vérités métaphysiques en langage théologique ne doit évidemment modifier en rien ces vérités. Il faut sans doute beaucoup de précision pour que l'application ne risque pas de porter à faux, mais la difficulté est surtout dans l'expression ; au fond, c'est bien d'une véritable traduction qu'il s'agit.

Si mes explications ne vous satisfont pas entièrement, vous serez bien aimable de me le dire, et je vous serai toujours très obligé de me signaler les objections qui peuvent être faites, car ce n'est que de cette façon qu'on peut arriver à préciser les points qui en ont besoin, et à éviter les confusions fâcheuses qui pourraient se produire si on ne prenait pas assez de précautions. (...)

ഌଠ

René Guénon à Julius Evola[15]

Le Caire, 13 juin 1949

Cher Monsieur

J'ai reçu il y a à peu près une semaine votre lettre du 18 mai ; il semble donc que cela aille tout de même un peu plus vite maintenant, mais il faut dire que c'est toujours très irrégulier.

Il ne faut pas vous étonner de ne pas recevoir les « E. T. » comme autrefois, car, depuis la reprise, Chacornac, à cause des frais qui sont devenus énormes, refuse absolument de faire aucun service ; nous n'avons même pas pu le décider à reprendre l'échange avec un certain nombre de revues. Quant aux choses dont vous me parlez, je ne sais pas du tout ce qu'il en est ; ni Chacornac ni Clavelle ne m'ont parlé de vos livres réédités, de sorte que je me demande si l'envoi en a bien été fait comme vous l'aviez indiqué. D'autre part, je n'ai pas su si Clavelle avait reçu votre lettre (ou vos lettres si vous lui avez récrit) ; je lui avais demandé il y a assez longtemps, mais il aura sans doute oublié de me répondre car il a toujours beaucoup d'occupations et de soucis de toute sorte ; en tout cas, je lui ai posé de nouveau la question en lui écrivant hier. Quant à Gallimard, je me doute bien de ce qu'il en est : il ne peut s'agir que d'une négligence de Mascolo, qui dans la maison est chargé de tout ce qui concerne les traductions, car nous en avons malheureusement constaté plusieurs autres exemples, si bien qu'il semble que ce soit presque une habitude chez lui. J'ai rappelé la chose à René Allar pour qu'il s'en occupe, en même temps que de plusieurs autres à son prochain voyage à Paris ; il habite en effet maintenant Bruxelles, de sorte qu'il ne peut aller à Paris que

---

[15] Cette lettre a paru dans le numéro de mars 1972 de « La Destra » revue quasi inconnue en France. Accompagnée d'autres extraits portant sur l'accident dont les séquelles avaient entraînées la paralysie d'Evola et les causes subtiles de ce genre d'infirmité (28, 2, 48) ; la doctrine des cycles cosmiques (24, 4, 48) ; la Maçonnerie (20, 7, 49) ; l'éventuelle possibilité de recréer à l'époque un « Ordre » initiatique à partir d'une suggestion d'Evola (25, 7, 50).

pour quelques jours de temps à autres, mais je pense qu'il ira vers la fin de ce mois-ci.

Comme vous le pensez, il y a bien longtemps que je n'ai lu votre « *Rivolta contro il Mondo moderno* » ; je tâcherai donc de la relire dès que je pourrai trouver un peu de temps libre, afin de voir si j'aurais quelques points à vous signaler comme vous me le demandez.

Si Alvi veut rééditer « Il Re del Mondo », il n'y a aucun empêchement, car je me suis assuré entre temps que personne n'avait pris la suite des droits de Fidi, et, d'autre part, ce livre m'appartient maintenant entièrement ; il n'aura, comme je lui ai dit, qu'à écrire à ce sujet à Rocco, qui lui indiquera les conditions qui ont été déjà établies pour ceux de mes ouvrages qui sont dans ce cas (c'est à dire, en fait, ceux qui sont actuellement chez Chacornac). Il est exact que presque tous mes livres sont maintenant traduits ou en cours de traduction, et il en est ainsi également pour la « Grande Triade « à laquelle vous aviez pensé ; la plupart doivent paraître, soit chez Brocca, soit chez Laterza ; quant à Einaudi dont vous parlez, on lui a proposé le « Symbolisme de la Croix », mais il semble qu'on n'a pas encore eu sa réponse. Je ne comprends pas bien quel inconvénient vous voyez à faire les traductions avant de s'être assuré d'un éditeur, puisque Rocco a bien voulu se charger de « centraliser » en quelque sorte tout ce qui se rapporte à ces traductions, ce qui a précisément pour effet d'éviter qu'il puisse y avoir double emploi. Naturellement si quelqu'un entreprenait de traduire un livre à notre insu, il se pourrait que cela ait déjà été arrangé d'un autre côté et qu'ainsi il fasse un travail en pure perte, mais c'est là une chose à laquelle nous ne pouvons rien. D'autre part, en présentant des traductions déjà faites aux éditeurs on évite qu'ils ne prétendent imposer leur propres traducteurs ; je dois dire que je suis absolument décidé à n'accepter aucun travail fait par un traducteur professionnel ou inconnu de moi, car la traduction anglaise de « l'Homme et son Devenir », qui malheureusement avait été faite dans ces conditions, a été pour moi une expérience suffisante de ce qu'on peut en attendre !

D'après ce que vous m'expliquez cette fois, il semble bien que vous prenez les mots « possibles » et « réel » dans le sens de « non-manifesté » et

« manifesté » ; s'il en est ainsi, on pourrait dire que ce n'est guère qu'une question de terminologie et que, malgré cette différence de langage, nous sommes au fond d'accord sur le point dont il s'agit. Seulement, cet emploi des mots « possibles » et « réel », dans un sens tout autre que celui où nous les prenons, ne me paraît pas acceptable, parce que le non manifesté est non seulement tout aussi réel, mais même plus réel que le manifesté.

Ce que j'ai dit la dernière fois au sujet de mon rattachement à des organisations initiatiques (bien que je n'aime guère parler de ces choses qui en somme ne peuvent avoir d'intérêt pour personne d'autre que moi) répondait à cette phrase de votre précédente lettre : « ... il più spesso fuor di quella setta si é trovato chi é stato capace di maggior comprensione in fatto di cose iniziatiche, cosa che forse si é ferificatanei Suoi stessi riguardi ». Cela m'avait fait craindre que vous ne supposiez que, dans mon cas, il avait pu s'agir d'une de ces prétendues initiations sans rattachement régulier à quoi que ce soit, que, pour ma part, je ne peux considérer que comme purement imaginaires. Incidemment, je vous ferai remarquer que, dans les « Aperçus », j'ai consacré tout un chapitre à expliquer les raisons pour lesquelles le mot « secte » est absolument inadmissible dans des cas tels que celui auquel vous l'appliquez dans la phrase en question.

Vous dites que, dans les « Aperçus », il n'est pas question des organisations hermético-chrétiennes ; mais je les ai au contraire mentionnées expressément dans la note à laquelle vous vous référiez, et, si je n'en ai pas parlé davantage, c'est parce que celles dont j'ai pu connaître l'existence n'admettent qu'un nombre de membre si restreint qu'on peut les considérer comme pratiquement inaccessibles. Je vois aussi que vous n'avez pas compris exactement dans quel sens je vous parlais de « question complexe » ; je voulais seulement dire par là qu'il y entre en réalité beaucoup d'autres éléments que ceux qui peuvent être connus par une étude faite « du dehors » ; c'est donc tout le contraire de quelque chose qui appellerait des réserves comme vous l'avez pensé.

Quant au fond de la question concernant la Maçonnerie, il est bien entendu que je ne prétends nullement vous convaincre, et que d'ailleurs je n'y aurais aucun intérêt ; vous dites qu'il s'agit là pour vous uniquement (d')une question de vérité, mais c'est exactement la même chose pour moi aussi. Vous savez du reste que je ne me suis jamais mêlé d'engager quelqu'un à se rattacher à telle ou telle organisation, non plus que de l'en détourner ; j'ai même dit assez nettement que cela ne pouvait pas rentrer dans mon rôle ; je n'ai jamais eu ni le temps ni le goût de m'occuper de cas individuels, et je me suis toujours refusé à donner des conseils particuliers, à qui que ce soit, pour cela aussi bien que pour toute autre chose. Cela dit, je dois cependant faire deux ou trois remarques sur ce que vous me dites cette fois, et tout d'abord en ce qui concerne les hauts grades, car la nature réelle du rapport qu'ont ceux-ci avec la Maçonnerie paraît vous échapper. Quand je parle de la Maçonnerie proprement dite, comprenant exclusivement les trois grades d'Apprenti, de Compagnon et de Maître, auxquels on peut seulement ajouter les grades Anglais de Mark et de Royal Arch, complètement inconnus dans la Maçonnerie « continentale ». Quant aux multiples hauts grades tels que ceux auxquels vous faites allusions, il est évident qu'il y a là-dedans des choses d'un caractère très divers, et que la connexion que veulent établir les différents « systèmes » est tout à fait artificielle ; je suis d'autant moins disposé à contester cela que je l'ai moi-même écrit formellement dans un récent article ; mais, quelle que soit la façon dont toutes ces choses sont venues pour ainsi s'agglomérer autour de la Maçonnerie, elles n'en font partie intégrante à aucun titre, et, par conséquent ce n'est pas cela qui est en question. Un autre point sur lequel je voudrais attirer votre attention, c'est que, quand vous dites que les Loges qui n'avaient pas adhéré au schisme « spéculatif « n'ont rien pu faire pour arrêter ou en redresser les conséquences, il semble que vous ne teniez aucun compte de choses qui ont cependant quelque importance, telles que le rétablissement du grade de Maître totalement ignoré des gens de 1717, ou l'action de la « Grande Loge des Anciens « , dont l'existence indépendante se prolongea jusqu'en 1813. Pour le dire franchement, j'ai l'impression que vous pensez toujours uniquement à ce que la Maçonnerie est devenue à une certaine époque en Italie et en France, et que vous ne vous faites aucune idée de tout ce qui concerne la Maçonnerie anglo-saxonne.

Pour passer à d'autres questions, j'avoue que je ne comprends pas bien de quelle réalisation vous voulez parler à propos d'Éliphas Lévi ; en fait il n'y a guère eu comme procédant de lui (ou plutôt comme s'étant inspiré de ses écrits, car lui-même était mort avant cela), que le mouvement occultiste français de la fin du 19e siècle et du début du 20e, sur le caractère insignifiant duquel je pense que nous sommes bien d'accord. Pour Kremmertz, je sais bien qu'il y a là-dessous une histoire qui est fort peu claire, mais qui donne lieu tout au moins à bien des doutes, puisqu'on n'a jamais pu trouver des preuves de l'existence réelle de l'organisation à laquelle il aurait appartenu. En tout cas, même s'il avait reçu personnellement une initiation authentique, cela ne prouverait encore rien pour l'organisation qu'il a fondée, car il y a eu d'autres cas du même genre (par exemple celui d'Inavat Khan, qui appartenait à une tarîqah régulière de l'Inde, mais dont le soi-disant « Ordre des Soufis » ne répond absolument à rien) ; tout ce que je peux dire, c'est que ses rituels sont à peu près aussi « égyptiens » que ceux de Cagliostro ! Il a pu malgré tout y avoir de ce côté certaines réalisations, comme vous le dites, mais ne dépassant pas le domaine psychique, ce qui n'implique rien de réellement initiatique. J'ajoute que, depuis la mort de Kremmerz, les différentes fractions en lesquelles son organisation s'est divisée paraissent ne plus savoir du tout de quel côté se diriger. Je m'aperçois que, à propos d'Éliphas Lévi, j'ai oublié de mentionner l'utilisation de ses ouvrages par Albert Pike ; mais il s'agit là d'une influence exercée (indirectement d'ailleurs) sur l'interprétation des hauts grades du Rite Ecossais, ce qui ne va pas précisément dans le sens que vous avez en vue...

Il y a certainement des cas où une influence de la contre-initiation est nettement visible, et il faut compter parmi eux ceux où des données traditionnelles sont présentées d'une façon intentionnellement « parodique », ce cas est notamment celui de Meyrink, ce qui bien entendu, ne veut pas dire qu'il ait forcément été conscient de l'influence qui s'exerçait ainsi sur lui. C'est pourquoi je m'étonne que vous paraissiez avoir une certaine estime pour Meyrink, et d'autant plus qu'il avait en outre adhéré au mouvement de Bô Yin Râ, pour lequel vous n'avez manifestement aucune considération. À ce propos, il faut d'ailleurs que je fasse une rectification : il y a sûrement eu chez Bô Yin Râ une part de charlatanisme et de mystification, mais il y a eu tout de même autre chose aussi, car il avait été rattaché à une organisation assez singulière, ayant son siège quelque part du côté du Turkestan et représentant une sorte de Tantrisme plus ou moins dévié. Je peux être tout à fait affirmatif là-dessus (et je suis peut-être le seul), parce-que à l'époque où le futur Bô Yin Râ ne s'appelait encore que Joseph Schneider et faisait à Paris des études de peinture, des membres de l'organisation en question me le présentèrent un jour comme étant le seul européen en faisant partie. Plus tard, j'ai vu aussi le portrait que Bô Yin Râ avait fait de son « Maître », et qui était parfaitement reconnaissable pour moi ; à cette occasion j'ai pu constater d'ailleurs que ses plus proches disciples eux-mêmes ne savaient absolument rien de tout cela, et je me suis bien gardé de leur faire part de ce que j'en savais moi-même.

Croyez, je vous prie, à mes bien cordiaux sentiments.

René Guénon

ುುು

extrait d'une lettre à J. Evola[16]

Puisque vous me demandez des renseignements sur mon âge, j'ai maintenant soixante-deux ans. Je savais que vous étiez plus jeune que moi, mais je ne croyais cependant pas que la différence d'âge fût si grande entre nous. Pour ce qui est de ma photographie, je suis désolé de ne pouvoir vous satisfaire, mais la vérité est que je n'en ai aucune, et ceci pour maintes raisons [...] je me suis aussi rendu compte que cela pouvait être dangereux : il y a une quinzaine d'années, j'ai été informé qu'un certain [...] cherchait à se procurer ma photographie en disant qu'il était disposé à en donner n'importe quel prix ; je n'ai jamais su ce qu'il voulait vraiment en faire mais, de toutes façons, il est certain que ses intentions n'étaient pas bienveillantes. Comme on ne sait jamais trop où une photographie peut aller finir, j'en ai conclu qu'il était beaucoup plus prudent de n'en pas faire.

René Guénon

---

[16] Publié dans *les Cahiers de l'Herne*.

René Guénon

Déjà parus

OMNIA VERITAS

OMNIA VERITAS LTD PRÉSENTE :

RENÉ GUÉNON
APERÇUS SUR L'ÉSOTÉRISME CHRÉTIEN

« Ce changement qui fit du Christianisme une religion au sens propre du mot et une forme traditionnelle... »

Les vérités d'ordre ésotérique, étaient hors de la portée du plus grand nombre...

OMNIA VERITAS

OMNIA VERITAS LTD PRÉSENTE :

RENÉ GUÉNON
APERÇUS SUR L'ÉSOTÉRISME ISLAMIQUE ET LE TAOÏSME

« Dans l'Islamisme, la tradition est d'essence double, religieuse et métaphysique »

On les compare souvent à l'« écorce » et au « noyau » (el-qishr wa el-lobb)

OMNIA VERITAS

Omnia Veritas Ltd présente :

RENÉ GUÉNON
APERÇUS SUR L'INITIATION

« Nous nous étendons souvent sur les erreurs et les confusions qui sont commises au sujet de l'initiation... »

On se rend compte du degré de dégénérescence auquel en est arrivé l'Occident moderne...

Omnia Veritas Ltd présente :

RENÉ GUÉNON
Autorité spirituelle et pouvoir temporel

« la distinction des castes constitue, dans l'espèce humaine, une véritable classification naturelle à laquelle doit correspondre la répartition des fonctions sociales »

L'égalité n'existe nulle part en réalité

Omnia Veritas Ltd présente :

RENÉ GUÉNON
ÉTUDES SUR L'HINDOUISME

« En considérant la contemplation et l'action comme complémentaires, on se place à un point de vue déjà plus profond et plus vrai »

... la double activité, intérieure et extérieure, d'un seul et même être

Omnia Veritas Ltd présente :

RENÉ GUÉNON
INITIATION ET RÉALISATION SPIRITUELLE

« Sottise et ignorance peuvent en somme être réunies sous le nom commun d'incompréhension »

Le peuple est comme un « réservoir » d'où tout peut être tiré, le meilleur comme le pire

OMNIA VERITAS LTD PRÉSENTE :

RENÉ GUÉNON

INTRODUCTION GÉNÉRALE À L'ÉTUDE DES DOCTRINES HINDOUES

« Bien des difficultés s'opposent, en Occident, à une étude sérieuse et approfondie des doctrines hindoues »

... ce dernier élément qu'aucune érudition ne permettra jamais de pénétrer

OMNIA VERITAS LTD PRÉSENTE :

RENÉ GUÉNON

LE RÈGNE DE LA QUANTITÉ ET LES SIGNES DES TEMPS

« Car tout ce qui existe en quelque façon que ce soit, même l'erreur, a nécessairement sa raison d'être »

... et le désordre lui-même doit finalement trouver sa place parmi les éléments de l'ordre universel

OMNIA VERITAS LTD PRÉSENTE :

RENÉ GUÉNON

LE ROI DU MONDE

« Un principe, l'Intelligence cosmique qui réfléchit la Lumière spirituelle pure et formule la Loi »

Le Législateur primordial et universel

« Il y a, à notre époque, bien des « contrevérités », qu'il est bon de combattre... »

Parmi toutes les doctrines « néo-spiritualistes », le spiritisme est certainement la plus répandue

« La civilisation occidentale moderne apparaît dans l'histoire comme une véritable anomalie...»

... cette civilisation est la seule qui se soit développée dans un sens purement matériel

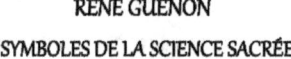

« Ce développement matériel a été accompagné d'une régression intellectuelle qu'il est fort incapable de compenser »

Qu'importe la vérité dans un monde dont les aspirations sont uniquement matérielles et sentimentales

«Il semble d'ailleurs que nous approchons du dénouement, et c'est ce qui rend plus sensible aujourd'hui que jamais le caractère anormal de cet état de choses qui dure depuis quelques siècles»

Omnia Veritas Ltd présente :
RENÉ GUÉNON
LA CRISE DU MONDE MODERNE

Une transformation plus ou moins profonde est imminente

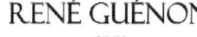

«On veut trouver dans tout ternaire traditionnel, quel qu'il soit, un équivalent plus ou moins exact de la Trinité chrétienne»

Omnia Veritas Ltd présente :
RENÉ GUÉNON
LA GRANDE TRIADE

Il s'agit bien évidemment d'un ensemble de trois aspects divins

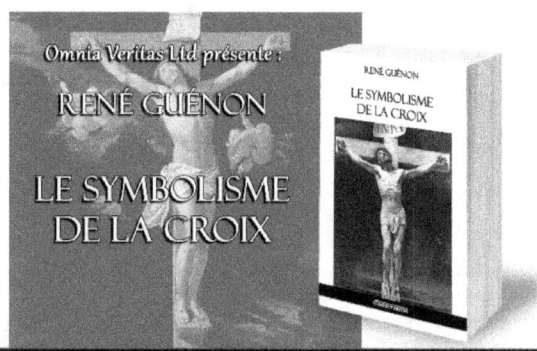

«La considération d'un être sous son aspect individuel est nécessairement insuffisante»

Omnia Veritas Ltd présente :
RENÉ GUÉNON
LE SYMBOLISME DE LA CROIX

... puisque qui dit métaphysique dit universel

OMNIA VERITAS

OMNIA VERITAS LTD PRÉSENTE :

RENÉ GUÉNON

LE THÉOSOPHISME

HISTOIRE D'UNE PSEUDO-RELIGION

« Notre but, disait alors Mme Blavatsky, n'est pas de restaurer l'Hindouïsme, mais de balayer le Christianisme de la surface de la terre »

Le vocable de théosophie servait de dénomination commune à des doctrines assez diverses

OMNIA VERITAS

OMNIA VERITAS LTD PRÉSENTE :

RENÉ GUÉNON

ARTICLES & COMPTES-RENDUS NON REPRIS

«... on voit une barque portée par le poisson, image du Christ soutenant son Église » ; or on sait que l'Arche a souvent été regardée comme une figure de l'Église... »

Le Vêda, qu'il faut entendre comme la Connaissance sacrée dans son intégralité

OMNIA VERITAS

OMNIA VERITAS LTD PRÉSENTE :

RENÉ GUÉNON

COMPTES-RENDUS DE LIVRES

«... ce terme de « réincarnation » ne s'est introduit dans les traductions de textes orientaux que depuis qu'il a été répandu par le spiritisme et le théosophisme... »

... la « réincarnation » a été imaginée par les Occidentaux modernes...

OMNIA VERITAS LTD PRÉSENTE :

RENÉ GUÉNON

COMPTES-RENDUS
DE REVUES
&
NOTICES NÉCROLOGIQUES

« On tient d'autant plus à ne voir que de l'« humain » dans les doctrines hindoues que cela faciliterait grandement les entreprises « annexionnistes » dont nous avons déjà parlé »

Il s'agit en fait de deux traditions, qui comme telles sont d'essence également surnaturelle

OMNIA VERITAS LTD PRÉSENTE :

RENÉ GUÉNON

CORRESPONDANCE
II

« ... Vous me demandez s'il y a quelque chose de changé depuis la publication de mes ouvrages; certaines portes, du côté occidental, se sont fermées d'une façon définitive »

Quant à l'Islam politique, mieux vaut n'en pas parler, car ce n'est plus qu'un souvenir historique

Omnia Veritas Ltd présente :

RENÉ GUÉNON

ÉTUDES SUR LA
FRANC-MAÇONNERIE
ET LE COMPAGNONNAGE

«Parmi les symboles usités au moyen âge, outre ceux dont les Maçons modernes ont conservé le souvenir tout en n'en comprenant plus guère la signification, il y en a bien d'autres dont ils n'ont pas la moindre idée.»

la distinction entre « Maçonnerie opérative » et « Maçonnerie spéculative »

RENÉ GUÉNON

FORMES TRADITIONNELLES & CYCLES COSMIQUES

« Les articles réunis dans le présent recueil représentent l'aspect le plus original de l'œuvre de René Guénon »

Fragments d'une histoire inconnue

RENÉ GUÉNON

LES PRINCIPES DU CALCUL INFINITÉSIMAL

«... il nous a paru utile d'entreprendre la présente étude pour préciser et expliquer plus complètement certaines notions du symbolisme mathématique... »

un exemple frappant de cette absence de principes qui caractérise les sciences profanes...

RENÉ GUÉNON

Écrits sous la signature de **T PALINGÉNIUS**

«... Il est un certain nombre de problèmes qui ont constamment préoccupé les hommes, mais il n'en est peut-être pas qui ait semblé généralement plus difficile à résoudre que celui de l'origine du Mal... »

Comment donc Dieu, s'il est parfait, a-t-il pu créer des êtres imparfaits ?

www.ingramcontent.com/pod-product-compliance
Lightning Source LLC
Chambersburg PA
CBHW050327230426
43663CB00010B/1771